中国古代法律文献研究

第十四辑

中国政法大学法律古籍整理研究所 编

桂涛 主编

SSAP

社会科学文献出版社
SOCIAL SCIENCES ACADEMIC PRESS (CHINA)

编辑委员会

目 录

《中国古代法律文献研究》第十四辑
2020 年，第 001 ~ 007 页

清华简《摄命》“受币”考略*

杜　勇**

摘　要：近出清华简《摄命》是周孝王册命其侄摄的一篇命辞。篇中孝王谆谆告诫太子摄（燮），主管朝廷刑狱事务“勿受币”。清华简整理者认为，简文“币”功能与束矢相当，“受币”谓受理狱讼。此以“受币”为接受“束矢”之类诉讼费，可能是不正确的。西周刑狱诉讼缴纳的诉讼费，主要有金、矢、贝三种类型。然“受币”之币，本为缯帛之名，主要用作聘享的礼物，乃至可作礼物的车马玉帛也统称为币。周孝王强调司法判案“勿受币”，即是不能收受各种礼品，避免影响办案的客观性与公正性。所以秉公执法，以德济法，便成为周人法制建设的重要内容。这也是中国法治文明的优秀传统，值得珍视与光扬。

关键词：《摄命》　受币　诉讼费　礼品

近出清华简《摄命》是周王册命其侄摄的一篇命辞，前所未见，弥足珍贵。篇中的王为西周孝王辟方，摄即懿王太子燮，被册命主管朝廷刑狱

* 本文为国家社会科学基金重大项目“多卷本《西周史》”（17ZDA179）阶段性成果之一。

** 天津师范大学历史文化学院教授。

事务。[①] 孝王的命辞殷殷切切，语重心长。其中一章云：

> 王曰："摄，已，汝唯冲子，余既明命汝，乃服唯寅，汝毋敢滔滔。凡人有狱有涽，汝勿受币（原作'䋞'，即繁体字'幣'），不明于民，民其听汝。时唯子乃弗受币，亦尚辩逆于朕。凡人无狱无涽，迺唯德享，享载不孚，是亦引休，汝则亦受币，汝乃尚祗逆告于朕。"[②]

简文说到"有狱有涽""无狱无涽"，其"涽"字异构较多，过去多读为"𤔲"，谓指耳聪目明。[③] 今或读作吝、[④] 嫌、[⑤] 讼[⑥]等，未能确识，但都认为属于刑狱讼事。与此相关的"受币"一词，亦被视为法律用语。整理者注释说：

> "币"字从帛，"受币"见《周礼·小宰》。"听"谓治狱，《周礼·大司寇》云两造"入束矢于朝，然后听之"。简文"币"功能与束矢相当，"受币"则谓受理狱讼。[⑦]

此说认为"受币"之币，与《周礼·大司寇》所谓"束矢"的功能相当。"束矢"近似于今日所说的诉讼费，意味着"受币"就是收受诉讼费，当然就是"受理狱讼"了。但简文中的周王要求摄在处理刑狱诉讼时"勿受币""弗受币"，依此则成了不要收受诉讼费，与"受理狱讼"旨意不合。接下来简文又说"无狱无涽"之时，"汝则亦受币"，既然并无狱讼何以还要"受币"（受理狱讼），逻辑上不能自洽。于是有学者提出，"有狱"与

① 杜勇：《清华简〈摄命〉人物关系辨析》，《中原文化研究》2020年第3期。

② 李学勤主编《清华大学藏战国竹简》（八），中西书局，2018，第111页。

③ 陈梦家：《西周铜器断代》，中华书局，2004，第135页。

④ 李学勤主编《清华大学藏战国竹简》（八），第113页。

⑤ 李学勤：《清华简〈摄命〉篇"𤔲"字质疑》，《文物》2018年第9期。

⑥ 陈剑：《试为西周金文和清华简〈摄命〉所谓"𤔲"字进一解》，《出土文献》第13辑，中西书局，2018，第29～39页。

⑦ 李学勤主编《清华大学藏战国竹简》（八），第118页。

"无狱"之"受币"是有区别的，"与束矢相联系之币是缴纳诉讼费，而享祭之币本质上属于贡赋"。[①] 或者干脆说，"币"非诉讼费，"泛指束帛一类礼物"。[②] 看来这些问题还有待重新思考，方能形成正确的历史认知。

所谓诉讼费当然是今天的司法用语，但与之相应的事实在周代还是存在的。《周礼·大司寇》云："以两造禁民讼，入束矢于朝，然后听之。以两剂禁民狱，入钧金，三日乃至于朝，然后听之。"此言"束矢"即箭百枚，或"均金"即青金（青铜）30 斤，即是诉讼双方向朝廷司法机构缴纳的诉讼费，胜诉返还，败诉罚没。从金文资料看，诉讼费似以"均金"为多，次则"束矢"或"贝"币。

据倗匜铭文记载，牧牛告诉上司，结果败诉。主持讼事的伯扬父对牧牛的判决是："鞭汝五百，罚汝三百锊。"（《集成》10285）青铜三百锊约当 125 斤。又师旂鼎铭文记载，师旂的属官众仆不愿随王征方雷，众仆被告到伯懋父那里，伯懋父判罚众仆"三百锊"（《集成》2809）。青铜三百锊作为罚金，当是诉讼费之外的一种赔偿费。罚金既然多用青铜，推测诉讼费亦应以此为主。又据曶鼎铭文记载，曶与限之间发生讼事，曶的下属既欲从限那里换回原来隶属于他的五个男子，先决定用"匹马束丝"，后改为青铜"百锊"。由于限违背约定，被井叔判决交出"五夫"，由既带回。既为了感谢曶，给他送了酒、羊和三锊青铜。曶对既说："汝其舍𩵦矢五秉。"（《集成》2838）曶鼎铭文两次涉及青金的使用，"百锊"是交换媒介，"三锊"则为礼品。可见青金使用领域的广泛，可作诉讼费用自是情理中事。值得注意的是，在曶与限这次诉讼案中，𩵦为诉讼代理人，办事公正得力，曶让既给他"矢五秉"即五束箭（五百枚）。以此观之，《周礼》所言诉讼费有"束矢"一类，应该是有根据的。

又，六年琱生簋载，召伯虎对琱生说："余告庆。"又说："公厥禀贝用狱谏，为伯有祇有成，亦我考幽伯幽姜命。"（《集成》4293）大意是说，我来告知值得庆贺的消息。我们召氏公室交付的贝，均用于狱讼之事，为

---

① 刘信芳：《清华藏竹简〈摄命〉章句（四）》，复旦大学出土文献与古文字研究中心网站，http//www. gwz. fudan. edu. cn/web/show/4371，2019 年 1 月 2 日。

② 宣柳：《清华简〈摄命〉第六段读笺》，简帛网，http//www. bsm. org. cn/show_ article. php? id = 3368，2019 年 5 月 17 日。

兄我使讼事顺利进行，最后获得成功。这也是尊奉先考幽伯、先母幽姜之命的结果。这里所说的“贝”可能不是铜贝而是天然贝，被用作诉讼费是明白无疑的。

由文献和金文互证可知，西周时期诉讼费大致有金、矢、贝三种类型。然而，清华简《摄命》所言“受币”之“币”是否具有“束矢”等诉讼费的功能，还是一个有待细考的问题。

“币”为何物?《说文》:“币，帛也。”段注:“帛者，缯也。《聘礼》注曰:‘币，人所造成以自覆蔽，谓束帛也。’”清徐灏《说文解字注笺》云:“币，本缯帛之名，因车马玉帛同为聘享之礼，故浑言之皆称币。引申之货泉亦曰币。”[1] 清华简《摄命》“币”(鄙)字从帛，从构形上反映了币即缯帛的本质特征。至于“车马玉帛”也统称为币，是其同为聘享礼物泛称的结果。《仪礼·士相见礼》云“凡执币者不趋”，贾疏:“玉、马、皮、圭、璧、帛，皆称币。”礼币种类虽多，但最具代表性的是“玉帛”。《仪礼·聘礼》“东面授宰币”，贾疏:“王既抚玉，不受币，币即束帛加璧。”“束帛”是捆为一束的五匹帛，“璧”即礼玉。《论语·阳货》载孔子曰:“礼云礼云，玉帛云乎哉?”即此之谓。币引申为钱币是稍后的事，是所不论。

关于币的用途，前贤以“聘享”二字言之，可谓卓识。帛是一种丝织物，作为高级衣料是贵族生活的必需品。诸侯或贵族之间，或诸侯与天子之间，“束帛”都是相互聘问、馈赠的重要礼物。《周礼·大宰》“六曰币帛之式”，郑玄注:“币帛，所以赠劳宾客者。”帛为生人所重之物，当然也可成为祭祀神灵的祭品。而古玉以其温润、莹泽、坚洁等特性历来深受人们喜爱，重玉、崇玉、玩玉成为习俗，乃至贵族死后多以玉器陪葬，而商纣自焚而死还浑身环以宝玉，更是一个极端的例子。《吕氏春秋·制乐》:“饬其辞令币帛以礼豪士”，高诱注:“币，圭璧。”圭璧等物用于聘问或祭祀即称玉币。《周礼·天官·大宰》:“大朝觐会同赞玉币、玉献、玉几、玉爵。”郑玄注:“玉币，诸侯享币也。”孙诒让《周礼正义》引金

① (清)徐灏:《说文解字注笺》卷七下，《续修四库全书》第225册，上海古籍出版社，2002，第100页。

鹗云："古者玉帛通谓之币，玉币即瑞玉也"，并谓"此玉币当通受玉及受享言之"。[①] 这就是说，玉币既用于朝聘，也用于祭享，聘为礼物，享即祭品。

币的功能，犹可通过文献屡见"受币"之事予以窥知。《周礼·小宰》云："凡祭祀，赞玉币爵之事，祼将之事。凡宾客，赞祼，凡受爵之事，凡受币之事。"贾疏："云'凡受币之事'者，谓庙中行三享，享时璧以帛，琮以锦，至享时有此受币之事。"此言"受币"属于祭祀程序之一，币是作为祀物来收受的。《尚书·召诰》载召公对成王说："我非敢勤，惟恭奉币，用供王能祈天永命。"召公恭奉玉帛之币，用来进献成王，以祈求上天给予周人永久的命运。这里的"币"即是用来祭礼上帝的祀物。而《仪礼·聘礼》《公食大夫礼》《士昏礼》习见"受币"之事，则是指聘问的礼物而言的。如男女婚嫁，无聘礼则无以成婚。《礼记·曲礼上》云："男女非有行媒，不相知名；非受币，不交不亲。"孔疏："币谓聘之玄纁束帛也。先须礼币，然后可交亲也。"《左传》成公二年："使介反币"，是说申公巫臣让副使把礼币带回楚国，自己则从郑国逃走了。《周礼·大宰》所言九贡之一为"币贡"，郑注："币贡，玉马皮帛也。"此为诸侯邦国朝觐天子的常贡。《尚书·召诰》："太保乃以庶邦冢君出取币，乃复入锡周公。"这是庶邦冢君把礼币献给周公，让他转交成王。[②] 此币非常贡，乃是临时朝聘的礼物。

将"币"与诉讼费略加比较，可知二者了不相涉。从物质形态上看，"币"以玉帛为主，诉讼费则为金、矢、贝等，未见混同。从功能上看，"币"主要用作馈赠的礼物和祭享的祀物，也与刑狱诉讼费不相瓜葛。因此，清华简《摄命》所言"受币"之币，不能说与诉讼费"束矢"的功能相当，"受币"也不宜解作"受理狱讼"。由于狱讼过程无须祭享程式，因而与狱讼有关的"币"只能考虑为馈赠司法人员的礼物。

关于刑狱诉讼过程中司法人员收受礼币的情况，文献未见记载，但金文资料偶有涉及。五年琱生尊铭文说：

---

① （清）孙诒让：《周礼正义》，中华书局，1987，第149页。

② 杜勇：《〈尚书〉周初八诰研究》（增订本），中国社会科学出版社，2017，第54~59页。

余惠大章（璋），报妇氏帛束、璜一，有司眔彝（锡）两璧。（《铭图》11816）

铭文是说，我琱生报答君氏以礼玉大璋，回报妇氏一束帛、一件玉璜，同时赠予参与此事的有司两件玉璧。[①] 此一案件主要是小宗“琱生有事”，与大宗召氏亦有牵连。故由大宗召伯虎出面解决此事。诉讼费最后决定由大宗承担三份，小宗承担两份。[②] 为此琱生对大宗君氏馈赠大璋，对大宗继承人召伯虎之妻妇氏则以束帛、玉璜相遗，以示答谢。这里的“有司”系朝廷有关司法部门，也得到琱生赠予的两件玉璧。但此案最后“告庆”不在五年，而在次年。故五年琱生尊所说对有司赠予二璧，应是案件审理过程中发生的事情。可见西周诉讼案中，有关司法机构人员“受币”即收受礼物，确是有例可寻的。

清华简《摄命》记载孝王告诫摄主管狱讼事务“勿受币”，看来不是无的放矢。可能当时狱讼案中，当事人对有关司法人员馈赠礼物已非个别现象，所以引起孝王的高度重视，要求摄办理刑狱讼事务切勿“受币”。即使在“无狱无咎”的状况下，也不要收受他人礼物。孝王对摄说：

凡人无狱无咎，乃唯德享，享载不孚，是以引休，汝则亦受币。汝乃尚祗逆告于朕。

所谓“德享”，《说文》：“享，献也。”是说把嘉德献给神灵。“不孚”，孚即信，不孚在这里应是不失信于神的意思，此与郭店楚简《忠信之道》：“不讹不孚，忠之至也。不欺弗知，信之至也”其义略同。“引休”：引即招致，休为福祉。《左传》襄公二十八年“以礼承天之休”，杜预注：“休，福禄也。”孝王对摄讲这句话，大意是说，即使在没有刑狱诉讼的情况下，你仍要把自己的美德作为礼品献给神灵，不能失信于神，才能得到福佑，

① 李学勤：《关于花园庄东地卜辞所谓“丁”的一点看法》，《故宫博物院院刊》2004年第5期；又，《琱生诸器铭文联读研究》，《文物》2007年第8期。

② 朱凤瀚：《琱生簋与琱生尊的综合考释》，朱凤瀚主编《新出金文与西周历史》，上海古籍出版社，2011，第71~81页。

这也是你得到的最好的礼物。所以你要谨慎从事，随时向我报告。

从清华简《摄命》不难看出，西周统治者对司法人员也是有较高的道德要求的。为了保证案件审理的中正公平，不允许相关官员收受各种礼品。即使身为王位继承人的王子摄亦不例外。西周时期，贵族之间或上下级之间礼尚往来本是常事，但对司法部门来说，则容易滋生索贿受贿的腐败现象，影响办案的客观性与公正性。所以秉公执法，以德济法，便成为周人法制建设的重要内容。这也是中国法治文明的优秀传统，值得珍视与光扬。

《中国古代法律文献研究》第十四辑
2020年，第008～022页

从曾伯陭钺看周代的“德”与“刑”*

李　凯**

摘　要：学者们对枣阳出土的曾伯陭钺铭文存在分歧。经分析，曾伯陭钺不是书写法令条文的“刑器”，而是曾国国君号令族众、宣示权力的礼器。“用为民𠛬（型）”谓以此钺为载体，树立曾伯陭的威信，使民众效法曾伯。“非历伊井”谓铸器不是夸耀其功业，而是提供惩治异族之法。“用为民政”之“政”应读为“征”，谓征伐异族。由此可见，这一时期“德以柔中国，刑以威四夷”，统治者对本族主要用“德”进行教化，对蛮夷主要用“刑”进行打击。

关键词：曾伯陭钺　周代　德　刑

2002年，湖北枣阳郭家庙曾国墓地21号墓出土的曾伯陭钺铭文，经黄锡全先生的介绍，引发了学者的关注。针对“用为民𠛬”之“𠛬”，黄先生认为“刑字下从‘贝’，实‘鼎’之演变”，进而与《左传》昭公六年“郑人铸刑书”以及《左传》昭公二十九年“赋晋国一鼓铁，以铸刑鼎”相联系，认为“这件戚钺要早于郑国、晋国铸刑书于鼎之时”，“似可

* 本文在“北京师范大学历史学院青年教师发展资助项目”支持下完成。

** 北京师范大学历史学院副教授。

说明‘铸刑书于鼎’早已有之”。[①] 王沛先生在黄先生思路的基础上撰写了一系列论文，试图把铸造成文法的时间提前。[②] 李力先生不同意这一意见，主张“䵼”与铸造刑鼎无任何关联。[③] 郭永秉先生也主张“𠛬”不是铸造刑鼎，而是刑范之“刑”的本字，并进一步论证曾伯陭钺是西周早期明德慎罚思想的实证物，可能受到《吕刑》《厚父》等西周文献所反映的用刑治民思想的影响。[④] 笔者认为，曾伯陭钺与铸造成文法的确无甚关联；但该铭文“用为民𠛬”“非历殹井（刑）”等字眼似乎仍有疑问，渗透的周代社会思想背景还有阐发的空间，特此为文就正于方家。

一　铭文剩义

黄先生将钺铭释读为：

> 曾白（伯）陭铸戚戉（钺），用为民𠛬，非历殹井，用为民政。

与黄先生不同，刘雨、严志斌先生断句为：“曾白（伯）陭铸戚钺，用为民（正面）；𠛬非历殹（也），井用为民政（背面）。”[⑤] 笪浩波先生断句为：“曾白（伯）陭铸戚钺，用为民（正面）；𠛬非历殹井，用为民政（背面）。”[⑥] 数家相比，黄先生的断句更能令人接受。其一，兵器铭文的书写

---

① 黄锡全：《枣阳郭家庙曾国墓地出土铜器铭文考释》，黄锡全：《古文字与古货币文集》，文物出版社，2009，第119～131页；襄樊市考古队等：《枣阳郭家庙曾国墓地》，科学出版社，2005，第306～379页。

② 王沛：《刑鼎源于何时——从枣阳出土曾伯陭钺铭文说起》，《法学》2012年第10期，第109～115页；王沛：《曾伯陭钺铭文的再探讨》，中国政法大学法律古籍整理研究所编《中国古代法律文献研究》第9辑，社会科学文献出版社，2015，第1～13页。

③ 李力：《“䵼”、“殹”、“历”三字的疑难与困惑》，中国政法大学法律古籍整理研究所编《中国古代法律文献研究》第8辑，社会科学文献出版社，2014，第1～21页。

④ 郭永秉：《曾伯陭钺铭文平议》，中国政法大学法律古籍整理研究所编《中国古代法律文献研究》第10辑，社会科学文献出版社，2016，第1～19页。后文中以上先生的观点皆出自于这些文章，不一一赘述出处。

⑤ 刘雨、严志斌：《近出殷周金文集录二编》，中华书局，2010，第297页。

⑥ 笪浩波：《从近出土新材料看楚国早期中心区域》，《文物》2012年第2期，第57～65页。

空间较小，正面的话写不完，完全可以写到背面，未必在正面结束之处终结。其二，“用为民刑（型）”与“用为民政”能够工整地对应，而“刑非历殹井”与“井用为民政”不成词。其三，曾伯陭铸“戚钺”似乎并不是施加于“民”的刑具，而是首领权威的象征物；“用为民刑”则通，“用为民”则于史实有龃龉之处，详见下文。

黄先生隶定的“戚戉（钺）”，即《左传》昭公十五年中“其后襄之二路，鏚钺，秬鬯，彤弓，虎贲，文公受之，以有南阳之田，抚征东夏”的“鏚钺”。刘雨、严志斌先生隶定为“杀戉（钺）”。郭永秉先生从之，提出此字极有可能是西周春秋时期金文“殺”字所从；而“戚”是一种特殊形制的“钺”，两侧有齿牙形扉棱，从曾伯陭钺的形制看，它与真正的“戚”的差别很大，完全不具备称“戚”或者“戚钺”的条件；“杀戉（钺）”中“杀”表示其功能，与“食鼎”“羞豆”“盥盘”相一致。两说相较，应以黄先生“戚戉（钺）”说见长。其一，“戚戉（钺）”有文献依据，而“杀戉（钺）”欠缺。其二，青铜器的名称并不固定，不要说宋人的命名会存在误差，就是带有“自名”的青铜器都可能还有“代称”“连称”存在，如录盨（《集成》[①] 4357）称“盨簋”、滕侯苏盨（《三代》8·9·1）称“旅簋”、鲁大司徒元匜（《录遗》512）称“饮盂”、王孙诰戈（《文物》1980年第10期）称“戟”、犊共畋戟（《考古》1962年第1期）称“戈”，对此陈剑先生指出，所谓“代称”是以我们今天严格分类的眼光看的结果，古人往往混称而不加区别。[②] 窃以为，“戚戉（钺）”是王者自己使用的，以及王者册命诸侯或重臣的代表杀伐权力的礼器，即文献中的“斧（鈇）钺”：

> 王弗听，负之斧钺，以徇于诸侯。（《左传》昭公四年）
> 军旅鈇钺者，先王之所以饰怒也。（《史记·乐书》）
> 乃赦西伯，赐之弓矢斧钺，使西伯得征伐。（《史记·周本纪》）

---

① 中国社会科学院考古研究所编《殷周金文集成》修订增补本（简称《集成》），中华书局，2007。

② 陈剑：《青铜器自名代称、连称研究》，《中国文字研究》第1辑，广西教育出版社，1999，第335~370页。

> 喜怒有节，诛伐刑，赐以鈇钺，使得专杀。（《白虎通·考黜》）
>
> 帝曰：“军征校尉一统于督。（秦）彭既无斧钺，可得专杀人乎？”（《后汉书·郭躬传》）

“戚（鏚）”对应“斧”，“斧（鈇）钺”连言在典籍中不乏其例，也可上溯到金文中。虽然“斧钺”本是具体的刑罚实施物（如《国语·鲁语上》“其次用斧钺”，即对应“大辟”死刑），但后来逐渐礼仪化（青铜器中类似的例子不少，比如鼎原是炊器，簋原是食器，后成为礼器中最重要的器种；一旦礼仪化，原器的功能就会淡化，主上赏赐的“斧钺”一般也不用在战场，而是供奉在庙堂中）。值得注意的是，《左传》昭公十五年中周天子赏赐给晋文公“二路，鏚钺，秬鬯，彤弓，虎贲”，这正是王者对诸侯的赏赐，于是晋文公“以有南阳之田，抚征东夏”，拥有了对这一地区的杀伐大权。这样的语境，也是与代表诸侯征伐之权的“斧（鈇）钺”完全合拍的。

“用为民𠛬”一句，“𠛬”何指，系学者们争论的焦点。李力先生主张“𠛬”应隶定为“䵞”，春秋时期“贝”与“鼎”已经混同使用，而此“䵞”与下文的“井”为“同字同辞异构”，都是“法”，但与铸刑鼎无关，并以李学勤先生关于师同鼎铭文中“车”字的写法加以说明；郭永秉先生进一步指出“刑”古代有铸造青铜器的“刑范”之义，《荀子·强国》：“刑范正，金锡美，工冶巧，火齐得，剖刑而莫邪已。”后来往往写作“型”；“䵞”以“鼎”为意符，与“则”字从“鼎”情况类似，并引孙常叙先生的看法，认为“则”字从“鼎”，意谓“上一鼎是所比照的器样，下一鼎是比照器样仿制出来的模型母胎”。①郭先生指出，“䵞”与下文的“井”不是“同字同辞异构”，“井”当是“刑”的假借用法，当即刑罚之“刑”。

按李力先生所说的现象，应当属于金文中用同音字来“避复”的范围。②

---

① 孙常叙：《则、法度量则、则誓三事试解》，《孙常叙古文字学论集》，上海古籍出版社，2016，第7～26页。

② 徐宝贵先生以《杞伯鼎一》的“邾”字为例：器名为“鼄”，盖铭为“朱殳”，即以同音字替代的方法避免了形体的重复，使得词语避免呆板、书法更有变化（见徐宝贵《商周青铜器铭文避复研究》，《考古学报》2002年第3期，第261～276页）。曾伯陭钺中“井”为精纽耕部字，“刑”为匣纽耕部字，音近而通；且“刑”为“井”字派生而来。

但问题在于，“同字同辞异构”或是“避复”的确认，需要有明确的语境；或是有同类铭文辞例可以对勘。可是曾伯陭钺铭文非常晦涩，也欠缺同类铭文辞例，说“同字同辞异构”是欠缺证据的。郭先生说“㓝”为“刑范”“模范”，“井”为刑罚之“刑”，两个字意思本来不同，符合铭文常理，可从。笔者认为，这里“㓝”应是“刑范”“模范”的动词引申义，即学习、效法。① 曾伯陭钺系曾伯权威的象征物，“用为民㓝”，即以此钺为载体，引领曾国民众效法曾伯。《国语·鲁语上》中展禽言“慎制祀以为国典”，指出“尧能单均刑法以仪民”，谓尧能广建法范以为民之表率。此“刑法”也即“型范”，非刑罚。“刑法以仪民”与“用为民㓝（型）”一致，可参看。

“非历伊井”句，是铭文的难点，也是关键信息所在。铭文“伊”作“殹”，“殹”在金文中也可以作句尾的语气助词“也”，于是学者们对此的理解有分歧。但李力先生已经指出，“殹”作为句尾语气词“也”的现象，多出现在睡虎地秦简等文字中，并没有资料证明西周与春秋早期有这样的用法；“非历伊井”，应按黄锡全先生所说，解释成文献中常见的“非……伊……”的句式为妥。“历”，黄锡全先生读为“辟”，有杀伐、刑范之义；王沛先生认为“辟”有“乱”的意思；郭永秉先生认为“历”读为“丽”，理解为施加。诸家的意见或基于《尚书》《大戴礼记》乃至《战国策》等典籍训诂，往往时代晚于西周金文，也似有迂曲之嫌。事实上，“历”完全可以理解成商周金文中常见的“蔑历”之“历”。金文“蔑历”之“历”，出现了不少异体字，对此字的读音、含义，学者们讨论甚多，② 大体分成两种

① “用为”之后的字应以动词为妥。比如《诗·大雅·抑》中“匪用为教，覆用为虐”，《易·益》中“初九，利用为大作”，皆如此。而《诗·大雅·民劳》“惠此中国，以为民逑”的格式，与“用为民䢅”“用为民政”最相似：“以为”即“用为”；“逑”，《毛传》训为“合也”；《郑笺》训为“聚也”。可见“用为民㓝”“用为民政”中的“㓝”“政”也应是动词。

② 唐兰：《“蔑历”新诂》，《唐兰先生金文论集》，紫禁城出版社，1995，第 224～234 页；邱德修：《商周金文蔑历初探》，台北，五南出版社，1987；张光裕：《新见曶簋铭文对金文研究的意义》，《文物》2000 年第 6 期，第 86～89 页；晁福林：《金文“蔑历”与西周勉励制度》，《历史研究》2008 年第 1 期，第 33～42 页；鞠焕文：《金文“蔑历”新诂》，《古籍整理研究学刊》2017 年第 4 期，第 50～55 页。对“蔑历”的解说，诸家意见在二十种以上；对“蔑”的看法分歧极大，但对“历”的看法分歧相对较小。

意见：一是认为此字以“甘”为声；二是认为此字以“厤”为声。从现有资料看，此字应以“厤”为声。[①]“历”，《说文》“过也”，训为历行、功劳、功绩，它不只在册命金文中出现，也见于文献与其他金文。《尚书·大诰》“洪惟我幼冲人，嗣无疆大历服”即此。同样，铭文中“历”也用作动词，谓经历，如毛公鼎铭文（《集成》2841）：“历自今，出入敷命于外。”周代铭文称扬贵族功绩的现象屡见不鲜。曾伯陭属于一方诸侯，其铭文属于“言时计功”（《左传》襄公十九年，杜注：“举得时，动有功，则可铭也。”）的范围，也自然可以记录其征伐蛮夷之功。则“非历伊井”应当与此相关，是说此器并不是标榜功绩，更是提供惩治异族之法。

“用为民政”一句，各位学者并未给予太大关注，基本从黄锡全先生说，认为“刑”“政”是春秋战国时期的基本政治概念，基本能和后世的“德”“礼”相对应。但为何曾伯陭钺既是“刑”又是“政”，既是“德”又是“礼”的，似乎还有逻辑缺环。[②]窃以为这里的“政”应读为“征”。毛公鼎铭文（《集成》2841）：“赐女兹朕，用岁用政。”虢季子白盘铭文（《集成》10173）：“赐用弓，彤矢其央；赐用戉（钺），用政（征）蛮方。”鄂君启节铭文（《集成》12113）：“见其金节则毋政”，

---

① 其一，“历”字还有从口、从日、从田者，而形声字没有去掉声符再加声符的道理；伯硕父鼎铭假“六”为“历”。其二，“六”为来母觉部字，“厤”为来母锡部字，“甘”为见母谈部字，“六”与“厤”声母相同，韵部觉锡关系密切。见于省吾《释“蔑历”》，《东北人民大学人文科学学报》1956年第2期，第223～237页；张世超、孙凌安、金国泰、马如森《金文形义通解》，中文出版社，1996，第1104页；鞠焕文《金文“蔑历”新诂》，《古籍整理研究学刊》2017年第4期，第50～55页。

② 铭文中“用为民䵼”和“用为民政”对举，窃以为“政”应该有着与“䵼（型）”截然不同的内涵，并非“政令”之“政”。第一，因为铜器铭文字数非常有限，古人惜墨如金，说重复话的可能性是比较小的。倘若上一句说的是曾国为民众树立了可供效法的“型”，那么下一句还说以此作为在曾国实施的“政”就有问题：君主为自己树立权威（“型”）本来就是“政”的内容。第二，此器为钺，如果说君主用它进行杀伐的话，那也只属于“刑杀”之“刑”，它与“政”虽相关，但还有一定距离（《论语·为政》中孔子说“道之以政，齐之以刑”，“政”和“刑”对举，说明两者还是有差别的）。于是我们不得不思考“政”是不是有它解。我们结合两周之际的社会背景就会发现，周代华夏与蛮夷戎狄犬牙交错，华夏不绝如缕，“戎狄豺狼，不可厌也；诸夏亲昵，不可弃也”（《左传》闵公元年），可视为在异族压迫下华夏贵族的共识。铭文中“用为民刑”和“用为民政”对举的语气很可能是针对华夏和蛮夷戎狄两个角度说的，这样才能和上文的“非历伊井（刑）”之“井（刑）”衔接；征伐异族的社会背景，详见下文。

“不见金节则政”。毛公鼎与虢季子白盘铭文中的“政”指的是征伐，鄂君启节铭文的“政”指的是征税，但都说明“政”可读为“征”。曾伯陭钺的“政”应是征伐之“征”，“用为民征”意谓引领曾国民众征伐敌人。

通过以上的分析，铭文意思应是曾伯陭铸造了用于征伐蛮夷的戚钺，以此树立曾伯陭的权威，使民众效法；铸器不是夸耀其功业，而是提供惩治异族之法。这样理解似乎更顺畅一些。其中“用为民𠟭（型）”似是指对本族的“礼”，“用为民政（征）”似是指对异族的“刑”。

二　曾伯陭钺的用途

曾伯陭钺究竟是做什么用的？这是需要解决的关键问题。王沛先生指出它是周代的“刑器”。“刑器”一词见于《左传》襄公九年以及昭公六年，王先生认为它是铸刻法律规范铭文的青铜器。但是这样的说法禁不住推敲，因为曾伯陭钺铭文与其说记载了当时的法律规范条文，还不如说它只是在讲自身的用途。黄锡全先生曾指出与曾伯陭钺形制最相似的是西周早期的康侯钺（《集成》11778、11779），郭永秉先生在此基础上联系《尚书·康诰》《吕刑》以及清华简《厚父》，指出曾伯陭钺是西周时代“明德慎罚”思想的反映。显而易见，郭先生强调这件青铜器具有很强的教化意义。郭先生的看法，给人们认识这件特殊青铜器的性质带来很大启迪，但也有可以讨论的空间。因为“明德慎罚”是当时意识形态重要的内容，对整个周代都产生深远的影响。说曾伯受“明德慎罚”的影响，当是不错的。但说曾伯陭钺是西周时代“明德慎罚”思想的反映，则势必要建立在郭先生“非历伊井”等同于“非丽伊刑”（谓“不是要施用这刑罚”）的基础上，但支部的“历”与歌部“丽”通假的例子，系支、歌合韵，多发生在战国秦汉之后；我们还找不到两周之交的例子。[①] 另外，如果曾伯陭

① 上古音韵中支、歌合韵的例子极少，更多是在《楚辞》时代以后。见张道俊《〈说文〉段注合韵总论》，北京大学中国语言学研究中心编《语言学论丛》第46辑，商务印书馆，2012，第345页；王力《楚辞韵读》，《王力文集》第6卷，山东教育出版社，1986，第562页。

钺是“明德慎罚”思想的反映，这一精神又是如何传达给曾国民众的（“用为民刑”），也是值得思考的话题。

曾伯陭钺属于典型的礼器，它与一般的钺有所不同。黄锡全先生曾介绍：“此钺出在椁内棺外南侧中部，整器呈 T 字形。通长 19.3、刃宽 14.8 厘米，重 680 克。样式与一般的钺有所不同，而与传世之‘康侯斧（钺）’相似。”“此钺正反两面均有铭文，环钺形刃部铸铭。两面均为 9 字，计 18 字。”按青铜钺在商西周时期风行，进入春秋以后逐渐减少，有大型小型两类：大型钺通长在 30 厘米以上，用作政治、军事权力之象征，它们均出土于较大型墓葬中，墓主人皆属于高级贵族：《尚书·牧誓》中武王所杖的“黄钺”，《史记·周本纪》中武王斩纣头的“黄钺”、斩纣之嬖妾二女之头的“玄钺”即此；小型钺通长小于 30 厘米，多是实用兵器，往往出土于低级贵族墓葬中。① 曾伯陭钺虽是小型钺，但不大可能是实用兵器，因为曾伯陭并不是低级贵族，而是一国之君，曾伯陭拿着这把钺亲自上阵砍杀敌人的可能性比较小；并且曾伯陭钺铭文明言“用为民䵼（型）”“用为民政（征）”，则说明它是君主宣示权威的象征物，与西周时期大型钺的作用相同。人们会在钺上安装手柄（即文献中的“柲”，《左传》昭公十二年：“君王命剥圭以为鏚柲”，杜注：“柄也。”），以便于使用。这样钺之短者也要有臂膀大小（“剥圭以为鏚柲”即此），长者就要有一人高（北京故宫博物院藏宴乐攻战纹铜壶图案中就有一人高的钺）。曾伯陭钺、康侯钺并不大，但都有可以安插“柲”的孔，很可能插入的就是以“圭”为饰的“柲”，其用途无疑是礼仪性的。河北平山中山王嚳墓出土铜钺（《集成》11758），也可与曾伯陭钺参看，铭文为：“天子建邦，中山侯恖，作兹军鉞，以敬（警）氒（厥）众。”所谓“敬（警）氒（厥）众”即震慑，目的是在中山国民众中树立君主权威，而非以之杀人，与“用为民䵼（型）”如出一辙。

既然是“用为民䵼（型）”“用为民政（征）”，应当就存在一定的礼仪场合来宣扬曾伯的权威。《诗·商颂·长发》言：“武王载旆，有虔秉钺。如火烈烈，则莫我敢曷。”《史记·殷本纪》言：“伊尹从汤，汤自把

① 朱凤瀚：《古代中国青铜器》，南开大学出版社，1994，第 268 ~ 270 页。

钺以伐昆吾，遂伐桀。”《齐世家》言：“师行，师尚父左杖黄钺，右把白旄以誓。”《鲁世家》言：“已杀纣，周公把大钺，召公把小钺，以夹武王，衅社，告纣之罪于天，及殷民。”这些记载表明，钺可以使用在冲锋陷阵前发号施令等场合，其打击的对象主要是异族；对本族人只是震慑，而非诛杀，曾伯陭钺应也如此。我们可以推知，除了战前发号施令这样主要的用途之外，这类钺基本上放置在特定的宗庙或者府库中，这样才能体现出重礼器的特殊价值。

三 周代的“德”与“刑”

毋庸置疑，我们今天看到的传世典籍经过春秋战国学者的整理，而他们在述古过程中免不了把东周以后的社会现象附加到夏商西周的圣王身上，《左传》等文献所称述的夏之《禹刑》、商之《汤刑》与周之《九刑》就或多或少带有这样的印记，但这只是“刑”的萌芽，而并非大规模制定法典的表现。因为在夏商西周时代，中原王朝的君主权力建立在各个部族基础上，尚不具备秦汉以后那样的权威；既然是“异姓则异德，异德则异类”（《国语·晋语》），那么君主用统一的法令绳之于不同部族显然不现实；即便在周代宗族内部，还有血缘亲疏之别，并不具备“不别亲疏，不殊贵贱，一断于法，则亲亲尊尊之恩绝矣”（《史记·太史公自序》）的社会基础。

春秋人曾说“德以柔中国，刑以威四夷”（《左传》僖公二十五年），这代表当时人对族内外治理手段的不同认识，晁福林先生指出：“上古时代多强调内外有别。对外的征伐称为兵若刑，对内则强调德教。对于族内人员罪过的惩处，则多称为罚。……大致说来，我国上古时代族内用‘象刑’，族外用‘兵’刑。后来族外的兵刑渐用于族内，‘刑法’遂逐渐形成。”[①] 这

① 晁福林：《“五刑不如一耻”——先秦时期刑法观念的一个特色》，《社会科学辑刊》2014年第3期，第114~120页。

样的概括，就许多民族历史进化路径来看，应是符合情理的。[①]《韩非子·五蠹》曾说：“上古竞于道德，中世逐于智谋，当今争于气力。”上古时期的部落族邦，面积小、人口少、社会结构简单，生产方式较为落后，尚未经历经济飞跃带来的人性滑坡；民风也比后代要纯朴得多，这就是韩非眼中的“道德”之世。这一时期氏族部落内部的矛盾隐患，要明显少于异族给本族带来的威胁。从周代流传下来的众多记载看，人们对族内和族外矛盾，采取了截然不同的处理方式：族内靠的是“德”，以行为规范“礼”把社会道德精神渗透到贵族生活的方方面面，通过礼乐教化约束人心，同时对宗族成员的错误与罪责，采取令其异于其他宗族成员处境的方式，使其“知耻”，激发其悔过之心，从而停止恶行、痛改前非。《孔丛子·论书》记载，子张曾经请教孔子为什么“尧舜之世，一人不刑而天下治”，孔子指出“以教诫而爱深也”。所谓“教诫而爱深”，就包括对族众的善行的肯定与过失的感化，这虽是汉人的记载，但符合西周春秋时期的社会背

① 一般认为，周代已经具备严密的法条。据《尚书·吕刑》所记周代的刑罚就有墨、劓、刖、宫、大辟五刑，此外还有鞭刑和流放；判处五刑的律条共有三千条。《周礼·地官·大司徒》也说：“凡万民之不服教而有狱讼者，与有地治者听而断之，其附于刑者归于士。”周代不仅“狱讼有别”，“五刑”各有适用对象，而且形成了一定的司法体制。我们说，这的确是周代政治文化的一个方面，但如果把它放置在西周春秋史的大环境中，似乎并没有这么简单。首先，《吕刑》所言“五刑之属三千”，有夸张的意味。顾颉刚先生认为，这样的数字就出于夸大无疑［见刘起釪《尚书校释译论》，中华书局，2005，第2029页；《吕思勉读史札记》（增订本）上册，上海古籍出版社，2005，第351页］。退一步说，当时刑的数目即便缜密，但较之于后世也是少的。《汉书·刑法志》言汉成帝时下诏削减律条，就说“《甫刑》云：‘五刑之属三千，大辟之罚其属二百’，今大辟之刑千有余条，律令烦多，百有余万言，奇请无比，日以益滋，自明习者不知所由”。其次，《吕刑》强调化重为轻，突出了“赎”刑：判定刑罚若有疑点，即可以用“赎”代替肉刑，墨、劓、剕、宫、大辟的罚金都有明确的规定。这样的做法得到了西周后期铭文𠑇匜的印证，“牧牛”因犯上被判鞭刑一千与墨刑，但又加以赦免，改判鞭刑五百，罚金三百锊。《吕刑》中的赎刑等记载并非空穴来风。第三，《左传》昭公六年中叔向针对郑人“铸刑书”所讲的“昔先王议事以制，不为刑辟”，杜预解释为“临事制刑，不豫设法也，法豫设则民知争端”。对此的阐释学界分歧较大，但“制”与成文的“刑辟”相对，强调的是成文“刑辟”之外的带有临时性的处置手段。如果我们参之以孔子的“道之以政，齐之以刑，民免而无耻；道之以德，齐之以礼，有耻且格”（《论语·为政》）的话，不难发现“制”和周代“德”政的紧密关联。第四，周初的《尚书·康诰》中周公虽然向卫康叔提出了“义刑义杀”的要求，但“敬明乃罚”是其基本原则；或者说西周统治者关注的中心问题，不是刑杀而是周公以来的礼乐教化，这不仅是《吕刑》的立论基础，也是孔子以德治国、以礼治国的重要源头。结合这样的背景，本铭文的阐释就有了历史基础。

景。其具体的手段如“悬法象魏”“象刑”与放逐等。[①] 如果是更重的过失，非要处死本族贵族不可，则令其自行了断。[②] 所谓“德以柔中国”，即在族内发挥德教的作用。[③]

这样的看法与金文吻合：西周金文中“井”除人名地名之外，最常见的用法是读为“型”，谓效法先王先祖、树立典范，如师望鼎（《集成》2812）“望肈帅井皇考”、师载鼎（《集成》2830）“用井乃圣且考”、班簋

---

① 《周礼·天官·太宰》言：“正月之吉，始和，布治于邦国都鄙，乃悬治象之法于象魏，使万民观治象。”“象魏”本为君主宫门外的“魏阙”，统治者也在此悬示教令乃至施刑之图，用以震慑族众。是“象刑”。《尚书·尧典》言“象以典刑”，历代对“象刑”说法甚多，应即象征性的处罚为是。《荀子·正论》解释“象刑”为“墨黥”（以墨巾蒙头代替黥刑）、“共（宫），艾毕”（斩蔽膝代替宫刑）、“菲，对屦”（以穿枲履代替剕刑）、“杀，赭衣而不纯”（以无领之衣代替杀头之刑），即杨倞所说“象刑，异章服，耻辱其形象，故谓之象刑也”。即通过与其他族众不同的衣着样式羞辱之。此外还有流放，《尚书·尧典》言“流共工于幽州，放欢兜于崇山，窜三苗于三危，殛鲧于羽山”，即将犯过错的贵族驱逐于部族之外，取消其成员资格，任其自生自灭。孔颖达正义言：“流者移其居处，若水流然，罪之正名，故先言也；放者使之自活，窜者投弃之名，殛者诛责之称，俱是流徙，异其文，述作之体也。”

② 如《左传》僖公十年，晋惠公欲诛杀弑君之臣里克，遂令人告之：“微子，则不及此。虽然，子弑二君与一大夫，为子君者，不亦难乎?”里克回答说：“不有废也，君何以兴，欲加之罪，其无辞乎！臣闻命矣。”于是自杀。僖公二十八年城濮之战楚国失败后，楚王使人谓子玉说：“大夫若入，其若申、息之老何?”于是子玉“及连谷而死”。这样重臣赐死的现象在后代很常见，一定程度上可以理解为保持了上古时期以“礼”制裁贵族的风格。

③ 本文所说的“族内”，在周代基本指的是华夏族。周人从蕞尔小邦走来，通过分封天下和制礼作乐把自己的制度文化带到了势力所及的范围，促使周人文化圈大规模扩展，许多部族融入姬姓姜姓封国为代表的华夏族之中。考古资料表明，西周早期非周族还保留了自己的墓葬制度与等级关系，但是到西周中晚期这些差异已消失，“异族”物质特征与周人主流丧葬制度融为一体［〔美〕罗泰：《宗子维城：从考古资料的角度看公元前1000至前250年的中国社会》，吴长青、张莉、彭鹏等译，上海世纪出版股份有限公司、上海古籍出版社，2016，第265页］。这与文献记载合拍，《国语·郑语》中史伯所述西周末年的形势说：“当成周者，南有荆、蛮、申、吕、应、邓、陈、蔡、随、唐，北有卫、燕、狄、鲜虞、潞、洛、泉、徐、蒲，西有虞、虢、晋、隗、霍、扬、魏、芮，东有齐、鲁、曹、宋、滕、薛、邹、莒；是非王之支子母弟甥舅也，则皆蛮夷戎狄之人也。”其中的共同体组织已可得而数，见于文献记载的春秋时期的列国共百二十余，它们已远逊于周初的上千诸侯之数（沈长云：《华夏民族的起源与形成过程》，《中国社会科学》1993年第1期，第186～187页）。制度由周人内部推及华夏诸侯，他们在文化上拥有相似性，所以要“德以柔中国”；蛮夷戎狄文化面貌与华夏族迥异，对周王室的离心力较大，所以要“刑以威四夷”。“德”“刑”分用于华夏族内外，虽不可一概而论，但从大体趋势上看，是不错的。就曾伯陭钺铭文而言，作器者明显分成两个不同的表达层面；如果把它放到历史背景中解读，将这两个表达层面对应不同的人群和治理手段，是顺理成章的思路。

(《集成》4341)“文王孙亡弗褱井”等，这成为西周金文中极其重要的教化手段。“井”也可读为“刑”，作“刑罚”解，但数量很少，且惩罚的对象不是本族族众。如兮甲盘(《集成》10174)“敢不用令，则即井(刑)撲(践)伐……毋敢或入蛮宄贮(贾)，则亦井(刑)”，该铭文中周王朝统治者惩戒的不是华夏族众，而是“淮夷”部族。[①] 西周时期与刑罚相关的铭文也罕见杀伐，如师旂鼎(《集成》2809)中师旂之仆被判以罚金，䑣匜(《集成》10285)中牧牛被判以鞭刑与赎刑，曶鼎(《集成》2838)中曶的一方被判出丝等。《左传》昭公六年子产铸刑书时，叔向说先王对子民“闲之以义，纠之以政，行之以礼，守之以信，奉之以仁，制为禄位以劝其从，严断刑罚以威其淫”。可见周代统治者对华夏族内部成员的惩处，是以树立典范与道德感化(即“型”)为落足点以及主要手段，而刑罚杀戮倒是比较罕见的。[②]

通过以上的分析不难发现，曾伯陭作戚钺，杀伐的对象不会是华夏族众，而是对华夏族众带来威胁的异族。就族众而言，与曾伯同仇敌忾，是保障部族安全的最重要手段；就曾伯而言，调度曾国人力物力戡乱御辱，是在国中树立权威的不可或缺的途径。文献中许多记载都表明，在讨伐异族前后，部族首领能够通过一系列有效手段团结部族成员：《尚书·汤誓》中商汤伐夏前对族众言“尔尚辅予一人，致天之罚，予其大赉汝；尔无不信，朕不食言”；《尚书·牧誓》中周武王也勉励伐商各族族众“尚桓桓如虎、如貔、如熊、如罴，于商郊弗迓克奔，以役西土，勖哉夫子”；《诗经·大雅·绵》言周文王时打击戎狄，“混夷駾矣，维其喙矣”，并且四方族众投奔周人，“予曰有疏附，予曰有先后。予曰有奔奏，予曰有御侮”。这表明在外患面前，族众受到巨大的感化，从而团结一心。“用为民𠛱(型)”即谓以曾伯陭钺为象征物，使民众效法曾伯，效命于其麾下。

---

① 值得注意的是，牧簋(《集成》4343)铭文中说“毋敢不明不中不井”，此处的“井”，应即“明型”先王之“型”，也即效法，和刑狱关系不大。

② 相当一个时期，统治者对族众采取威慑的方式，而不是大规模杀伐族众。比如：“用命，赏于祖；弗用命，戮于社，予则孥戮汝。”(《尚书·甘誓》)“无有远迩，用罪伐厥死，用德彰厥善。”(《尚书·盘庚》)“尔所弗勖，其于尔躬有戮。”(《尚书·牧誓》)从这样的语汇中，我们不难发现，说统治者与其要以武力惩罚族众，还不如说用语言震慑族众，使之在征伐、迁都等事件上顺从自己的意志。

针对异族用“刑”，是上古时代常见的现象。吕思勉先生基于《国语·鲁语上》“大刑用甲兵，其次用斧钺，中刑用刀锯，其次用钻笮，薄刑用鞭扑，以威民也；故大者陈之原野，小者致之市朝”，以及《汉书》在《刑法志》中称述兵制，指出“刑之始，盖所以待异族”。[①] 商西周时期蛮夷戎狄部族与华夏族犬牙交错，征伐异族的金文数量则更大。《诗经·鲁颂·閟宫》言“戎狄是膺，荆舒是惩”；《左传》闵公元年言“戎狄豺狼，不可厌也；诸夏亲暱，不可弃也”；成公四年言“非我族类，其心必异”。在蛮夷与华夏族频繁的战事中，华夏族凝聚力增强，能团结对外。

在两周之交，姬姓的曾国是周王在江汉地带抵御蛮夷、遏制楚国势力膨胀的重要防线，也是王朝掌控南土铜锡资源的重要据点。[②] 如今大多数学者认为曾、随属一国。[③] 两周之际的曾国，拥有汉东、汉北直至南阳盆地一带的广袤区域，是周王朝在南方经营的重要据点，《左传》桓公六年说“汉东之国随为大”，但它所面临的异族威胁也非常大。《史记·周本纪》载：“昭王之时，王道微缺，昭王南巡狩不返，卒于江上。其卒不赴告，讳之也。”周王室南征荆楚，曾国自然要配合中央王朝的军事行动，安州六器中的中甗（《集成》949）铭文记载昭王命“中”巡南国，从后

① 吕思勉：《先秦史》，上海古籍出版社，1982，第425~426页。

② 张昌平：《论随州羊子山新出噩国青铜器》，《文物》2011年第11期，第87~94页；黄石市博物馆：《湖北绿铜山春秋时期炼铜遗址发掘简报》，《文物》1981年第1期，第30~39页；易德生：《周代南方“金道锡行”试析》，《社会科学》2018年第1期，第146~154页。

③ 李学勤先生在二十世纪七十年代末提出铭文中的曾国即文献记载的随国，这一观点引起了学者们的广泛关注。近年曾侯舆墓出土的铭文编钟，记载公元前506年吴国攻破楚国都城、曾侯救楚王这一事件，与文献记载的随侯救楚王可以对应。虽然张昌平先生认为不能排除存在另一个诸侯国随国的可能，但随州文峰塔曾国墓地新出随大司马嘉有戈表明，就现在的资料看曾、随一国的观点是较为合理的。见李学勤《曾随之迷》，《光明日报》1978年10月4日；李学勤《由新见青铜器看西周早期的鄂、曾、楚》，《文物》2010年第1期，第40~43页；湖北省文物考古研究所等《随州文峰塔M1（曾侯舆墓）、M2发掘简报》，《江汉考古》2015年第1期，第3~51页；江汉考古编辑部《“随州文峰塔曾侯舆墓”专家座谈会纪要》，《江汉考古》2014年第4期，第52~60页；张昌平《随仲芈加鼎的时代特征及其他》，《江汉考古》2011年第4期，第71~76页；黄锦前《随州新出随大司马嘉有戈小议》，《江汉考古》2013年第1期，第80~83页。

至曾抵鄂；静方鼎铭文也记载了周王派臣子到了曾和鄂一事。[①] 高崇文先生根据曾、鄂考古新发现考证昭王伐楚的路线应是从成周出发，经南阳盆地而抵达汉东的曾、鄂之地，亲率驻守在曾、鄂的王师，由汉东向汉西“涉汉伐楚”。[②] 距离汉水很近的两周之际的枣阳郭家庙曾国墓地（这就是曾伯陭钺的出土地）表明，曾国就成了周王朝在汉东地区防范楚国东进的重要根据地。楚国和随的冲突屡见于文献。[③]

险恶的处境使曾国内部同仇敌忾，曾伯陭钺中“非历伊井”之“井”，与兮甲盘（《集成》10174）“敢不用令，则即井（刑）撲（践）伐”用法一致，谓惩治异族之法；“用为民政（征）”，则说明该器是征伐异族的象征物，与西周时期大型钺的作用相同。曾伯陭钺虽为曾伯自作器，非周王赏赐，但也表明曾伯有对异族的杀伐之权。《后汉书·陈宠传》所说的“礼之所去，刑之所取，失礼则入刑，相为表里”的现象固然是事实，[④] 但从曾伯陭钺与《左传》等文献反映的两周之交的历史看，针对华夏内部的主要是“德”，针对蛮夷戎狄的主要是“刑”，两者有别。[⑤]

---

① 徐天进：《日本出光美术馆收藏的静方鼎》，《文物》1998 年第 5 期，第 85 ~ 87 页。

② 高崇文：《从曾、鄂考古新发现谈周昭王伐楚路线》，《江汉考古》2017 年第 4 期，第 54 ~ 58 页。

③ 《史记·楚世家》所载楚武王三十五年（前 706），楚武王亲自带兵发动了对随国的第一次征伐，无功而返；三十七年（前 704），楚武王再度伐随，“与随人盟而去”；五十一年（前 690），楚武王第三次伐随，病死途中；前 640 年，楚国第四次伐随，《左传》僖公二十年记载：“随以汉东诸侯叛楚。冬，楚斗谷於菟帅师伐随，取成而还。”楚武王、楚成王伐随东扩，致使随国的势力逐渐衰退。

④ 周代“礼仪三百，威仪三千”（《礼记·中庸》），这些礼俗对贵族生活带来有效的约束力。但对违礼者就不能不加以制裁，起初不过是“谤议指摘而已”；但“悍然犯礼者非谤议指摘所能止，乃不得不制之以力，于是有所谓法”。这就是“失礼则入刑”。见吕思勉《先秦史》，上海古籍出版社，1982，第 423 页。

⑤ “礼之所去，刑之所取；出礼则入刑，相为表里。”（《汉书·陈宠传》）谓人的行为倘若超出了“礼”的范畴，就要落入刑罚的制裁中，“礼”和“刑”的关系是互为表里的。这诚然是任何社会都存在的现象，但我们势必要考虑到周代以德治国、以礼治国以及“德以柔中国，刑以威四夷”的时代特点，那么就会发现，针对“中国”贵族的手段主要是“德”而不是“刑”，针对蛮夷戎狄的手段主要是“刑”而不是“德”。《论语·为政》中孔子言：“道之以政，齐之以刑，民免而无耻；道之以德，齐之以礼，有耻且格。”我们能从中看到“失礼则入刑”的痕迹，但是孔子倡导的是“礼”与“德”。《春秋公羊传》成公十五年称“内诸夏而外夷狄也”，《汉书·匈奴传赞》一开始就说“《书》戒‘蛮夷猾夏’，《诗》称‘戎狄是膺’，《春秋》‘有道守在四夷’，久矣夷狄之为患也”，相当程度上就带有“刑以威四夷”的痕迹。

综上所述，曾伯陭钺并不是上古时期标明法令条文的“刑器”，而是曾伯在征伐异族等场合中在曾国族众面前发号施令、宣示权威的礼器。一方面，曾伯用自己征伐蛮夷的威仪为族众提供效法的范例，起到对曾国族众的教化作用；另一方面，曾伯把蛮夷当作打击对象，施加杀伐之刑。这样的解释，不仅基于曾国在两周之交的复杂历史背景，而且与上古时期族内外环境的巨大差别是合拍的。

《中国古代法律文献研究》第十四辑
2020 年，第 023～061 页

睡虎地秦简法律文书集释（九）：《法律答问》111～135 简*

中国政法大学中国法制史基础史料研读会

摘　要：本文对睡虎地秦墓竹简《法律答问》的 111～135 简予以集释，就一些字句提出理解：115 简“以乞鞫”，“以”或为“欲”字残笔，《二年律令·具律》114 简有“欲气（乞）鞫”文例。116 简“人固买（卖）”，可理解为有的收人原本会被卖，《奏谳书》122～123 简中记录了黥城旦讲的妻、子作为收人被卖的情况。121 简“定杀”之“定”，或可理解为确定的、实际的，定杀或可释为“按确定的（规定的）方式处死”。121～123 简均见对疠者的处置方式，有定杀、迁往疠所之别。124 简“捕赀罪”者需要承担责任的原因，推测是被捕者未见有暴力拒捕情节，而抓捕者却故意（“端”）使用兵器将其刺杀；对致死者处以完城旦，致伤者处以耐为隶臣妾，其中不无赀罪为轻罪罪人及捕赀罪属于官方执法行为的因素。125 简所见“盗戒（械）”是一种施加械具的强制措施，其施加对象包括已决犯，汉简中也有施加于

* 本文研读的主持人为徐世虹教授。初稿由参加读书会轮读的成员撰写、讨论、修改。一、二、三稿统稿人：徐世虹、支强、朱潇、王安宇、齐伟玲、刘自稳、闫振宇、黄巍、舒哲岚、王雨嘉。又，本文所引张家山汉简皆出自文物出版社 2006 年出版的张家山汉墓竹简整理小组《张家山汉墓竹简〔二四七号墓〕》（释文修订本），为避文烦，文中不再逐一出注。

嫌疑犯的记载。127~128简的答问，意在说明如何处置大夫甲这种较特殊的“累犯”。对其赀一盾的判罚，是两次作官府不能合并执行因而加罚所致；对其耐的处罚，亦是由于作官府与耐两种劳役难以合并执行，因而耐吸收了作官府所致。131简答问的主旨是对携带公物逃亡者的盗罪认定及其处罚方式的确定：如其自出则不认定盗罪，追究亡罪；如被官府抓获则认定盗罪，盗罪轻于亡罪则以亡罪论处。132简的“已奔”，指已经登记入“奔书”。“奔书”很可能是记录黔首、刑徒逃亡情况的文书。此外，本条答问涉及刑徒逃亡而自出的处置方式，处置因主体与自出情形的不同而异。133简“公痒（癃）”或指身份上隶属于官府的癃病人员。守官府的罢癃者逃亡捕得后比照“公痒（癃）”处罚，或是由于两者都是残疾人员而工作内容相似。135简设问的原因在于，所捕获的罪人同时犯亡罪和完城旦罪，应怎样进行购赏。结合《二年律令·具律》122~124简推断，无论是以完城旦罪人身份逃亡，还是以其他身份逃亡获刑完城旦舂，都是以其实罪（完城旦舂）处理。因此，“捕亡完城旦”以“捕完城旦”购赏，赏金二两与《二年律令·捕律》137~138简所见标准一致。

关键词： 人固买（卖）　定杀　已奔　盗戒（械）　从事有（又）亡　亡完城旦

【简文】

葆子獄未斷而誣☐當刑鬼薪勿刑行其耐有斅城旦六歲可謂當刑爲鬼薪·當耐爲鬼薪未斷以當刑隸臣及 111

完城旦誣告人是謂當刑鬼薪 112

【释文】

“葆子獄未斷而誣【告人，其罪】當刑鬼薪，勿刑，行其耐，有（又）斅（繫）城旦六歲。”可（何）謂“當刑爲鬼薪”？·當耐爲鬼薪未斷，以當刑隸臣及 111 完城旦誣告人，是謂“當刑鬼薪” 112。[1]

【集释】

［1］当耐为鬼薪未断……是谓“当刑鬼薪”。

陶安あんど：三个答问[①]共同的问题设定，已如前文所述。葆子在因一定的犯罪行为而被调查期间，又犯诬告罪。作为具有法律意义的要素，以下四点值得注意：1. 初期犯罪的轻重；2. 诬告罪的轻重；3. 兼顾两者而决定的量刑（以下称“加重的量刑”）；4. 因葆子身份特权而照顾的量刑（以下称“减轻的量刑”）。……在秦律中，实际科刑被身份所左右。如对上造的“刑城旦舂”置换为“耐鬼薪白粲”，对司寇与隶臣妾的“耐司寇”加重为“耐隶臣妾”与“系城旦舂”等。各罪名设定的只是刑名，但刑罚并不确定，最终的刑罚考虑身份要素而决定。因此，对于因初期犯罪身份变化而不能确定的、审讯中的犯罪，就需要寻求特别考虑，《法律答问》也以同样的理由，以审讯中有可能发生的最典型的犯罪类型诬告为例，进行推测。[②]

宫宅潔：“刑鬼薪”刑是在如下复杂条件下判处的，即葆子犯了应该判为耐鬼薪的罪行，正在接受调查时，诬告他人而应判处刑隶臣或完城旦罪。而且，实际上也未使用肉刑，而是判处耐鬼薪＋城旦劳役六年。……“刑鬼薪”这样的刑罚理论上是可以存在的，不过，实际上它并未被施行过。而且，“何谓当刑为鬼薪”发问本身，就反映出它不是一个正规的刑名。[③]

韩树峰：此简中的耐鬼薪没有被完城旦吸收，似乎反映完城旦并不比耐鬼薪处罚更重。……罪犯是以刑隶臣和完城旦两条罪诬告人，两条罪相加，肯定超过了耐鬼薪。但是，对罪犯判两种徒刑显然不符合实际，所以在耐鬼薪白粲的基础上加判肉刑。[④]

张传玺：109～112简设置了葆子犯有实罪狱未断时又犯有诬告罪的三种情境。……“刑鬼薪”“刑隶臣”“刑城旦”都不是原审法定刑和诬告

① 集释者注：作者将108～112简分为答问①②③，“三个答问”即指此。

② 〔德〕陶安あんど：《秦漢刑罰体系の研究》，東京外国語大学アジア・アフリカ言語文化研究所，2009，第102、105～106页。

③ 〔日〕宫宅潔：《中国古代刑制史研究》，杨振红等译，广西师范大学出版社，2016，第103页。

④ 韩树峰：《秦汉徒刑散论》，《历史研究》2005年第3期，第39页。

法定刑加起来的量刑，而是所诬告之罪的该当刑罚。……“刑鬼薪”不是独立的规定刑，而是由“刑隶臣”和“完城旦”在诬告罪的语境下复合而成。……“刑鬼薪”的构成逻辑更可能是，先假定被诬者受肉刑成为隶臣，之后犯完城旦罪，因承受腐刑者①不能成为城旦刑徒，故将完城旦替换为鬼薪。②

【按】对“当刑鬼薪”的理解可参考中国政法大学中国法制史基础史料研读会对《法律答问》108 简“当刑隶臣”的按语。③“以当刑隶臣及完城旦诬告人”中“及”的理解暂从整理小组。对本简中“狱未断”的葆子犯诬告罪处以“当刑鬼薪”，即“前罪未判罚又犯新罪”的处理理据，诸家存在不同认识。韩树峰先生认为，本简中葆子前罪为“耐鬼薪”，后罪为“以刑隶臣和完城旦两条罪诬告人”，后罪更重，本应按“吸收原则”判罚，但由于无法同时执行“刑隶臣”和“完城旦”两种徒刑，故在前罪耐鬼薪的基础上加判肉刑得“刑鬼薪”。陶安先生认为，前罪耐鬼薪未断，又“以当刑隶臣及完城旦”诬告人，简文可能需要修正，诬告罪应为“耐（隶臣）及完城旦”，鬼薪白粲犯“耐罪到完城旦舂”罪时，恰好加刑为“刑鬼薪”。张传玺先生认为，“未决”之狱视为已决，对“狱已决”后的犯罪适用“诬告反坐”原则处理。被诬告“刑隶臣”和“完城旦”两罪者如果接受处罚，将被处“刑鬼薪”，以此反坐诬告者故处以“刑鬼薪”。

【译文】

“葆子犯案尚未判决，又诬告人，应获刑刑为鬼薪，不要执行肉刑，执行耐刑，又系城旦六年。”·什么叫“应当刑为鬼薪”？应被耐为鬼薪的，（案件）尚未判决时，以应处刑为隶臣和完城旦的罪名诬告人，这就是“应当刑为鬼薪”。

---

① 集释者注：论者认为“刑隶臣”与“腐宫隶臣”可能有直接关系，单从“刑”字指向看，“刑隶臣”可指腐隶臣。“腐为宫隶臣”很可能就是“刑为隶臣”，或是“刑为隶臣”的一种。

② 张传玺：《睡虎地秦简〈法律答问〉“狱未断”诸条再释——兼论秦及汉初刑罚体系构造》，中国政法大学法律古籍整理研究所编《中国古代法律文献研究》第 12 辑，社会科学文献出版社，2018，第 148、152、156、158 页。

③ 中国政法大学中国法制史基础史料研读会：《睡虎地秦简法律文书集释（八）：〈法律答问〉61～110 简》，中国政法大学法律古籍整理研究所编《中国古代法律文献研究》第 13 辑，社会科学文献出版社，2019，第 74 页。

【简文】

可謂贖鬼薪鋈足└可謂贖宫·臣邦真戎君長爵當上造以上有辠當贖者其爲羣盜令贖鬼薪鋈足其有府辠 113

贖宫其它辠比羣盜者亦如此 114

【释文】

可（何）謂“贖鬼薪鋈足”？可（何）謂“贖宫”？·臣邦真［1］戎君長，爵當上造以上，有罪當贖者，其爲羣盜，令贖鬼薪鋈足；其有府（腐）罪 113，【贖】宫。其它罪比羣盜者亦如此［2］114。

【集释】

［1］真

整理小组：指纯属少数民族血统，见“真臣邦君公有罪”条。①

何四维：纯粹的（genuine，true）。如下 D157 解释“臣邦父母产子及产他（它）邦”，臣属邦父母所生的孩子和那些生于其他邦的孩子。这些孩子与臣属邦的父与秦母所生夏子相对应。②

罗新：只有那些其父母血统都与华夏无关的臣邦“君公”（无论他们出生在臣邦还是出生在它邦）才可以算作“真”。……秦律把已归附的蛮夷称为“真”，是与尚未归附的“外臣邦”相对而言的。③

工藤元男：“真”的第一定义就是“秦之臣属国的父母所生的孩子”……第二定义的“真”是“虽然父母都是他国人，但（本人）后来入秦并定居的人”。④

渡边英幸：“真”是有“臣邦”父母双亲的孩子与生于“它邦”的人，即可以理解为“纯粹的非秦人”。⑤

［2］其它罪比群盗者亦如此

① 《法律答问》简 177 载：“‘真臣邦君公有罪，致耐罪以上，令赎。’可（何）为‘真’？臣邦父母产子及产他邦而是谓‘真’。”睡虎地秦墓竹简整理小组：《睡虎地秦墓竹简》，文物出版社，1990，第 120、135 页。

② A. F. P. Hulsewé, *Remnants of Ch'in Law*, Leiden E. J. Brill, 1985, p. 152.

③ 罗新：《“真吏”新解》，《中华文史论丛》2009 年第 1 期，第 125、127 页。

④ 〔日〕工藤元男：《睡虎地秦简所见秦代国家与社会》，〔日〕广濑薰雄、曹峰译，上海古籍出版社，2010，第 90 页。

⑤ 〔日〕渡边英幸：《秦律的“夏”与“臣邦”》，收入杨一凡、〔日〕寺田浩明主编《日本学者中国法制史论著选　先秦秦汉卷》，中华书局，2016，第 266 页。

整理小组：秦对少数民族有优待的规定，如《后汉书·南蛮传》："及秦惠王并巴中，以巴氏为蛮夷君长，世尚秦女；其民爵比不更，有罪得以爵除。"可参考。

何四维：对于其他类似于群盗罪的罪行，同样适用这条规则。(译)[①]

戴世君：其他罪与群盗罪处罚同等的照此处理。原译未把罪名与刑罚名区分开来，或者说群盗罪只应有一种，不存在其他相同的群盗罪。[②]

【按】本条答问以"臣邦真戎君长"犯罪为例，说明"赎鬼薪鋈足"和"赎宫"的适用。如渡边英幸先生所说："相当于上造以上有爵者的'臣邦真戎君长'犯了群盗、腐罪时，也适用'赎'刑。这些都可以理解为是对于'君长''君公'的一种优遇规定。"[③] 即这些"臣邦真戎君长"是"纯粹的非秦人"，本不在秦的爵位等级序列之中，而又因其地位特殊，故将其视为具有"上造以上"爵位者。这些人若犯罪且"有罪当赎"，可根据其犯罪行予以"赎鬼薪鋈足"或"赎宫"的处罚。其中犯群盗罪者"赎鬼薪鋈足"，犯腐罪者"赎宫"，犯有可比照群盗罪的"它罪"，也如犯群盗罪者一样"赎鬼薪鋈足"。

【译文】

什么是"赎鬼薪鋈足"？什么是"赎宫"？·臣邦真戎君长，相当于爵位上造以上，有罪允许赎罪的，他们犯了群盗罪，允许赎为鬼薪鋈足；犯了处宫刑的罪，赎宫。他们有其他可比照为群盗的犯罪，也照此办理。

【简文】

以气鞫及爲人气鞫者獄已斷乃聽且未斷猶聽殹獄斷乃聽之失鋈足論可殹如失刑辠 115

【释文】

以［1］乞鞫及爲人乞鞫者，獄已斷乃聽，且未斷猶聽殹（也）？獄斷乃聽之。失鋈足，論可（何）殹（也）？如失刑罪 115。

---

① A. F. P. Hulsewé, *Remnants of Ch'in Law*, p. 152.

② 戴世君：《云梦秦律注释商兑（续三）》，简帛网，http：//www. bsm. org. cn/show_article. php? id=854，2008 年 7 月 19 日首发。

③ 〔日〕渡边英幸：《秦律的"夏"与"臣邦"》，第 250～251 页。

【集释】

［1］以

整理小组：以，此处读为已。

何四维：此简的第一个字无法辨识。整理小组释为是“以”，但考虑到“以”字在这些简上的通常形态，例如113简中间和117简第六个字的“以”，这是不太可能的。整理小组希望将其解释为“已”的借用词，并将其翻译为“已经”。然而有三个反对的理由。第一，就在完全同一的本简的第十一个字是一个清晰可见的“已”，它的意思是“已经”。第二，“已经”的语义并不符合此处的语境。第三，对“以”和“已”的混淆来源于将“㠯”（“以”的异体字）误读为“已”，而不是将“以”与“已”混同；这种误读在后文经常出现。①

【按】整理小组将“以”读为“已”，简文指“已经乞鞫”和“已经为他人乞鞫”者。一说“以”为“欲”字残笔。现与睡虎地秦简《法律答问》中七处“欲”字字形比较，可见本简字形与“欲”字下半部相似。可参考表1。

表1　115简“□”与《法律答问》中“欲”字字形比较

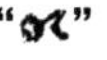

简号	115	30	31	69	76	176A	176B	205
字形								

“欲乞鞫”见于《二年律令·具律》114简：“罪人狱已决，自以罪不当，欲气（乞）鞫者，许之。气（乞）鞫不审，驾（加）罪一等；其欲复气（乞）鞫，当刑者，刑乃听之。”

【译文】

乞鞫及为他人乞鞫的，是在案件判决以后受理，还是在没有判决以前就受理？案件判决以后再受理。判处鋈足不当，应如何论处？比照失刑罪论处。

① A. F. P. Hulsewé, *Remnants of Ch'in Law*, pp. 152－153.

【简文】

隸臣將城旦亡之完爲城旦收其外妻子＝小未可别令從母爲收·可謂從母爲收人固買子

小不可别弗買子母謂殹116

【释文】

“隸臣將城旦，亡之，完爲城旦，收其外妻、子［1］。子小未可别，令從母爲收。”·可（何）謂“從母爲收”？人固買（賣）［2］，子小不可别，弗買（賣）子母謂殹（也）116。

【集释】

［1］外妻、子

整理小组：指隶臣之原未被收其身份仍为自由人的妻、子。

何四维：生活在外面的妻子和其孩子。（译）①

李力：“外”在此是与“内”相对而言的。“隶臣”因犯罪被拘禁在狱中，此为“内”；其妻、子未受其牵连而被收孥，此为“外”。又，从上下文看，“外妻、子”似乎当连读为“外妻子”为好，即“妻子”为一个词。在此应理解仅“收”隶臣之妻子。理由是：若读为“收其外妻、子”，则意味着“子”也被收了。否则后一句“子小未可别，令‘从母为收’”之规定还有何意义？②

陶安あんど：隶臣存在有“外妻”和“外子”的情况。其指具有庶人身份的妻子，与不能成为收对象的身份是隶臣妾的妻子有所区别。身份已是隶臣妾的妻子，不能因为收而成为隶臣妾，而庶人身份的妻子，还有适用一般没收规定的空间。本答问确认了对这样的“外妻”与“外子”适用“收”的事实。③

朱红林：“外妻”之“外”，是相对于隶臣的居住区而言的，隶臣的妻子如果是身份自由的编户齐民，按照法律就不能和隶臣住在一起，故称“外”。④

① A. F. P. Hulsewé, *Remnants of Ch'in Law*, p. 153.

② 李力：《“隶臣妾”身份再研究》，中国法制出版社，2007，第414～415页。

③ 〔德〕陶安あんど：《秦漢刑罰体系の研究》，第60页。

④ 朱红林：《试说睡虎地秦简中的“外妻”》，收入张德芳主编《甘肃省第二届简牍学国际学术研讨会论文集》，上海古籍出版社，2012，第493～494页。

【按】《二年律令·收律》174简“罪人完城旦舂、[①]鬼薪以上，及坐奸府（腐）者，皆收其妻、子、财、田宅”，可见被判处完城旦之男性，其妻、子以及财产田宅均要被官府没收。本简中隶臣被判处“完城旦”，符合被收之条件，故此处“妻、子”应包括妻和子。“外”字内涵，可从李力、朱红林先生的意见。“外妻”当指隶臣具有自由民身份的妻子。《秦律十八种·司空律》141～142简“隶臣有妻，妻更及有外妻者，责衣”，所见“外妻”与“更隶妾”相对，《岳麓书院藏秦简（肆）》160/1256简亦有“隶臣以庶人为妻”，[②]可见隶臣可以自由民为妻。以此推测，本简“外子”指隶臣具有自由民身份的子女。

［2］人固买（卖）

整理小组：人肯定要卖。（译）

何四维：在此简中“买”这个词出现了两次，而很明显第二次出现时的意思是“出售”，第一次出现时意思无疑应该是“购买”，否则提到“人”，即“（其他）人”，将会显得令人费解。然而，整理小组却将其翻译为“出售”。[③]

鲁惟一：人们肯定可以购买他们。[④]

周守晋：一定要买（孩子的母亲）……第一个“买”不应改读为“卖”。[⑤]

陶安あんど：“收”字下可能有重文符号脱落，何四维已经指出了“人固卖”很难理解，但即使改读为“人固买”，在文意理解上仍然存在困难。[⑥]

朱红林：收人往往是要被官府卖掉的，也就是说妻和子被收之后，一般来说未必能待在一起，但是因为“子小未可别”，所以才做出“从母为

---

① 集释者注：三国时代出土文字资料研究班释文为“罪人完城旦、鬼薪以上……”，参见〔日〕冨谷至編《江陵張家山二四七號墓出土漢律令の研究　譯注篇》，朋友書店，2006，第112页。

② 陈松长主编《岳麓书院藏秦简（肆）》，上海辞书出版社，2015，第121页。

③ A. F. P. Hulsewé, *Remnants of Ch'in Law*, p. 153.

④ 〔英〕鲁惟一：《关于葆子、隐宫、隐官、宦与收等术语——兼论赵高的宦官身份》，刘国忠、程薇译，陈建明主编《湖南省博物馆馆刊》第2期，岳麓书社，2005，第390页。

⑤ 周守晋：《出土战国文献语法研究》，北京大学出版社，2005，第181页。

⑥ 〔德〕陶安あんど：《秦漢刑罰体系の研究》，第447页注释32。

收”的规定，就是说把母亲和婴儿在一起关押。①

【按】陶安先生将此句译作“收人固然应该卖”。② 具体而言，“人固买（卖）”可理解为有的收人原本会被卖。《奏谳书》案例十七 122～123 简“妻子已卖者，县官为赎。它收已卖，以贾（价）畀之”，案例中城旦徒之妻、子被收后又出卖，可见“收人”中确有被卖者。本简或是举一身份为收人的母亲被卖的例子来解释“从母为收”，因为“她的孩子年幼无法与母亲分开（子小不可别）”就不再卖掉她。或说本简是举一普通生活经验中的出卖人的行为为例，即人本来就有出卖的情况，因子小未可别而不卖母亲，以此解释“从母为收”，解释重点在于“从母”。

【译文】

“隶臣监领城旦，城旦逃亡，隶臣完为城旦，没收他的外妻、子。他的孩子年幼，还不能分离，可以‘从母为收’。” ·什么叫“从母为收”？意思是人本来应该被卖，但她的孩子年幼，不能分离，就不要卖孩子的母亲。

【简文】

當耐司寇而以耐隸臣誣人可論當耐爲隸臣■當耐爲侯辠誣人可論當耐爲司寇 117

【释文】

當耐司寇而以耐隸臣誣人，可（何）論？當耐爲隸臣。｜當耐爲侯（候）罪誣人，可（何）論？當耐爲司寇 117。[1]

【集释】

[1] 当耐为侯（候）罪诬人，可（何）论？当耐为司寇。

整理小组：“候”字下当有脱文。

何四维：整理者们正确地察觉到抄写者在“侯”这个字后面一定漏掉了一段话。考虑到答复和从类似的例子判断，这段文本应该包含“耐为司寇”这些字。③

中央大秦简讲读会：本人犯了相当于“耐为候”的罪而诬告人。也许

① 朱红林：《试说睡虎地秦简中的“外妻”》，第 494 页。

② 〔德〕陶安あんど：《秦漢刑罰体系の研究》，第 60 页。

③ A. F. P. Hulsewé, *Remnants of Ch'in Law*, p. 154.

“诬人”之下有脱文“而以耐司寇”。①

张金光：“俟”下当脱“以耐司寇”四字……由于诬人而改判为耐司寇，无疑，其必系以耐司寇诬告人。②

陶安あんど：整理小组等认为“俟”字下脱文，未必正确。如将“当耐司寇”作为两个答问共通的前提条件，则文意无过与不足。确实，耐司寇的被告以耐为候诬告，不加重处罚而直接处以耐司寇，稍欠合理。试想，从司寇加重为隶臣妾，反倒与以耐隶臣妾相当的诬告行为没有差异了。正是因为存在这样的矛盾，才产生了这些答问。③

藤井律之：恐怕脱落了重文符号，推测或应解释为“当耐 = 为 = 候 = 罪诬人——应耐候者以耐候罪诬告他人”。④

张传玺：117简后句可能未脱文或重文号……该句可理解为：“（一般主体以）当耐为俟（候）罪诬人，可（何）论？当耐为司寇。”即本句乃是单纯讨论诬告“耐为候”反坐时的刑罚修正方式，“耐为候”系优待之刑，不是常规刑罚；以“耐为候”之罪诬告可享有此一优待之人的，诬告者在反坐时不能直接享受此一优待，需修正为耐刑序列里作为常态存在的且与其轻重相当的耐为司寇。这种理解既可以解释本句与49、50、117简前句、118、119、120简的表述差异，又可以解释本简以墨块区隔前后二句的用意。⑤

【按】诸家对后半简的认识有“脱文”“未脱文”两说。持“脱文”说的学者有何四维、张金光和藤井律之先生。何四维、张金光先生在“当耐为候”后补入“而以耐司寇”，而藤井先生则在“当耐为候”后补入了

① 集释者注：将“而以耐司寇”补在“诬人”之下而非之上，从秦简习见表达方式上看似稍显疑惑。参见〔日〕中央大学秦簡講読会：《〈雲夢睡虎地秦墓竹簡〉釋註初稿　承前5　灋律答問（下）》，中央大学大学院《論究》（文学研究科篇）第14卷第1号，1982年3月，第120页。

② 张金光：《关于秦刑徒的几个问题》，载朱东润、李俊民、罗竹风主编《中华文史论丛》第1辑，上海古籍出版社，1985，第30页。

③ 〔德〕陶安あんど：《秦漢刑罰体系の研究》，第490页注释67。

④ 〔日〕藤井律之：《罪の“加減”と性差》，收入〔日〕冨谷至編《江陵張家山二四七號墓出土漢律令の研究　論考篇》，朋友書店，2006，第80页。

⑤ 张传玺：《睡虎地秦简〈法律答问〉“狱未断”诸条再释——兼论秦及汉初刑罚体系构造》，第148页。

“而以耐为候”。持“未脱文”说的学者有陶安与张传玺先生。陶安先生认为117简句首的“当耐司寇”是前后两条答问的共通前提条件，张传玺先生则直接将后句理解为“（一般主体以）当耐为侯（候）罪诬人，可（何）论？当耐为司寇”。综合上述理解列表2如下。

表2　117简后半句诸家理解归纳

	犯罪行为		论处结果
	前　罪	后　罪	
脱文说	当耐为候	（以耐司寇）罪诬人	耐司寇
	当耐为候	（而以耐为候）罪诬人	耐司寇
未脱文说	当耐司寇	当耐为候罪诬人	耐司寇
	当耐为候罪诬人		耐司寇

注：表中括号内文字系根据诸家之说补充的简文。

【译文】

应判处耐为司寇，而以应判处耐为隶臣的罪诬告他人，如何论处？应处以耐为隶臣。｜应判处耐为候罪诬告他人，如何论处？应处以耐为司寇。

【简文】

當耐爲隸臣以司寇誣人可論當耐爲隸臣有毄城旦六歲 118

【释文】

當耐爲隸臣，以司寇誣人，可（何）論？當耐爲隸臣，有（又）毄（繫）城旦六歲 118。

【译文】

应判处耐为隶臣，而以应判处耐为司寇的罪诬告他人，如何论处？应处以耐为隶臣，并系城旦六岁。

【简文】

完城旦以黥城旦誣人可論當黥■甲賊傷人吏論以爲鬭傷人吏當論不當＝誶 119

【释文】

完城旦［1］，以黥城旦誣人，可（何）論？當黥。甲賊傷人，吏論以

爲鬬傷人，吏當論不當？當誶119。［2］

【集释】

［1］完城旦

整理小组：应判处完城旦的人。（译）

何四维：因为前面的条文以“当”（“应判处”）开始，整理小组像“当”出现在这个条文中那样进行了翻译。①

陶安あんど：“完城旦”前确实没有“当”字，当如整理小组所译“应判处完城旦的人”，这里也与前后的答问一样，设定了狱中的诬告。②

［2］甲贼伤人，吏论以为斗伤人，吏当论不当？当谇。

【按】由《二年律令·贼律》25 简与 27 简可知，“贼伤人”的处罚是“黥为城旦舂”，“斗伤人”的处罚有“完为城旦舂”、“耐”及罚金之等。吏将贼伤人罪论为斗伤人，显然是重罪轻判。对于官吏不当司法的行为，秦与汉初律区分故意（“故”）与过失（“失”）。《二年律令·具律》93 简所见规定是“鞠（鞫）狱故纵、不直，及诊、报、辟故弗穷审者，死罪，斩左止（趾）为城旦，它各以其罪论之”，对故意错判的，除死罪外，按“反坐”原则处置；《法律答问》48 简“当赀盾，没钱五千而失之，可（何）论？当谇”，是过失错判而“当谇”的例子。但本简未见对错判官吏有故、失之分，而是仅处以“当谇”，理据未详。

【译文】

应判处完城旦，以黥城旦的罪名诬告他人，如何论处？应判处黥城旦。｜甲贼伤人，吏以斗伤人论处，吏应不应当论罪？应当谇。

【简文】

當黥城旦而以完城旦誣人可論當黥劓120

【释文】

當黥城旦而以完城旦誣人，可（何）論？當黥剕（劓）120。［1］

① A. F. P. Hulsewé, *Remnants of Ch'in Law*, p. 164.

② 〔德〕陶安あんど：《秦漢刑罰体系の研究》，第 490 页注释 68。

【集释】[①]

［1］当黥城旦而以完城旦诬人，可（何）论？当黥劓（劓）。

韩树峰《秦简·法律答问》有两个轻罪为重罪吸收的例子……耐司寇轻于耐隶臣，完城旦轻于黥城旦，所以分别被后者吸收。另有限制加重的例子……司寇轻于隶臣，所以不能吸收隶臣，对罪犯在原刑隶臣的基础上，根据限制加重原则，又处以系城旦六岁的附加刑。[②]

陶安あんど：这些答问[③]在预设了因耐隶臣妾等罪而被系狱者，在调查中又以耐司寇等罪诬告他人的案件的基础上，讨论了诬告罪的处罚。其中值得注意的是，其范围一般限定于一个主刑。即原罪若属耐罪，诬告罪也同样在耐罪的范围中选择；原罪若是刑（或完城旦舂），诬告罪也同样限定于刑的范围……换言之，它形成了这样的法律解释：在耐或刑的大框架内，通过诬告罪反映了如何加重刑罚。[④]

宫宅潔：按照“诬告反坐”的原则，《法律答问》简117是针对耐司寇刑徒再度犯应处耐隶臣罪的规定，这与上文所列杨颉慧的论据②的条件相同。而且最终量刑也和②一样为耐隶臣。[⑤]

张传玺：诸简[⑥]的解答理据则是，对实罪狱未断时又犯诬告之罪的案件，数罪均予追究，处置以先追究实犯之罪再追究诬告之罪为逻辑顺序，即先行假定实罪狱已断以确定主体的刑徒身份，再以该刑徒身份为据去处置诬告之罪。[⑦]

【按】117～120简是围绕尚处于司法调查中的犯罪嫌疑人又犯诬告罪后应如何处罚的问题提出的回答，其内容可归纳为表3。

① 集释者注：以下诸家之说是围绕117～120四条简文的认识。

② 集释者注：“两个轻罪为重罪吸收的例子”指117、119简，“限制加重的例子”指118简。参见韩树峰《秦汉徒刑散论》，第39页注2。

③ 集释者注：指《法律答问》第117、118、119简。

④ 〔德〕陶安あんど：《秦漢刑罰体系の研究》，第137页。

⑤ 〔日〕宫宅潔：《中国古代刑制史研究》，第71页。引文中“杨颉慧的论据②”，是指《二年律令·具律》90简“有罪当耐……司寇耐为隶臣妾”之规定。参见杨颉慧《张家山汉简中“隶臣妾”身份探讨》，《中原文物》2004年第1期。

⑥ 集释者注：指《法律答问》第117、118、119、120简。

⑦ 张传玺：《睡虎地秦简〈法律答问〉“狱未断”诸条再释——兼论秦及汉初刑罚体系构造》，第127页。

表3　117～120简答问内容结构

简号	前罪	后罪(诬告罪)	论处结果
117 *	耐司寇	耐隶臣	耐为隶臣
118	耐隶臣	司寇	耐为隶臣＋系城旦六岁
119	完城旦	黥城旦	黥(为城旦)
120	黥城旦	完城旦	黥劓(为城旦)

*117简后半句涉及简文改释，具体情形参见117简集释［1］。

诸家对这几简的解读不一。具体情况可参集释部分所引相关论述。

【译文】

应判处黥城旦以完城旦的罪名诬告他人，如何论处？应判处黥劓为城旦。

【简文】

癘者有辠定＝殺＝可如生定殺水中之謂殹或曰生＝貍＝之異吏殹 121

【释文】

“癘者有罪，定殺［1］。”“定殺”可（何）如？生定殺水中之謂殹（也）。或曰生埋，生埋之異事殹（也）［2］121。

【集释】

［1］定杀

整理小组：定，疑读为渟，《文选·长笛赋》注引《埤苍》：“水止也。”定杀，据简文意为淹死。

中央大秦简讲读会：投入水中溺死。[①]

张雪明：“定”当读为“碇”，“定杀”即“碇杀”……“碇杀”也就是沉杀。[②]

何四维：整理小组认为“定”是“渟”的假借，“停滞的水”，但这不太正确，因为在答问中紧随在“定杀”之后的是“水中”（“在水里”）。因此显然麻风病人是被淹死的，但是“定杀”的意义尚不清楚。[③]

① 〔日〕中央大学秦簡講読会：《〈雲夢睡虎地秦墓竹簡〉釋註初稿　承前5　瀍律答問（下）》，第121页。

② 张雪明：《释“定杀”》，《字词天地》1983年第1期，第57～58页。

③ A. F. P. Hulsewé, *Remnants of Ch'in Law*, pp. 154－155.

林富士："定杀"之"定"，就其字义而言，有"止"之意……又与"亭"（停、渟）音义互通……而"渟"字又有"止水"之意……所谓"定杀"即将人活活投入"停水"中止杀。……而此停水之处，"汙潴"、"屋诛"与"定杀"或应同为屋内挖空之地。[①]

冨谷至："定杀"即溺杀，只是对癞病患者的一种特别处理，并非秦律中一般意义上的死刑。而"生埋"只是对"定杀"内容的诠释，是不是以秦的法定刑存在还不清楚。[②]

方勇、侯娜：读"定"为"擿"字，训解为"磓"或者"硾"，就是以石头这样的重物投下的意思……"生定杀水中之谓也"，其具体实施的方法应该就是先把麻风病犯人缚以石头，然后再将其活生生地坠入水中淹死。[③]

彭文芳：之所以称"定杀"，是相对于流杀而言。流动之水冲走人致死，称流杀。……定杀则受刑者被人强制沉于水中，不能随波逐流。[④]

邓佩玲：我们怀疑"定杀"之"定"当读为"刑"，"定""刑"上古同属耕部字，两字音近可通……，"刑杀"极有可能是指将犯人窒息死亡的死刑方式。[⑤]

白于蓝："定"似当读作"淀"。"淀"或作"澱"，指沉淀。[⑥]

夏利亚："生定杀水中"意为"活着止杀水中"，疑"定"不必读为渟，定也有"止"意。[⑦]

【按】"定杀"目前仅见于睡虎地秦简，似是针对疠者犯罪的处死方式。整理小组将定杀解为"淹死"，不过正如何四维先生所指出，在"生定杀水中之谓殹（也）"一句中，"紧随'定杀'之后的是'水中'"，故

---

① 林富士：《试释睡虎地秦简中的"疠"与"定杀"》，台大史语所编《史原》第 15 期，1986，第 17～19 页。

② 〔日〕冨谷至：《秦汉刑罚制度研究》，柴生芳、朱恒晔译，广西师范大学出版社，2006，第 43～44 页。

③ 方勇、侯娜：《读秦汉简札记四则》，《古籍整理研究学刊》2009 年第 4 期，第 40 页。

④ 彭文芳：《古代刑名诠考》，武汉大学出版社，2015，第 90～91 页。

⑤ 邓佩玲：《睡虎地秦简〈法律答问〉所见之死刑——有关"戮"与"定杀"的讨论》，武汉大学简帛研究中心主办《简帛》第 15 辑，上海古籍出版社，2017，第 113、116 页。

⑥ 白于蓝：《简帛古书通假字大系》，福建人民出版社，2017，第 1154 页。

⑦ 夏利亚：《睡虎地秦简文字集释》，上海交通大学出版社，2019，第 265 页。

二者应有所区分。诸家“碇杀（沉杀）”、缚石淹死、“刑杀”等说，都是将“定”义另作它解。定，或可理解为确定的、实际的。里耶秦简8-1450简：“冗佐八岁上造阳陵西就曰駋，廿五年二月辛巳初视事上衍。病署所二日。·凡尽九月不视事二日，·定视事二百一十一日。”研读者注：“《奏谳书》案例十八云：‘除弦（元）、伏不治，它狱四百卌九日，定治十八日。’为类似用法。简文是说从二月辛巳至九月底，扣除生病二日，实际视事211天。”[①] 里耶秦简8-198简“……定当坐者名吏里、它坐、訾能入赀不能，遣诣廷”，[②] 《岳麓书院藏秦简（叁）》049/1309-1简“·执一男子。男子士五（伍），定名猩”，158/1822简“诣官，同攺（改）曰：定名㲋。故熊城人，降为隶臣，输寺从。去亡”，[③] “定当坐者……”之“定”，为动词确定；“定名”指确定的、认定的、实际的姓名。居延汉简多见“定行”之语，李均明先生认为此语“是对邮递速度是否符合规定的说明”，“是指事后的结果而言”，“汉简所见邮递记录所载‘定行×时×分’，即指事后计算邮递过程耗费的时间数”。[④] 从定字的此义出发，定杀或可释为“按确定的（规定的）方式处死”。

［2］生埋之异事也

整理小组：异事，不同的事。此句意思是说活埋和律文规定的“定杀”是两种事，不合律文本意。

何四维：（但）活埋他是另一回事了。（译）[⑤]

中央大秦简讲读会：异事，可能是生埋的别称之意。[⑥]

堀毅：疠者（麻风病患者）如果犯了罪，用将其沉入水中或埋在土中杀死这样无情的手段处理。[⑦]

邓佩玲：“生定杀”与“生埋”宜理解为“定杀”这一类死刑下的两

---

① 陈伟主编《里耶秦简牍校释》第1卷，武汉大学出版社，2012，第329页。

② 陈伟主编《里耶秦简牍校释》第1卷，第109页。

③ 朱汉民、陈松长主编《岳麓书院藏秦简（叁）》，上海辞书出版社，2013，第120、187页。

④ 李均明：《汉简所见一日十八时、一时十分记时制》，中华书局编辑部编《文史》第22辑，中华书局，1984，第22～23页。

⑤ A. F. P. Hulsewé, *Remnants of Ch'in Law*, p. 154.

⑥ 〔日〕中央大学秦簡講読会：《〈雲夢睡虎地秦墓竹簡〉釋註初稿 承前5 灋律答問（下）》，第121页。

⑦ 〔日〕堀毅：《秦汉法制史论考》，萧红燕等译，法律出版社，1988，第192页。

个小类……“异事”可以指不平常的事或特别事件……从简文“或曰生埋，生埋之异事殹”可知，“生埋”这类“刑杀”是用于较为特殊的情况，是于“生刑杀”以外对于犯人的另一种特殊的处死方式。……主要用于特殊的情况，例如行刑地点与水源距离较远。①

夏利亚：本句意思是说“活埋”和“定杀”不是一回事，它们是不同的刑罚。②

【按】“异事”如诸家所言，意为“另一种情况”或“特殊情况”。本条答问对“定杀”的执行方式提出两种解释，在给出“生定杀水中”的一般解释之外，又提出了另一种方式——“生埋”。二者同为“定杀”的执行手段。对于采用“生埋”方式者而言，“生定杀水中”即是与“生埋”不同的处死方式，故二者或是执行者基于不同的地理条件而做出的选择。

【译文】

“患麻风病者犯罪，按规定方式处死。”“按规定方式处死”如何执行？就是活着沉入水中杀死。有人说是活埋，是与活埋不同的处死方式。

【简文】

甲有完城旦辠未斷今甲癘問甲可以論當罨癘所處之或曰當罨＝所定殺122

【释文】

甲有完城旦罪，未斷，今甲癘，問甲可（何）以論？當罨（遷）癘所處之；或曰當罨（遷）罨（遷）所定殺122。［1］

【集释】

［1］甲有完城旦罪……或曰当罨（迁）罨（迁）所定杀。

整理小组：疠所，下文又称疠迁所，隔离麻风病人的地方。

林富士：甲犯了完城旦的罪，尚在审讯过程中，被发现患有疠病，对此种情形的处置有两种不同的意见……其中的区分即在其罹患疠病的时间是在犯罪之前还是在犯罪之后。若在犯罪之后……将之迁往“疠所”（“疠迁所”“迁所”）即可。③

① 邓佩玲：《睡虎地秦简〈法律答问〉所见之死刑——有关“戮”与“定杀”的讨论》，第115～116页。

② 夏利亚：《睡虎地秦简文字集释》，第265页。

③ 林富士：《试释睡虎地秦简中的“疠”与“定杀”》，第8页。

徐富昌：律说另有“或曰：当迁迁所定杀”，……当是受到“疠者有罪，定杀”的律文的影响，但这种判处应该不是秦律的常态，而且也不太可靠。[①]

张传玺：该简解答提供了两种意见：一为迁到麻风病隔离区，二为迁到隔离区处死。……前一理据……是将“狱未断”之未决犯视为“狱已断”之既决刑徒，按照城旦刑徒患麻风病的处置方式来执行；后一理据则是比照麻风病人犯罪处死的方式，先是将患病罪犯迁到隔离区以示其病人身份，之后追究其犯罪、以“定杀”方式处死。[②]

【译文】

甲犯有应处完城旦的罪，尚未判决，现甲患麻风病，问甲应如何判决？应迁往麻风病隔离区安置；有人说应迁往麻风病隔离区按规定方式处死。

【简文】

城旦鬼薪癘可論當䙴癘䙴所123

【释文】

城旦、鬼薪癘，可（何）論？當䙴（遷）癘䙴（遷）所123。

【按】《法律答问》121～123简文均系与疠相关的法律规定，又《封诊式》52～54简记载有题为“疠”的文书，包括里典将疑似患疠的士伍来诣的爰书和医生对该士伍进行诊视的记录。可见秦时对疠的管理已有相当的规范。现将121～123简所见相关规定列表4如下。

表4　121～123简所见对疠者的处置方式

简号	疠者情形	处置方式
121	疠者犯罪	定杀
123	城旦、鬼薪患疠	迁往疠所
122	犯完城旦罪尚未判决者患疠	迁往疠所安置
		一说迁往疠所定杀

【译文】

城旦、鬼薪患麻风病，应如何论处？应迁往麻风病隔离区。

① 徐富昌：《睡虎地秦简研究》，台北，文史哲出版社，1993，第217～218页。

② 张传玺：《睡虎地秦简〈法律答问〉“狱未断”诸条再释——兼论秦及汉初刑罚体系构造》，第130页。

【简文】

捕貲罪即端以劍及兵刃刺殺之可論殺之完爲城旦傷之耐爲隸臣 124

【释文】

捕貲罪，即［1］端以劍及兵刃刺殺之，可（何）論？殺之，完爲城旦；傷之，耐爲隸臣 124。［2］

【集释】

［1］即

整理小组：便。（译）

魏德胜：用在假设关系复句的前一分句，相当于现代汉语的“如果”。①

吉仕梅：《睡简》中表假设，却不用“即”而用“节”……《睡简》中也有“即”字，但它却不作假设连词，而是作副词或介词，如……上例中表示“便”义。②

陶安あんど：“即”字作为前后句的连接词使用时可进一步分出两种含义：一者……前句叙述了一定的事情，表示后句是在前句基础上发生的，这种“即”的用法与“乃”几乎相同，可译为“于是”。另一种……可译为“也就是”。……简 124 的“即”字是前者中接近于“乃”的用法。③

【按】“即”有“就”“于是”义，表示两个行为或事件存在顺承关系。相同用法可见《法律答问》38 简“盗百，即端盗驾（加）十钱，问告者可（何）论”，45 简“甲盗羊，乙智（知），即端告曰甲盗牛，问乙为诬人，且为告不审”。

［2］捕赀罪……耐为隶臣。

刘海年：按秦律规定，在捉拿罪犯时，如遇抵抗，可以使用武力制服。……但一般情况下，官吏和治安人员对犯罪人所能使用的暴力，以该犯的罪行应得的惩罚为限……犯罪人的罪行轻（如赀罪），捕获时如故意将其杀死或杀伤，缉捕的官吏和治安人员要按情节轻重受一定的惩罚……

① 魏德胜：《〈睡虎地秦墓竹简〉语法研究》，首都师范大学出版社，2000，第 219 页。

② 吉仕梅：《秦汉简帛语言研究》，巴蜀书社，2004，第 224 页。

③ 〔德〕陶安あんど：《秦漢刑罰体系の研究》，第 483 页注释 34。

对官吏捕人所能采取的暴力措施做了一定限制，使他们不能为所欲为。①

张功：如果司法官员在履行职务时出现杀人行为，在秦汉法律中有减轻处罚的规定。②

倪铁：秦律要求根据所嫌疑罪行，决定对人犯使用武力控制的强度，如对赀刑这种轻微罪行的犯罪嫌疑人就要慎用武力。③

【按】据《二年律令·捕律》152简“捕盗贼、罪人，及以告劾逮捕人，所捕格斗而杀伤之，及穷之而自杀也，杀伤者除，其当购赏者，半购赏之”；又，《奏谳书》案例五37简“求盗视追捕武。武格斗，以剑伤视，视亦以剑伤武”，48简“武当黥为城旦，除视”，可知法律规定，在抓捕过程中如遇犯罪者暴力拒捕，抓捕者将其杀伤可以不追究责任。而本简中捕赀罪者要承担法律责任的原因，推测有以下几点：被捕者未见有暴力拒捕情节，抓捕者故意（“端”）杀伤赀罪者，使用兵器将其刺伤。而对致死者处以城旦，致伤者处以耐为隶臣妾，其中不无赀罪为轻罪罪人及捕赀罪属于官方执法行为的因素。

【译文】

抓捕犯赀罪的人，故意用剑以及兵刃刺杀对方，应如何论处？杀死对方，完为城旦；杀伤对方，耐为隶臣。

【简文】

將司人而亡能自捕及親所智爲捕除毋辠已刑者處隱官·可　辠得處隱官·羣盜赦爲庶人將盜戒囚刑125

辠以上亡以故辠論斬左止爲城旦後自捕所亡是謂處隱官·它辠比羣盜者皆如此126

【释文】

“將司人而亡，能自捕及親所智（知）［1］爲捕，除毋（無）罪；已刑者處隱官。”·可（何）罪得“處隱官”？·羣盜赦爲庶人，將盜戒（械）囚刑125罪以上，亡，以故罪論，斬左止爲城旦，［2］後自捕所亡，是謂“處隱官”。·它罪比羣盜者皆如此126。

---

① 刘海年：《秦的诉讼制度（上）》，《中国法学》1985年第1期，第170页。

② 张功：《秦汉犯罪控制研究》，湖北人民出版社，2007，第104页。

③ 倪铁：《法文化视角下的传统侦查研究》，复旦大学出版社，2011，第210页。

【集释】

[1] 亲所智（知）

整理小组：亲属朋友。

何四维："亲属与朋友"（译），① "智"指代"知"，所以"所智"，"那些他所知道的"是"朋友，熟人"。②

彭浩："亲"或指亲近者。所知，熟识者。《仪礼·既夕礼》："所知，则赗而不奠。"③

【按】与本简"亲所智（知）"相关的表述还有"主亲所智（知）"。《二年律令·亡律》159 简："▨□額畀主。其自出殹（也），若自归主，主亲所智（知），皆笞百。"徐世虹先生认为"主亲所知"可释为"主人、亲属所知之人"，"所"字指代的是其后动词涉及的对象。④ 朱红林先生认为"'主亲所知'即是说奴婢逃亡后又主动回归主人，且为'主亲'所认可，即承认其确实为主人原来的朋友"。⑤ 冨谷至先生认为"主亲所知"为"主人相识的人"。⑥ 专修大学《二年律令》研究会将 159 简和 160 简的"主亲所智（知）"译为"主人的亲人、相识的人"与"主人自己相识的人"。⑦《岳麓书院藏秦简（伍）》243/1710～244/1717 简"治狱者亲及所智（知）弗与同居，以狱事故受人酒肉食，弗为请而谩谓已为请，以盗律【论】"，⑧ 意思是与治狱者不同居的亲人或所知之人因为案件收取他人好

---

① A. F. P. Hulsewé, *Remnants of Ch'in Law*, p. 155.

② A. F. P. Hulsewé, *Remnants of Ch'in Law*, p. 156, note 4.

③ 陈伟主编，彭浩、刘乐贤等撰著《秦简牍合集》（释文注释修订本壹），武汉大学出版社，2016，第 231 页。

④ 徐世虹：《"主亲所知"识小》，中国文物研究所编《出土文献研究》第 6 辑，上海古籍出版社，2004，第 135 页。

⑤ 朱红林：《张家山汉简〈二年律令〉集释》，社会科学文献出版社，2005，第 115～116 页。

⑥ 〔日〕冨谷至編《江陵張家山二四七號墓出土漢律令の研究　譯注篇》，第 239 页。

⑦ 〔日〕專修大学《二年律令》研究会：《張家山漢簡〈二年律令〉訳注（四）——告律、捕律、亡律》，《專修史学》第 38 号，2005 年，第 206～207 页。

⑧ 陈松长主编《岳麓书院藏秦简（伍）》，上海辞书出版社，2017，第 149 页。周海锋先生认为"亲"与"所智"是并列的亲属称谓，"亲"指父母，"所智"指除父母以外的血亲，包括子、孙、兄弟、侄等。周海锋：《岳麓秦简所见惩治官员受贿令文试析》，清华大学出土文献研究与保护中心编《出土文献》第 14 辑，中西书局，2019，第 278～281 页。

处，并未请托而骗称已为其请托，以盗律论处，故“亲”应理解为“亲属”，“亲所知”指亲人、熟人。

［2］群盗赦为庶人，将盗戒（械）囚刑罪以上，亡，以故罪论，斩左止为城旦

于豪亮：“盗械”是足上着木械。①

刘海年：按秦律，群盗是很严重的犯罪，仍有被赦免为庶人的……这种人名义上是庶民，实际上却没有完整的权利。②

彭浩：群盗赦免后为庶人，但须充任类似司寇的工作监领其他刑徒，如刑徒逃亡，则以故罪论群盗，斩左止为城旦。可见赦免后的群盗并未获得完全的自由，如有过失还要合并赦前犯罪合并论罪，从重处罚。③

曹旅宁：群盗可赦免为庶人，但不能恢复自由身份……表明“庶人”并非完全的自由人，而是秦汉社会中具有特殊身份的人群或阶层。④

陶安あんど：“械”是表示用桎梏束缚之意的动词，在其前的“盗”应是动词的状语。“盗械”有与注释48涉及的“贼伤”相似的语法构造，应理解为“像盗一样械”。另外睡虎地秦简中已决囚多用“城旦舂”“隶臣妾”等名称，“囚”，推测其如在“纵囚”等熟语中那样，主要指未决囚。此处因为刑罪以上的罪人必然要被判处城旦舂，囚只能理解为未决囚。因此，“盗械囚”是指像对盗等重犯一样施加桎梏的未决囚，应无大错。⑤

【按】里耶秦简8－532简“令且解盗戒（械）”，研读者解释为“戴刑具”。⑥又《岳麓书院藏秦简（伍）》017/0898简“皆盗戒（械）胶致桎传之”，整理小组也将“盗械”解释为“因为犯罪而带上刑具”。⑦关于

---

① 于豪亮：《秦律丛考》，文物编辑委员会编《文物集刊（2）》，文物出版社，1980，第173页。

② 刘海年：《关于中国岁刑的起源——兼谈秦刑徒的刑期与隶臣妾的身份（下）》，《中国法学》1985年第1期，第69页。

③ 彭浩：《秦〈户律〉与〈具律〉考》，李学勤主编《简帛研究》第1辑，法律出版社，1993，第52页。

④ 曹旅宁：《秦汉法律简牍中的“庶人”身份及法律地位问题》，《咸阳师范学院学报》2007年第3期，第12页。

⑤ 〔德〕陶安あんど：《秦漢刑罰体系の研究》，第391～392页注释32。

⑥ 陈伟主编《里耶秦简牍校释》第1卷，第173～174页。

⑦ 陈松长主编《岳麓书院藏秦简（伍）》，第44页、第74页注释33。

"盗械"之"盗",《汉书·惠帝纪》注引如淳曰"盗者,逃也。恐其逃亡,故著械也",师古曰"盗械者,凡以罪著械皆得称焉,不必逃亡也"。沈家本先生言:"《诗·巧言》'君子信盗',传:'逃也。'疏:'《风俗通》亦云"盗,逃也",言其昼伏夜奔,逃避人也。'是盗逃乃古义,如说是。师古不明古义,遂有'不必逃亡'之语,而未为盗字作解,此其疏也。"[①]《岳麓书院藏秦简(伍)》017/0898~018/1111简"其为士五(伍)、庶人者,处苍梧,苍梧守均处少人所,疑亡者,戒(械)胶致桎传之",[②] 可知施加械具的目的无非是限制自由,防止逃跑。盗械之语,汉时仍存,居延汉简214.124简"或覆问毋有,云何得盗械"。[③] 盗械的施加对象有已决犯。《岳麓书院藏秦简(伍)》016/0921~017/0898简"已论轮〈输〉其完城旦舂洞庭,洞庭守处难亡所苦作,谨将司,令终身毋得免赦,皆盗戒(械)胶致桎传之",[④] 又220/1922~223/1797简"·诸当衣赤衣冒擅(毡)、枸椟杕及当钳及当盗戒(械)而擅解衣物以上弗服者,皆以自爵律论之。其辠(罪)鬼薪白粲以上,有(又)驾(加)辠(罪)一等。……诸当钳枸椟杕者,皆以钱〈铁〉。当盗戒(械)戒(械)者皆胶致桎梏。不从令,赀二甲"。[⑤] 据这两条简文,被盗械者是"论输"洞庭的完城旦舂徒与处于刑罚执行中的"徒",都是已决犯。另据汉简,被逮捕者也需要戴械具,居延汉简193.19+58.17A简"逻　戍卒𨽻得安成里王福,字子文,敬以逻书捕得福,盗械"。[⑥] 汉简还有"械系"之语,居延汉简13.6简"戍卒东郡畔戍里靳龟　坐乃四月中不审日行道到屋兰界中,与戍卒函何阳争言,斗以剑击伤右手指二所。·地节三年八月己酉械系"。[⑦] 至于"盗械"与"械系"是否有实际区分,尚待探讨。

---

① 中国政法大学法律古籍整理研究所、中国社会科学院法学研究所法制史研究室整理《沈家本全集》第3卷,中国政法大学出版社,2010,第229页。

② 陈松长主编《岳麓书院藏秦简(伍)》,第44页。

③ 简牍整理小组:《居延汉简(叁)》,中研院历史语言研究所,2017,第23页。标点为集释者所加,下同。

④ 陈松长主编《岳麓书院藏秦简(伍)》,第44页。

⑤ 释文据陈伟《〈岳麓书院藏秦简〔伍〕〉校读(续三)》,简帛网,http://www.bsm.org.cn/show_article.php?id=3030,2020年7月28日首发。

⑥ 简牍整理小组:《居延汉简(壹)》,中研院历史语言研究所,2014,第188页。

⑦ 简牍整理小组:《居延汉简(壹)》,第44页。

【译文】

“监领犯人而犯人逃亡，能自己捕获以及亲友代为捕获的，可以免罪，已受肉刑的处隐官。”·什么罪可“处隐官”？·群盗已被赦免为庶人，监领判处肉刑以上罪的戴着刑械的囚徒，囚徒逃亡的，以过去的罪行论处，斩左趾为城旦，后来自己捕获逃跑的囚徒，这就是“处隐官”。·其他比照群盗的都这样处理。

【简文】

夫＝甲堅鬼＝薪＝亡問甲可論當從吏官府須亡者得·今甲從吏有去亡一月得可論當貲一盾復從＝吏＝有亡卒歲得127

可論當耐128

【释文】

大夫甲堅［1］鬼薪，鬼薪亡，問甲可（何）論？當從事官府，須亡者得。·今甲從事，有（又）去亡［2］，一月得，可（何）論？當貲一盾，復從事。從事有（又）亡［3］，卒歲得127，可（何）論？當耐128。

【集释】

［1］坚

整理小组（1977）：通“摼”，击打。

整理小组：通“礥”，“鞭也”。

中央大秦简讲读会：“坚”或是“监”之误。①

何四维：通“掔”，意为“牵”，带领。②

于振波：“坚”似读“监”，监视之意。③

彭浩：《秦律十八种·司空》简145～146：“居赀赎责（债）当与城旦舂作者，及城旦傅坚、城旦舂当将司者，廿人，城旦司寇一人将。”或与之相关。④

【按】对比岳麓书院藏秦简《为吏治官及黔首》45/1516简“慎谨堅

① 〔日〕中央大学秦簡講読会：《〈雲夢睡虎地秦墓竹簡〉釋註初稿　承前5　灋律答問（下）》，第122页。

② A. F. P. Hulsewé, *Remnants of Ch'in Law*, p. 156.

③ 于振波：《秦汉法律与社会》，湖南人民出版社，2000，第58页注释1。

④ 陈伟主编，彭浩、刘乐贤等撰著《秦简牍合集》（释文注释修订本壹），第232页。

（坚）固”,[①]《为吏之道》31 简“慎谨坚固”，可知“坚”与“掔”有通用之例。《史记·郑世家》“楚王入自皇门，郑襄公肉袒掔羊以迎”，“掔”即“牵引”之意，本简中意为率领、监管。

［2］有（又）去亡

整理小组：（甲）服役而逃亡。（译）

中央大秦简讲读会：有《甲》[②] 去亡，一月得。[③]

何四维：（他们——指鬼薪）再次逃亡。[④]

张伯元：因为甲之前并未逃亡，因此不能称“又”，故逃亡主体只能是“鬼薪”。[⑤]

【按】“有（又）”固然可以表示相同事项的“重复”，但同时也可以表示在前一事项基础上“附加/还有”另一事项。如《法律答问》1 简“·五人盗，臧（赃）一钱以上，斩左止（趾），有（又）黥以为城旦”。

［3］从事有（又）亡

整理小组：再次服役又逃亡。（译）

【按】“从事有（又）亡”与“今甲从事，有（又）去亡”同义，此处是指大夫甲在被处以“从事官府”后又逃亡。答问意在说明如何处置这种较特殊的“累犯”。两种逃亡情况的处理结果之所以不同，在于逃亡时间上的差异。甲被处以“赀一盾”，从《二年律令·亡律》157 简“吏民亡，盈卒岁，耐；不盈卒岁，毄（系）城旦舂；公士、公士妻以上作官府，皆偿亡日”的规定来看，其理据或在于此。甲作为“有爵者”，逃亡一月（不满一年）时，以“作官府”的形式承担责任，并以“逃亡的天数”为期限。但甲已经因为所监管的鬼薪逃亡而被处以“从事官府”，并

① 朱汉民、陈松长主编《岳麓书院藏秦简（壹）》，上海辞书出版社，2010，第 129 页。

② 集释者注：《》为中央大秦简讲读会所补记、置换部分的标记符号。具体参见中央大秦简讲读会“凡例”部分，〔日〕中央大学秦簡講読会：《〈雲夢睡虎地秦墓竹簡〉釋註初稿　承前 5　灋律答問（下）》，第 119 页。

③ 〔日〕中央大学秦簡講読会：《〈雲夢睡虎地秦墓竹簡〉釋註初稿　承前 5　灋律答問（下）》，第 122 页。

④ A. F. P. Hulsewé, *Remnants of Ch'in Law*, p. 156.

⑤ 张伯元：《“累论”与数罪并罚》，载中国政法大学法律古籍整理研究所编《中国古代法律文献研究》第 8 辑，社会科学文献出版社，2014，第 53 页注释 2。

以“鬼薪被抓获”为期限。[①] 因此前后两次“从事官府”难以合并执行，故在甲服原有劳役之外，另课“赀一盾”以为加罚。甲被处以“耐”，其理据或可参照《岳麓书院藏秦简（肆）》091/0185简“阑亡盈十二月而得，耐。不盈十二月为将阳，毄（系）城旦舂”及《亡律》157简的规定，吏民无论是否“有爵”，逃亡超过一年时均应处以“耐”。由于两种劳役难以合并执行，故较重的“耐”吸收了原有“从事官府”。

【译文】

大夫甲监管鬼薪，鬼薪逃亡，问甲如何论处？应当在官府中劳作，等待逃亡者被抓获。·现在甲在官府劳作并逃亡，一个月后被抓获，如何论处？应当赀一盾，仍然劳作。劳作并逃亡，满一年被抓获，如何论处？应当耐。

【简文】

餽遺亡鬼薪于外一以上論可殹毋論 129

【释文】

餽遺亡鬼薪於外，一以上，論可（何）殹（也）？毋論129。[1]

【集释】

[1] 餽遗亡鬼薪于外……毋论。

整理小组：“餽”通“馈”（音“溃”），《说文》：“饷也。”《礼记·檀弓》注：“遗也。”送食物给人称为餽遗。《汉书·食货志》载汉武帝“时又通西南夷道，作者数万人，千里负担餽馈（饷）”。本条意思是命鬼薪输送食物，鬼薪在外逃亡，由于逃亡发生在途中，所以原来管理鬼薪的人可不承担罪责。一说，“餽遗亡鬼薪于外一以上”是说把食物送给逃亡在外的鬼薪一次以上，但《商君书·垦令》有“无得为罪人请于吏而饷食之”，秦律对接济逃犯更应有严厉的处罚规定，似与本条“毋论”不合。汉代类似的罪处分也很重，见《汉书·尹赏传》及《杨仆传》。

张伯元：把食物送给逃亡在外的鬼薪一次以上，不予论处。整理者在注中提出疑问，认为秦律对接济逃犯更该有严厉的处罚规定，似与本条

① 相关规定可参见《法律答问》63简“将上不仁邑里者而纵之，可（何）论？当毄（系）作如其所纵，以须其得；有爵，作官府”，责任的承担以逃亡者被捕获而终止。

“毋论”不合。其实，这主要可能只是针对次数而言，次数的多寡“毋论”，而对接济逃犯本身无论几次都会受到严厉的处罚，毫无疑义。《二年·盗律》简63“与同罪”“黥为城旦舂”的刑处可以为据。[①]

【按】整理小组对“餽遗亡鬼薪于外一以上”的解释有两说，译文选择了第一说。在此，取整理小组的第二说似也可行。“餽遗”，作“馈赠食物”解，《二年律令·盗律》63简：“智（知）人为群盗而通歙（饮）食餽遗之，与同罪；弗智（知），黥为城旦舂。”“于外”，《岳麓书院藏秦简（肆）》006/1930简“父母、子、同产、夫妻或有罪而舍匿之其室及敝（蔽）匿之于外，皆以舍匿罪人律论之”，[②] 研读者注“敝匿之于外”为“在‘室’‘舍’以外的场所，设置什么遮蔽物藏匿”。[③] 若取此意，本条意思就是，餽遗者未能识别逃亡鬼薪的身份，同时又是在室外餽遗食物的，可不承担罪责。但如此理解也存在疑问：一般而言，“某数以上”包括本数，因此本简中“一以上”表示馈赠逃亡鬼薪食物的次数已涵盖馈赠次数的所有可能性，这样其作为论罪限制条件的作用似乎不存在。也许，“一以上”只是设问的假设条件或例子。

【译文】

在室外馈赠食物给逃亡的鬼薪，一次以上，如何论处？不予论处。

【简文】

捕亡＝人操錢捕得取錢所捕耐辠以上得取 130

【释文】

“捕亡，亡人操錢，捕得取錢。”所捕耐罪以上得取 130。

【按】本条答问的主旨是，可将捕得逃亡者携带的财物奖励给捕者。此可以看作是激励捕亡的措施与方法。相似的例子还有《岳麓书院藏秦简（肆）》127/1229～129/1410简：“·金布律曰：禁毋敢以牡马、牝马高五尺五寸以上，而齿未盈至四以下，服畧车及豤（垦）田、为人就（僦）载，及禁贾人毋得以牡马、牝马高五尺五寸以上者载以贾市及为人就

① 张伯元：《出土法律文献丛考》，上海人民出版社，2013，第43～44页。

② 陈松长主编《岳麓书院藏秦简（肆）》，第40页。

③ 〔日〕“秦代出土文字史料の研究”班：《嶽麓書院所藏簡〈秦律令（壹）〉譯註稿　その（一）》，《東方學報》京都第92册，2017，第141页。

（僦）载，犯令者，皆赀各二甲，没入马县官。有能捕告者，以马予之。”①捕告违规用马者可以获得马匹。《二年律令·□市律》258 简：“贩卖缯布幅不盈二尺二寸者，没入之。能捕告者，以畀之。”捕告贩卖缯布者可以获得缯布。此外，由本答问可知，只有被捕者所犯罪在耐以上，捕者方能取钱，“耐罪以上”可能是捕者获得更多奖励的界线。《法律答问》140 简：“‘盗出朱（珠）玉邦关及买（卖）于客者，上朱（珠）玉内史，内史材鼠（予）购。’·可（何）以购之？其耐罪以上，购如捕它罪人；赀罪，不购。”内史奖赏捕获盗卖珠玉者并上交珠玉的行为，但规定被捕者犯耐罪以上，捕者方可得赏；若为赀罪，则得不到赏金。

【译文】

“抓捕逃亡者，逃亡者携带钱财，抓捕者可以取得钱财。”被抓捕者耐罪以上可以取为己有。

【简文】

把其叚以亡得及自出當爲盗不當自出以亡論其得坐臧爲盗＝辠輕于亡以亡論 131

【释文】

把其叚（假）［1］以亡，得及自出，當爲盗不當？自出［2］，以亡論。其得，坐臧（贜）爲盗；盗罪輕於亡，以亡論 131。［3］

【集释】

［1］把其叚（假）

整理小组：把其假，携带所借官有物品。

［2］自出

整理小组：自首。（译）

刘海年：《法律答问》的规定和《封诊式》式例的内容都说明，“自告”或“自出”，即自首，也是诉讼的提起方式，是司法机构立案的根据。与前述“自诉”不同的是，它不是由被害人提出的，而是由犯罪者向司法机构或基层治安机构投案的。②

① 陈松长主编《岳麓书院藏秦简（肆）》，第 110 页。

② 刘海年：《秦的诉讼制度（上）》，第 163 页。

籾山明:“自出”指未经官府缉捕而自首。和“自告”不同的是,它的前提是官府已然认知了犯罪事实:但在减轻刑罚这点上则和“自告”无异。①

万荣:“自出”作为一种仅针对逃亡者的自首情节,是一种限定的自首行为,并不具有普遍意义,不能简单解释作自首,而其他犯罪自首行为则通称为“自告”。②

【按】秦简中的“自告”“自出”虽均有“自首”之意,但二者存在较大差别。如《二年律令·亡律》167简“诸舍匿罪人,罪人自出,若先自告,罪减,亦减舍匿者罪”中,“自出”与“自告”并出,足见二者并非一事。“自告”应是强调“告诉”行为,即当事人在犯罪事实被举发之前前往官府自首的行为,而“自出”多与“亡”相关。睡虎地秦简《封诊式》有“亡自出”爰书,内容包括亡自出者的自述,官府对其身份信息、本次逃亡及此前逃亡的核实,官府对其人身的审验与移送。秦汉律对“自出”有“减罪”规定。《岳麓书院藏秦简(肆)》019/0169简“不盈廿二钱者,赀一甲。其自出殹(也),减罪一等”,③《二年律令·亡律》166简“诸亡自出,减之;毋名者,皆减其罪一等”,《具律》100简“其自出者,死罪,黥为城旦舂;它罪,完为城旦”,都体现了这种原则。秦律又见对有罪逃亡者自出的减刑限制。《岳麓书院藏秦简(肆)》015/2087简:“有罪去亡,弗会,已狱及已劾未论而自出者,为会,鞫,罪不得减。”④“弗会”,京都大学“秦代出土文字史料研究”班认为:“‘会’指在传唤期限内到官府出面,与单纯的‘自出’不同。”“本条是根据‘自出’时机而给予不同处理的规定。在犯罪后应在传唤期限内到官府出面而无视于此不到官府出面的情况下,如果是在被告不在而开始审理,以及在尚未作出判决时到官府出面,视为在传唤期限内到官府。但如果‘鞫’已经结束,不得减刑。”研究班将释文读作:“……为会。鞫,罪不得减。”并以《岳麓

① 〔日〕籾山明:《秦代审判制度的复原》,收入刘俊文主编《日本中青年学者论中国史 上古秦汉卷》,上海古籍出版社,1995,第251页。

② 万荣:《秦汉简牍“自告”、“自出”再辨析:兼论“自诣”、“自首”》,《江汉论坛》2013年第8期,第78页。

③ 陈松长主编《岳麓书院藏秦简(肆)》,第45页。

④ 陈松长主编《岳麓书院藏秦简(肆)》,第43页。

书院藏秦简（肆）》050/1976 简“城旦舂司寇亡而得，黥为城旦舂，不得，命之，其狱未鞫而自出殹（也），治（笞）五十，复为司寇”为例，指出改读句号的原因是，对“自出”者的处理会因鞫的前后而产生变化。[①]张传玺先生认为 15 简的主旨在于，“犯罪逃亡，在未会时本罪已进入审理程序或已被举劾但还未确定罪刑，此时自出的，即使此一自出行为符合规定的时空要求，仍要查清犯罪事实，本罪不得减刑”。[②]

［3］把其叚（假）以亡，得及自出，当为盗不当？……盗罪轻于亡，以亡论。

堀毅：亡罪的法定刑是“耐隶臣”，而盗罪则包括从轻的赀罪到重的黥城旦的情况，应根据其赃物价值多寡量刑。并且必须确认，此例的“盗罪轻于亡”这一条件句中，含有盗窃赃物数额相当于处以比耐隶臣低的耐司寇以下刑罚的情况。[③]

陈公柔：亡罪有轻重，坐臧有多寡。如果盗罪轻于亡，则按亡罪论处。此即以重者论罪。[④]

张传玺：逃亡行为是该赃罪成立的必要条件，二者间存在牵连关系；这与《具律》99 简“数罪以重”原则适用前提不同，故简文就主动投案和被捕获的不同情形是否都按照窃盗计赃判罚设置问答。[⑤]

【按】本简所见设问的条件是：其一，逃亡者携带官有物品逃亡；其二，逃亡者被捕获或自出。设问的目的在于明确盗罪的认定及其处置措施。答问则依据逃亡者捕获或自出的情况，明确了两种处置方式：其一，逃亡者自出，以亡罪论处。其二，逃亡者被捕获，坐赃为盗，认定为盗罪；当盗罪轻于亡罪时，以亡罪论处。由此可知，在自出的情况下，不认定盗罪，只处置逃亡罪。不认定的原因，可能与自出有关。在捕获的情况

---

① 〔日〕“秦代出土文字史料の研究”班：《嶽麓書院所藏簡〈秦律令（壹）〉譯註稿　その（一）》，第 156、157 页。

② 张传玺：《秦及汉初逃亡犯罪的刑罚适用和处理程序》，《法学研究》2020 年第 3 期，第 206 页。

③ 〔日〕堀毅：《秦汉法制史论考》，萧红燕等译，第 378 页。

④ 陈公柔：《云梦秦墓出土〈法律答问〉简册考述》，载燕京研究院编《燕京学报》新 2 期，北京大学出版社，1996，第 194 页。

⑤ 张传玺：《睡虎地秦简〈法律答问〉“狱未断”诸条再释》，第 133 页注释 1。

下，盗罪成立，适用数罪从重。数罪从重的记载有《春秋公羊传·庄公十年》何休注“……犹律：一人有数罪，以重者论之”；《二年律令·具律》99简“一人有数〼罪殹（也），以其重罪罪之”。

【译文】

携带借用的（官有物品）逃亡，被捕获以及自首，应不应当作为盗罪？自首，以亡罪论处。被捕获，坐赃为盗；盗罪轻于亡罪，以亡罪论处。

【简文】

隸臣妾毄城旦舂去亡已奔未論而自出當治五十備毄日 132

【释文】

隸臣妾毄（繫）城旦舂，去亡，已奔［1］，未論而自出［2］，當治（笞）五十，備毄（繫）日 132。

【集释】

［1］已奔

整理小组：已经出走。（译）

中央大秦简讲读会：去亡已奔，简装本注“逃亡，已经出走”。明确是指奔亡。①

何四维：可视为对“去亡”的进一步解释。②

【按】本简中“去亡”已表明逃亡的完成状态，因此“奔”在此应理解为“奔书”。《岳麓书院藏秦简（肆）》135/1234～138/1270简《尉卒律》律文可见：“尉卒律曰：黔首将阳及诸亡者，已有奔书及亡毋（无）奔书盈三月者，辄筋〈削〉爵以为士五（伍），有爵寡，以为毋（无）爵寡，其小爵及公士以上，子年盈十八岁以上，亦筋〈削〉小爵。爵而傅及公士以上子皆籍以为士五（伍）。乡官辄上奔书县廷，廷转臧（藏）狱，狱史月案计日，盈三月即辟官，不出者，辄以令论，削其爵，皆校计之。”③ 整理小组解释“奔书”为“秦代文书的一种，用以登记黔首逃亡

① 〔日〕中央大学秦簡講読会：《〈雲夢睡虎地秦墓竹簡〉釋註初稿　承前5　灋律答問（下）》，第122页。

② A. F. P. Hulsewé, *Remnants of Ch'in Law*, p. 158.

③ 陈松长主编《岳麓书院藏秦简（肆）》，第112～113页。

情况。或应是涉及奔警的命令，即因突发事件需要征召士徒的法律文书”。[①] 京都大学“秦代出土文字史料研究”班也指出，这是记录逃亡情况的文书，或是与“奔警”有关的文书。考虑到后文是从乡官提出的上呈文书，因此前者的可能性较高。里耶秦简所见“奔牒”，在逃亡的年月日之外，还记有本籍地与前科有无等。刑徒似乎也会有类似的文书。[②] 据《尉卒律》简文可知，包括黔首在内的逃亡者，都要载入“奔书”，而且“奔书”有专门机构即“县狱”负责保管，由狱史负责核对。对照此律，则本答问中“已奔”即可理解为已经登记入“奔书”。

［2］未论而自出

李力：“自出”后的逗号应改为句号。……“自出”之前是案情的简况，应是“问”的部分，只不过省略了“何论”；其后为“答”的部分。[③]

【按】本条答问涉及刑徒逃亡而自出的处置方式，与之相关者还有《岳麓书院藏秦简（肆）》015/2087简“有罪去亡，弗会，已狱及已劾未论而自出者，为会，鞫，罪不得减”；[④] 050/1976简“城旦舂司寇亡而得，黥为城旦舂，不得，命之，其狱未鞫而自出殹（也），治（笞）五十，复为司寇”。[⑤] 综合上述简文与本答问，归纳逃亡自出的情形如表5。

表5　“亡自出”主体、情形与处置归纳

出处及简号	主体	自出情形	处置
《法律答问》132	隶臣妾系城旦舂	已奔，未论而自出	笞五十
《岳麓书院藏秦简（肆）》050/1976	城旦舂司寇	其狱未鞫而自出	笞五十
《岳麓书院藏秦简（肆）》015/2087	犯罪者	已狱及已劾未论而自出	为会
		鞫（而自出）	罪不得减

【译文】

隶臣妾拘系服城旦舂劳役，逃亡，已登记入奔书，尚未论罪而自首，

① 陈松长主编《岳麓书院藏秦简（肆）》，第164页注释39。

② 〔日〕“秦代出土文字史料の研究”班：《嶽麓書院所藏簡〈秦律令（壹）〉譯註稿　その（二）》，《東方學報》京都第93册，2018年，第31页。

③ 李力：《“隶臣妾”身份再研究》，第421页。

④ 陈松长主编《岳麓书院藏秦简（肆）》，第43页。

⑤ 陈松长主编《岳麓书院藏秦简（肆）》，第55页。

应当笞五十，仍服满系（城旦舂）的日期。

【简文】

罷痒守官府亡而得=比公痒不得=比焉 133

【释文】

罷痒（癃）［1］守官府，亡而得，得比公痒（癃）［2］不得？得比焉 133。

【集释】

［1］罢痒（癃）

整理小组：参看《秦律杂抄》“匿敖童”条注（二）。①

中央大秦简讲读会：罢癃，简装本注释“废失者”，唐律的废失规定罢癃包含侏儒、腰背折。②

于豪亮：古代多以刖足者守门，……罢癃有可能指刖者。③

堀毅：上述所谓“癃者”，与老、小一样，是对不适于从事真正壮丁役务的有疾者之一般称谓。④

宫宅潔：身体障碍者（罢癃）……这里指有刀伤与疾病者，明显身矮者也属于此。有这些身体障碍的人在户籍中登记为“罢癃”，在承担徭役方面受到优待。⑤

李今庸：“癃”，……其义本可训为“小便不利”，……其“罢癃”之义为“废置”而“癃”之为字亦“废弃”之义也。⑥

【按】罢，废弃、疾病。癃，疾病，肢体不全。罢癃是秦汉法律认定的残疾对象之一。“罢癃”身份一般通过傅籍确定，如《秦律杂抄·傅律》32 简载：“匿敖童，及占痒（癃）不审，典、老当赎耐”，其中“占癃”

① 整理小组在“匿敖童”条中对“罢癃”的注释是：“癃，即罢癃，意为废疾，参看《说文》‘癃’字段注。”

② 〔日〕中央大学秦簡講読会：《〈雲夢睡虎地秦墓竹簡〉釋註初稿　承前5　灋律答問（下）》，第122页。

③ 于豪亮：《秦律丛考》，第175页。

④ 〔日〕堀毅：《秦汉法制史论考》，萧红燕等译，第195页。

⑤ 〔日〕宫宅潔：《汉代官僚组织的最下层——“官”与“民”之间》，中国政法大学法律古籍整理研究所编《中国古代法律文献研究》第7辑，社会科学文献出版社，2014，第142~143页。

⑥ 李今庸：《李今庸〈黄帝内经〉考义》，中国中医药出版社，2015，第174~175页。

即指向官方如实申报“罢癃”的状况。另据《二年律令·傅律》363简“当傅，高不盈六尺二寸以下，及天乌者，以为罢痒（癃）”及《二年律令·徭律》408～409简“金痍、有□病，皆以为罢痒（癃）”可知，侏儒及“天乌”者以及受兵器创伤和身患经久不愈之病者，皆可认定为“罢癃”。国家对“罢癃”者提供优待，如免服兵役、减免徭役等；“罢癃”者的亲属在劳役上也能获得一定优待，如《二年律令·徭律》408简载：“诸当行粟，独与若父母居老如皖老，若父母罢痒（癃）者，皆勿行。”此律规定，当“罢癃”在只有独子的情况下，其独子可以免除“行粟”的劳役，居家照顾父母。

［2］公痒（癃）

整理小组：公癃，疑指因公残废的人。

堀毅：所谓“公癃”，虽然在外部特征上与“罢癃”具有相同的性质，但却是一种与官府之间有着密切关系的身份。①

【按】“公癃”或指身份上隶属于官府的癃病人员。秦简中“公”常作“官府”之意，如秦简中习见的“公室”“公器”等辞例。又，据《岳麓书院藏秦简（肆）》357/0640～358/0635简载“当就食，其亲、所智（知）者卖之。隶臣妾、城旦、城旦舂司寇、鬼薪、白粲及毄（系）城旦舂老、痒（癃）病、毋（无）赖不能作者，遣就食蜀守”，② 可知秦代官府掌控的徒隶中存在相当数量的“癃病”者。本简中“罢痒（癃）守官府”则指社会上身份自由的罢癃者为官府服劳役。目前未见“公癃”逃亡被捕得后的处罚方式，而一般罢癃者为官府服劳役逃亡捕得后比照“公癃”处罚方式，或是由于两者都是残疾人员而工作内容相似。

【译文】

罢癃守官府，逃亡而被捕获，能不能比照公癃（处理）？可以比照（处理）。

【简文】

甲告乙賊傷人問乙賊殺人非傷殹甲當購＝幾可當購二兩 134

① 〔日〕堀毅：《秦汉法制史论考》，萧红燕等译，第195页。

② 陈松长主编《岳麓书院藏秦简（肆）》，第213页。

【释文】

甲告乙賊傷人，問乙賊殺［1］人，非傷毆（也），甲當購，購幾可（何）？當購二兩134。［2］

【集释】

［1］贼杀

【按】《法律答问》43简、66简亦见“贼伤”“贼杀”，诸家对“贼”理解不同。何四维先生认为，“贼”系“蓄意谋杀地”，即带着恶意的预谋，有目的地伤人或者杀人。① 但籾山明先生提出，《史记·李斯列传》“不知何人贼杀人移上林”，即使在完全没有判明究竟有无故意等的场合，也使用“贼”字。② 冨谷至先生认为，“贼”是以恶意加害一方，在加害者与被害者的关系中，被害者原则上意味着无过错。“贼”这一用语的内涵有“不正”“不法”之义，如“贼燔城”之“贼”，并非用于贼伤、贼杀等涉及人类的行为，而是以建筑物为对象。③ 陶安先生认为，从“贼杀”“贼伤”与“斗伤”“斗杀”及过失杀伤有所区别来看，它无疑是指有一定意图或计划性的杀伤，但是就“贼”字的训诂而言，并没有可以直接证明故意或计划性的材料。“贼”“斗”字，均相对于“伤”或“杀”这一动词，起到状语的作用，“贼”表示像盗贼一样“害”人的状态。④ 刘晓林先生认为，《说文》“贼，败也”，贼的主要含义是破坏、毁坏，在此基础上引申出了两个比较具体的含义：“毁则”与“杀人不忌”。“贼杀”作为罪名既描述了一类具体的犯罪行为又强调了犯罪的主观心态，即“杀人不忌”“杀人而不戚也”。“贼杀”与“不辜”连用，“不辜”主要指的是犯罪对象无任何过错而被杀害，进一步突出了“贼”作为犯罪主观心态“杀人不忌”的含义。⑤ 相关理解可参看《法律答问》43简按语。

［2］甲当购，购几可（何）？当购二两。

---

① A. F. P. Hulsewé, *Remnants of Ch'in Law*, p. 132.

② 〔日〕籾山明：《中国古代诉讼制度研究》，李力译，上海古籍出版社，2018，第262页。

③ 〔日〕冨谷至：《譯注中國歷代刑法志》“解说”，收入〔日〕内田智雄编、冨谷至補《譯注中國歷代刑法志（補）》，創文社，2005，第268、270页。

④ 〔德〕陶安あんど：《秦漢刑罰体系の研究》，第399～402页注释48。

⑤ 刘晓林：《从“贼杀”到“故杀”》，《苏州大学学报》（法学版）2015年第1期，第57页。

整理小组：二两，指黄金二两。

中央大秦简讲读会：购，对告奸的褒赏金。[①]

何四维：整理小组认为这是指黄金的两。在汉代，十六两一斤在理论上被认为是 10000 钱；二两因此相当于 2/16×10000＝1250 钱。[②]

陶安あんど：答问以贼伤为内容告发，与实际的犯罪行为贼杀之间存在差距，议论点是赏金的给予，结合上述数例[③]来看，这里也是以黥城旦舂的罪，即以贼伤为基准给予的赏金。[④]

【按】本条答问需要解决的问题是，告发者对犯罪者的告发罪行轻于其实际犯行，应如何奖励告发者。回答给出的规定是奖励金二两。推测“购二两”的理据是：甲告乙贼伤人，而乙实为贼杀人，实罪重于告发之罪，故对甲不适用告不审，但是奖励也不按被告发者的实罪认定，而是按实际告发罪认定。不过秦汉律中的告有捕告与诇告，如《二年律令·亡律》172 简“取亡罪人为庸，不智（知）其亡，以舍亡人律论之。所舍取未去，若已去后，智（知）其请（情）而捕告，及诇〈诇〉告吏捕得之，皆除其罪，毋购”，律文有知情捕告与诇告吏捕得之别。[⑤] 本简中的告，目

① 〔日〕中央大学秦簡講読会：《〈雲夢睡虎地秦墓竹簡〉釋註初稿　承前 5　灋律答問（下）》，第 122 页。

② A. F. P. Hulsewé，*Remnants of Ch'in Law*，p. 158.

③ 集释者注：此处“上述数例”是指陶安先生所援引的《法律答问》134～137 简。

④ 〔德〕陶安あんど：《秦漢刑罰体系の研究》，第 397 页注释 44。

⑤ 关于“诇告”，有诸家之说。龙岗秦简 74 简“☐捕诇〈诇〉☐”，整理者认为“诇”为“侦”。……即侦知罪犯藏身之处，向官吏报告（中国文物研究所、湖北省文物考古研究所编《龙岗秦简》，中华书局，2001，第 101 页）；《二年律令·捕律》139 简“诇告罪人，吏捕得之，半购诇者”，整理小组注“诇”为“侦察”［张家山二四七号汉墓竹简整理小组：《张家山汉墓竹简〔二四七号墓〕》（释文修订本），文物出版社，2006，第 27 页］；“三国时代出土文字资料研究”班的解说是：“诇”指从旁探察，与是否因公务侦察无关，告发以此获知的事实即“诇告”，与基于确凿证据的犯罪告发存在区别［〔日〕冨谷至編《江陵張家山二四七號墓出土漢律令の研究　譯注篇》，第 91 页］；专修大学《二年律令》研究会认为“诇告”“恐怕不是对犯人的特定告发，而是提供与逮捕相关的有力情报之意”［〔日〕專修大学《二年律令》研究会：《張家山漢簡〈二年律令〉訳注（四）——告律、捕律、亡律》，第 180 页］；《岳麓书院藏秦简（肆）》074/2045 简“有能捕若诇告，当复诣署（迁）所”，整理者认为“诇告”指向官吏举报有罪者及其处所的行为，官吏成功抓获有罪者之后，举报者才能得赏［陈松长主编《岳麓书院藏秦简（肆）》，第 79 页注释 94］；京都大学“秦代出土文字史料研究”班认为，“诇告”指“告发的并非犯罪的实际情况，而是犯罪嫌疑”［〔日〕“秦代出土文字史料の研究”班：《嶽麓書院所藏簡〈秦律令（壹）〉譯注稿　その（一）》，第 206 页］。

前还不能确定是何种意义上的告，而且有关告而奖励的资料也较少。以下仅就秦律中关于诇告刑城旦罪予以奖励的规定略述一二。之所以限定刑城旦罪，是由于甲告乙贼伤人，而据《二年律令·贼律》25简“贼伤人……皆黥为城旦舂”，故推测秦时的贼伤人行为也属于“刑城旦罪”。《岳麓书院藏秦简（肆）》082/1928～083/2094简“☐法，耐辠以下罨（迁）之，其臣史殹（也），输县盐，能捕若诇告犯令者，刑城旦辠以下到罨（迁）罪一人，购金二两，及当输不输者一人，购金二两”，[1] 又，《岳麓书院藏秦简（陆）》040/1444～041/1451简“有能捕犯令而当刑为城旦舂者一人，购金二两，完城旦舂、鬼薪白粲辠一人，购金一两”。[2] 前条规定若能抓捕或举告犯令的刑城旦罪一人，可获得二两赏金。据此，后条“购金二两”的对象虽然是抓捕者，但对诇告者的奖励标准或也是如此。不过《岳麓书院藏秦简（伍）》也有不同奖励标准的记载，如042/1012简“有能捕犯令者城旦辠一人，购金四两”，333/1738简“捕犯令者黥城旦舂辠一人，购金四两”。[3] 汉初律规定，捕获刑城旦舂罪人奖励金四两；告发后被吏捕获，对告发者给予一半奖励，即金二两。《二年律令·捕律》137～138简：“☐亡人、略妻、略卖人、强奸、伪写印者弃市罪一人，购金十两。刑城旦舂罪，购金四两。完城☐二两。诇告罪人，吏捕得之，半购诇者。”律文中对捕获者的奖励标准同《岳麓书院藏秦简（伍）》042/1012简、333/1738简的记载，对告发者的奖励标准则同《岳麓书院藏秦简（肆）》082/1928～083/2094简的记载，其间不同因何所致，有待进一步探讨。

【译文】

甲告发乙贼伤人，讯问乙是贼杀人，不是（贼）伤，甲应当获得赏金，赏金多少？应当获得赏金二两。

【简文】

捕亡完城旦購幾可當購二兩 135

【释文】

捕亡完城旦，購幾可（何）？當購二兩 135。[1]

---

① 陈松长主编《岳麓书院藏秦简（肆）》，第66页。

② 陈松长主编《岳麓书院藏秦简（陆）》，上海辞书出版社，2020，第60～61页。

③ 陈松长主编《岳麓书院藏秦简（伍）》，第52、209页。

【集释】

［1］捕亡完城旦，购几可（何）？当购二两。

栗劲：只要是捕获了确实够“完城旦”或“刑城旦”以上罪的犯人，每捕捉一人，就奖给黄金二两。①

陶安あんど：根据《二年律令》亡律简 157，逃亡一年与耐罪相当，具律简 90～92 中规定城旦舂犯耐罪以上的罪要被处以黥。而且如亡律简 164“城旦舂亡，黥复城旦舂。鬼薪白粲也，皆笞百”，明文规定对逃亡的城旦舂处以黥。故这个赏金也是为了捕获相当于黥城旦舂的罪人而支付的。②

【按】本简设问的原因在于，所捕获的罪人同时犯亡罪和完城旦罪，应怎样进行购赏。从《二年律令·具律》122～124 简“有罪当完城旦舂、鬼薪白粲以上而亡，以其罪命之；……其以亡为罪，当完城旦舂、鬼薪白粲以上不得者，亦以其罪论命之”的规定来看，当犯完城旦舂罪者逃亡时，对其仍按照所犯本罪加以处置。另一方面，当逃亡者亡罪成立，应获刑完城旦而未能捕获时，也按其因亡罪而获得的完城旦舂刑处理。即无论是以完城旦罪人身份逃亡，还是以其他身份逃亡获刑完城旦舂，都是以其实罪（完城旦舂）处理。以此推测，捕获亡完城旦也不视为亡罪＋完城旦，而是视为捕完城旦进行购赏，赏金二两。《二年律令·捕律》137～138 简“完城☐二两”，所见购赏标准与此一致。

【译文】

捕获逃亡的完城旦罪人，赏金多少？应当获得赏金二两。

① 栗劲：《秦律通论》，山东人民出版社，1985，第 321～322 页。

② 〔德〕陶安あんど：《秦漢刑罰体系の研究》，第 397 页注释 44。

《中国古代法律文献研究》第十四辑
2020 年，第 062 ~077 页

《魏书·刑罚志》译注札记*

周东平**

摘　要： 译注稿主要采用轮读会的方法，紧扣中华书局新、旧版《魏书·刑罚志》之志文，在句读（如神䴥律“分大辟为二科死斩死入绞”）、校勘乃至极个别版本文字上（如“狱理是诚”）提出己见，以供商榷；阐释《魏书·刑罚志》的书写风格、法律思想，关注北魏律的胡汉融合、礼法合流，剖析经典案例中的情理法，提炼北魏的法律治理观念，挖掘志文的法学内涵与中国传统法的精髓，助力读者加深对中国传统法文化的理解。

关键词： 《刑罚志》　译注特色　中古五刑　祥（详）刑　狱成

二十五史共有《刑法志（个别称“刑罚志”“刑志”）》十四篇。《〈魏书·刑罚志〉译注》是继我主编的《〈晋书·刑法志〉译注》（人民出版社，2017）之后，将要出版的第二部有关中国历代刑法志的译注。正史前四部的《刑法志》，都是价值独特且难以重复的法史经典史料，值得精读

* 本文为 2020 年国家社科基金后期资助项目“《魏书·刑罚志》译注”（批准号：20FFXB034）的阶段性成果。

** 厦门大学法学院教授。

细绎，吟味不已。我们的《〈魏书·刑罚志〉译注（稿）》[①] 工作紧扣中华书局2017年和1974年出版的新、旧版志文，结合其他古籍版本和相关译注本，细心研读，对志文的个别句读、文字的斟酌，尤其文意演绎，都有详细译注，并提出己见和争鸣，借此请教方家。

一 《魏书·刑罚志》新译注的特色

（一）《魏书·刑罚志》目前的译注本概况

两汉以降迄于隋代，史书皆为私人史家修撰；唐代之后，官修正史成为制度。

北齐天保二年至五年（551～554），魏收受高洋之命编撰魏史，修成《魏书》一百三十篇，其中有《刑罚志》一卷。

尽管《魏书》在当时就引发"众口喧然，号为'秽史'"，[②] 后代对《魏书》也褒贬不一，但学界还是公认魏收独力完成的"十志"排列有序，亦见史识，是《魏书》最具价值的部分。因为自东汉班固的《汉书》到唐初官修的《五代史志》（最终附于《隋书》），近六百年间，除《魏书》以外的各纪传体史书，或书志付之阙如，或虽有书志而无刑法、食货等重要内容。《魏书》弥补了这一缺憾，其《刑罚志》记载北魏一朝从远祖的部落制习惯法逐渐转变为中华法体系的法制概况，涉及立法、司法制度，以及刑罚种类、重大疑狱等，是魏晋南北朝唯一完整流传的《刑法（罚）志》，成为我们了解拓跋魏乃至北朝法制的基础资料，也是进一步研究胡汉法制融合、理解中华法系形成史的关键一环。

《魏书》在北宋时期即残缺。流传下来的《魏书》最早刻本是南宋翻刻，其中有元、明二朝的补版，被称为"三朝本"。[③] 以后流行的各种《魏

---

① 以下或简称"译注稿"。《魏书·刑罚志》志文近万字，目前的译注稿除前言部分外，计有注释677个，另附"费羊皮卖女张回转卖案各方观点"表格一张、驸马张辉殴打公主伤胎案的案例分析一则，加上译文，总共近十七万字。另，本文下引《魏书·刑罚志》志文，一般不再一一标注。

② 《北齐书》卷三七《魏收传》，中华书局，1972，第489页。

③ 参见《魏书》"出版说明"，中华书局，1974，第7～8页。

书》版本，都是或直接或间接地在“三朝本”的基础上校改而成。中华书局张忱石认为：“‘二十四史’里《魏书》的点校最难，因为几百年来被污为‘秽史’，缺页、遗漏情况严重，而且后人增补也不注明出处。”①

目前，学术界对《魏书·刑罚志》的主要译注工作先后有如下四部。

1. 〔日〕内田智雄编，冨谷至补《譯注　中國歷代刑法志（補）》（1964 年初版），创文社 2005 年版。所据底本为武英殿本光绪十年（1884），上海同文书局影印。

2. 高潮、马建石主编《中国历代刑法志注译》（徐晶石负责《魏书·刑罚志注译》部分），吉林人民出版社 1994 年版。所据底本为中华书局 1974 年版。

3. 谢瑞智、谢俐莹注译《中国历代刑法志（一）：汉书·晋书·魏书》，新北市文笙书局 2002 年版。未说明底本来源。

4. 周国林主编《二十四史全译·魏书》，汉语大词典出版社 2004 年版。作者虽未具体说明所据版本，但认为中华书局 1974 年点校本是相对比较好的，故应以其为底本。

上述高氏本、谢氏本在译注方面多少存在不够严谨之处，尤其较少吸收近年来简牍等资料和最新学界成果，需要订正。周氏本仅有文白对照译文而无注释。内田氏本以日本的中国学“京都学派”学者为中心，由专攻思想史、历史等特定领域的学者完成，加上秦汉法制史学者冨谷至的最新补订，有自己的特色，但国内学者一般难以利用。

（二）《魏书·刑罚志》译注稿的研究特色

随着中华书局启动点校本二十四史的修订工程，由何德章负责修订的、以百衲本为底本的《魏书》修订本在 2017 年面世，对唐长孺负责的、以不主一本的校勘方式点校的 1974 年版《刑罚志》的底本乃至句读都有所变动（以下对此分别简称新版、旧版）。但无论新、旧版，在句读、校勘记乃至极个别文字上都有值得商榷之处，也亟须最新译注本，以便于相关读者进一步理解和研究。

① 单颖文：《〈魏书〉的撰写、点校和修订》，《文汇报》2017 年 4 月 7 日。

我们这次的《魏书·刑罚志》轮读会采用的工作底本是中华书局2017年修订本《魏书》，并以1974年版《魏书·刑罚志》等参对，排版字体原为竖排繁体，轮读时改为横排简体。前揭该《刑罚志》译注的相关成果，遂成为我们轮读时的基本参考书籍。

我们也借助常用古籍，如二十四史的相关部分，《唐律疏议》《唐六典》《通典》《唐会要》《资治通鉴》《册府元龟》等，以及近现代人沈家本的《历代刑法考》、程树德的《九朝律考》、刘俊文的《唐律疏议笺解》、日本律令研究会编《譯註日本律令　唐律疏議譯註篇一—四》等，还有《睡虎地秦墓竹简》《二年律令》《清华简》等新出土简牍，以丰富译注的内容。此外，北京爱如生数字化技术研究中心的《中国基本古籍库》全文检索版大型数据库，也是我们常用的数据库之一。

我们的译注稿在研究方法上有下面一些特色。

1. 注重精读文本，及时吸纳包括简牍、考古、校勘等学科的新成果。如志文中“犯釱左右趾者，易以斗械”（注70），涉及刑制变迁，根据《睡虎地秦墓竹简》中作“杕”而非“釱”，与前面的枸椟欙均为木字旁，从而推断这一改制的历史渊源，可以补充修订本校勘记［四］的推测。又如“狱成”及“狱理是诚（成）”，在后期整理时发现2019年才面世的清华简（玖）《成人》三次出现“狱成”，更能印证古书“狱成”的固有用法，而非中华新版作的“诚”。再如“年十四已下，降刑之半”（注135）的矜恤年龄问题，亦参考张家山汉简内容进行梳理。其他诸如谳报（注146）、不孝之罪（注303）、群盗之罪（注428）、首从犯罪（注429、466），以及同居连坐、奏谳程序、拷掠程式等，注释中皆注重考察吸收近年来秦汉简牍研究的成果。

2. 以采用注重集体智慧的轮读会方法[①]为特色。以往的历代刑法志译注本主要限于文义简释，对一般读者而言，虽可以掌握相关术语，理解基本含义，但无法据此进一步全面领会由经典文献所能牵引发散的诸如思想智慧、制度源流、社会联系、文化影响等问题。故本译注稿采用轮读会形

① 关于“轮读会”的详细介绍，参见拙编《〈晋书·刑法志〉译注》“前言”（人民出版社，2017）的相关部分。

式，并在轮读结束后，各位成员根据读书会上的意见、注释体例等要求，多次打磨，继续修订、校对所负责的部分。在把各自负责的部分汇集衔接成文后，再由主编再次校读、订正并统一体例。

3. 在完善志文的文本并进行注释、翻译的基础上，注重对所涉法律史重要法律概念的厘清、制度沿革的梳理，也涉及重点论题的思想探源、文化阐释，以及典型案例分析，着力于当代学术研究的引介、辨析、整合，以深掘阅读经典史料对研习中国传统法的全面价值，打造最详尽、最良善的《魏书·刑罚志》译注本。

二 《魏书·刑罚志》轮读会与译注工作的几点体会

从法学尤其法律史角度解读《刑法（罚）志》，自是本色；而多学科知识的综合运用，方臻良善。我们力图对《魏书·刑罚志》志文的极个别文字、句读的准确把握，阐释其书写风格、法律思想，关注北魏律的胡汉融合与礼法结合、法律儒家化动向，剖析经典案例中的情理法，提炼北魏的法律治理观念，挖掘志文的法学内涵，以及法律与思想、文化、社会的多元而复杂的互动关系，充分挖掘经典史料所蕴含的中国传统法的精髓，以助力读者加深对中国传统法文化的理解。

（一）阐发《魏书·刑罚志》的书写风格

唐代之前《刑法志》的书写重点未必一致。《魏书·刑罚志》作为正史中第二部出现的《刑法志》,[①] 其书写风格从《汉书》首创的“兵刑兼

① 个别学者或许根据正史所涉时代之先后而非成书之先后，误以为正史的第二部《刑法志》是《晋书·刑法志》。例如张警《〈晋书·刑法志〉注释》（成都科技大学出版社，1994）之“前言”称该志“是我国正史中，继《汉书》以后，第二篇刑法志”。也有人认为《魏书·刑罚志》“延续《汉书·刑法志》《晋书·刑法志》的编纂风格”（邱汉平编著《历代刑法志》所附导读“传承中国传统法制文明的不朽经典”，商务印书馆，2017，第629页），其所认为的成书先后时序显属失当。

又，《魏书·刑罚志》有关于商鞅《法经》的最早记载：“逮于战国，……商君以《法经》六篇，入说于秦，议参夷之诛，连相坐之法。”但〔日〕广濑薰雄《秦漢律令研究》（汲古书院，2011）第48页说，在今天可知文献范围内，言及李悝《法经》的最早文献，是唐太宗贞观十八年（644）编纂的《晋书·刑法志》［第41、49页 （转下页注）

顾”“刑主法从”，一变而为《魏书》重在狭义刑罚的“详刑略法”，主要涉及北魏一朝法律变迁、法典编纂与刑罚改革、重大疑狱的讨论等，这对《晋书》《隋书》之《刑法志》有着重要影响。最终典定为唐初官修《晋书》《隋书》的“刑法并重”，为标榜唐制源远流长且集其大成铺垫、正名。自此，名副其实的正史《刑法志》体例确立，并为历代《刑法志》奉为圭臬。正如陈俊强指出的：“《魏志》应是魏收根据国史旧稿而成，究其成立原因，既是师法班固《汉志》，也因北魏刑罚律令屡有更改之故。魏收改易《刑法志》为《刑罚志》，纯论狭义的刑罚，不谈兵事。而且，论述焦点都围绕着刑罚和狱讼而不是律令。”①

（二）呈现《魏书·刑罚志》的法制思想

《刑法志》代表了中国古代法律史编纂的传统。《汉书·刑法志》反映的可以说是徘徊于理想与现实、文与质、经与权、死法与活法的二元论基础上展开的汉朝政治。但《刑法志》并非先唐正史的必备篇章。魏收说“十《志》实范迁、固”，② 他继承班固撰写《刑法志》的传统，志文首段

（接上页注①）意见同此]；在第51页就“商鞅改法为律”的变造史的说明中，把《晋书·刑法志》排列在《汉书·刑法志》之后、《魏书·刑罚志》之前，且同页倒数第3、4行的相关论证也没有顾及、说明《魏书》成书在《晋书》之前的事实。第48页所举（1）（2）（3）中，竟无《魏书·刑罚志》的相关内容；第49～50页的ABC各项之前，也没有《魏书·刑罚志》关于“商君以法经六篇……”的论述，及ABC可能由此原因之一而层累地造成的任何说明。第54～56页关于历代刑法志的检讨等，亦同样忽略《魏书·刑罚志》的相关最早记录。

笔者曾就此请教广濑薰雄。他强调第42页所介绍的贝塚茂树《李悝法經考》（《東方學報》第4册上。后收入《貝塚茂樹著作集》第3卷，中央公论社，1977，第309～345页）的看法很有道理。贝塚茂树主要从目录学角度认为，《晋书·刑法志》关于《法经》的这一段史料来自晋朝张斐《汉晋律序注》。如果按照这个解释，晋志这一段史料是晋代形成的，其年代比《魏书·刑罚志》早。并在第52页、第62页也简单重申如上所述的这段史料的史源问题。

那么，《魏书·刑罚志》关于商鞅《法经》的相关记述，是目前可知的最早的记载。其史源虽不清楚，但当有所本，则不容否定。广濑薰雄尊重、赞同贝塚先生的意见，虽不难理解，但毕竟没有太在意《魏书·刑罚志》的成书时间比晋志早的问题，以致考虑欠周，该做说明的地方未说明透彻。

① 陈俊强：《汉唐正史〈刑法志〉的形成与变迁》，《台湾师大历史学报》第43期，2010年6月。

② 《魏书·志·前上十志启》，第2331页。

也效法班固《刑法志》，追记晋代之前法的变迁及其原理。故其《刑罚志》不仅志在述古（志文起始总序部分），更重在论今。他认为“志之为用，……理切必在甄明，事重尤应标著”，“置之众篇之后，一统天人之迹”。[①] 故《刑罚志》尤其关注北魏当朝法制，仅以其所记载的元魏修订法律而言，前后历经道武帝、太武帝、文成帝、孝文帝、宣武帝，共计五帝七次修订，最终修成《北魏律》二十卷。其修订之勤，尤需梳理。又如元魏历朝或蠲除酷刑，或修订个罪，屡见不鲜；所引重案疑狱如费羊皮卖女案、李怜生行毒药案、刘辉殴打公主伤胎案、高季贤兄叔坐法（反逆）案等，均足以显示其对刑、狱的关切，正如志文所说的“立狱……不可不慎也”。

（三）关注北魏律的胡汉融合

北魏法制作为中华法系成立的重要节点历来颇受关注。《魏书·刑罚志》留下不少反映少数民族政权固有法与中国传统法之间冲突、调和的珍贵法律史料，如北魏政权在从部落到王朝、从分权到集权的发展过程中，其法律内容一方面继承拓跋鲜卑等北方游牧民族固有风俗习惯，从早期“礼俗纯朴，刑禁疏简”，“四部大人坐王庭决辞讼，以言语约束，刻契记事，无囹圄考讯之法，诸犯罪者，皆临时决遣”。渐渐“乃峻刑法，每以军令从事”，“昭成建国二年（339）：当死者，听其家献金马以赎；犯大逆者，亲族男女无少长皆斩；男女不以礼交皆死；民相杀者，听与死家马牛四十九头，及送葬器物以平之；无系讯连逮之坐；盗官物，一备五，私则备十”。赔偿主义刑罚盛行。再到既定中原，约定科令，神䴥（428～431）定律令，更引入具有其固有法色彩的绞刑，[②] 对“为蛊毒者，男女皆斩，而焚其家。巫蛊者，负羖羊抱犬沉诸渊”；其“门（房）诛”之法，[③] 新

① 《魏书·志·前上十志启》，第 2331 页。

② 冨谷至推测，鲜卑族刑罚的目的之一是向神供牺牲、祓除，绞杀就是杀害牺牲的方法。参见〔日〕冨谷至《漢唐法制史研究》，创文社，2016，第 246～248 页。

③ 韩国磐指出：“北魏有门诛之法，应从这里（笔者按：即《魏书·序纪》）的‘举部戮之’‘室家相携而赴死所’，来求其源，这种门诛之法，固非汉晋所有。”见氏著《中国古代法制史研究》，人民出版社，1993，第 267～268 页。还可参见同书第 274～275 页的相关论述。

创设的流刑等，多少都遗留着本族固有法特色。另一方面，出于建立政治权威、巩固统治的需要，广采先进的汉族法制，继受中国法，也是北魏法律的发展趋势。首先设立谋反大逆等国事罪，进而逐步确立二十篇的法典体例；中古五刑初现体系，诸如死刑大辟区分死（绞）、斩二等，吸纳不具有身体标签烙印的流刑、鞭杖刑，劳役刑更加规范，财产刑降为辅刑，融入魏晋以降财产刑退出主刑体系的风潮，迈上以实刑主义刑罚为主的快车道；罪名上，增加“不道”罪的新内涵，谋反、大逆、降、大不敬等政治性重罪完全分化成为独立罪名；法律形式上，“以格代科”；司法上，由早期军事行政首领四部大人兼任司法官，继而由胡汉杂糅、职能多样的三都大官担任司法官，再转为设置专门司法机构廷尉和尚书三公郎曹，名称职能一依汉制。

北魏法制兼收并蓄的结果，创建了具有多元色彩的胡汉融合的法律体系，一帜独树，成为“北系诸律之嚆矢”，① 被推为“华夏刑律不祧之正统”。②

（四）聚焦北魏时期的礼法结合

陈寅恪早就指出：“北魏之律遂汇集中原、河西、江左三大文化因子于一炉而冶之，取精用宏，宜其经由北齐，至于隋唐，成为二千年来东亚刑律之准则也。”③ 所谓“德刑之设，著自神道”，强调“百年而后胜残去杀”。如入主中原之前的“男女不以礼交皆死”。又如太武帝时《神䴥律》规定“王官阶九品，得以官爵除刑”（此后的《正始律》等对官当制度继续修订，其《法例律》规定：“五等列爵及在《官品令》从第五，以阶当刑二岁。”）、刑法优待老少及孕妇、疑狱依古经义论决，强化死刑复核、登闻鼓等。文成帝主张“齐之以法，示之以礼”，提倡“以情折狱”“哀矜庶狱”。宣武帝时朝臣们也进言“导之以德化，齐之以刑法”，“敦风厉俗，以德导民”，对于“败风秽化，理深其罚”。其他的如将同姓相婚、在子女面前裸其妻又强奸妻妹于妻母之侧等一般的违犯宗法伦理的犯罪行为纳入

---

① 程树德：《九朝律考·后魏律考序》，中华书局，1963，第339页。
② 陈寅恪：《隋唐制度渊源略论稿·刑律》，生活·读书·新知三联书店，2001，第112页。
③ 陈寅恪：《隋唐制度渊源略论稿·刑律》，第119页。

“不道”罪，就是引礼入律的结果。又如学习汉制设立不孝罪，杀害尊亲者处轘刑，对一般的不孝行为则处劳役刑；居丧作乐纳入不孝行为。同时，在孝文帝太和年间（477～499）新创存留养亲之法，对相关的死刑、流刑犯人适用缓刑，权留养亲，光大《周礼》矜老恤刑精神。确立不孝罪和新创存留养亲之法，是对农耕文明的深化，并被后世法律所继承。还有，继续沿用八议等。

（五）挖掘志文的法学内涵

《魏书·刑罚志》留下的珍贵法律史料，对研究中国古代法律思想与法律制度变迁具有重要的意义，值得深入挖掘。

1. 对神䴥律“分大辟为二科死斩死入绞”（注 122）的认识，事关中古五刑体系形成史，尤需认真对待。成问题的是因句读而引发的理解差异。目前句读有以下几种：

> 世祖即位，以刑禁重，神䴥中，诏司徒崔浩定律令。除五岁四岁刑，增一年刑。
>
> ①分大辟为二科死，斩死，入绞。（旧版、高氏、谢氏）
>
> ②分大辟为二科：死，斩；死，入绞。（新版）
>
> ③分大辟为二：科死斩死入绞。（程树德）
>
> ④分大辟为二科，死斩，死入绞。（布目氏、内田氏、冨谷氏）
>
> ⑤分大辟为二科：死、斩，死入绞。（笔者）

对“分大辟为二科死斩死入绞”这句话，程树德句读为“分大辟为二：科死斩死入绞”；或为“分大辟为二，科死斩死，入绞”。[①] 其句读难以通读，无需多论。旧版、高氏、谢氏皆从①句读，高氏翻译为“死刑分为两种处死，砍杀，绞死”；谢氏翻译为“死刑分为两种行刑方式，一为

① 分别见程树德《九朝律考·后魏律考上》“魏数次改定律令”条：“分大辟为二：科死斩死入绞”，第 346 页；“死刑”条：“分大辟为二，科死斩死，入绞。”第 361 页。

斩首，一为绞死”。[①] 新版句读有改变，并认为“死”是总例，二科死，指正式入刑的死法斩、绞，即“判处死刑，处斩；判处死刑，处以绞刑”。采取这两种方式，以明轻重。

相对于此，布目氏、内田氏、冨谷至均句读为“分大辟为二科，死斩，死入绞”，翻译为“分大辟为二种，即‘死’与‘斩’。处‘死’时用绞刑”。[②]

笔者认为日本学者的句读意见可从，并可完善句读为：“分大辟为二科：死、斩，死入绞。”即分“大辟”为二科，“二科”乃死、斩二等；处“死”时用绞刑。其理由简述如下。

（1）“斩”一仍其旧，无需说明；“死”采用绞刑执行（“入绞”，后文亦有“入死者绞”），因为它是北魏胡汉融合而新规定于律典的刑罚，故特予说明。程树德、布目潮渢、韩国磐、冨谷至等都先后明确指出绞刑最早出现于北魏律。[③]

（2）此后的魏律仍作“门诛四，大辟×××条”，而不作“死刑（死罪）”×××条，据志文，正平元年（451）律“门诛四，大辟一四五，刑二百二十一条”；太安年间（455~459）“增律七十九章，门房之诛十有三，大辟三五，刑六十二”；太和五年（481）律“凡八百三十二章，门房之诛十有六，大辟之罪二百三十五，刑三百七十七”等。可以推知这么多条的“大辟”罪，均分为死、斩二科（二等）处罚。

（3）把“大辟”作为死刑总称，不仅上古五刑如此，北魏之前之后的

① 高潮、马建石主编《中国历代刑法志注译》，吉林人民出版社，1994，第148~149页；谢瑞智、谢俐莹注译《中国历代刑法志（一）：汉书·晋书·魏书》，新北市，文笙书局，2002，第334页。

② 〔日〕布目潮渢：《唐律研究（一）》，《立命館文學》第163号，1958年；后收入《布目潮渢中國史論集（上卷）》，汲古书院，2003，第240页。〔日〕内田智雄编，冨谷至补《譯注　中國歷代刑法志（補）》，创文社，2005，第194页。〔日〕冨谷至：《漢唐法制史研究》，第241页。

③ 〔日〕布目潮渢观点见前揭《布目潮渢中國史論集（上卷）》，第240页。程树德指出：“其以绞为刑名，盖自北魏始。”（程树德：《九朝律考·晋律考上》，第246页）韩国磐也说：“绞刑为死刑中的最轻者，可以全尸而殁，至北魏方明文规定入律，这亦为事实之证。”（韩国磐：《中国古代法制史研究》，第275页）冨谷至认为绞刑在北魏时才成为正刑（具体参见〔日〕冨谷至《究極の肉刑から生命刑へ——漢－唐死刑考》之“北魏の刑罰”，载《漢唐法制史研究》，第241~250页）。

朝代也仍有沿用。此前的如《汉书·刑法志》载“大辟四百九条，千八百八十二事”；《唐六典·尚书刑部》说魏律“依古义，制为五刑，其大辟有三”；晋律“其刑名之制，大辟之刑有三：一曰枭，二曰斩，三曰弃市”。此后的如《通典·刑法五·杂议下》记载元魏正平元年改定律制，“凡三百七十条，门房之诛四，大辟百四十五，刑二百二十一”。[①] 又如《唐会要·定格令》记载贞观律“［减］大辟者九十二条”，《旧唐书·刑法志》“比隋代旧律，减大辟者九十二条”，《新唐书·刑法志》“玄龄等遂与法司增损隋律，降大辟为流者九十二”等，皆是。

（4）北魏律中，“死”作为一种法定刑的名称已出现。如本志前文云：“当死者，听其家献金马以赎；犯大逆者，亲族男女无少长皆斩；男女不以礼交皆死”。冨谷至认为，道武帝之前的拓跋部建国时期的法令中“犯大逆者，亲族男女无少长皆斩”的“斩”与“男女不以礼交皆死”的“死”，分别相当于本志后文世祖神䴥四年（431）“诏司徒崔浩定律令。……分大辟为二科：死斩，死入绞”的“斩”与“死”，即斩首与绞杀。[②] 后文云：“案《盗律》‘掠人、掠卖人、和卖人为奴婢者，死’。回故买羊皮女谋以转卖，依律处绞刑。”又云：“案《贼律》云：‘谋杀人而发觉者流，从者五岁刑；已伤及杀而还苏者死，从者流；已杀者斩，从而加功者死，不加者流。’”又云：“诸强盗杀人者，首从皆斩，妻子同籍，配为乐户；其不杀人，及赃不满五匹，魁首斩，从者死，妻子亦为乐户。”《魏书·定安王传》：“御史中丞侯刚案以不道，处死，绞刑，会赦免。”可见，“死”的执行方法是“绞”。本志后文就孝文帝时期的情况也述及：“故事，斩者皆裸形伏质，入死者绞，虽有律，未之行也。……司徒元丕等奏言：‘臣等谨议，大逆及贼各弃市袒斩，盗及吏受赇各绞刑，踣诸甸师。’又诏曰：

① 韩国磐认为：《通典》卷一六四所载“凡三百七十条”之数为是，盖门诛、大辟、五刑之数相加，正是如此（韩国磐：《中国古代法制史研究》，第272页）。笔者按：此处所谓的“五刑”应为“刑”，“五”乃衍误。而《唐六典·尚书刑部》则为“凡三百九十条，门房诛四条，大辟一百四十条，五刑二百三十一条”。陈仲夫点校本、近卫本《唐六典》均把“五”和后面的“刑”连在一起，断句为“五刑”，且总条文合计为三百七十五条。韩国磐疑其有误，指出：《魏书·刑罚志》和《通典·刑制中》，于此只写作“刑”，而不作“五刑”，不知《唐六典》何据？（参见韩国磐《中国古代法制史研究》，第274页）此或可补新版校勘记［五］对《唐六典》材料的遗漏和相关辨析。

② 参见〔日〕冨谷至《漢唐法制史研究》，第246页。

'……今犯法至死，同入斩刑。……'"

（5）绞、斩二等之"绞"如写作"入绞"，不符合律文刑种刑等之"绞"的名目，且与"故事，斩者皆裸形伏质，入死者绞"等法律抵牾。

（6）至于"死"若作为总例，为何不如后世之律径称"死刑二（或分死为二科）：绞、斩"？修订本如此理解的"死"，既无法作为总例包容"斩"，也与神麕律前面的"大辟"同义重复而显得赘字。

据上述分析可知：首先，此处的"斩"与"死"并列，都是"大辟"的二科（二等）之一，新版此处的"死"并不等同于"大辟"，不是"总例"，仅是表达新出现的绞刑而已，故其句读不可取；其次，各个条文中分别有"死"的法定刑以外，北魏律中似乎还有"死"处以绞刑的总括性规定（"分大辟为二科：死、斩，死入绞"）；再次，"死"是法定刑，"绞"是"死"的执行方法（如"入死者绞""处死，绞刑"）；最后，虽然当时律中有"入死者绞"的规定，但有时实施（如"御史中丞侯刚案以不道，处死，绞刑"；《魏书·奚康生传》的"亦就市绞刑"），有时未实施，"死"亦以斩刑处理。

2. "祥""详"（注 32）二字虽通于吉善之义，祥刑乃妥善之刑法。但"祥刑""详刑"的混通，却造成思想文化上的众说纷纭。对此，力图从《吕刑》文字渊源、羊神判、[①] 版本学、后世一般通念[②]等角度，厘清"祥（详）刑"作为妥善之刑法观念的探讨，澄清疑惑。现代学者虽仍莫衷一是，有的取"详刑"，阐释审刑之义。[③] 顾颉刚、刘起釪对"祥刑"注释有三种观点："善"则"祥"；"祥"与"详"通用，"祥刑"实为

① 参考〔日〕白鸟清《日本・中国古代法の研究——神判・盟誓の研究》（柏书房，1972）的相关研究，如《古代支那におけれ神判の一形式》《盟の形式より観たる古代支那の羊神判》，尤其《羊神判の反映した二、三の漢字について》认为：祥，有吉凶征兆之义。在判断吉兆恶征的意义上，或者保证将来的盟誓上，使用远古的以羊判定善恶正邪的羊神判传统，该"祥"字凶吉两义均存，其作为反映构成羊神判风习的文字，值得重视。

② （宋）史绳祖：《学斋占毕・祥刑详刑字义之通》，《景印文渊阁四库全书》第 854 册，台北，台湾商务印书馆，1983。史绳祖所述将"祥刑"写作"详刑"引发疑惑的轶事，虽有唐之"详刑大夫"为史证，却仍反映南宋多以《吕刑》"祥刑"为正的一般观念。

③ 包振宇：《〈尚书〉"祥刑"思想中的司法理性》，《扬州大学学报》（人文社会科学版）2016 年第 5 期。

"详审之刑"；"无刑而民安"则"祥"。[①] 有的认为《吕刑》是祥刑的典范，取"祥刑"阐释善刑之义。[②] 我们认为：此处可本于《尚书》，作"祥刑"，以《吕刑》为正本；作"详刑"，以所据点校底本的版本为优：宜出校勘记以说明之。

3. 对"狱成""狱理是诚"（注 145、493，尤其注 498）的辨析。由历代奏谳程序，追溯《吕刑》原文、宋版古籍、简牍用法等途径进行考察。

志文所载元志、王靖的上奏文，提供了有关审判程序的重要资料。"覆""检""鞫""证""狱成"等，是表示诉讼程序各阶段的法制用语。[③]"狱理是成"是"处罪案成"，即被起诉后，走完"覆""检""鞫""证"程序，赃状露验，案署分明，并解送至省，只是"尚书省断讫未奏者"。此时就是"狱理是成"。

"狱成"本于《尚书·吕刑》："其刑其罚，其审克之。狱成而孚，输而孚。其刑上备，有并两刑。"《礼记·文王世子》："狱成，有司谳于公。"《礼记·王制》亦曰："凡听五刑之讼，……必察小大之比以成之。成狱辞，史以狱成告于正，正听之。正以狱成告于大司寇，大司寇听之棘木之下。大司寇以狱之成告于王，王命三公参听之。三公以狱之成告于王，王三又，然后制刑。"还有学者认为："中国古代刑狱诉讼，自奴隶制时代起，已有'狱成'和'拟论'两个诉讼阶段。'狱成'是由下级司法官吏，通过查证和庭审，核实被告所犯罪行，作出被告犯罪成立、证据确凿的结论。'拟论'则是由上级司法官员根据传入的'狱成'结论，适用法律，裁量刑罚。"[④]

作为法制用语的"狱成"自《尚书》以来，不仅为一般人所理解和接受，而且检北宋版《通典》亦作"狱成"。[⑤] 再查爱如生中国基本古籍库，

---

① 顾颉刚、刘起釪：《尚书校释译论》，中华书局，2005，第 1997 页。

② 吕丽：《善刑与善用刑：传统中国的祥刑追求》，《吉林大学社会科学学报》2018 年第 3 期。

③ 〔日〕内田智雄编，冨谷至补《譯注　中國歷代刑法志（補）》，第 286 页。

④ 陈晓枫：《决狱平，平于什么?》，陈晓枫主编《中国传统司法理念与司法文明》，武汉大学出版社，2017。

⑤ （唐）杜佑：《北宋版通典》第 7 卷，〔日〕长泽规矩也、尾崎康校订，韩昇译订，上海人民出版社，2007，第 186、188、206、255、312 页。

可知有众多版本可以印证是作“狱成”。如宋刻本《端明集·莆阳居士蔡公文集·耿谏议传》,《后山集·后山居士文集》卷第十四等。“狱成”一词在出土资料方面亦获印证，如新出清华简（玖）《成人》篇与《吕刑》文义多有相通，其“狱成”一词出现三次，曰：“狱成而输，典狱时惠”（简19）；“狱成有几，日求厥审”（简22）；“狱成有耻，勿以不刑”（简23）。①

综上可知，“狱成”是法制用语、一贯用法。而“狱诚”用法未见，“狱理是诚”仅此一见，殊难理解。② 故这一改动未必合理，宜从旧版，不应从新版作“诚”；退一步说，即使新版依照百衲本的原文,③ 至少应出校勘记以说明这一独特现象。

4. 提炼某些反映北魏时期法律治理观念的重要线索。如和平（460~465）末采纳源贺上言“自非大逆、手杀人者，请原其命，谪守边戍”这一叙述，看似平常，其实品读之前多段志文意旨，从太祖、太宗再到世祖即位一直下来，每一部分都牵涉拓跋魏君臣对刑法轻重繁简问题的考虑以及史家的叙述。这是从刑网太密转向轻刑治理的重要一步，再往后，也可以看到继续废止重刑的一些政策举措。④ 又如班禄制与贿赂罪的关系,⑤ 留养令格、枷杖定准、除名规则等，都能整合古人见解与今人研究，通过详细的注释，对这些重要法律史问题进行较为深入的论述，而不是止步于简

① 参见黄德宽主编《清华大学藏战国竹简（玖）》，中西书局，2019，第155页。

② “狱理是诚”之“诚”，若如《说文解字》的“诚”解释为“信”，《增韵》：“纯也，无伪也，真实也。”虽或许可以勉强解释为案情真实可信。但仍不通，因为中国古代理狱断案的最高原则不是诚、信，而是情理平恕（参见高明士《传统法文化核心价值刍议——情理平恕的实践》，《法律史译评》第7卷，中西书局，2019，第1~11页）。“成”“诚”发音同，或许传刻讹误也未可知，当然这只是一种推测。

③ 据匿名专家意见：百衲本该页，版心有宋代刻工名“方中”，知刻于南宋（参见王肇文《古籍宋元刊工姓名索引》，上海古籍出版社，2012，第5页）。从版本源流上讲，宋刻页的“诚”字，较三朝本该页为明嘉靖十年（1531）补刻页（第19页a）的“成”字可信。但法理、义理上未必比“成”自洽。在此，感谢匿名专家的意见。

④ 徙边刑起源于西汉后期，此后续存至北魏前期，之后蜕变为流刑。北魏流刑成立的第一阶段，是在高宗文成帝和平（460~465）末，徙边刑作为次死一等的正刑被规定在律文中；第二阶段，是在孝武帝太和十六年（492）制定新律令，流刑作为法定正刑被规定在律文中。参见〔日〕冨谷至《漢唐法制史研究》“徙遷刑から流刑”，第272~319页。

⑤ 参见〔日〕冨谷至《礼仪与刑罚的夹缝——贿赂罪的变迁》，周东平译，《法史学刊》第2卷，社会科学文献出版社，2007，第115~139页。

单介绍。

5. 剖析经典案例中的情理法，加深对传统司法文化的理解。如对费羊皮卖女案中各方意见，志文叙述较暧昧，通过表格化整理，较清晰完整地呈现不同主体对案情认定、法律适用、定罪观点、量刑建议方面的纷纭各异的见解交锋。费羊皮卖女案通过朝堂争辩，从一个普通刑事案件上升为典型案例载入史志，是当代值得回顾深掘的古代经典案例。又如篇末所附对驸马刘辉殴打公主伤胎案的法律分析。此外，如高季贤兄叔坐法（反逆）案等，皆是。

（六）商榷新旧版志文存在的问题，以减少句读、文字方面的可能错误

1. 句读问题。对特定法典“律”的书名号有所注意，但未能统一使用；“品令”应加书名号；对“河东郡民李怜生行毒药”的人名号（注545），以及下划线处的“三讯五听”“大逆外叛”“酿、沽饮皆斩之”等是否应加顿号区隔。尤其对前揭神䴥律“分大辟为二科死斩死入绞”的句读和理解，值得再斟酌审断。

2. 文字问题。新版“狱理是诚”，改“成”为“诚”，未见其妥。退一步说，即使新版依照百衲本的原文（包括另一“祥刑”或“详刑”），至少应出校勘记，可不加对错判断，为学界进一步的研究提供必要线索。

（七）提供最良善的《魏书·刑罚志》译注本

正值中华书局修订本《魏书·刑罚志》出版，本《译注》紧扣中华书局新、旧版志文，结合其他古籍版本和相关译注本，细致研读，对个别志文的句读、文字，乃至文意演绎，都提出有价值的己见和争鸣。这方面的工作，如前揭对句读之严谨、文本之准确、注释之周详或富有新意等可以印证。还可以参见诸如注 85“魏初”、87“宣帝”、88“四部大人”、98“国落”、101“金”、103“男女不以礼交皆死”、124“害其亲者轘之”、141“三都”、183“通情”、197“讯测”、254“弃市”、290“义赃”、324“中书外省”、656“执事苦违”等，都体现注释上能够参照各译注本、新出成果，或者自己的思考而择优取长，确保注释质量。有些注释比此前的

《〈晋书·刑法志〉译注》更完善，如注37“《法经》六篇”等；有些注释涉及相关事项的落实，如注333“顿丘”等，反映了我们追求至善的努力。最后，追求译文的可读性，于雅俗、详略之间取得平衡，既尽量能让现代读者读通读懂，又避免某些译本过于口语化，有失典雅。

总之，译注稿在前人注释的基础上，注意择善而从，更注意吸收学界最新研究成果与相关出土文献资料，通过细致的注释和准确翻译，使读者加深了解北魏一朝少数民族政权法律发展概貌，深化法典编纂与中古五刑形成史、法律儒家化与鲜卑化、少数民族固有法与中国传统法等关系的认识，厘清该《刑罚志》所涉及特定历史时期的法律思想、法律体系、刑罚种类、典型案例等有关问题，具有较高的学术价值和可读性、可信性，是目前最详尽良善的译注本，也期望借此对《魏书》等点校工作的完善有所裨益。

当然，学问无止境。理想虽丰满，现实很骨感。译注稿也一定存在诸多不足甚至谬误之处，期待面世后同仁多多批评指教！

《中国古代法律文献研究》第十四辑
2020 年，第 078 ~ 113 页

从有关占星妖言左道的“判”看唐代文士对此类罪行的理解与应对

黄正建*

摘　要：本文从《文苑英华》所收众多“判”中，选取与私习天文罪，以及涉“妖”涉“左道”等罪相关联的 18 道判题和 32 道“答对”予以分析，初步结论是唐代试判者在面对这些案件或问题时，基本能依据法律条款作出符合法律精神的相对正确的判断。由于上述罪名多是重罪，特别是与“妖”“左道”相关涉的罪名，一旦定性就会遭到“必诛”“不赦”等处罚，因此试判者在判词用语的使用上表现得十分谨慎。通过分析还可知唐代法律规定的涉“妖”或涉“左道”罪定性不清、范围模糊，导致许多日常行为稍有异常（或被视为异常）都可能被定罪。此外试判者对邻人、乡人等的肆意告发多持否定意见，反映了唐代文士对这种动辄告发行为的厌恶。此点在社会治理观念上似乎具有比较积极的意义。

关键词：判　私习天文　妖　左道　告发

* 中国社会科学院古代史研究所研究员。

几年前曾经写过一篇关于唐代司法参军知识背景的文章，认为唐代任命司法参军时并不考虑是否明法出身，甚至不考虑是否专门学习过法律，但是无论首任司法参军者，还是由其他职位转任司法参军者，都能顺利完成司法参军职责，即都能胜任案件的审理。究其原因，在于唐人出仕做官，必须具备一项“拟判”本领，也就是铨选时要就考官给出的“判题”，提供处理判题所涉案件的意见，因此都具有一般的、基础的法律知识。

说唐代官员或准官员在拟判时具有一般法律知识，是建立在对“判”分析的基础上。关于“判”，近年来成为研究的一个热点。[①] 特别是台湾师范大学的“唐律研读班”，最近几年集体研读《文苑英华》中所收的判，其成果即有《唐判研读举隅（一）——以〈文苑英华·判〉“师学门”“刑狱门”“为政门”为例》，[②] 以及《唐判研读举隅（二）——以〈文苑英华·判〉“师学门”“为政门”为例》等文章。[③] 这些文章详细回顾了唐判研究的学术史，对所分析的每道判文，都分“判文”释读、内容分析、实例探讨、法礼问题等几部分予以研究，得出的结论是同意陈登武在研究白居易《百道判》时的观点：判题如果有明显的违法事由，试判者基本上会依据法律论处；如果是与礼教相关，则依照礼教精神处理；若是与法、礼无关（原文作“无法”，恐误），会遵循“理”进行论述。[④] 文章特别从“刑狱门”一条“犯徒加杖判”出发，“发现当时的试判者具有相当专业的法律知识，谙熟法条，辨析法理，极为精彩”。[⑤]

---

① 关于唐判特别是其中《龙筋凤髓判》、白居易《百道判》、敦煌文书《唐判集》、《“文明”判集》、《麟德安西判集》的研究史，可参看下列于晓雯文章第324~325页。其中所谓“文明判集”中的“文明”，实际不是武则天的年号（参见黄正建《敦煌法律文书词语辨析两则》，载所著《唐代法典、司法与〈天圣令〉诸问题研究》，中国社会科学出版社，2018，第375~380页），考虑到学界已经习用，权宜之计，可以在“文明”上加上引号，表示它只是判集中的一个词，与年号与时代均无关系。

② 杨晓宜：《唐判研读举隅（一）——以〈文苑英华·判〉“师学门”“刑狱门”“为政门”为例》（简称杨文），徐世虹主编《中国古代法律文献研究》第11辑，社会科学文献出版社，2017，第250~272页。

③ 于晓雯：《唐判研读举隅（二）——以〈文苑英华·判〉“师学门”“为政门”为例》（简称于文），徐世虹主编《中国古代法律文献研究》第12辑，社会科学文献出版社，2018，第323~348页。

④ 于文，第348页。

⑤ 杨文，第272页。

不过，毕竟“刑狱门”中例子太少（提到“犯徒加杖”之类有刑罚的判更少），要想得知试判者的法律知识，还必须搜集更多判中的更多案件，特别是情节相似的案件，以此来检验不同试判者在面对大致相同案件时，是如何辨析和判断的，以此来探讨他们对此类案件所涉法律知识的掌握程度。

本文即打算从这一角度进行研究分析，所选择的一类案件是《文苑英华·判》中所涉与占星妖言左道相关的判题。

关于中国古代的妖言，以往有很多研究，《“妖书”“妖言”研究现状述评》对此有所梳理，似乎对汉代以及明清时代的研究比较多。[①] 从法律角度进行研究的有《宋代“妖言”罪源流考》，追溯了“妖言”罪从汉到宋的变化，指出到唐代，“造妖书妖言”罪从“不道”罪中淡出，而“不道”罪还保留了“左道”罪的痕迹。[②] 专门研究唐代妖书妖言罪的有《唐代对妖书妖言的预防与惩治》。文章将妖书妖言分为四种类型，主要以皇帝诏书为资料探讨对妖书妖言的预防和惩治举措。该文没有什么实际例子，将武宗灭佛视为对妖书妖言的根除，混淆了妖书妖言与宗教的关系，恐怕是不能成立的。[③]

总的说来，由于《唐律》中明确规定了“私有玄象器物”罪[④]和“造妖书妖言”罪，[⑤] 因此对这两种罪的研究反而不多，加上实际例子缺乏，也导致了相关研究不能深入。鉴于此，本文搜集了《文苑英华·判》中的相关案件，由此出发，尝试看看当时的文士即试判者面对这些案件时，是如何认识私习天文、妖书妖言、左道厌胜，以及相关违禁行为，又是多大程度上运用了法律知识的，以此加深对唐代妖书妖言左道违禁等现象的认识，并加深对当时文士所具有的法律知识水平的认识。

① 艾晶、谭晓静：《“妖书”“妖言”研究现状述评》，《群文天地》2011 年第 3 期，第 107 ~ 108 页。

② 贾文龙：《宋代“妖言”罪源流考》，《河北学刊》2002 年第 2 期，第 125 ~ 129 页。

③ 杨月君、王东波：《唐代对妖书妖言罪的预防与惩治》，《兰台世界》2014 年第 3 期，第 111 ~ 112 页。

④ 《唐律疏议》卷九《职制律》总第 110 条，中华书局，1983，第 196 页。以下所引不注出处者，均出自此条。

⑤ 《唐律疏议》卷一八《贼盗律》总第 268 条，第 345 页。以下所引不注出处者，均出自此条。

需要说明的是，本文虽然也以《文苑英华·判》为主，也以《全唐文》所载与之对校，但没有采用台湾学者每道判详细释读分析的方法，目的是想在较短的篇幅中处理相对较多的案例，因此粗疏之处在所难免，还要请方家多所谅解。

一　相关法条与诏敕

我们先将唐代有关法条列于下，就好比试判者学习过类似内容一样。

最主要的法律有两条：

1.《唐律疏议》卷九《职制律》总第110条：

诸玄象器物，天文，图书，谶书，兵书，七曜历，《太乙》、《雷公式》，私家不得有，违者徒二年。（私习天文者亦同。）其纬、候及《论语谶》不在禁限。

疏议曰：玄象者，玄，天也，谓象天为器具，以经星之文及日月所行之道，转之以观时变。《易》曰：“玄象著明，莫大于日月。故天垂象，圣人则之。”《尚书》云：“在璇玑玉衡，以齐七政。”天文者，《史记天官书》云天文，日月、五星、二十八宿等，故《易》曰：“仰则观于天文。”图书者，“河出图，洛出书”是也。谶书者，先代圣贤所记未来征祥之书。兵书，谓《太公六韬》、《黄石公三略》之类。七曜历，谓日、月、五星之历。《太乙》、《雷公式》者，并是式名，以占吉凶者。私家皆不得有，违者，徒二年。若将传用，言涉不顺者，自从“造袄[①]言”之法。“私习天文者”，谓非自有书，转相习学者，亦得二年徒坐。纬、候及《谶》者，《五经纬》、《尚书中候》、《论语谶》，并不在禁限。

按：要注意此条属于《职制律》，而“职制律者……言职司法制，备

① 中华本《唐律疏议》中的“妖”，有时写作“袄”，有时又写作“妖”。今各仍其旧，不作统一处理。

在此篇”,[1] 因此本条法律主要针对的是各级官员。其中提到若传用禁书,从“造妖言”之法,即下条。

2.《唐律疏议》卷一八《贼盗律》总第268条:

诸造袄书及袄言者,绞。(造,谓自造休咎及鬼神之言,妄说吉凶,涉于不顺者。)

疏议曰:“造袄书及袄言者”,谓构成怪力之书,诈为鬼神之语。“休”,谓妄说他人及己身有休征。“咎”,谓妄言国家有咎恶。观天画地,诡说灾祥,妄陈吉凶,并涉于不顺者,绞。

传用以惑众者,亦如之;(传,谓传言。用,谓用书。)其不满众者,流三千里。言理无害者,杖一百。即私有袄书,虽不行用,徒二年;言理无害者,杖六十。

疏议曰:“传用以惑众者”,谓非自造,传用袄言、袄书,以惑三人以上,亦得绞罪。注云:“传,谓传言。用,谓用书。”“其不满众者”,谓被传惑者不满三人。若是同居,不入众人之限,此外一人以上,虽不满众,合流三千里。其“言理无害者”,谓袄书、袄言,虽说变异,无损于时,谓若豫言水旱之类,合杖一百。“即私有袄书”,谓前人旧作,衷私相传,非己所制,虽不行用,仍徒二年。其袄书言理无害于时者,杖六十。

按:以上两条是主要的法条。此外有所关涉的还有:

3. 私有禁物(谓非私所应有者及禁书之类。)

疏议曰:……私有禁物者,注云“谓非私所应有者”,谓甲弩、矛矟之类。“及禁书”,谓天文、图书、兵书、七曜历等,是名“禁书”。称“之类”者,谓玄象器物等,既不是书,故云“之类”。[2]

---

① 《唐律疏议》卷九,第182页。

② 《唐律疏议》卷四《名例》总第35条,第94页。

按：此条告诉我们何为“禁书”“禁物”。

4. 诸彼此俱罪之赃，及犯禁之物，则没官。

疏议曰：谓甲弩、矛矟、旌旗、幡帜及禁书、宝印之类，私家不应有者，是名“犯禁之物”。彼此俱罪之赃以下，并没官。①

按：此条强调禁书是犯禁之物，私家不能有，有则没官。

5. 并私习天文者，并不在自首之例。

疏议曰：天文玄远，不得私习。从“于人损伤”以下，“私习天文”以上，俱不在自首之例。②

按：此条再次强调不得私习天文，学了即得罪，自首也不行。

6. 即虽谋反，词理不能动众，威力不足率人者，亦皆斩；（谓结谋真实，而不能为害者。若自述休征，假托灵异，妄称兵马，虚论反由，传惑众人而无真状可验者，自从袄法。）父子、母女、妻妾并流三千里，资财不在没限。

疏议曰：即虽谋反者，谓虽构乱常之词，不足动众人之意；虽骋凶威若力，不能驱率得人；虽有反谋，无能为害者；亦皆斩。父子、母女、妻妾并流三千里，资财不在没限。注云：“谓结谋真实，而不能为害者。”若自述休征，言身有善应；或假托灵异，妄称兵马；或虚论反状，妄说反由；如此传惑众人，而无真状可验者，“自从袄法”，谓一身合绞，妻子不合缘坐。③

按：此条所谓“从妖法”，应即指前述“造妖书妖言”罪。

① 《唐律疏议》卷四《名例》总第32条，第86页。
② 《唐律疏议》卷五《名例》总第37条，第106页。
③ 《唐律疏议》卷一七《贼盗》总第248条，第322页。

7. 诸造畜蛊毒（谓造合成蛊，堪以害人者。）及教令者，绞；造畜者同居家口虽不知情，若里正（坊正、村正亦同。）知而不纠者，皆流三千里。

疏议曰：蛊有多种，罕能究悉，事关左道，不可备知。或集合诸蛊，置于一器之内，久而相食，诸蛊皆尽，若蛇在，即为“蛇蛊”之类。造谓自造，畜谓得畜，可以毒害于人，故注云“谓造合成蛊，堪以害人者”。若自造，若传畜猫鬼之类，及教令人，并合绞罪。若同谋而造，律不言“皆”，即有首从。其所造及畜者同居家口，不限籍之同异，虽不知情，若里正、坊正、村正知而不纠者，皆流三千里。①

按：这里提到了“左道”。

8. 诸有所憎恶，而造厌魅及造符书咒诅，欲以杀人者，各以谋杀论减二等。

疏议曰：有所憎嫌前人而造厌魅，厌事多方，罕能详悉，或图画形像，或刻作人身，刺心钉眼，系手缚足，如此厌胜，事非一绪；魅者，或假托鬼神，或妄行左道之类；或咒或诅，欲以杀人者：各以谋杀论减二等。

即于祖父母、父母及主，直求爱媚而厌呪者，流二千里。

疏议曰：子孙于祖父母、父母，及部曲、奴婢于主，造厌呪符书，直求爱媚者，流二千里。②

按：这里也提到了“左道”。以上几条都属于《贼盗律》。

9. 诸知谋反及大逆者，密告随近官司，不告者，绞。知谋大逆、谋叛不告者，流二千里。知指斥乘舆及妖言不告者，各减本罪

① 《唐律疏议》卷一八《贼盗》总第262条，第337页。

② 《唐律疏议》卷一八《贼盗》总第264条，第340~341页。

五等。

疏议曰：谋反者，谓知人潜谋欲危社稷；大逆者，谓知人于宗庙及山陵、宫阙已有毁损；并须密告随近官司。知而不即告者，绞。“若知谋大逆”，谓知始谋欲毁宗庙、山陵等；谋叛者，谓知谋欲背国从伪：亦须密告官司。不告者，流二千里。若“知指斥乘舆”，谓情理切害；及妖言者，谓妄说休咎之言：不告者“各减本罪五等”，本应死者，从死上减五等；妖言惑不满众者，流上减五等，是名“各减五等”。[①]

按：此条规定发现有“妖言”者一定要报告官司。属《斗讼律》。

10. 诸诈为瑞应者，徒二年。若灾祥之类，而史官不以实对者，加二等。

疏议曰：瑞应者，陆贾云：“瑞者，宝也，信也。天以宝为信，应人之德，故曰瑞。”其“瑞应”条流，具在礼部之式，有大瑞，有上、中、下瑞。今云“诈为瑞应”，即明不限大小，但诈为者，即徒二年。若诈言麟凤龟龙，无可案验者，从“上书诈不以实”，亦徒二年。“若灾祥之类”，灾谓祲沴，祥谓休征。“史官不以实对者”，谓应凶言吉，应吉言凶，加二等，徒三年。称“之类”者，此外有善恶之事，敕问而史官不以实对者，亦加二等。[②]

按：此条提到了诈言麟凤龟龙之类。属《诈伪律》。

唐律之外，诏敕中也有提到，如：

11. 自贞观四年二月十八日昧爽以前，罪无轻重，自大辟以下，见系囚徒[③]皆赦除之。逋负官物，三分免一分，谋反大逆，妖言惑众，

① 《唐律疏议》卷二三《斗讼律》，总340条，第427页。

② 《唐律疏议》卷二五《诈伪律》，总377条，第469页。

③ 原作“系囚见徒”。

及杀期亲以上尊长，奴婢部曲反主，官人枉法受财，不在赦例。①

按：这里提到“妖言惑众”，不在赦限。

12. 刺史县令，风化之首，宜矜恤鳏寡，敦劝农桑，均平赋役，省察奸盗，里闬妖讹，尤②当禁止。远近冤讼，令早决断，见禁囚徒，速为处分。（嗣圣元年正月）③

按：此处提到要地方长官在其境内禁止“妖讹”。

13. 自今已后，所在州县官僚，各宜用心检校，或惰于农作，专事末游，或妄说妖讹，潜怀聚结，或弃其井邑，逋窜外州，或自衒医占，诱惑愚昧，诸如此色，触类旁求，咸须防纠，勿许藏匿。（文明元年四月十三日）④

按：此处也是要求州县官吏防纠“妄说妖讹，潜怀聚结”“自衒医占，诱惑愚昧”者。

14. 两京及诸州，宜令长官亲理冤狱，除犯名教及官典犯赃，并缘妖伪以外，余罪徒以下，咸宜放免。（开元二年六月八日）⑤

按：这里提到“妖伪”不能放免。

15. 敕：释氏汲引，本归正法；仁王护持，先去邪道。失其宗旨，乃般若之罪人；成其诡怪，岂涅盘之信士？不存惩革，遂废津梁，眷

① 《唐大诏令集》卷八三《贞观四年二月大赦》，中华书局，2008，第477页。
② “尤”，原文缺，据四库本补；后三字四库本作“加严禁”。
③ 《唐大诏令集》卷七三《明堂灾告庙制》，第410页。
④ 《唐大诏令集》卷一一〇《诫励风俗敕》，第570页。
⑤ 《唐大诏令集》卷一〇八《大明宫成放免囚徒等制》，第560页。

彼愚蒙，将陷坑阱。比有白衣长发，假托弥勒下生，因为妖讹，广集徒侣，称解禅观，妄说灾祥。或别作小经，诈云佛说；或辄畜弟子，号为和尚。多不婚娶，眩惑闾阎，触类实繁，蠹政为甚。刺史县令，职在亲人，拙于抚驭，是生奸宄。自今已后，宜严加捉搦，仍令按察使采访，如州县不能觉察，所由长官，并量状贬降。（开元三年十一月十七日）①

按：此处主要说假托佛教，但特别指出其危害是“因为妖讹，广集徒侣”，“眩惑闾阎，触类实繁，蠹政为甚”。

16. 卿等还州，宜禁侵渔，绝浮惰。茕独鳏寡，尤资惠育，盗贼妖讹，特宜禁断。（开元十六年十二月二十七日）②

按：这里要求州县禁断“妖讹”。

17. 其天下囚徒，即令疏决。其妖讹、盗贼、造伪头首，既深蠹时政，须量加惩罚。刑名至死者，各决重杖一百，长流岭南。自余枝党，被其诖误，矜其至愚，量事责罚，使示惩创。（开元十九年四月）③

按：这里提到对“妖讹”要重罚。

18. 近日僧尼，此风尤甚，因依讲说，眩惑闾阎，溪壑无厌，唯财是敛，津梁自坏，其教安施？无益于人，有蠹于俗。或出入州县，假托威权；或巡历村乡，恣行教化。因其聚会，便有宿宵，左道不常，异端斯起。自今已后，僧尼除讲律之外，一切禁断。六时礼忏，须依律仪；午夜不行，宜守俗制。如有犯者，先断还俗，仍依法科

① 《唐大诏令集》卷一一三《禁断妖讹等敕》，第588页。
② 《唐大诏令集》卷一〇四《处分朝集使敕五道》，第529页。
③ 《唐大诏令集》卷八三《孟夏疏决天下囚徒敕》，第478页。

罪。所在州县，不能捉搦，并官吏辄与往还，各量事科贬。（开元十九年四月）①

按：这里提到僧尼的“左道”。

19. 准唐开元二十八年三月二十一日敕，蠹政之深，左道为甚，所以先王设教，犯者必诛，去其害群，盖非获已。自今以后，辄有托称佛法，因肆妖言，妄谈休咎，专行诳惑，诸如此类，法实难容。宜令所在长官，严加捉搦，仍委御史台及本道采访使纠察。如有此色，推勘得实，必无冤滥者，其头首宜令集众，先决一百，自余徒侣等，各决六十，然后录奏。其所由州县长官及专知官不能觉察者，亦具名闻奏。②

按：这里提到了“左道”“妖言”等，“犯者必诛”，处罚也比开元十九年敕有所加重。

20. 准唐天宝元年十二月十八日敕节文，刑部奏……臣等众议，八十以上及笃疾人有犯十恶死罪、造伪、劫盗、妖讹等罪至死者，请矜其老疾，移隶僻远小郡，仍给递驴发遣……敕旨依奏。③

按：这里提到了“妖讹”死罪。

21. 其天下见禁囚徒，应杂犯死罪者，宜各降一等，自余一切放免。其十恶，及造伪妖妄头首，官吏犯赃并奸盗等，害政既深，情难容恕，不在免限。（天宝三年正月一日）④

① 《唐大诏令集》卷一一三《诫励僧尼敕》，第588页。

② 《宋刑统》卷一八《贼盗律》，中华书局，1984，第289~290页。

③ 《宋刑统》卷四《名例律》，第60页。

④ 《唐大诏令集》卷四《改天宝三年为载制》，第22页。

按：此条讲的也是对“妖妄”罪的严惩不赦。

22. 如闻山林学道之士，每被搜寻，且法之防邪，本有所以。至于宿宵妖讹，亡命聚众，诱陷愚人，故令禁断。郡县遂一概迫逐，至学道者，不得安居。自今以后，审知清洁，更不得恐动，以废修行。（天宝七载）[①]

按：此条提到禁断“妖讹”。

23. 敕：左道疑众，王制无舍，妖言蠹时，国朝尤禁。且缁黄之教，本以少思寡欲也；阴阳者流，所以教授人时也，而有学非而辨，性狎于邪，辄窥天道之远，妄验国家之事，仍又托于卜筮，假说灾祥，岂直闾阎之内，恣其诳惑，兼亦衣冠之家，多有厌胜，将恐浸成其俗，以生祸乱之萌。时艰已来，禁网疏阔，致令此辈，尚有矫诬，害政之深，莫过于此。将归正道，必绝奸源，宜令所司，举旧条处分。[②]

按：此为常衮所作，从“时艰已来”看，或是肃宗、代宗时。其中提到“左道”“妖言”“灾祥”“厌胜”，要求依据“旧条处分”。此处“旧条”或指唐律或指前代皇帝的诏敕。

24. 敕：天文著象，职在于畴人；谶纬不经，蠹深于疑众。盖有国之禁，非私家所藏。虽裨灶明征，子产尚推之人事；王彤必验，景略犹置以刑典，况动皆讹谬，率是矫诬者乎？故圣人以经籍之义，资理化之本，侧言曲学，实紊大猷。去左道之乱政，俾彝伦而攸叙，四方多故，一纪于兹。或有妄庸，辄陈休咎，假造符命，私习星历。共肆穷乡之辨，相传委巷之谈，作伪多端，顺非而泽，荧惑州县，诖误闾阎，坏纪挟邪，莫逾于此。其玄象器局、天文图书、谶书、七曜

① 《唐大诏令集》卷九《天宝七载册尊号赦》，第53页。其中“学道”原为“道之”，据四库本改。

② 《唐大诏令集》卷一一三《禁僧道卜筮制》，第590页。

历、太乙雷公式等，私家并不合辄有。自今已后，宜令天下诸州府，切加禁断，各委本道观察节度使，与刺史县令，同为捉搦，仍令分明榜示乡村要路，并勒邻伍递相为保，如先有藏蓄者，限敕到十日内，赍送官司，委本州刺史等，对众焚毁。如限外隐藏，有人纠告者，其藏隐人先决杖一百，仍禁身闻奏。其纠告人，先有官及无官者，每告得一人，超资授正员官，其不愿任官者，给赏钱五百贯文，仍取当处诸色官钱，三日内分付讫，具状闻奏。告得两人以上，累酬官赏。其州府长史县令本判官等，不得捉搦，委本道使具名弹闻奏，当重科贬。两京委御史台切加访察闻奏，准前处分。咨示方面勋臣，洎十连庶尹，罔不诚亮王室，简于朕心，无近宵人，慎乃有位，端本静末，其诫之哉！（大历三年正月）[1]

按：这里特别提到“去左道之乱政……或有妄庸，辄陈休咎，假造符命，私习星历”等现象，重申了《律》中相关法条，要求地方长官切加捉搦。

25. 准唐元和十二年九月十二日敕节文，自今以后，左降官及责授正员官等……如本犯十恶及指斥乘舆、妖言不顺、假托休□（咎）、□（反）逆缘累及犯赃合处绞刑，及除名、加役流等，因而贬者，奏听进止……仍请编入格条，永为常式。[2]

按：这里提到了“妖言”罪“奏听进止”的问题。

以上列举了唐律中相关规定，并按时间顺序列举了诏敕中的相关诏命，表明无论法典还是诏敕，对妖言左道的处罚都十分严厉，往往是死罪，并一般不许赦免。

① 《唐大诏令集》卷一〇九《禁天文图谶诏》，第 566 页。

② 《宋刑统》卷三《名例律》，第 48 ~ 49 页。据《唐会要》卷四一《左降官及流人》记元和十二年七月敕，此处两个阙字当为“咎”“反”（上海古籍出版社，2006，第 862 页），但须注意：《唐会要》所记的敕为七月，《宋刑统》所记的敕为九月，且两篇敕文的主旨也不相同。

二　与“私习天文”相关的判

有了以上法律知识，我们来看看相关“判”题，以及试判者的回答。[①]先看与“私习天文”罪相关的判。

（一）习星历判[②]

得甲称人有习星历，属会吉凶，有司劾以为妖，款云《天文志》所载，不伏。

此判题说有人私习星历，涉及吉凶，有关官司认为是“妖”，但习者认为学习的是史书《天文志》所载内容，不能算私习星历，更不是妖，表示不服。对这一判题，有6份“答对”如下：

1. 南正司天，北辰列象。昭回可议，坐征云汉之诗；历数难推，自合史官之序。当今铜浑设范，玉衡齐政，编氓各业，庶绩其凝。举而推之，虽颇会于终吉；子不语怪，竟贻咎于为妖。彼何人斯，独探幽说？然古人垂教，良史属词。重黎掌日，得唐尧之躔次；甘公言星，明汉家之历象。遐览前志，事有职司；攻乎异端，谁任其罚？请置霜典，无取星占。

此判词作者，《全唐文》记其为张子渐，开元朝官监察御史。判词认为私人不能习星历，观览《天文志》也不行，那是职司的事，因此赞成判他有罪。判词中没有涉及是否“妖”的问题。

前述法条第1条疏议云：“‘私习天文者’，谓非自有书，转相习学者，亦得二年徒坐。”可知私习天文是有罪的。而所谓“天文”即“天文者，

① 以下“判”题和“对”，均出自《文苑英华》卷五〇三～五五二，中华书局，1982。以下只出卷数和页码。又，所有判和对，均与《全唐文》对校，方便起见，文字择善而从，除特殊情况外，一般不出校记。

② 此判与6份答对，见《文苑英华》卷五〇三，第2581～2582页。

《史记·天官书》云天文，日月、五星、二十八宿等”。此判词认为私习天文有罪，就建立在这一法律规定的基础上。

2. 天道非远，人情难测，俯察仰观，知来藏往，顾惟所习，颇曰常途。取则四时，识乘蛇之度数；明诸六历，辨回蚁之循环。习洛闳之平生，得陵渠之志事，既知休咎，同入精微，攻乎异端，自贻伊戚。必若门传良冶，亦观过而知仁；如其职异灵台，乃钦哉而难恤。劾为妖妄，何太忽诸？引以天文，未闻其可。

此判词作者为郭休贤，《全唐文》记其玄宗时擢书判拔萃科，这可能就是他当时试判的判题。[①] 判词认为私习星历，应该有罪，说“《天文志》有记载”的辩护，不能成立。但也认为不能定为“妖妄”，大概是知道一旦定为“妖妄”，就是不可赦的大罪了。

前述法条第 14 条开元二年（714）制书说“犯名教，及官典犯赃，并缘妖伪”罪，不得放免；第 17 条开元十九年（731）敕文说“其妖讹、盗贼、造伪头首，既深蠹时政，须量加惩罚，刑名至死者，各决重杖一百，长流岭南”；第 21 条制书说“其十恶，及造伪妖妄头首，官吏犯赃并奸盗等，害政既深，情难容恕，不在免限”，将“妖讹”“妖妄”罪与十恶等重罪并列，“深蠹时政”或“害政既深”，不可赦免，因此试判者认为私习星历虽然有罪，但不能算是“妖妄”，即在是否将其定为“妖妄”罪时，十分谨慎。

3. 玄象垂文，星辰作范。休咎之征斯在，吉凶之迹可明。秘以人伦，得之邦国。既河长而山久，亦自古而迄今。尚有不遵典刑，默习推步。眷兹所学，幸遇休明。慕刘氏之高踪，仰张衡之旧业。既而秋槎将泛，知河汉之明梭；太白初高，识将军之出战。虽灾祥之屡犯，在征应之可凭。若彝典以斯违，亦公途而难舍。有司情惟纠慝，志切绳违。告为妖讹，事恐乖于五听；科其犯禁，诚有叶于三章。

① 也可能是从此判的存在逆推出来的。下面几位标明“玄宗时擢书判拔萃科”者并同。

此判词作者为韦恒，两《唐书》有传，知他是韦嗣立之子，开元初为砀山令，后为给事中，开元末卒，[①] 则此判似作于开元时。判词指出私习星历，是“不遵典刑”，是“犯禁”，应当定罪；但同时也认为若将其断罪为“妖讹”，恐怕有误。

此处提到“科其犯禁”。前述法条第4条疏议云：“禁书、宝印之类，私家不应有者，是名‘犯禁之物’。”可知此判词采用法律词汇时用词的准确。

4. 艺术多端，阴阳不测。吉凶潜运，倚伏难明。预晓灾祥，子产称博通之首；逆穷否泰，裨灶为广学之宗。是知羽驾奔星，初平言七日之会；乘槎上汉，严君定八月之期。习学之规，技无妨于纪历；屡会之礼，法禁言于吉凶。有司嫉恶居心，绳愆轸虑，恐惑彝宪，劾以为妖。冀必静于金科，庶不刑于玉律。眷言执旨，虽款载于天文；审事语情，实恐迷于至理。即定刑罚，恐失平反；庶诰有司，方期后断。

此判词作者为薛重晖，《全唐文》记其在玄宗朝擢书判拔萃科。判词认为学习“纪历”是可以的，但不能说吉凶；认为不仅有司“劾以为妖”不妥，就是将习星历者“即定刑罚”也要再考虑，希望弄清情况后再来判断。这就更加慎重了，是要先查清习星历者是否乱说了吉凶，因为他认为“法（只是）禁言于吉凶”。这可能是对“私习天文”罪的理解不同，认为只要不说吉凶就不至于犯罪（但据《唐律疏议》，只要是私习天文，就是徒二年，并没有是否说吉凶的限定）。

5. 和氏命官，畴人继职；裁度历数，辨正阴阳。虽日月星辰，无幽不烛，而吉凶性命，象在其中。所以班固题篇，编而作志；马迁著史，取以成书。安可私议灾祥，公违典宪！仰秦仪而虽隔，瞻汉纲而斯存。岂得日用不知，都劳帝力。天文妄习，仍委国刑；宜峻典

① 《旧唐书》卷八八《韦恒传》，中华书局，1975，第2874页。

彝，以申平反。

此判词作者褚廷询，《全唐文》记其玄宗时擢书判拔萃科。判词认为私习星历，就是"私议灾祥"，就是"公违典宪"，将私习天文与说吉凶等同起来，主张"仍委国刑"，予以严惩。但判词没有涉及是否"妖"的问题。

6. 大君有位，北辰列象；庶官分职，南正司天。和玉烛而调四时，制铜仪而稽六合。是则官修其业，物有其方。彼何人斯，而言历数。假使道高王朔，学富唐都，徒取衒于人间，故无闻于代掌。多识前载，方期为己，役成称贱，宁是润身？眷彼司存，行闻纠慝。语其察变，应宗石氏之经；会以吉凶，合引班生之志。诚其偏习，宜肃正刑。

此判词作者徐楚望，《全唐文》作"徐安贞，初名楚璧"。按，徐安贞两《唐书》有传，其中《新唐书》本传称其为"徐楚璧"。[①] 本传说他应制举，一岁三擢甲科。开元中为中书舍人、集贤院学士等，天宝初卒。[②] 判词认为观察天文应是"官修其业"，私人不当"言历数"，且私习星历，一定不是为了"润身"，有司纠弹他是对的，"宜肃正刑"，即应该治罪，但同样没有提到是否属于"妖"的问题。

综观以上6位判词作者，都是开元中人，其中3人《全唐文》作者小传只说是"玄宗时擢书判拔萃科"，可能6份判词都是开元时应书判拔萃科的答题。从中可知6人对私习天文罪是熟悉的，因此大都认为判题中的"习星历"应当有罪，但同时，他们对何为"妖书妖言"罪也是清楚的，所以6份判词或者不言，或者认为"习星历"算不上"妖妄"罪，不能以"妖妄"罪判刑。可见6位试判者对相关法律比较熟悉，对本判题的判断也建立在法律条款的基础之上。

---

① 《新唐书》卷二〇〇《儒学下·徐楚璧传》，中华书局，1975，第5690页。

② 《旧唐书》卷一九〇中《文苑中·徐安贞传》，第5036页。

（二）家僮视天判[1]

甲于庭中作小楼，令家僮更直于上视天。乙告违法，甲云专心候业，不伏。

此判题有5份“答对”：

1. 士惟各业，法贵师古，苟睽厥道，盖速其尤。甲也黔人，颇游玄艺。门庭之中，驾小楼而对月；星象之下，纵微管以窥天。悬究昭回，远探云物。传诸子弟，颇觌前修；授以家僮，未详其可。虽有词于候业，亦难免于刑典。更资研问，方宽纠绳。

此判词作者刘庭琦，《全唐文》记其开元时官雅州司户。判词认为观天这种事情确实非常专业，可以传子弟，但不能授家僮。虽然认为应该定罪，“难免于刑典”，但并没有从“私习天文”罪角度阐述，而且提出要“更资研问”后再做决定。

2. 圣人作乎，万物惟义。百寮分事，命南正而司天；五纬连衡，遵北辰而列象。莫不上稽天道，下授人时，率由旧章，克备常典，辨躔次之无忒，识运行之有度。南躔日至，爰有望于灵台；东陆春归，方可观于太室。必若官非代掌，业异家藏，复王朔之精才，有唐都之秘术。不在其位，理宜勗于闲邪；有犯于时，辞岂逃于语怪？惟彼甲也，能微讼乎？僮则无良，异畴人之子弟；乙惟嫉恶，复吕氏之刑书。庭际遐瞻，宁用圭而测景；楼中仰视，徒以管而窥天。攻乎异端，既殊冰操，在乎正本，请置霜科。

此判词作者苏绾，《全唐文》记其玄宗朝为记室参军。判词认为“不在其位”，不能视天，何况家僮不是“畴人之子弟”，且肯定乙的告发，结

[1] 此判题与5份答对，见《文苑英华》卷五〇三，第2582～2583页。

论是应该定罪，“请置霜科”。

前述法条第9条云：“知指斥乘舆及妖言不告者，各减本罪五等。”“视天”虽非妖言，但有“妖”的可能性（前述第一道判的“习星历”，有司纠劾为妖），所以乙要告发。又，《唐律》总第361条云：“同伍保内，在家有犯，知而不纠者：死罪，徒一年；流罪，杖一百；徒罪，杖七十。”[①] 这就是说，邻居发现伍保内他人在家中的违法行为，一定要告发。[②] 甲正是在家的庭院中“视天”被邻居告发的，所以判词肯定了乙的告发行为。

3. 仰观俯察，通幽洞微。明分野之灾祥，知废兴之休咎。故汉皇应箓，瑞日扬光；宋景推诚，妖星退舍。所以标之甲令，著自前经。苟非主司，习者多罪。甲官非冯氏，名在平人。诗书为席上之珍，无闻教子；图纬岂门庭之事，辄训家僮。公然有违，法在无赦。难专候业，定欲窥天；措之罪刑，应须抢地。乙告非法，既叶公途，请置条章，无容词诉。

此判词作者薛虪，《全唐文》记其玄宗朝擢书判拔萃科。判词比较严厉，认为法律有明确规定，“苟非主司，习者多罪”，说甲是“公然有违，法在无赦”，应该定罪，“请置条章，无容词诉”。判词也肯定了乙的告发。

4. 易不云乎，仰观时变；诗有之矣，上列昭回。国家盖转铜浑，灰飞玉律，曙光侵而鼓应，暝色下而钟鸣，月穆穆而增波，烟藂藂而不散，苟非其局，必置刑名。甲命家僮，心谋窥管，至如长云气色，京房有隐士之占；德星夜聚，太史有贤人之奏。傥泛言古事，自合张裕之流；如私习天文，请置吕刑之训。必也业传弓冶，名隶保章，宁失不经，岂滥无罪？待穷由绪，方正纠条。

此判词作者崔翘，《全唐文》记其为清河武城人，官礼部尚书东都留

① 《唐律疏议》卷二四《斗讼律》，第450页。

② 关于唐代判文中常出现的邻居告言事，前述于文已经提到，见该文第336页。

守。从《全唐文》所收《上玄宗尊号表》可知也是玄宗时人。判词明确运用了“私习天文”罪的条款，指出“如私习天文，请置吕刑之训”，但同时指出情况不明，甲可能是专业视天之家，在这种情况下“宁失不经”，条件放宽一些，须再调查查证，然后审断。

5. 圣人体道，虽旁行而不流；君子为儒，亦博览而多识。甲诚不敏，尝窥秘文，传妙术于青猿，得精符于翠凤。管公明之好事不寐，每逾于夜分；刘子政之多能观星，或至于明发。固当率由古道，仰止先贤。既非日御之官，当晦风占之迹。况门庭之内，宾友相趋，遂乃别构青楼，回披丹槛，当牖异红妆之女，寓宿乃苍头之仆。董舒灾异，主人犹且致尤；雕语怪神，秦帝尚令下狱。既私庭窃候，罪已良多，公宪正词，刑其无舍。但以考陈生之国志，尝有其人；征葛公之蜀科，未闻斯罪。古今异政，夫何足疑？待更细推，方从公议。

此判词作者员俶，《全唐文》记其为员半千孙，开元十六年，以能言佛道孔子者，召入禁中相答难。判词虽然认为“私庭窃候，罪已良多”，但考虑到历史上也有对此不定罪的，因此还是应该“待更细推，方从公议”，仔细调查后再做审断。判词也比较宽仁。

以上5份判词应该都作于玄宗时，很可能也是书判拔萃科考试的判题之一。从这些判词看，试判者显然都知道法典中“私习天文”罪条款，但对这些条款是否适用于这个案件，各人判断有所不同，其中不乏要求查证清楚后再做判决的意见。

（三）私习天文判[①]

定州申望都县冯文，私习天文，殆至妙绝，被邻人告言。追文至，云私[②]习有实，欲得供奉。州司将科其罪，文兄遂投匦，请追弟试。敕付太史，试讫，甚为精妙。未审若为处分。

① 《文苑英华》卷五〇三，第2583页。

② “私”，《文苑英华》和《全唐文》均作“移”。实际“移”是“私”的异写。

唐代判题中，凡有具体地名人名的，多为实际案例。此件判题即是如此。此判题只有一个“答对”：

精心宁寂，绵思洞幽，既讯水之如符，亦言天而若印，昔闻其事，今睹斯人。冯文儒术圜冠，识均方士，耻苍蝇之迷夜，重鸣鸡之唱晨。由是微神穿石，流观刺井，探九玄之微妙，察五纬之纲维。眷彼倾河，言不乖于暝雨；循兹险涧，罪已挂于秋霜。邻人嫉深，始求资于魏阙；友于情切，方辨过于尧年。由是皇旨鉴微，刑不阿附，既令付法，须裁典宪。按其所犯，合处深刑，但以学擅专精，志希供奉，事颇越于常道，律当遵于异议。即宜执奏，伏听上裁。

此判词作者崔璀，《全唐文》记其代宗时为澶州刺史，仕终湖南观察使。判词认为如果从法律来说，私习天文，“按其所犯，合处深刑”，但由于冯文学的精妙，其目的又在于想去供奉，所以是否可以网开一面，请皇帝裁决。显然，试判者崔璀是清楚法典中“私习天文”罪的。此外，判词对邻人的告发似也不以为然，用了“邻人嫉深”这样的字眼。

（四）谶书判[①]

乙家有《论语谶》，邻告其畜禁书，科徒一载，郡断无罪，未知合否。

此判题是说乙家里藏有《论语谶》，邻居告发他家藏禁书，县里判徒刑一年，郡里改判无罪，问是否合适。有两份“答对”：

1. 幽家玄苞，秘书赤制。贾逵是擿，且未能言；郑兴不为，孰云有学。倘在法而斯禁，宁当刑而可舍。丕惟斯乙，嗜学可嘉，仰惠施之藏书，得蔡邕之旧业。通德惟异，未闻北海之族；里仁是依，遽致西邻之责。有论语之谶，则称私畜禁书；览天官之文，岂曰潜窥玄

① 《文苑英华》卷五一一，第2617页。

象？将循名以责实，何加少而为多？使以牵傍，是非举直。闻言是信，虽吾子之有猜；执德不回，终匹夫之为谅。请从郡断，以黜邻告。

此判词作者薛邕，《全唐文》记其开元中官监察御史，贞元中由尚书左丞贬歙州刺史。判词认为邻居告的没有道理，如果“有论语之谶，则称私畜禁书”，那么看天官之书，不就会被说是“潜窥玄象”了吗？结论郡的改判是对的，应该驳回邻居的告言。

判词这一判断的根据是前述法条第1条：“诸玄象器物，天文，图书，谶书，兵书，七曜历，《太乙》、《雷公式》，私家不得有，违者徒二年。（私习天文者亦同。）其纬、候及《论语谶》不在禁限。”这里明确说了《论语谶》不在禁书范围内，因此郡才改判乙无罪。但是为何县里要判他藏禁书了呢？又为何不是按法律规定徒二年而是徒一年？难道后来法典改了？或者判题中的“一年”是“二年”之误？

2. 先圣立言，盖非为己，后学敬教，可以润身，且匪乱常，如何议辟。乙门殊阙里，室有儒书，虽则家藏，未违邦禁。同原伯之不悦，或可见非；比韦氏之能传，实惟济美。邻人诚为妄纠，彼已未越彝伦。遽欲论刑，何县吏之从昧？不置于理，知郡司之有孚。

此判词作者孙宿，为孙逖之子，历河东掌书记，代宗朝历刑部郎中等，出为华州刺史。[①] 判词认为《论语谶》是儒书，“虽则家藏，未违邦禁”，没有犯禁，邻居的告发属于“妄纠”。因此同意郡司的改判，并批评“县吏之从昧”。由此也可见试判者对“私藏禁书”罪中的细节，即《论语谶》不属禁书条款的熟悉。

还要指出的是，两个答对都斥责了邻居的告言。

三　与“妖”相关的判

再看关于“妖”的判。其中既有与“妖书妖言”相关的判，也有仅是

① 《旧唐书》卷一九〇中《文苑中·孙宿传》，第5044页。

“妖”或“妖妄”“妖术”者。前述“习星历判”其实也涉及“妖”，此外还有以下一些。

（一）妖言判[1]

王遇于乡闾妖言，村人告事。

此判题未言是何种“妖言”，从有具体人名看，可能出自真实案件。其“答对”为：

王遇禀性不臧，立身非谨，官虽登于一命，虑犹阙于三缄，不忍口阙，坐彰言玷。妖词妄作，虽未惑于平人；正罪应论，事可绳于峻典。定刑名于木吏，应入流条；量减赎于金科，合从徒坐。

此判词作者阙名。从判词看，王遇是个官员，所说妖言没有造成后果。据前引法条第2条：“诸造袄书及袄言者，绞。（造，谓自造休咎及鬼神之言，妄说吉凶，涉于不顺者。）传用以惑众者，亦如之；（传，谓传言。用，谓用书。）其不满众者，流三千里。”看来这个王遇说的妖言，没有“惑众”，所以刑官判他“应入流条”，考虑到他是“登于一命”的官员，可以适用法律的减、赎之法，[2] 所以最后断为“合从徒坐”。由此可见试判者对有关妖言罪的条款比较熟悉。

（二）去官判[3]

得甲去官居白沙，里人云我家池中龙种，本县科里人妖言，诉云美其德让，不伏。

---

① 《文苑英华》卷五四八，第2801页。

② 据《唐律疏议》卷二《名例》：“诸七品以上之官……犯流罪已下，各从减一等之例”；“九品以上之官……犯流罪以下，听赎。”（第34页）王遇官“登于一命”，应该是九品官，可以赎不能减，这里说“减赎”也许为判词的句式需要。能减为徒罪，又或者王遇官在七品以上也未可知。

③ 《文苑英华》卷五四九，第2806页。

此判题说甲退官回乡，乡里人夸他是龙种，县里则指其为妖言，要以此定罪，乡里人不服。其“答对”《文苑英华》有一道，《全唐文》有一道，共两道：

1. 度地居人，量地制邑，九有既乂，万邦是孚。甲密勿具僚，僶俛从仕，陈力就列，罢职言归。克昌拾芥之荣，方展维桑之敬，爰居爰处，以游以娱。且故国之生平，即襄阳之耆旧，人之仰德，我不求蒙。誉拟潘安，闻诸乡曲；荣参庞统，颇曰池中。发其言而有由，连其辜而未可。请以里人为美，无宜告者称妖。欲措常刑，其如反坐。

此判词作者据《全唐文》为“韩子休”，但时代仕宦均不明。判词认为甲悠闲度日，乡亲仰其德行，才如此称呼，“池中”云云不过是学了庞统，应该“以里人为美”，不应“告者称妖”，不能以此定罪用刑。

2. 甲孝以居家，学以从政。非子房之晚岁，翘想赤松；类元亮之中年，栖神素里。琴书养德，道义资身。青云旧游，惜鵷行之中断；白沙邻好，善龙种之来归。异赵壹之招嫌，同任光之见爱。孔子垂教，在家必闻；程郑有言，宠而能降，善莫之大，复何加焉？至如胜友如龙，高才比凤，渥水千里，丹山五色。语其事类，盖亦繁多；考以条章，实难科罚。[①]

此判词作者《全唐文》作“韩希铣”。判词认为甲在家乡活动，为乡亲见爱，实属正常；称为龙、称为凤，也属平常；“语其事类，盖亦繁多”，说这种词语有很多，“考以条章，实难科罚”，不能将其定为妖言罪并予以惩罚。

两位试判者显然知道如果定为妖言罪，会有很重的刑罚，因此都很谨慎，为甲和里人的辩护也是有理有据。由此又可知，说某人是“龙种”，是会有“妖言”嫌疑的。

① 《全唐文》卷九四九，中华书局，1983，第9855页。

（三）登城判[①]

甲登城而指，乙告其惑众，甲云实无妖言。

此判有两道“答对”，其中第2道是两个判题的合判。

1. 先王训俗，禁以窥临，君子执身，慎乎登降。惟甲才非入室，教异垂堂，既处隘而乘闲，爰兴高而眺远。平看雉堞，回数人家，遍识山川，周知国邑。殊郑君之伺敌，忽上层埤；同汉后之思乡，且瞻长路。行未闻于能赋，告将惑于妖言。不指不呼，孰云知礼；从轻从重，旋欲议刑。向若甲是卑流，恭随长者，承所视而待问，事缘情而可矜，今者攀陟不宜，惊疑于众。护非有失，虽云李径无言；故犯难容，亦可棘司惩训。严城作限，缓狱何逃？罪自招于指挥，理宜退于心伏。

此判词作者王泠然，《全唐文》仅记其为开元五年进士，官校书郎。判词认为甲登城是不对的，“故犯难容”，应该定罪，但是否妖言惑众，还要讨论，“从轻从重，旋欲议刑”，如果真是“惊疑于众”了，还是需要治罪的。

2. 礼经爰备，丧纪攸设。君子行之以立身，贤者俯之以合道。理须非礼勿动，循不忒之威仪；临而必哀，吊有丧以匍匐。甲也未达，自贻登城之罪；庚也有仪，俄惊失礼之谤。彼则戾矣，此何误焉。且登而不言，既异仲宣之赋；吊而未爽，无违孔父之经。抚事劳于三思，片言申其一割。但指则惑众，何必有于妖言；吊其有丧，宁可科其失礼。向若登而不指，乙告即曰诬人；坐而不专，庚吊便为失礼。况理则无昧，事其可观，自邀惑众之科，未阙吊人之礼。置甲之

① 《文苑英华》卷五四四，第2775页。

罪，斯为得欤，论庚之辜，颇多失矣。[①]

此判词是兼答另一判题（“专席而坐判：丁专席而坐，庚遂吊之，或以为失礼，庚不伏”）的合判，作者阙名。判词认为甲登城就有罪，“指则惑众，何必有于妖言”，只要“指”了就是惑众，就是有罪，与是否有妖言无关。

以上两道判词都注重登城的罪责，均没有从妖言罪角度申说，可见当时人对是否能定妖言罪十分慎重。

（四）好钩判[②]

睦州刺史齐顗好钩，广招巧工，有能为钩者，赏金五镒。新安县主簿钱本造钩，杀其二子衅之，以致于顗，从顗索赏。顗不与，云盖是常钩，凭何索赏？本乃抱钩，泣呼其子名，钩遂飞著父背。刺史科妖妄罪，不伏，云有前闻。

此判有地名人名，可能是真实案件。《唐刺史考全编》即据此在“睦州刺史”中单列了一条。[③] 其“答对”为：

齐顗承荣梓阙，作镇桐庐，化洽循良，行闻棨戟。情惟奇古，方欲好钩，未宣邵伯之风，且效吴王之躅。钱本雕镌擅美，冶铸标能，尽思侔于宋弓，穷神等于越剑。纤形孕玉，疑悬秦女之楼；曲影分钩，不若任公之钓。于斯杀子，何谢燔妻，既极巧工，言邀重赏。彼则识非辨物，怪辽豕之从来；此乃道涉幽通，惜吴鸿之枉逝。锺心之痛才结，著背之应斯彰。虽频会于前闻，终取惊于即事。刺史学殊该博，情惧妖讹，莫酬吕相之金，先寡（疑）陶公之璧。初闻或疑孟浪，当察理合推绳。何者？舐犊恩深，将雏调切。自可慕兹携剑，聊追五月之欢；岂得同彼衅钩，遽夭百年之命？既亏天性，须置霜科。

① 《文苑英华》卷五五一，第2817页。

② 《文苑英华》卷五四〇，第2757页。

③ 郁贤皓：《唐刺史考全编》，安徽大学出版社，2000，第2112页。

请归丛棘之曹，速按鞭榈之罪。

此判词作者阙名。判词认为钱本杀子衅钩，“既亏天性，须置霜科”，应判有罪。刺史于此“情惧妖讹”，加以“推绳”，其做法是对的。前面引过，从武则天到唐玄宗，屡次下诏，要求地方长官“宜禁侵渔，绝浮惰，茕独鳏寡，尤资惠育，盗贼妖讹，特宜禁断”（法条第16条），因此刺史对“妖讹”有高度警惕。判词作者显然知道相关法条政策，所以在判词中有以上判断。

（五）解牛鸣判[①]

乙闻牛鸣，云是生三牺，或告妖妄，欲科罪，不伏。

此判题依据的是《左传·僖公二十九年》所记介葛卢闻牛鸣而知生三牺事。其“答对”如下：

阴阳不测，造化多端，故有夷蛮之隶，实司鸟兽之语。乙波流未息，克广前书，精义不穷，旁通异类。告称妖妄，欲抵刑章，即科介葛之辜，实恐冶长非罪。以今况古，不坐为然。

此判题虽然援用了经典中事例，但与“妖妄”相连，有明显的唐代特色。判词作者阙名。判词认为乙可能是通鸟兽之语的人，因此不应告其妖妄，最好不要定罪，以“不坐为然”。

（六）立生祠判[②]

甲有惠政，被立生祠，百姓祈祷，因而获福，或告有妖术，诉云非所能致。

① 《文苑英华》卷五四七，第2794～2795页。

② 《文苑英华》卷五三五，第2733页。

此判题与“妖术”相关，其“答对”为：

考龚黄之迹，穷卓鲁之化，不孤良吏，可谓能贤。甲惠训聿修，仁政所举，丕变旧染，化居恒风。叹歌郘之徒勤，想借寇之无及，冀全遗爱，遂建生祠。殁无愧于张苍，存不谢于王涣。因心所感，纵获福而何伤；唯道是从，岂为术之能致。告之诚谬，诉乃有孚。

此判词作者李宣，《全唐文》记其为贞元时人。判词认为甲有仁政，“纵获福而何伤”，不是妖术所能导致，因此批评告发者是“告之诚谬”，从而否决了告发者的告发。

（七）盗瓜判[①]

常州申称，钱客每以种瓜为业，遂被伶人洪崖盗食，其瓜并尽，为客所擒，遂作术化出满田是瓜，客乃放之，崖去后了复无瓜，客诣县告崖是妖贼。

此判题与“妖贼”相关，所谓“洪崖”可能套用了传说中仙人的名字。其“答对”为：

钱客家邻白社，业在青门。米实葱花，光浮五色；蓝皮密理，美至三摇。长怀洗玉之珍，方有致金之望。洪崖行乖夔足，道契狼心，不能李径遗冠，翻乃瓜田蹑履。狗兹猿臂，因采掇而全空；眷彼龙蹄，随指挥而忽见。宁劳宋灌，自含冰谷之文；不假曾锄，俄结火山之实。钱既迷于术化，洪乃集彼回邪，于是释此妖人，将殊盗者。初观带母，似逐仙来；后察空苗，疑因梦失。幻人为幻，幻已去而无瓜；迷者知迷，迷既祛而有误。论妖疑切，诲盗情深。虽陈莠口之词，莫辨讹言之实。洪崖不在，丹笔何施？客告未晓真虚，崖实未知；州县更宜寻问，方可裁量。

---

① 《文苑英华》卷五四六，第2790页。

此判词作者阙名。判题所述事件颇为离奇，虽说使用仙人“洪崖”名字作为妖人姓名，但又似乎和仙人洪崖关系不大。判词认为此事只是钱客的一面之词，洪崖不在，无法确定虚实，州县应该找到洪崖，查明情况再做判决。

（八）执蒲葵扇判[①]

乙常执蒲葵扇于盛暑，人多效之，或告妖众。

此判题涉及“妖众”，其“答对”为：

服玩垂则，岁时交进。韫狐白以御冬，裂纨素而清暑。由是五明开制，道在思贤；七华擅奇，思归锡宠。委方圆以呈质，顺行藏以适时，登用有期，著号无箅。乙行均山仰，时闻景慕。执殊方竹，非承汉帝之私；即好蒲葵，式狥谢安之义。事符怀旧，迹逐移风，类折巾于林宗，宁俟题于逸少，将以妖众，孰谓钦贤？宜从三宥之书，无陷五词之罚。

此判词作者阙名。判词认为“人多效之”，是钦慕乙的行为，与“妖众”无关，不应定罪。

除以上 8 道判外，《文苑英华·判》的“孝感门”中还有几道与“妖”有关的判。这些判中所涉事迹多很奇异。

（九）泽中得堇判[②]

王祖母饥病，立冬，刘公孙因泽中取土，得堇粟遗之，后有火过于西邻，邻告云妖，有司科之，使司奏请旌异。

此判题与“妖”有关，为邻人所告。“答对”有两道：

---

① 《文苑英华》卷五四三，第 2769 页。

② 《文苑英华》卷五三七，第 2744 页。

1. 至诚感神，天道应善，虽欲蔽德，其如予何？王祖母病既日臻，甘脆盖阙；刘公孙孝惟天性，昼凿多勤。坐北堂而摇魂，仰南陔而结思。是赖天灵其鉴，地输其珍，绿堇欺霜而沓[①]荣，红粟无稼而呈粒，此一奇也，又何如焉？况丹焰飞空，以灾糜竺之室；玄应必感，不昧刘殷之家。邻者奚愚，以厚诬而害物；有司何酷，载重诘而伤仁。明哉使乎，清识远矣，举直错枉，扬于王庭。蒙虽不才，请从斯矣。

此判词作者冯待征，《全唐文》仅记其为开元时人。判词认为冬天得到堇粟，是因为“至诚感神”，与火灾无关，邻居愚蠢，属于诬告。有司的判决不当，应依使司奏请“旌异”。

2. 玄象凝邈，群品必具，流潜昭著，众感无隐。懿哉公孙，躬履节养；悼彼祖母，欻缠饥疾。心乎谓何，天亦明视，验粟有殊于篱下，泣堇终同乎泽中。可谓嗣德刘殷，追纵李密，激芳尘于西蜀，蔼嘉声于东晋。霜竹擢笋，自可包羞；冰鱼振鳞，颇亦惭德。第如蔡顺伏柩，刘昆叩头，惊风由其蓄绪，洪焱为之卷焰。精诚所致，缃素备列，嗟乎至孝，孤其善邻。所司科妖，将涉厚诬之酷；明使旌异，深符清德之美。

此判作者，《全唐文》记为冯真素，时代仕宦不明。判词也认为刘公孙的“至孝”应该表彰，所司判定为“妖”不妥，“将涉厚诬之酷”。

（十）投笺获弟判[②]

河内县苟君林乘冰省舅，冰陷而逝，兄伦求尸不获，遂作笺与河伯，经宿冰开，获君林执笺出，乡人告称妖惑。

此判题与“妖惑”有关，为乡人所告。“答对”有两道：

---

① 此字《全唐文》卷四〇二同判作“沓”，第4113页。

② 《文苑英华》卷五三七，第2745～2746页。

1. 覃怀旧壤，野王遗迹，元凯造舟于后，忿生食邑于前。自晋启山阳，郑锡河沃，精灵有作，人物代兴。相彼君林，实为茂族，感如存之念，恭自出之心。凭河履冰，自贻陷溺；终坠而死，当奈若何。类无忌之永休，比元阳之相负。况鸰原称咏，本在急难，凡今之人，莫如兄弟，嫂溺礼通于援手，季没义切于投笺。孝悌之心，聪明正直，灵鉴在斯，信宿之间，克备丧礼。诚有应于今日，事无隔于古人。告以为妖，未符通识；诬人之罪，法有恒规。请据愆尤，以定刑典。

此判词作者，《全唐文》记为郑子春，开元时官陈州长史。判词高度赞扬“孝悌之心”，认为乡人“告以为妖”，涉嫌诬告，应据诬告罪定刑。

2. 风化所行，德义为本，焕彼经籍，形诸典谟。君林行著循良，道存甥舅，比韩君之不别，若刘生之酷似。秦渭之际，宁止康公，赠璜晋河之阴，非无子犯投璧。故使薄冰必履，微躯不吝，乘游水而长往，泳龙宫而久辞。兄伦志切鸰原，情敦雁序。散彼棣蕚，恨盈东注之流；投于笺牒，泣下西门之恨（疑）。惟德降美，至诚感神。芳声列于缃帙，雅誉标于今古。执笺而出，自可矜于至仁；乡人告妖，恐或紊于常典。

此判词作者阙名。判词认为荀君林之兄“至诚感神”，属于“至仁”，同时也指责“乡人告妖”是违背法典的行为。

（十一）嫂疾得药判①

颜甲养寡嫂疾，求药无出，有童子授之，化鸟而去，邻告妖异，甲不伏。

此判题涉及“妖异”，为邻人所告。其“答对”为：

天鉴昭著，神心正直，苟精诚而聿數，何貺施而靡应？颜甲族承

① 《文苑英华》卷五三七，第2746页。

先哲，行不违仁，宁见倨于下机，每防嫌于通问。荣擢棣萼，痛违爱于仁兄；讽起伯梁，遂虔心于寡嫂。衣冠肃敬，方礼国而躬勤；衾枕婴缠，忽孀闺而寝疾。四时有厉，始见攻里；五药无资，爰将瞑眩。至诚攸感，异兆旋臻，岂童子之何知，有神人之叶契。香囊遽委，俄瞻见于灵蛇；敛衽方回，宛迁形于翥鸟。联翩彩翮，疑征入梦之祥；块北玄功，即降痊疴之庆。勿药有喜，道则虽殊，无言不酬，义终可尚。乡党称孝，固是当仁；邻伍生诬，何诚蔽善。

此判词作者阙名。判词认为颜甲“行不违仁”“至诚攸感”，乡党俱称仁孝。又认为邻人告为妖异，不仅遮蔽了善行，还有诬告嫌疑。

以上关涉“妖”的11道判，从试判者的判词看，大部分反对将有关行为与“妖言”“妖讹”“妖妄”“妖术”“妖贼”“妖惑”“妖异”“妖众”联系起来，反映试判者深知一旦定为与“妖”相关罪名，就是不赦的重罪，因此答对十分谨慎。同时，试判者大部分反对邻人、乡人动辄告发别人涉“妖”，严厉者提出要追究其诬告之罪，反映了试判者对邻人、乡人随意告发行为的不满。

此外还可知，除去荒诞不经的事例外，当时若称某人为“龙种”、登城指手画脚、立生祠让百姓祈祷、做某种行为（如盛暑持蒲扇）被众人模仿、邻居突发火灾等等，都有可能被乡人邻人告为妖言、妖术、妖妄、妖众。换句话说，涉“妖”之罪五花八门，并无明确界定，能否定罪，端在于法官的判断。此时法官除掌握法律知识外，其他就要靠典籍知识以及常识、人性、良知等来定谳了。

四 与“左道”相关的判

“妖”之外，唐判中还有一些与“左道”有关的判。

“左道”也是法律禁止的。唐律“十恶”中的“不道”，包括“蛊毒、厌魅”，[①] 而疏议对“蛊毒”的解释是“蛊有多种，罕能究悉，事关左道，

① 《唐律疏议》卷一《名例》，第9页。

不可备知”（前引法条第 7 条）；对“厌魅”的解释是“厌事多方，罕能详悉，或图画形像，或刻作人身，刺心钉眼，系手缚足，如此厌胜，事非一绪；魅者，或假托鬼神，或妄行左道之类”（前引法条第 8 条）。可见只要不是正道，都可归入左道，尤以蛊毒、厌魅为常见。

唐律之外，唐玄宗开元十九年敕说僧尼“因其聚会，便有宿宵，左道不常，异端斯起。自今已后，僧尼除讲律之外，一切禁断”（前引法条第 18 条）；开元二十八年敕说“蠹政之深，左道为甚，所以先王设教，犯者必诛”（前引法条第 19 条）；常衮所作敕说“左道疑众，王制无舍，妖言蠹时，国朝尤禁”（前引法条第23 条）；唐代宗大历三年（768）敕说“故圣人以经籍之义，资理化之本，侧言曲学，实紊大猷，去左道之乱政，俾彝伦而攸叙”（前引法条第 24 条）。这些敕文明确说“左道”是蠹政、乱政、疑众，故“王制无舍”“犯者必诛”。因此一旦被定性为“左道”，就会受到重惩。

下面来看与左道有关涉的几个判。

（一）易家有归藏判①

> 甲为处士，家畜《归藏易》，常以七八为占，邻人告其左道，不伏。

此判题涉及“左道”，为邻人所告，有元稹的“答对”如下：

> 四营成易，本用穷神；三代演图，孰云疑众？甲志敦素履，学洞青囊，不言非圣之书，忽招诬善之告。虽九六布卦，我则背于周经；而七八为占，尔盍观于殷道。徒惊异象，曾是同归。辨数虽冠履相睽，得意而筌蹄可忘。且穆姜遇艮，足征麟史之文；尼父得坤，亦验《归藏》之首。以斯偿责，可用质疑。

此判《文苑英华》标“元稹”撰写，注云“集无”，但后人将其收入

① 《文苑英华》卷五一二，第 2621 页。

《元稹集》的《补遗》[①] 中。元稹在判词中认为《归藏易》不是“非圣之书”，孔子也提到，因此邻人的告发纯属诬告。前引法条第1条、第25条在提到禁书时，都没有说《归藏易》，也应是元稹写判词的根据。

（二）问羊知马判[②]

甲问羊知马，邻人告其左道，主司科之，诉称钩距。

此判题涉及“左道”，为邻人所告。其“答对”为：

天地设位，圣贤成能；一人垂衣，百官承事。瞻言京邑，实曰帝都，必举忠良，是则率土，聿求俊乂，司牧黎甿。猗哉彼甲，俾兹从事，宾王利用，学古入官，必诛群妖，以静矫慝。于是彝伦各序，轨物不僭，将采绩字人，勿使失性；终广术察罪，必欲惩非。乃取赭污衣，息桴鼓而清盗；因问羊知马，为钩距以得情。斯亦多闻，攸称罕测。且正色率下，类夫韩氏之名；励节执忠，同彼李公之誉。必欲人安俗理，在为法以绳之；擿伏擒奸，于从政乎何有？比诸制锦，事且审于操刀；语以烹鲜，理必明于游刃。恪居尔职，无俾我虞。念兹邻人，昧于典宪，徒为狂狷之说，虽尚口以见穷；谁听蒭荛之词，终噬腊而致谴。窒其多讼，无逞游词。是非相鼠之尤，宁知爽鸠之罚。彼广汉者，吾其与之。

此判词作者裴兴，《全唐文》仅记其为工部员外郎。判词套用了汉朝赵广汉善为钩距的典故，认为“彼甲”“广术察罪”，恪守职务，而邻人“昧于典宪”，妄加告发，应该“窒其多讼，无逞游词”，不接受邻人的告言。

（三）屯田不开渠判[③]

甲当屯于戊己校尉故地，乙告其常行厌胜之术，御史按，云唯使

① 例如中华书局版《元稹集》即收为“外集卷第三·补遗三”，1982，第653页。
② 《文苑英华》卷五三二，第2723～2724页。
③ 《文苑英华》卷五二五，第2691～2692页。

丁开渠播种，不伏科罪。

此判题涉及“厌胜”，有“答对”为：

富国强兵，允资重种；辟土殖谷，必俟良农，虽云因地之利，无爽用天之道。惟甲克勤稼穑，受任军屯。候正岁之布和，乃宣乃理；及王瓜之生夏，或钱或镈。遂使其茨如梁，必周戊己之地；其比如栉，不忝京坻之诗。眷此屯功，宜蒙上赏，讵闻兴利之举，翻招厌胜之讼？然而六甲纪则，刚柔异体；五行统岁，禳厌分区。苟获赖于柔嘉，固无嫌于法术。况丁也为役，职此开渠，虽决泄之诚劳，岂苍黄而妄告？仰稽古训，甲则无辜；旁酌人情，乙宜致诘。必若事非政要，术异农祥，请遵持斧之绳，勿恕薄言之诉。

此判作者，《全唐文》记为张凭，时代仕宦均不明。判词认为甲是在兴利，不应该遭到“厌胜”的告发；丁是在开渠，也不应该受到“妄告”。结论是“甲则无辜”“乙宜致诘”，认为这种告发应该受到惩罚，“勿恕薄言之诉”。

综观以上3道判，可知试判者知道如果被定为“左道”“厌胜”罪，会受到“必诛”重刑，因此一般都不会对判题涉及的此类告发定性为“左道”“厌胜”。而且与上节有关“妖”罪一样，“左道”罪也是界定模糊的：家藏稀有书籍、掌握算法技术都可能被告为“左道”，开渠播种会被视为“厌胜”。能否成立，要依靠法官的判断。同时，与有关“妖”罪的判词一样，“左道”罪的试判者对动辄告发别人是“左道”是“厌胜”的做法十分厌恶，多要求追究妄告者的刑事责任。这大概也是唐判中反映出来的试判者的一种法律意识吧。

结　论

通过对以上18道判题32道“答对”的分析，可知唐代试判者在面对有关私习天文、妖书妖言、左道厌胜等案件时，基本可以依据法律条款做出相对符合法律的正确判断。由于上述罪名有的罪行范围模糊，又多是重罪，特别是与“妖”关涉的罪名，一旦定性就会遭到“必诛”“不赦”的处罚，因此试判者在判词的判断中表现得十分慎重。因此我们说，唐代试判者在“答对”涉嫌犯罪的相关判题时，大多具有判断其是否有罪的法律知识，又对范围模糊的罪名能够认真分析鉴别。他们基本掌握了法典以及所处时代颁发的诏敕的内容，能够对判题给出的案件，依据法律条文，以及典籍知识、常识良知等提出自己的判断。

需要强调的有两点。第一点是法律规定的涉“妖”或“左道”罪定义不清、界限模糊（可能是有意为之也可能是无奈为之），导致许多行为稍有异常（或被视为异常）都可能被定为此罪。所以在史籍中，它是最容易将政坛人物拉下马的罪名（其例甚多）。第二点是当时的试判者对邻人、乡人等的肆意告发多持否定意见，反映了唐代文士对这种行为（动辄告发、动辄诉讼）十分厌恶。此点在社会治理观念上似乎具有比较积极的意义。

以上的分析和结论十分粗糙，希望得到各位方家的批评和指正。

《中国古代法律文献研究》第十四辑
2020年，第114～145页

日本静嘉堂文库藏松下見林《唐令（集文）》考述*

侯振兵**

摘　要：日本江户时代著名史家松下見林的手抄本《唐令（集文）》，是迄今所知最早的集录唐令的著作。本文是对这本书相关内容的评述。《唐令（集文）》中的令文来源于《唐律疏议》，共115条，从其内容可知，其所依据的《唐律疏议》的版本应该是包括文化本在内的多种版本。其与通行典籍中文字的差异之处，对于考察唐代的相关制度有重要参考价值。但其在选取文字方面，还是有很多疏漏和错误之处。总体上来说，《唐令（集文）》完全可以说是唐令复原这一学术活动的滥觞。

关键词：松下見林　唐令　唐律疏议　唐令拾遗

引　言

日本东京静嘉堂文库藏有一册江户时代著名史家松下見林的手抄本

* 本文为西南大学2017年度中央高校基本科研业务费专项资金创新团队项目“中国传统文化与经济及社会变迁研究”（项目批准号：SWU1709112）的阶段成果之一。

** 西南大学历史文化学院副教授。

《唐令（集文）》，这是迄今所知最早的集录唐令的著作。[①] 一些日本学者早已注意到这本书，并将其作为唐令复原研究的开端。如泷川政次郎等人在《律令史研究》中说："早在日本元禄年间，松下見林便已着手从《唐律疏议》中抽出唐令条文，进行唐令复原。"[②] 仁井田陞在《唐令拾遗》的自序中说："到德川时代，学者就看不到唐令了，据静嘉堂文库藏《松下見林手泽唐令》可知，当时有自《唐律疏议》收集令遗文的学者。"[③] 可见，松下見林的《唐令》主要有两个特点，一个是出现的时间早，另一个是通过《唐律疏议》来搜集唐令遗文。[④] 它比后来出现的唐令研究的集大成之作——《唐令拾遗》《唐令拾遗补》要早两百多年。但是，对于这本书的内容及学术价值，学术界尚未有进一步的关注和研究。

松下見林（1637～1703）是江户时代的史学家，以研究日本史著称。他幼年熟研经籍，又学习医术，以儒医的身份，辨别经籍百家本末，收授门徒。他感慨当时的学者热衷研习中国司马迁、班固的《史记》《汉书》，却对日本本国历史知之甚少，遂决心专修本国史，力图纠正日本崇拜尊慕汉土的学风。他历经三十年呕心沥血编撰《异称日本传》，最终在元禄元年（1688）完稿。大庭修等指出："进入江户时代后，大部头的书（通史）是松下見林所著的《异称日本传》。1688（元禄一年）年完成，计三卷十五册，是从中国和朝鲜的127部书籍中考证、抄录有关日本的记事而成的。这是第一次利用外国资料，研究日中关系史的尝试。"[⑤]《异称日本传》具

① 学术界一般认为，最早进行唐令复原工作的是日本学者中田熏，如宋家钰在《明钞本北宋天圣令（附唐开元令）的学术价值》一文中说："最早利用养老令进行《唐令》复原研究的，是日本著名学者中田熏先生。1904年他发表了著名论文《唐令和日本令的比较研究》，主要研究了唐、日令中的三篇重要令文《户令》、《田令》、《赋役令》，开启了唐、日法制比较和唐令复原研究的先河。"［载天一阁博物馆、中国社会科学院历史研究所天圣令整理课题组校证《天一阁藏明钞本天圣令校证（附唐令复原研究）》上册，中华书局，2006，第7页］

② 〔日〕泷川政次郎、小林宏、利光三津夫：《律令史研究》，〔日〕《法制史研究》（第15号），1965年，第152页；转引自赵晶《近代以来日本中国法制史研究的源流——以东京大学与京都大学为视点》，《比较法研究》2012年第2期，第61页。

③ 〔日〕仁井田陞：《唐令拾遗》自序，栗劲等译，长春出版社，1989，第885页。

④ 本文中，除松下見林《唐令（集文）》所引外，凡涉及《唐律疏议》之处，均是指（唐）长孙无忌等著《唐律疏议》，刘俊文点校，中华书局，1983。以下简称《唐律》，不另作说明。

⑤ 〔日〕大庭修、松浦章：《在日本研究日中关系史的现状——以明治前为中心》，叶昌纲译，《山西大学学报》1982年第2期，第65页。

有比较强烈的民族意识，“在修正分析的论述中，也能够看出著者力图证明当时日本的文明程度已经很高，蕴含着强烈的民族优越感”。[①] 虽然如此，松下見林还是十分重视中国典籍和历史的，并没有完全否定或抛开中国历史文化。他集录唐令，就是从制度史的角度探究唐代历史，因此这本书值得关注。

笔者在日访学期间，见到了静嘉堂所藏的松下見林《唐令》手抄原本。这个抄本的封面上题有“松下見林翁手泽”，标题有两个，一为《唐令》（下有小字注“集文”），一为《士冠礼》（下有小字注“仪礼”）。可见松下見林除了搜集唐令以外，还搜集与古代礼制有关的文献。《唐令（集文）》部分（以下简称“《集文》”）一共有26页，每页分10行，每行满行18字。首页第一行是标题，写作“唐令”，在标题行的下端，钤有“静嘉堂藏书”印，以及“山田本”私印。本书搜集的令文都是顶格书写，作为正文；在令文的末端，又用双行加注的形式，注明本条令文出自唐令的哪一篇，以及其在《唐律疏议》中的卷数和页码。其中，标注的篇名用朱笔书写，其馀皆是墨笔。该抄本用楷体书写，字体工整，一丝不苟，体现了作者严谨的学风。

值得一提的是，该抄本中除了由《唐律疏议》集录而来的唐令以外，还有从《通典》中集录的唐令和唐格。这是之前的研究者没有提及的。笔者不揣浅陋，试对《集文》在搜集唐令方面的得失以及《唐律疏议》的一些相关问题进行述评，所得结论聊胜于无，仅供通识方家参考。

一 《集文》中的令文出处及相关问题

《集文》共从《唐律疏议》中搜集了115条唐令（见本文附录），这些令文是按照《唐律疏议》引用唐令的顺序排列的。在抄录的过程中，如果《唐律疏议》明确标明所引令文出自的篇名的话，作者就在所摘令文之下用朱笔注明其篇名；相反，如果《唐律疏议》没有标明篇名，只有“依令”“令云”等字样，那么在抄录时，除极个别作者自己能够辨识篇名的

① 瞿亮：《日本近世的修史与史学》，博士学位论文，南开大学，2012，第186页。

令文以外，也不标出篇名。如在第 1 条“昊天上帝、五方上帝、皇地祇、神州、宗庙等为大祀”之后，明确注明为《祠令》。而在第 2 条“职事官五品以上，带勋官三品以上，得亲事、帐内，于所事之主，名为府主”之后，仅标注了与《唐律疏议》卷数、页码相关的“一、卅”，无令名（参见图 1）。

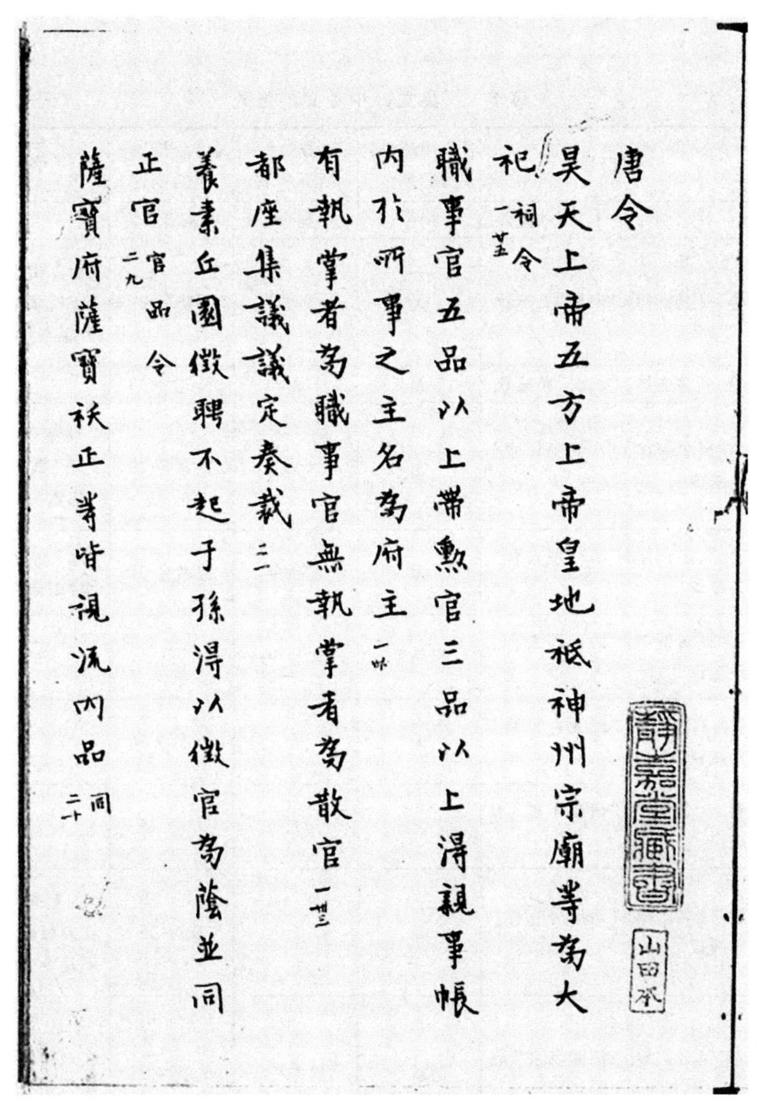
唐令
昊天上帝五方上帝皇地祇神州宗廟等爲大
祀 祠令 一廿五
職事官五品以上帶勲官三品以上得親事帳
内於所事之主名爲府主 一卅
有執掌者爲職事官無執掌者爲散官 一卅三
都座集議議定奏裁 三
義素丘園徴聘不起子孫得以徴官爲蔭並同
正官 官品令 二九
薩寶府薩寶祆正等皆視流内品 同 二十

图 1　松下見林《唐令（集文）》首页书影

笔者结合刘俊文点校版《唐律疏议》原文，查证了《集文》每一条令文的出处，同时查证了这些令文被仁井田陞《唐令拾遗》收入时被安排的位置，将其列入表1之中。另外，表中还有三栏，一是各条令文在《唐律疏议》中所标识的篇名；二是《集文》所标记的令文篇名；还有“备注”一栏，是笔者比较《集文》、《唐律疏议》和《唐令拾遗》文字异同的结果，以作为后文相关论述的依据。

表1 《集文》中令文的出处

序号	令文出处	《唐律疏议》所标令名	《集文》所标令名	《唐令拾遗》中的位置	备注
1	卷一《名例律》“十恶”条疏议	祠令	祠令	祠令2	
2	卷一《名例律》“十恶”条疏议	无	无	军防令29	《唐令拾遗》中无“于所事之主，名为府主”
3	卷一《名例律》“八议”条疏议	无	无	公式令33	
4	卷二《名例律》“八议犯死罪”条疏议	无	无	狱官令29	“都座”在刘版《唐律》中作“都堂”
5	卷二《名例律》“诸以理去官”条疏议	无	官品令	选举令27	“起”在刘版《唐律》中作“赴”
6	卷二《名例律》“诸以理去官”条疏议	官品令	官品令	官品令1丙参考	
7	卷二《名例律》“诸无官犯罪”条疏议	无	无	公式令36	
8	卷二《名例律》“诸犯十恶”条疏议	无	无	户令45	
9	卷三《名例律》“诸府号官称”条疏议	无	无	田令25	“各于本司上下”在刘版《唐律》中不是令文
10	卷三《名例律》“诸除名者”条疏议	选举令	选举令	选举令25	“于从九品上叙”在刘版《唐律》中作“并于九品上叙”

续表

序号	令文出处	《唐律疏议》所标令名	《集文》所标令名	《唐令拾遗》中的位置	备注
11	卷三《名例律》“诸府号官称”条疏议	军防令	军防令	军防令 19	
12	卷三《名例律》“诸除名者”条疏议	无	无	赋役令 23	“点防之限”在刘版《唐律》中作“征防之限”
13	卷三《名例律》“诸除名者”条疏议	无	无	狱官令 16 参考	
14	卷三《名例律》“诸犯流应配者”条疏议	无	无	狱官令 16	
15	卷三《名例律》“诸流配人在道会赦”条疏议	无	无	公式令 44	
16	卷三《名例律》“诸犯死罪非十恶”条疏议	无	无	户令 13	“亲老”在刘版《唐律》中作“亲终”
17	卷三《名例律》“诸犯死罪非十恶”条疏议	无	无	狱官令 14	
18	卷三《名例律》“诸犯死罪非十恶”条疏议	无	无	赋役令 22	
19	卷三《名例律》“诸工、乐、杂户及太常音声人”条疏议	无	无	杂令 32	《唐令拾遗》云：“本条是否属于《杂令》不详，姑记于此，以备后考。”
20	卷四《名例律》“诸犯罪时虽未老疾”条疏议	狱官令	狱官令	狱官令 22	本条与《唐律疏议》卷三〇《断狱律》“诸赦前断罪不当”条疏议所引令文同，《集文》未录
21	卷四《名例律》“诸以赃入罪”条疏议	无	无	赋役令 13	
22	卷四《名例律》“诸平赃者”条疏议	无	无	关市令 7	
23	卷四《名例律》“诸略、和诱人”条疏议	无	无	公式令 38	

续表

序号	令文出处	《唐律疏议》所标令名	《集文》所标令名	《唐令拾遗》中的位置	备注
24	卷四《名例律》"诸会赦"条疏议	封爵令	封爵令	封爵令2乙	
25	卷四《名例律》"诸会赦"条疏议	无	封爵令	户令14	
26	卷五《名例律》"诸同职犯公坐者"条疏议	无	无	公式令2	刘版《唐律》多出"须缘门下者,以状牒门下省,准式依令"一句
27	卷五《名例律》"诸共犯罪而有逃亡"条疏议	无	无	赋役令4参考	
28	卷六《名例律》"诸称'乘舆'"条疏议	公式令	公式令	公式令3	《集文》抄出"公式令"三字
29	卷六《名例律》"诸称'日'者"条疏议	户令	户令	户令24	
30	卷七《卫禁律》"诸应入宫殿"条疏议	无	无	宫卫令2	
31	卷七《卫禁律》"诸应出宫殿"条疏议	无	无	宫卫令2	
32	卷八《卫禁律》"诸关津度人"条疏议	无	关津令	关市令2	
33	卷八《卫禁律》"诸赍禁物私度关者"条疏议	关市令	关市令	关市令4	
34	卷九《职制律》"诸贡举非其人"条疏议	无	无	选举令19	刘版《唐律》认为"若别敕令举及国子诸馆年常送省者,为举人。皆取方正清循,名行相副"不是令文
35	卷九《职制律》"诸贡举非其人"条疏议	无	考课令	考课令38	《唐令拾遗》多出"校考之日,负殿皆悉附状"一句
36	卷九《职制律》"诸在官应直不直"条疏议	无	无	公式令37	

续表

序号	令文出处	《唐律疏议》所标令名	《集文》所标令名	《唐令拾遗》中的位置	备注
37	卷九《职制律》“诸之官限满不赴”条疏议	无	无	假宁令14参考	
38	卷九《职制律》“诸之官限满不赴”条疏议	无	无	假宁令14	
39	卷九《职制律》“诸大祀不预申期”条疏议	无	无	祠令38	刘版《唐律》多出“散斋之日，斋官昼理事如故，夜宿于家正寝”一句
40	卷九《职制律》“诸大祀不预申期”条疏议	祠令	祠令	祠令1	
41	卷九《职制律》“诸监当官司及主食之人”条疏议	无	无	三师三公台省职员6	
42	卷九《职制律》“诸漏泄大事应密者”条疏议	无	无	杂令8	
43	卷九《职制律》“诸稽缓制书者”条疏议	无	无	公式令38	
44	卷一〇《职制律》“诸公文有本案”条疏议	无	无	公式令11、12参考	《唐令拾遗》多出“代画者，即同增减制书。其有‘制可’字，侍中所注，止当代判之罪”一句
45	卷一〇《职制律》“诸驿使稽程者”条疏议	无	无	公式令21	刘版《唐律》认为“量事缓急，注驿数于符契上”不是唐令
46	卷一〇《职制律》“诸文书应遣驿而不遣”条疏议	公式令	公式令	公式令30、32	
47	卷一〇《职制律》“诸文书应遣驿而不遣”条疏议	仪制令	仪制令	仪制令8	“改元日”在刘版《唐律》中作“赦元日”
48	卷一〇《职制律》“诸增乘驿马”条疏议	公式令	公式令	公式令21	刘版《唐律》多出“此外须降典吏者，临时量给”

续表

序号	令文出处	《唐律疏议》所标令名	《集文》所标令名	《唐令拾遗》中的位置	备注
49	卷一〇《职制律》"诸乘驿马辄枉道"条疏议	厩牧令	厩牧令	厩牧令 21	
50	卷一〇《职制律》"诸用符节"条疏议	无	无	公式令 24	
51	卷一二《户婚律》"诸养子"条疏议	户令	户令	户令 14	
52	卷一二《户婚律》"诸立嫡违法"条疏议	无	户令	封爵令 2 乙	刘版《唐律》认为"无后者,为户绝"不是唐令
53	卷一二《户婚律》"诸养杂户男为子孙"条疏议	户令	户令	户令 39	
54	卷一二《户婚律》"诸放部曲为良"条疏议	户令	户令	户令 42	
55	卷一二《户婚律》"诸放部曲为良"条疏议	户令	户令	户令 43	
56	卷一二《户婚律》"诸相冒合户"条疏议	赋役令	赋役令	赋役令 20	
57	卷一二《户婚律》"诸同居卑幼"条疏议	户令	户令	户令 27	
58	卷一三《户婚律》"诸占田过限"条疏议	无	田令	田令 12	
59	卷一三《户婚律》"诸妄认公私田"条疏议	无	田令	田令 17	"苗子并入地主"在刘版《唐律》中作"苗子及买地之财并入地主";《唐令拾遗》将"财没不追,苗子并入地主"改为"财没不追,地还本主"
60	卷一三《户婚律》"诸部内有旱涝霜雹虫蝗为害"条疏议	无	无	赋役令 11	
61	卷一三《户婚律》"诸里正"条疏议	田令	田令	田令 6 乙	刘版《唐律》多出"每亩"
62	卷一三《户婚律》"诸里正"条疏议	田令	田令	田令 22	

续表

序号	令文出处	《唐律疏议》所标令名	《集文》所标令名	《唐令拾遗》中的位置	备注
63	卷一三《户婚律》“诸里正”条疏议	田令	田令	田令 23	
64	卷一三《户婚律》“诸应受复除而不给”条疏议	无	无	赋役令 15	
65	卷一三《户婚律》“诸差科赋役违法及不均平”条疏议	无	无	赋役令 25	
66	卷一三《户婚律》“诸差科赋役违法及不均平”条疏议	赋役令	赋役令	赋役令 1、4	
67	卷一四《户婚律》“诸妻无七出及义绝之状”条疏议	无	无	户令 35	
68	卷一五《厩库律》“诸牧畜产准所除外”条疏议	厩牧令	厩牧令	厩牧令 7	“百头论”在刘版《唐律》中作“一百头论”
69	卷一五《厩库律》“诸验畜产不以实”条疏议	厩牧令	厩牧令	厩牧令 18	
70	卷一五《厩库律》“诸受官羸病畜产”条疏议	厩牧令	厩牧令	厩牧令 23	
71	卷一五《厩库律》“诸官马乘用不调习”条疏议	无	无	厩牧令 16	“东宫配习驭”在刘版《唐律》中作“东宫配翼驭”
72	卷一五《厩库律》“诸畜产及噬犬有抵踏吃人”条疏议	杂令	无	杂令 21	
73	卷一五《厩库律》“诸出纳官物”条疏议	无	无	禄令 2	
74	卷一六《擅兴律》“诸擅发兵”条疏议	无	无	军防令 10	《唐令拾遗》未录“即须言上”一句
75	卷一六《擅兴律》“诸应给发兵符而不给”条疏议	公式令	公式令	公式令 22	
76	卷一六《擅兴律》“诸应给发兵符而不给”条疏议	公式令	公式令	公式令 25	
77	卷一六《擅兴律》“诸应给发兵符而不给”条疏议	公式令	公式令	公式令 24	
78	卷一六《擅兴律》“诸应给发兵符而不给”条疏议	无	无	公式令 29	

续表

序号	令文出处	《唐律疏议》所标令名	《集文》所标令名	《唐令拾遗》中的位置	备注
79	卷一六《擅兴律》“诸征人冒名相代”条疏议	军防令	军防令	军防令1	《唐令拾遗》将其出处写作“《唐律·擅兴》‘不给发兵符’条”
80	卷一六《擅兴律》“诸镇、戍应遣番代”条疏议	军防令	军防令	军防令35	
81	卷一六《擅兴律》“诸镇、戍应遣番代”条疏议	军防令	军防令	军防令36	
82	卷一六《擅兴律》“诸私有禁兵器”条疏议	军防令	军防令	军防令26	
83	卷一九《贼盗律》“诸盗宫殿门符”条疏议	公式令	公式令	公式令23乙	
84	卷二四《斗讼律》“诸越诉及受者”条疏议	卤簿令	卤簿令	卤簿令1乙	
85	卷二四《诈伪律》“诸伪造皇帝八宝”条疏议	公式令	公式令	公式令18丙	
86	卷二五《诈伪律》“诸伪写宫殿门符”条疏议	公式令	公式令	公式令22	刘版《唐律》认为只有“下左符进内，右符付州、府”是《公式令》令文
87	卷二六《杂律》“诸营造舍宅”条疏议	营缮令	营缮令	营缮令4	
88	卷二六《杂律》“诸营造舍宅”条疏议	仪制令	仪制令	仪制令4	
89	卷二六《杂律》“诸营造舍宅”条疏议	衣服令	衣服令	衣服令26乙	
90	卷二六《杂律》“诸犯夜”条疏议	宫卫令	宫卫令	宫卫令7	
91	卷二六《杂律》“诸从征及从行”条疏议	军防令	军防令	军防令22	
92	卷二六《杂律》“诸从征及从行”条疏议	丧葬令	丧葬令	丧葬令10乙	
93	卷二六《杂律》“诸应给传送”条疏议	厩牧令	厩牧令	厩牧令15	刘版《唐律》认为“三品以下，各有等差”不是《厩牧令》令文

续表

序号	令文出处	《唐律疏议》所标令名	《集文》所标令名	《唐令拾遗》中的位置	备注
94	卷二六《杂律》"诸不应入驿而入"条疏议	杂令	杂令	杂令23	刘版《唐律》、《唐令拾遗》多出"并不得辄受供给"一句
95	卷二六《杂律》"诸校斛斗秤度"条疏议	关市令	关市令	关市令9	"州县官校"，刘版《唐律》据《唐会要》改为"州县平校"
96	卷二六《杂律》"诸校斛斗秤度"条疏议	杂令	杂令	杂令2	
97	卷二六《杂律》"诸私作斛斗秤度不平"条疏议	无	无	关市令9	
98	卷二七《杂律》"诸不修堤防及修而失时"条疏议	营缮令	营缮令	营缮令8	
99	卷二七《杂律》"诸毁人碑碣"条疏议	丧葬令	丧葬令	丧葬令20	
100	卷二七《杂律》"诸亡失器物"条疏议	公式令	公式令	公式令38	刘版《唐律》、《唐令拾遗》未录"其制、敕皆当日行下，若行下处多，事须抄写"一句
101	卷二七《杂律》"诸亡失器物"条疏议	公式令	公式令	公式令39	"二百纸以上"在刘版《唐律》中作"二百纸以下"；刘版《唐律》、《唐令拾遗》多出"赦书，不得过三日"一句
102	卷二七《杂律》"诸违令"条疏议	仪制令	仪制令	仪制令29	"来避去"，刘版《唐律》、《唐令拾遗》作"去避来"
103	卷二八《捕亡律》"诸罪人逃亡"条疏议	捕亡令	捕亡令	捕亡令1	

续表

序号	令文出处	《唐律疏议》所标令名	《集文》所标令名	《唐令拾遗》中的位置	备注
104	卷二九《断狱律》“诸囚应禁而不禁”条疏议	狱官令	狱官令	狱官令 28	
105	卷二九《断狱律》“诸囚应禁而不禁”条疏议	狱官令	狱官令	狱官令 30	
106	卷二九《断狱律》“诸囚请给衣食医药而不请给”条疏议	狱官令	狱官令	狱官令 38、39	
107	卷二九《断狱律》“诸应讯囚”条疏议	狱官令	狱官令	狱官令 25	
108	卷二九《断狱律》“诸拷囚不得过三度”条疏议	狱官令	狱官令	狱官令 25	“若拷未毕”在刘版《唐律》中作“若讯未毕”
109	卷二九《断狱律》“诸决罚不如法”条疏议	狱官令	狱官令	狱官令 41	“股”在刘版《唐律》中均作“腿”
110	卷二九《断狱律》“诸决罚不如法”条疏议	无	狱官令	狱官令 41	
111	卷三〇《断狱律》“诸断罪应言上而不言上”条疏议	狱官令	狱官令	狱官令 2	
112	卷三〇《断狱律》“诸徒流应送配所”条疏议	狱官令	狱官令	狱官令 17	
113	卷三〇《断狱律》“应输备赎没入之物”条疏议	狱官令	狱官令	狱官令 36	刘版《唐律》多出“若应征官物者，准直：五十匹以上，一百日；三十匹以上，五十日；二十匹以上，三十日；不满二十匹以下，二十日”一句
114	卷三〇《断狱律》“诸立春以后秋分以前决死刑”条疏议	狱官令	狱官令	狱官令 9 乙	
115	卷三〇《断狱律》“诸断罪应绞而斩”条疏议	狱官令	狱官令	狱官令 8	

以上 115 条令文中，有 66 条在《唐律疏议》中都明确标明了令的篇名，于是《集文》也同样标出了相应的令名，对于那些《唐律疏议》中没

有提及篇名的令文，《集文》基本上也都不提。但《集文》也尝试过在没有提示的情况下，自己推定令文的篇名。如《集文》将第35条标为《考课令》；将第58、59条标注为《田令》；将第110条标注为《狱官令》。这些处理都与后来《唐令拾遗》的做法是一致的。不过有些条目的推定与后来研究者的处理并不相同。如第5条，《集文》标为《官品令》，但《唐令拾遗》将其放置在《选举令》中；第32条，《集文》标为《关津令》，但《唐令拾遗》将其放置在《关市令》中；第52条，《集文》标为《户令》，但《唐令拾遗》将其放置在《封爵令》中。另外，有的时候，虽然《唐律疏议》标注了令文名称，但《集文》并未做任何处理，如第72条，《唐律疏议》明确注明引自《杂令》，但《集文》没有标注。

由以上论述可知，《集文》的作者虽然主要依赖《唐律疏议》关于唐令的说法，但他还是明确知道唐令包括哪些篇目的。[①] 于是他有意识地将来源不明的令文与唐令的篇目进行比对，将其归入不同的篇目中。这可以说是《集文》辑佚唐令的一种尝试。

同时，《集文》对于所录唐令的文字正误也有过研究。如第85条云："神宝，宝而不用；受命宝，封禅则用之；皇帝行宝，报王公以下书则用之；皇帝之宝，慰劳王公以下书则用之；皇帝信宝，征召王公以下书则用之；天子行宝，报番国书则用之；天子之宝，慰劳番国书则用之；天子信宝，征召番国兵马则用之。"首先，松下見林在本条的旁边用小字增加了《唐律疏议》的正文"皇帝有传国神宝、有受命宝、皇帝三宝、天子三宝，是名'八宝'"以及"皆以白玉为之。宝者，印也，印又信也。以其供御，故不与印同名"两句。其次，他还用小字于令文上方作了眉批："受命下恐当有之字，俟重考。"其意即指令文中的"受命宝"当作"受命之宝"，

① 此即《唐六典》所说："凡《令》二十有七：（分为三十卷。）一曰《官品》，（分为上、下。）二曰《三师三公台省职员》，三曰《寺监职员》，四曰《卫府职员》，五曰《东宫王府职员》，六曰《州县镇戍岳渎关津职员》，七曰《内外命妇职员》，八曰《祠》，九曰《户》，十曰《选举》，十一曰《考课》，十二曰《宫卫》，十三曰《军防》，十四曰《衣服》，十五曰《仪制》，十六曰《卤簿》，（分为上、下。）十七曰《公式》，（分为上、下。）十八曰《田》，十九曰《赋役》，二十曰《仓库》，二十一曰《厩牧》，二十二曰《关市》，二十三曰《医疾》，二十四曰《狱官》，二十五曰《营缮》，二十六曰《丧葬》，二十七曰《杂令》，而大凡一千五百四十有六条焉。"（唐）李林甫等：《唐六典》卷六《尚书刑部》"刑部郎中员外郎"条，中华书局，1992，第183～184页。

以与后面的“皇帝之宝”“天子之宝”对应。

另，《集文》在摘录唐令时，存在疏漏之处，这表现在两个方面。

一是在行文过程中有漏抄文字现象，如第16条云：“应侍，户内无期亲年二十一以上、五十九以下者，皆申刑部，具状上请，听敕处分。家有期亲进丁及亲老，更奏；如元奉进止者，不奏。”其中在“听敕处分”与“家有期亲进丁及亲老”之间，还有“若敕许充侍家”一句。[①]

二是在大量摘引的同时，漏抄了一批《唐律疏议》所引的唐令，试举几例：“依令：‘诸司尚书，同长官之例。’”[②]“依令：‘大祀，谓天地、宗庙、神州等为大祀。或车驾自行，或三公行事。斋官皆散斋之日，平明集省，受誓诫。二十日以前，所司预申祠部，祠部颁告诸司。’”[③] “依《公式令》：‘下制、敕宣行，文字脱误，于事理无改动者，勘检本案，分明可知，即改从正，不须覆奏。其官文书脱误者，咨长官改正。’”[④] “准令：‘驿马驴一给以后，死即驿长陪填。’”[⑤] “依令：‘文案不须常留者，每三年一拣除。’”[⑥]“令文但云正月、五月、九月断屠。”[⑦] 等等。

以上种种，均代表了松下見林辑佚唐令的水平。

二 《集文》与通行本《唐律疏议》的异同

刘俊文指出，《唐律疏议》的版本有三个系统，一是滂熹斋系统，最早可能刻于南宋后期；二是至正本系统；三是文化本系统。第二、三两个系统的共同祖本可能是元泰定本。[⑧] 其中，文化本系统主要指在日本流传的文化二年（1805）官版本。那么，《集文》所据的《唐律疏议》是否就是此版本？笔者就《集文》与现通行的刘俊文点校《唐律疏议》进行对

① 《唐律疏议》卷三《名例律》“诸犯死罪非十恶”条疏议，第69页。

② 《唐律疏议》卷一《名例律》“十恶”条疏议，第15页。

③ 《唐律疏议》卷九《职制律》“诸大祀不预申期”条疏议，第187页。

④ 《唐律疏议》卷一〇《职制律》“制书官文书误辄改定”条疏议，第200页。

⑤ 《唐律疏议》卷一五《厩库律》“诸监临主守”条疏议，第287页。

⑥ 《唐律疏议》卷一九《贼盗律》“盗制书官文书”条疏议，第351页。

⑦ 《唐律疏议》卷三〇《断狱律》“诸立春以后、秋分以前决死刑”条疏议，第572页。

⑧ 《唐律疏议》“点校说明”，第5~6页。

比，以明其版本问题，同时对二者之间的文字异同进行考释。

《集文》第4条云："都座集议，议定奏裁。"其中"都座"在刘版《唐律》中作"都堂"。[①]《校勘记》说："文化本'都堂'作'都座'。《唐六典》'刑部郎中员外郎'条亦作'都座'。"[②]由此可知，《集文》所据的《唐律疏议》版本应该是文化本。按，自魏晋以来，都座、都堂均为尚书省官署的代称，至隋文帝以后，则一律称为都堂，不再有都座之名。[③]文化本和《唐六典》的"都座"可能是采用古称的做法。

还有两个例证。《集文》第12条云："除名未叙人，免役输庸，并不在杂徭及点防之限。"其中"点防之限"在刘版《唐律》中作"征防之限"，《校勘记》云："'征防'，至正本、文化本、岱本、《宋刑统》作'点防'。"[④]可见，《集文》依据应该就是文化本《唐律疏议》。《集文》第5条云："养素丘园，征聘不起，子孙得以征官为荫，并同正官。"其中"征聘不起"在刘版《唐律》中作"征聘不赴"，但未出校勘记。[⑤]今查清孙星衍重刊《唐律疏议》亦作"征聘不赴"，与刘版同。其实，"征聘不起"并不是文字讹误，《太平广记》中就有"征聘不起"的说法："晋郭翻，字长翔，武昌人，敬言之弟子也，征聘不起。"[⑥]所以，《集文》此说法并不是空穴来风，很可能是来自文化本。

但是，《集文》中也有与以上结论不符的地方。首先，第10条云："三品以上，奏闻听敕。正四品，于从七品叙；从四品，于正八品上叙；

---

① 《唐律疏议》卷二《名例律》"诸八议者"条，第32页。

② 《唐律疏议》卷二《名例律》"校勘记"，第51页。

③ 如（北齐）魏收《魏书》卷六二《李彪传》："臣辄集尚书以下、令史以上，并治书侍御史臣郦道元等于尚书都座。"（中华书局，1974，第1391页。）（唐）房玄龄等：《晋书》卷二四《职官志》"左右丞"："八座郎初拜，皆沿汉旧制，并集都座交礼，迁职又解交焉。"（中华书局，1974，第731页。）（梁）萧子显：《南齐书》卷七《东昏侯》："召王侯朝贵分置尚书都座及殿省。"（中华书局，1972，第105页。）（唐）姚思廉：《陈书》卷二六《徐陵弟孝克传》："开皇十年，长安疾疫，隋文帝闻其名行，召令于尚书都堂讲《金刚般若经》。"（中华书局，1972，第338页。）（后晋）刘昫等：《旧唐书》卷九《玄宗下》："（天宝）十二载春正月壬子，杨国忠于尚书省注官，注讫，于都堂对左相与诸司长官唱名。"（中华书局，1975，第226页。）

④ 《唐律疏议》卷三《名例律》"校勘记"，第77页。

⑤ 《唐律疏议》卷二《名例律》"诸以理去官"条疏议，第40页。

⑥ （宋）李昉等：《太平广记》卷三二一《鬼六·郭翻》，中华书局，1961，第2542页。

正五品，于正八品下叙；从五品，于从八品上叙；六品、七品，于从九品上叙；八品、九品，并于从九品下叙。若有出身品高于此法者，听从高。”其中，“于从七品叙”在刘版《唐律》中作“于从七品下叙”，[①] 后者文字是正确的。《唐六典》即云：“官人犯除名限满应叙者，文、武三品已上奏闻；正四品于从七品下叙，已下递降一等，从五品于从八品上叙；六品、七品，从九品上叙；八品、九品，从九品下叙。若出身品高于此法者，仍从高。”[②] 可见《集文》漏掉了“下”字，惜笔者未见文化本《唐律疏议》，故不知是《集文》抄录之误还是版本之误。又，“六品、七品，于从九品上叙”在刘版《唐律》中作“六品、七品，并于从九品上叙”，《校勘记》说：“‘并’原脱，据文化本补。按：下云‘八品、九品，并于从九品下叙’，以此例彼，故据补。”[③] 又，仁井田陞《唐令拾遗》云：“‘并’，《唐六典》、《宋刑统》并无。今据官板《唐律疏议》。”[④]《唐令拾遗》所谓“官板”即文化板，由此可知，《集文》所据并不是文化本《唐律疏议》。

其次，《集文》第96条云：“量，以北方秬黍中者，容一千二百为籥，十籥为合……”“籥”在刘版《唐律》中作“龠”，《校勘记》说：“‘龠’原讹‘籥’，据文化本改。”[⑤] 可见《集文》此处所据唐律版本亦非文化本。

综上所述，《集文》所录文字，总体上是严格按照《唐律疏议》而抄写的，并没有明显的笔误。至于其所依据的《唐律疏议》版本，则有不同的可能。第4、12条表明其所据为文化本《唐律疏议》，而第10、96条表明其所据为其他版本。故笔者认为，松下見林在集录唐令时，曾参阅了不同版本的《唐律疏议》。

另外，《集文》所录文字中，有几处都与现今通行的刘版《唐律》有出入。这些不同的地方，虽然在意思上与后者并无根本区别，但其表述的

① 《唐律疏议》卷三《名例律》“诸除名者”条疏议，第59页。
② 《唐六典》卷二《尚书吏部》“吏部郎中员外郎”条，第32页。
③ 《唐律疏议》卷三《名例律》“校勘记”，第77页。
④ 《唐令拾遗·选举令第十一》，第214页。
⑤ 《唐律疏议》卷二六《杂律》“校勘记”，第503页。

方式很可能别有渊源，同时也给我们考察唐令的流变提供了依据。如《集文》第102条云："行路，贱避贵，来避去。"其中"来避去"在刘版《唐律》中作"去避来"，《校勘记》说："'去避来'原误倒作'来避去'，据《宋刑统》乙正。今按《唐六典》'礼部郎中员外郎'条、《大唐开元礼》三均作'去避来'。"[①] 可见其所据底本即"《四部丛刊》三编所收上海涵芬楼影印滂熹斋藏宋刊本"作"来避去"，与《集文》同。按，《校勘记》此处所用的方法是"他书校"，换言之，《唐律疏议》各版本均作"来避去"。[②] 又如前引第12条云："除名未叙人，免役输庸，并不在杂徭及点防之限。"其中的"点防"在刘版《唐律》中作"征防"，此为"点防"与"征防"之别；第16条云："应侍，户内无期亲年二十一以上、五十九以下者，皆申刑部，具状上请，听敕处分。若敕许充侍，家有期亲进丁及亲老，更奏；如元奉进止者，不奏。"其中"亲老"在刘版《唐律疏议》中作"亲终"，此为"亲老"与"亲终"之别；第109条云："决笞者，股、臀分受。决杖者，背、股、臀分受。须数等。拷讯者亦同。笞以下，愿背、股分受者，听。"其中的"股"字在刘版《唐律》中均作"腿"，此为笞"股"与笞"腿"之别。更可论者，第47条云："皇帝践祚及加元服，皇太后加号，皇后、皇太子立及改元日，刺史若京官五品以上在外者，并奉表疏贺，州遣使，馀附表。"其中"改元日"，《唐律疏议》各本均作"赦元日"，笔者认为前者应是，如此就能将这条令文解释得更通。可见，《集文》中的文字对考察唐代的相关制度有重要参考价值。

三 《集文》对《唐律疏议》中唐令的取舍

《集文》是依据《唐律疏议》来辑佚唐令的，《唐令拾遗》中的很多令文也是来自《唐律疏议》。但有的时候，二者对于《唐律疏议》中令文

① 《唐律疏议》卷二七《杂律》"校勘记"，第524页。

② （清）储大文等编纂《山西通志》卷五八《古迹二·潞安府·襄垣县》云："义令石县郝村之北道隘，有义令立石，大书'轻避重，少避老，贱避贵，来避去'四言，今存。"（《景印文渊阁四库全书》第544册，台北，台湾商务印书馆，1983，第42页）可见"来避去"的说法流传甚广。按，来避去之义，类似于今天上下车时"先下后上"的规定，古今应是一理，《唐律疏议》不误。

文字的取舍并不一致。同时，刘俊文在点校《唐律疏议》时，对哪些文字是令文的文字，也有不同的取舍。[①] 笔者试对这些内容进行论述。

第一类，《集文》所录令文的文字多于他书。

《集文》第2条云："职事官五品以上，带勋官三品以上，得亲事、帐内，于所事之主，名为府主。"《唐令拾遗》将其收入《军防令第十六》第二十九条。[②] 但未采用"于所事之主，名为府主"一句。刘版《唐律》也没采用。[③]

《集文》第9条云："老免、进丁、受田，依百姓例，各于本司上下。"《唐令拾遗》[④] 与刘版《唐律》均未取"各于本司上下"。[⑤]

《集文》第26条云："尚书省应奏之事，先门下录事勘，给事中读，黄门侍郎省，侍中审。有乖失者，依法驳正，却牒省司。"刘版《唐律》未标明令文的起始位置，《唐令拾遗》中无"有乖失者，依法驳正，却牒省司"一句。[⑥]

《集文》第34条云："诸州岁别贡人。若别敕令举及国子诸馆年常送省者，为举人。皆取方正清循，名行相副。"与《唐令拾遗》同，[⑦] 刘版《唐律》未取"若别敕令举及国子诸馆年常送省者，为举人。皆取方正清循，名行相副"。[⑧]

《集文》第45条云："给驿者，给铜龙传符；无传符处，为纸券。量事缓急，注驿数于符契上。"《唐令拾遗》同，只是依据《日本养老公式令》第三十二条将"给驿者"改为"给驿马"。[⑨] 刘版《唐律》未取"量事缓急，注驿数于符契上"。[⑩]

《集文》第52条云："无嫡子及有罪疾，立嫡孙；无嫡孙，以次立嫡

① 主要看其在点校时对令文部分所加的引号在什么位置。
② 《唐令拾遗·军防令第十九》，第297页。
③ 《唐律疏议》卷一《名例律》"十恶"条疏议，第15页。
④ 《唐令拾遗·田令第二十二》，第569页。
⑤ 《唐律疏议》卷三《名例律》"诸府号官称"条疏议，第57页。
⑥ 《唐令拾遗·公式令第二十一》，第480~481页。
⑦ 《唐令拾遗·选举令第十一》，第208页。
⑧ 《唐律疏议》卷九《职制律》"诸贡举非其人"条疏议，第183页。
⑨ 《唐令拾遗·公式令第二十一》，第509页。
⑩ 《唐律疏议》卷一〇《职制律》"诸驿使稽程者"条疏议，第208页。

子同母弟；无母弟，立庶子；无庶子，立嫡孙同母弟；无母弟，立庶孙。曾、玄以下准此。无后者，为户绝。”《唐令拾遗》同，只是依据《唐六典》将“无后者，为户绝”改为“无后者国除”。[①] 刘版《唐律》未取“无后者，为户绝”一句。[②]

《集文》第 86 条：“下左符进内，右符付州、府等，应有差科征发，皆并敕符与铜鱼同封行下，勘符合，然后承用。”《唐令拾遗》同，[③] 刘版《唐律》未取“等，应有差科征发，皆并敕符与铜鱼同封行下，勘符合，然后承用”之句。[④]

《集文》第 93 条云：“官爵一品，给马八匹；嗣王、郡王及二品以上，给马六匹。三品以下，各有等差。”《唐令拾遗》同，[⑤] 刘版《唐律》未取“三品以下，各有等差”。[⑥]

《集文》第 100 条云：“小事五日程，中事十日程，大事二十日程。徒罪以上狱案，辨定后三十日程。其制、敕皆当日行下，若行下处多，事须抄写。”刘版《唐律》[⑦] 和《唐令拾遗》[⑧] 均未取“其制、敕皆当日行下，若行下处多，事须抄写”一句。

第二类，《集文》所录令文的文字少于他书。

《集文》第 35 条云：“私坐每一斤为一负，公罪二斤为一负，各十负为一殿。”刘版《唐律》同，[⑨]《唐令拾遗》则认为“一殿”之后的“校考之日，负殿皆悉附状”也是唐令的内容。[⑩]

《集文》第 39 条云：“大祀，散斋四日，致斋三日。中祀，散斋三日，致斋二日。小祀，散斋二日，致斋一日。”刘版《唐律》[⑪] 和《唐令拾

① 《唐令拾遗·封爵令第十二》，第 219 ~ 220 页。
② 《唐律疏议》卷一二《户婚律》“诸立嫡违法”条疏议，第 238 页。
③ 《唐令拾遗·公式令第二十一》，第 511 页。
④ 《唐律疏议》卷二五《诈伪律》“诸伪写宫殿门符”条疏议，第 454 页。
⑤ 《唐令拾遗·厩牧令第二十五》，第 636 页。
⑥ 《唐律疏议》卷二六《杂律》“诸应给传送”条疏议，第 491 页。
⑦ 《唐律疏议》卷二七《杂律》“诸亡失器物”条疏议，第 520 页。
⑧ 《唐令拾遗·公式令第二十一》，第 526 ~ 527 页。
⑨ 《唐律疏议》卷九《职制律》“诸贡举非其人”条疏议，第 184 页。
⑩ 《唐令拾遗·考课令第十四》，第 255 页。
⑪ 《唐律疏议》卷九《职制律》“诸大祀不预申期”条疏议，第 188 页。

遗》[1] 均认为“致斋一日”之后的“散斋之日，斋官昼理事如故，夜宿于家正寝”亦属令文内容，《集文》未录。

《集文》第44条云：“授五品以上画‘可’，六品以下画‘闻’。”刘版《唐律》同，[2]《唐令拾遗》将其作为《公式令第二十一》第十一、十二条的参考。并多引出“六品以下画‘闻’”之后的“代画者，即同增减制书。其有‘制可’字，侍中所注，止当代判之罪”。[3]

《集文》第48条云：“给驿：职事三品以上若王，四匹；四品及国公以上，三匹；五品及爵三品以上，二匹；散官、前官各递减职事官一匹；馀官爵及无品人，各一匹。皆数外别给驿子。”刘版《唐律》[4] 和《唐令拾遗》[5] 均在“别给驿子”之后，另有“此外须将典吏者，临时量给”一句，《集文》未录。

《集文》第74条云：“差兵十人以上，并须铜鱼、敕书勘同，始合差发。若急须兵处，准程不得奏闻者，听便差发。”《唐令拾遗》同，[6] 刘版《唐律》在“听便差发”之后，还有“即须言上”一句，[7]《集文》未录。

《集文》第94条云：“私行人，职事五品以上、散官二品以上、爵国公以上，欲投驿止宿者，听之。边远及无村店之处，九品以上、勋官五品以上及爵，遇屯驿止宿，亦听。”刘版《唐律》[8] 和《唐令拾遗》[9] 均在“亦听”之后，多出“并不得辄受供给”一句，《集文》未录。

《集文》第101条云：“满二百纸以下，限二日程；每二百纸以下，加一日程。所加多者，不得过五日。”刘版《唐律》在“不得过五日”之后，还有“赦书，不得过三日”一句。[10]《唐令拾遗》在“不得过五日”之后，还有“其赦书，计纸虽多，不得过三日”一句，其依据是《唐律疏议》卷

① 《唐令拾遗·祠令第八》，第114页。
② 《唐律疏议》卷一〇《职制律》“诸公文有本案”条疏议，第203页。
③ 《唐令拾遗·公式令第二十一》，第492～498页。
④ 《唐律疏议》卷一〇《职制律》“诸增乘驿马”条疏议，第210页。
⑤ 《唐令拾遗·公式令第二十一》，第509页。
⑥ 《唐令拾遗·军防令第十六》，第284页。
⑦ 《唐律疏议》卷一六《擅兴律》“诸擅发兵”条疏议，第298页。
⑧ 《唐律疏议》卷二六《杂律》“诸不应入驿而入”条疏议，第492页。
⑨ 《唐令拾遗·杂令第三十三》，第636页。
⑩ 《唐律疏议》卷二七《杂律》“诸亡失器物”条疏议，第520页。

九《职制律》“稽缓制书官文书”条。[①]

《集文》第113条云：“赎死刑，八十日；流，六十日；徒，五十日；杖，四十日；笞，三十日。”刘版《唐律》[②]和《唐令拾遗》[③]在此之后，还有“若应征官物者，准直：五十匹以上，一百日；三十匹以上，五十日；二十匹以上，三十日；不满二十匹以下，二十日”一句。

另外，《集文》第10条（见本文第二部分）与刘版《唐律》同，但《唐令拾遗》云：“据日本《选叙令》‘除名应叙’条（第三十七条），《唐律疏议》、《宋刑统》中的‘出身，谓籍荫及秀才明经之类’，当是令的本注。”[④]可见《唐令拾遗》认为本令还有注文。

刘俊文指出，他在点校《唐律疏议》时，利用了很多前人的研究成果，其中就包括日本仁井田陞的《唐令拾遗》。[⑤]那么，他在标点时，凡是在取舍唐令文字方面与《唐令拾遗》有别的地方，应该都有自己的思考在内，不是仅仅沿用成说。笔者眼界和能力有限，对于以上的文字出入之处，尚需要结合每一条令文所涉及的制度进行考订，俟另文再述。

四 《集文》与《通典》中的令、格

在《集文》的最后，作者还从《通典》中辑佚了两条唐令和一条唐格。这两条唐令分别是：

> 大唐令曰：“赦日，武库令设金鸡及鼓于宫城门外之右，勒集囚徒于阙前，挝鼓千声讫，宣制放。其赦书颁诸州，用绢写行。”（杜典百六十九 二十叶）[⑥]

① 《唐令拾遗·公式令第二十一》，第530页。

② 《唐律疏议》卷三〇《断狱律》“应输备赎没入之物”条疏议，第570页。

③ 《唐令拾遗·狱官令第三十》，第721页。

④ 《唐令拾遗·选举令第十一》，第215页。

⑤ 《唐律疏议》“点校说明”，第8页。

⑥ （唐）杜佑：《通典》卷一六九《刑法七》“赦宥”，中华书局，1988，第4386页。《集文》最后一句应作“用绢写行下”。

天宝六年四月敕，改仪制令，庙社门、宫门每门各二十戟；东宫每门各十八戟；一品门十六戟；嗣王、郡王若上柱国带职事二品、散官光禄大夫以上、镇国大将军以上各同职事品及京兆、河南、太原府大都督、大都护，门十四戟；上柱国带职事三品、上护军带职事二品若中都督、上都护，门十二戟；国公及上护军带职事三品若下都督诸州，门各十戟：并官给。（同　二十五　十一叶）[①]

它们分别被《唐令拾遗》收入《狱官令》第43乙条[②]和《仪制令》第18条。[③]

又，《集文》所录唐格是：

开元格

周朝酷吏来子珣（京兆府万年县）、万国俊（荆州江陵县）、王弘义（冀州）、侯思止（京兆府）、郭霸（舒州同安县）、焦仁亶（蒲州河东县）、张知默（河南府缑氏县）、李敬仁（河南府河南县）、唐奉一（齐州金节县）、来俊臣、周兴、丘神勣、索元礼、曹仁悊、王景昭、裴籍、李秦授、刘光业、王德寿、屈贞筠、鲍思恭、刘景阳、王处贞（以上检州贯未获及）。

右二十三人，残害宗支，毒陷良善，情状尤重，身在者宜长流岭南远处。纵身没，子孙亦不许仕宦。

陈嘉言（河南府河南县）、鱼承晔（京兆府栎阳县）、皇甫文备（河南府缑氏县）、傅游艺。

右四人，残害宗支，毒陷良善，情状稍轻，身在者宜配岭南。纵身没，子孙亦不许近任。

敕依前件

开元十三年三月十二日（同　百七十卷末）[④]

① 《通典》卷二五《职官七》“卫尉卿”，第701页。

② 《唐令拾遗·狱官令第三十》，第732页。

③ 《唐令拾遗·仪制令第十八》，第427页。

④ 《通典》卷一七〇《刑法八》“开元格”，第4431页。

关于《通典》中的令，不待烦言，《集文》又将《通典》中的一篇格文录出，可见其在搜集唐令时，并没有严格划一的设计，而是举凡与唐代法令有关的内容即多所注意。但《集文》的搜索范围因此就扩大到《唐律疏议》以外，或许作者还要继续搜求《通典》中的其他令文，但可惜的是，《集文》至此戛然而止。

馀 论

以上，笔者对松下見林抄本《唐令集文》的相关内容进行了介绍和评述。从中可以看出，虽然《集文》是通过《唐律疏议》进行唐令的搜集的，范围有限，但作者还是尽量按照唐令的篇目进行严格地复原，即便《唐律疏议》没有给出明确的标识，《集文》也都努力搞清楚每一条令文的篇名是什么。这就证明《集文》的目的并不仅仅是抄撮《唐律疏议》，而是进行有目的的唐令辑佚工作。从这个意义上讲，《集文》完全可以说是唐令复原这一学术活动的滥觞。虽然其中存在一些粗陋、错误的地方，但并不影响其学术价值。

《集文》从一个特殊的角度为我们展示了有关唐令的种种问题，尤其在令文文字取舍方面。它对唐令的理解多有与后来的《唐令拾遗》以及我们所常用的《唐律疏议》通行本不同之处，因而这就给复原唐令的文字提供了另一种依据。但要敲定孰是孰非，就要涉及有唐一代很多方面的制度史，这并不是从一两个角度就能得出定论的。

另外，众所周知，《天圣令》残卷包括从《田令》到《杂令》共十卷（十二篇）的内容，从唐令整个篇目来讲，这仅是三分之一的内容。还有大量的令文篇目需要从典籍及其他出土文献中进行勾稽索隐，而这样的工作量是巨大的。前人已经有《唐令拾遗》《唐令拾遗补》这样的皇皇巨著，但对《天圣令》以外的令文进行不断地研究，应该是唐代法律史研究永远的话题。

附录：松下見林《唐令（集文）》

唐令

1. 昊天上帝、五方上帝、皇地祇、神州、宗庙等为大祀。（祠令　一廿五）

2. 职事官五品以上，带勋官三品以上，得亲事、帐内，于所事之主，名为府主。（一 卅）

3. 有执掌者为职事官，无执掌者为散官。（一 卅三）

4. 都座集议，议定奏裁。（二 一）

5. 养素丘园，征聘不起，子孙得以征官为荫，并同正官。（官品令　二 九）

6. 萨宝府萨宝、祆正等，皆视流内品。（同　二 十）

7. 内外官敕令摄他司事者，皆为检校。若比司，即为摄判。（二十三）

8. 转易部曲事人，听量酬衣食之直。（二 廿）

9. 老免、进丁、受田，依百姓例，各于本司上下。（三 三）

10. 三品以上，奏闻听敕。正四品，于从七品叙；从四品，于正八品上叙；正五品，于正八品下叙；从五品，于从八品上叙；六品、七品，于从九品上叙；八品、九品，并于从九品下叙。若有出身品高于此法者，听从高。（选举令　三 五）

11. 勋官犯除名，限满应叙者，二品于骁骑尉叙，三品于飞骑尉叙，四品于云骑尉叙，五品以下于武骑尉叙。（军防令　三 五）

12. 除名未叙人，免役输庸，并不在杂徭及点防之限。（三 四）

13. 六载徒则役满叙之。虽役满，仍在免官限内者，依免官叙例。（三 十）

14. 流人至配所，六载以后听仕。反逆缘坐流及因反逆免死配流，不在此例。（三 十四）

15. 马，日七十里；驴及步人，五十里；车，三十里。（三 十六）

16. 应侍，户内无期亲年二十一以上、五十九以下者，皆申刑部，具

状上请，听敕处分。家有期亲进丁及亲老，更奏；如元奉进止者，不奏。（三 十七）

17. 流人季别一遣。（三 十七）

18. 侍丁免役，唯输调及租。（三 十八）

19. 诸州有阉人，并送官，配内侍省及东宫内坊，名为给使。诸王以下，为散使。（三 廿三）

20. 犯罪逢格改者，若格轻，听从轻。（狱官令　四 八）

21. 任官应免课役，皆据鬮符到日为限。（四 十五）

22. 每月，旬别三等估。（四 十五）

23. 公案，小事五日程，中事十日程，大事二十日程。（四 十九）

24. 王、公、侯、伯、子、男，皆子孙承嫡者传袭。无嫡子，立嫡孙；无嫡孙，以次立嫡子同母弟；无母弟，立庶子；无庶子，立嫡孙同母弟；无母弟，立庶孙。曾、玄以下准此。（封爵令　四 廿一）

25. 自无子者，听养同宗于昭穆合者。（四 廿一）

26. 尚书省应奏之事，先门下录事勘，给事中读，黄门侍郎省，侍中审。有乖失者，依法驳正，却牒省司。

27. 丁役五十日，当年课、役俱免。（五 廿三）

28. 《公式令》："三后及皇太子行令。"（公式令　六 十五）

29. 疑有奸欺，随状貌定。（户令　六 廿五）

30. 非应从正门入者，各从便门著籍。（七 九）

31. 门籍当日即除。（七 十二）

32. 各依先后而度。（八 十　关津）

33. 锦、绫、罗、縠、紬、绵、绢、丝、布、牦牛尾、真珠、金、银、铁，并不得度西边、北边诸关及至缘边诸州兴易。（关市令　八 十二）

34. 诸州岁别贡人。若别敕令举及国子诸馆年常送省者，为举人。皆取方正清循，名行相副。（九 二）

35. 私坐每一斤为一负，公罪二斤为一负，各十负为一殿。（考课令　九 三）

36. 内外官应分番宿直。（九 四）

37. 之官各有装束程限。（九 六）

38. 听待收田讫发遣。(同)

39. 大祀，散斋四日，致斋三日。中祀，散斋三日，致斋二日。小祀，散斋二日，致斋一日。(九 八)

40. 在天称祀，在地为祭，宗庙名享。(祠令　九 九)

41. 主食升阶进食。(九 十四)

42. 仰观见风云气色有异，密封奏闻。(九 十五)

43. "官文书"，谓在曹常行，非制、敕、奏抄者。小事五日程，中事十日程，大事二十日程，徒以上狱案辩定须断者三十日程。其通判及勾经三人以下者，给一日程；经四人以上，给二日程；大事各加一日程。若有机速，不在此例。(九 十八)

44. 授五品以上画"可"，六品以下画"闻"。(十 五)

45. 给驿者，给铜龙传符；无传符处，为纸券。量事缓急，注驿数于符契上。(十 十)

46. 在京诸司有事须乘驿，及诸州有急速大事，皆合遣驿。(公式令　十 十二)

47. 皇帝践祚及加元服，皇太后加号，皇后、皇太子立及改元日，刺史若京官五品以上在外者，并奉表疏贺，州遣使，馀附表。(仪制令　十 十二)

48. 给驿：职事三品以上若王，四匹；四品及国公以上，三匹；五品及爵三品以上，二匹；散官、前官各递减职事官一匹；馀官爵及无品人，各一匹。皆数外别给驿子。(十 十三)

49. 乘官畜产，非理致死者，借[①]偿。(厩牧令　十 十四)

50. 用符节，并由门下省。其符，以铜为之，左符进内，右符在外。应执符人，有事行勘，皆奏出左符，以合右符。所在承用事讫，使人将左符还。其使若向他处，五日内无使次者，所在差专使送门下省输纳。其节，大使出即执之，使还，亦即送纳。(十 十六)

51. 无子者，听养同宗于昭穆相当者。(户令　十二 七)

52. 无嫡子及有罪疾，立嫡孙；无嫡孙，以次立嫡子同母弟；无母弟，

---

① "借"系"备"之误。

立庶子；无庶子，立嫡孙同母弟；无母弟，立庶孙。曾、玄以下准此。无后者，为户绝。（户令　十二 八）

53. 杂户、官户皆当色为婚。（户令　十二 九）

54. 放奴婢为良及部曲、客女者，并听之。皆由家长给手书，长子以下连署，仍经本属由[①]牒除附。（户令　十二 十）

55. 自赎免贱，本主不留为部曲者，任其所乐。（户令　十二 十一）

56. 文武职事官三品以上若郡王期亲及同居大功亲，五品以上及国公同居期亲，并免课役。（赋役令　十二 十二）

57. 应分田宅及财物者，兄弟均分。妻家所得之财，不在分限。兄弟亡者，子承父分。（户令　十二 十三）

58. 受田悉足者为宽乡，不足者为狭乡。（田令　十三 一）

59. 田无文牒，辄卖买者，财没不追，苗子并入地主。（田令　十三 三）

60. 旱涝霜雹虫蝗为害，十分损四以上，免租；损六，免租、调；损七以上，课、役俱免。若桑、麻损尽者，各免调。（十三 四）

61. 户内永业田，课植桑五十根以上，榆、枣各十根以上。土地不宜者，任依乡法。（田令　十三 六）

62. 应收授之田，每年起十月一日，里正预校勘造簿，县令总集应退应受之人，对共给授。（田令　十三 六）

63. 授田：先课役，后不课役；先无，后少；先贫，后富。（田令　十三 七）

64. 人居狭乡，乐迁就宽乡，去本居千里外复三年，五百里外复二年，三百里外复一年。（十三 八）

65. 凡差科，先富强，后贫弱；先多丁，后少丁。

66. 每丁，租二石；调絁、绢二丈，绵三两，布输二丈五尺，麻三斤；丁役二十日。（赋役令　十三 九）

67. 七出，一无子，二淫泆，三不事舅姑，四口舌，五盗窃，六妒忌，七恶疾。（十四 七）

---

① “由”系“申”之误。

68．诸牧杂畜死耗者，每年率百头论，驼除七头，骡除六头，马、牛、驴、羖羊除十，白羊除十五。从外蕃新来者，马、牛、驴、羖羊皆听除二十，第二年除十五；驼除十四，第二年除十；骡除十二，第二年除九；白羊除二十五，第二年除二十；第三年皆与旧同。准[①]（厩牧令　十五 一）

69．府内官马及传送马驴，每年皆刺史、折冲、果毅等检拣。其有老病不堪乘用者，府内官马更对州官拣定，京兆府管内送尚书省拣，随便货卖。（厩牧令　十五 四）

70．官畜在道，有羸病不堪前进者，留付随近州县养饲疗救，粟草及药官给。而所在官司受之，须养疗依法。（厩牧令　十五 五）

71．殿中省尚乘，每配习驭调马，东宫配习[②]驭调马，其检行牧马之官，听乘官马，即令调习。（十五 九）

72．诸杂畜产觝人者，截两角；踰人者，绊足；啮人者，截两耳。（十五 十三）

73．应给禄者，春秋二时分给。（十五 廿四）

74．差兵十人以上，并须铜鱼、敕书勘同，始合差发。若急须兵处，准程不得奏闻者，听便差发。（十六 一）

75．下鱼符，畿内三左一右，畿外五左一右。左者在内，右者付外。行用之日，从第一为首。后更有事须用，以次发之，周而复始。（公式令　十六 四）

76．应给鱼符及传符，皆长官执。长官无，次官执。（公式令　十六 四）

77．封符付使人。若使人更往别处，未即还者，附馀使传送。若州内有使次，诸符[③]总附。五日内无使次，差专使送之。（公式令　十六 五）

78．车驾巡幸，皇太子监国，有兵马受处分者，为木契。若王公以下，在京留守，及诸州有兵马受处分，并行军所及领兵五百人以上、马五百匹以上征讨，亦给木契。（十六 五）

79．每一旅帅管二队正，每一校尉管二旅帅。（军防令　十六 八）

① “准”字衍。

② “习”系“翼”之误。

③ “符”系“府”之误。

80. 防人番代，皆十月一日交代。(军防令　十六 十六)

81. 防人在防，守固之外，唯得修程[①]军器、城隍、公廨、屋宇。各量防人多少，于当处侧近给空闲地，逐水陆所宜，斟酌营种，并杂蔬菜，以充粮贮及充防人等食。(军防令　十六 十七)

82. 阑得甲仗，皆即输官。(军防令　十六 廿一)

83. 下诸方传符，两京及北都留守为麟符，东方青龙，西方白虎，南方朱雀，北方玄武。两京留守二十，左十九，右一；馀皆四，左三，右一。左者进内，右者付外州、府、监应执符人。其两京及北都留守符，并进内。须遣使向四方，皆给所诣处左符，书于骨帖上，内着符，裹用泥封，以门下省印印之。所至之处，以右符勘合，然后承用。（公式令　十九 五）

84. 驾行，导驾者：万年县令引，次京兆尹，总有六引。注云："驾从馀州、县出者，所在刺史、县令导驾。"(卤簿令　廿四 十六)

85. 皇帝有传国神宝、有受命宝、皇帝三宝、天子三宝，是名"八宝"。

神宝，宝而不用；受命宝，封禅则用之；皇帝行宝，报王公以下书则用之；皇帝之宝，慰劳王公以下书则用之；皇帝信宝，征召王公以下书则用之；天子行宝，报番国书则用之；天子之宝，慰劳番国书则用之；天子信宝，征召番国兵马则用之。(公式令　廿五 一)（皆以白玉为之。宝者，印也，印又信也。以其供御，故不与印同名。)

86. 下左符进内，右符付州、府等，应有差科征发，皆并敕符与铜鱼同封行下，勘符合，然后承用。(公式令　廿五 三)

87. 王公已下，凡有舍屋，不得施重拱、藻井。(营缮令　廿六 十)

88. 一品青油纁，通幰，虚偃。(仪制令　廿六 十)

89. 一品衮冕，二品鷩冕。(衣服令　廿六 十)

90. 五更三筹，顺天门击鼓，听人行。昼漏尽，顺天门击鼓四百槌讫，闭门。后更击六百槌，坊门皆闭，禁人行。(宫卫令　廿六 十二)

91. 征行卫士以上，身死行军，具录随身资财及尸，付本府人将还。

① "程"系"理"之误。

无本府人者，付随近州县递送。(军防令　廿六 十三)

92. 使人所在身丧，皆给殡殓调度，递送至家。(丧葬令　廿六 十三)

93. 官爵一品，给马八匹；嗣王、郡王及二品以上，给马六匹。三品以下，各有等差。(厩牧令　廿六 十四)

94. 私行人，职事五品以上、散官二品以上、爵国公以上，欲投驿止宿者，听之。边远及无村店之处，九品以上、勋官五品以上及爵，遇屯驿止宿，亦听。(杂令　廿六 十五)

95. 每年八月，诣太府寺平校，不在京者，诣所在州县官校，并印署，然后听用。(关市令　廿六 二十)

96. 量，以北方秬黍中者，容一千二百为龠，十龠为合，十合为升，十斤[①]为斗，三斗为大斗一斗，十斗为斛。秤权衡，以秬黍中者，百黍之重为铢，二十四铢为两，三两为大两一两，十六两为斤。度，以秬黍中者，一黍之广为分，十分为寸，十寸为尺，一尺二寸为大尺一尺，十尺为丈。(杂令　廿六 二十)

97. 斛斗秤度等，所司每年量校，印署充用。(廿六 廿二)

98. 近河及大水有隄防之处，刺史、县令以时检校。若须修理，每秋收讫，量功多少，差人夫修理。若暴水泛溢，损坏堤防，交为人患者，先即修营，不拘时限。(营缮令　廿七 一)

99. 五品以上听立碑，七品以上立碣。茔域之内，亦有石兽。(丧葬令廿七 十六)

100. 小事五日程，中事十日程，大事二十日程。徒罪以上狱案，辨定后三十日程。其制、敕皆当日行下，若行下处多，事须抄写。(公式令　廿七 十九)

101. 满二百纸以下，限二日程；每二百纸以上，加一日程。所加多者，不得过五日。(公式令　廿七 十九)

102. 行路，贱避贵，来避去。(仪制令　廿七 廿一)

103. 囚及征人、防人、流人、移乡人逃亡，及欲入寇贼，若有贼盗及被伤杀，并须追捕。(捕亡令　廿八 一)

---

① “斤”系“升”之误。

104. 禁囚：死罪枷、杻，妇人及流以下去杻，其杖罪散禁。（狱官令　廿九　一）

105. 应议、请、减者，犯流以上，若除、免、官当，并锁禁。（狱官令　廿九　一）

106. 囚去家悬远绝饷者，官给衣粮，家人至日，依数征纳。囚有疾病，主司陈牒，请给医药救疗。（狱官令　廿九　六）

107. 察狱之官，先备五听，又验诸证信，事状疑以，[①] 犹不首实者，然后拷掠。（狱官令　廿九　九）

108. 拷囚，每讯相去二十日。若拷未毕，更移他司，仍须拷鞫，即通计前讯以充三度。（狱官令　廿九　十）

109. 决笞者，股、臀分受。决杖者，背、股、臀分受。须数等。拷讯者亦同。笞以下，愿背、股分受者，听。（狱官令　廿九　十五）

110. 杖皆削去节目，长三尺五寸。讯囚杖，大头径三分二厘，小头二分二厘。常行杖，大头二分七厘，小头一分七厘。笞杖，大头二分，小头一分五厘。（同）

111. 杖罪以下，县决之。徒以上，县断定，送州覆审讫，徒罪及流应决杖、笞若应赎者，即决配征赎。其大理寺及京兆、河南府断徒及官人罪，并后有雪减，并申省，省司覆审无失，速即下知；如有不当者，随事驳正。若大理寺及诸州断流以上，若除、免、官当者，皆连写案状申省，大理寺及京兆、河南府即封案送。若驾行幸，即准诸州例，案覆理尽申奏。（狱官令　三十　三）

112. 犯徒应配居作，在京送将作监，在外州者共[②]当处官役。（狱官令　卅　十二）

113. 赎死刑，八十日；流，六十日；徒，五十日；杖，四十日；笞，三十日。（狱官令　同）

114. 从立春至秋分，不得奏决死刑。（狱官令　卅　十四）

115. 五品以上，犯非恶逆以上，听自尽于家。若应自。[③]

① “以”系“似”之误。

② “共”系“供”之误。

③ 此三字衍。

《中国古代法律文献研究》第十四辑
2020年，第146~203页

《天圣令·杂令》译注稿*

中国社会科学院历史研究所《天圣令》读书班**

摘　要： 以“杂”为令篇之名始见于西晋《泰始令》，分上、中、下，列为第18、19、20篇；《唐六典》所载《开元令》将它列为第27篇。北宋《天圣令》残卷所存《杂令》被标为第30卷，经整理后，有宋令41条、唐令23条。本稿以《天圣令·杂令》为译注对象，注释字词、阐释制度、明晰流变、翻译文句，是继《〈天圣令·赋役令〉译注稿》《〈天圣令·仓库令〉译注稿》《〈天圣令·厩牧令〉译注稿》《〈天圣令·关市令〉译注稿》《〈天圣令·捕亡令〉译注稿》《〈天圣令·医疾令〉译注稿》《〈天圣令·假宁令〉译注稿》《〈天圣令·田令〉译注稿》《〈天

* 本稿为2015年度全国高等院校古籍整理研究工作委员会直接资助项目“天一阁藏明钞本《天圣令》补校与译注”（批准编号为：1511）的阶段性成果。本稿所引《天圣令》令文“唐×”“宋×”，以《天一阁藏明钞本天圣令校证附唐令复原研究》（中华书局，2006，以下简称为“《天圣令校证》”）之清本为准。至于相关体例，敬请参见中国社会科学院历史研究所《天圣令》读书班《〈天圣令·赋役令〉译注稿》，徐世虹主编《中国古代法律文献研究》第6辑，社会科学文献出版社，2012。又，在金珍（中国人民大学、韩国成均馆大学）的协助下，读书班参考了〔韩〕金铎敏、河元洙主编《天圣令译注》（慧眼出版社，2013）的韩文译文。

** 初稿分工如下：宋1~11，韩雨彤（北京师范大学历史学院）；宋12~21，陈佳仪（北京师范大学历史学院）；宋22~31，聂雯（中国政法大学法学院）；宋32~41，吴姚函（清华大学历史系）；唐1~15，李凤燕（首都博物馆）；唐16~19，王斯雯（北京师范大学历史学院）；唐20~23，吴祖扬（北京师范大学历史学院）。本稿经读书班全体成员讨论，吴丽娱、黄正建、牛来颖三位老师审读，由赵晶（中国政法大学）统稿而成。

圣令·狱官令〉译注稿》《〈天圣令·营缮令〉译注稿》《〈天圣令·丧葬令〉译注稿》之后，中国社会科学院历史研究所《天圣令》读书班所推出的第十二种集体研读成果。

关键词： 天圣令　杂令　译注

宋1　诸度，以北方秬黍中者［一］，一黍之广为分，十分为寸，十寸为尺，（一尺二寸为大尺一尺。）十尺为丈。

【源流】

《唐六典》卷三《尚书户部》"金部郎中员外郎"条："凡度，以北方秬黍中者，一黍之广为分，十分为寸，十寸为尺，一尺二寸为大尺一尺。十尺为丈。"①

【注释】

［一］秬黍：黑色的黍子。《汉书》卷二一上《律历志上》载："以子谷秬黍中者，一黍之广，度之九十分，黄钟之长。"孟康注："子，北方。北方黑，谓黑黍也。"颜师古注："此说非也。子谷，犹言谷子耳。秬黍即黑黍，无取北方为号。中者，不大不小也。言取黑黍子大小中者，率为分寸也。"②

【翻译】

长度［单位］，用北方［的］中等黑黍［为标准］，一粒黍子的宽度为［一］分，十分为［一］寸，十寸为［一］尺，（一尺二寸为大尺一尺。）十尺为［一］丈。

宋2　诸量，以秬黍中者，容一千二百黍为龠，十龠为合，十合为升，十升为斗，（三斗为大斗一斗。）十斗为斛。

【源流】

《唐六典》卷三《尚书户部》"金部郎中员外郎"条："凡量以秬黍中

① （唐）李林甫等撰《唐六典》，陈仲夫点校，中华书局，1992，第81页。《通典》所记略同。参见（唐）杜佑撰《通典》卷六《食货六》，王文锦等点校，中华书局，1982，第91页。

② （汉）班固撰，（唐）颜师古注《汉书》，中华书局，1962，第967页。

者容一千二百为龠，二龠为合，十合为升，十升为斗，三斗为大斗，十斗为斛。"①

《唐会要》卷六六《太府寺》："诸量，以秬黍中者容一千二百粒为龠，十龠为合，十合为升，十升为斗，三斗为大斗，十斗为斛。"②

【翻译】

容积［单位］，用中等黑黍［为标准］，［可］容纳一千二百粒黍子的为［一］龠，十龠为［一］合，十合为［一］升，十升为［一］斗，（三斗为大斗一斗。）十斗为［一］斛。

宋3 诸权衡，以秬黍中者，百黍之重为铢，二十四铢为两，（三两为大两一两。）十六两为斤。

【源流】

《唐六典》卷三《尚书户部》"金部郎中员外郎"条："凡权衡以秬黍中者百黍之重为铢，二十四铢为两，三两为大两，十六两为斤。"③

【翻译】

重量［单位］，用中等黑黍［为标准］，一百粒黍子的重量为［一］铢，二十四铢为［一］两，（三两为大两一两。）十六两为［一］斤。

宋4 诸积秬黍为度、量、权衡者，调钟律、测晷景、合汤药、造制冕，及官私皆用之。④

【源流】

《唐六典》卷三《尚书户部》"金部郎中员外郎"条："凡积秬黍为

① 《唐六典》，第81页。《通典》《旧唐书》所记略同。参见《通典》卷六《赋税》，第91页；（后晋）刘昫等：《旧唐书》卷四八《食货上》，中华书局，1975，第2089页。

② （宋）王溥：《唐会要》，上海古籍出版社，2006，第1364页。

③ 《唐六典》，第81页。《通典》卷六《食货六》、《旧唐书》卷四八《食货上》所记略同。参见《通典》，第91页；《旧唐书》，第2089页。

④ 韩国学者认为，本条文字应为"诸积秬黍为度、量、权衡者，调钟律、测晷景、合汤药、造制冕，及官私皆用大"。参见〔韩〕金铎敏、河元洙主编《天圣令译注》，第632～633页。即如《通典》所说，区分前四类（使用小制）和后面的公私（使用大制）。读书班讨论认为，虽史料所见宋尺使用实例一般是大尺，但从宋1～4条文字来看，宋代仍存在小制，且前三条规定的都是小制，不涉及大的问题。

度、量、权衡者，调钟律，测晷景，合汤药及冠冕之制则用之；内、外官司悉用大者。”①

《通典》卷六《食货六》：“调钟律，测晷景，合汤药及冠冕制，用小升、小两，自余公私用大升、大两。”②

【翻译】

聚积黑黍作为长度、容积、重量［的标准］，在调整钟律、测量晷影、配置汤药、制作冕服［等方面］，官府、私人都［加以］使用。

宋5 太府寺［一］造秤、斗、升、合等样，皆以铜为之；尺以铁。

【源流】

《唐会要》卷六六《太府寺》：“开元九年敕格：权衡度量并函脚，《杂令》：……京诸司及诸州，各给秤、尺及五尺度、斗、升、合等样，皆铜为之。”③

【注释】

［一］太府寺：唐代太府寺负责中央财务贮藏与出纳等事务。宋初，太府寺失去理财职能，仅负责掌管计量标准和祭祀物品的供给；元丰改制后，职权甚重，掌库藏、出纳、商税、度量、市易、平准、店宅等事。④

【翻译】

太府寺制造秤、斗、升、合等的样板，都用铜来制作；尺［的样板］用铁［来制作］。

宋6 诸度地，五尺为步，三百六十步为里。

【源流】

《唐六典》卷三《尚书户部》“户部郎中员外郎”条：“凡天下之田，五尺为步，二百有四十步为亩，亩百为顷。”⑤

---

① 《唐六典》，第81页。

② 《通典》，第91页。

③ 《唐会要》，第1364页。

④ 龚延明：《宋代官制辞典》，中华书局，1997，第329页。

⑤ 《唐六典》，第74页。

《南部新书》卷九："《令》云：……诸度地五尺为步，三百步为一里。"①

【翻译】

丈量土地，五尺为［一］步，三百六十步为［一］里。

宋7 诸禁屠宰：正月、五月、九月全禁之；乾元、长宁节各七日；（前后各三日。）天庆、先天、降圣②等节各五日；（前后各二日。）天贶、天祺节③、诸国忌［一］各一日。（长宁节唯在京则禁。）

【源流】

《唐六典》卷一七《太仆寺》"沙苑监"条："凡屠宰，国忌废务日、立春前后一日、每月一日、八日、十四日、十五日、十八日、二十三日、二十四日、二十八日、二十九日、三十日，每岁正月、五月、九月皆罢之。"④

【注释】

［一］国忌：皇帝、皇后的忌日。宋朝分为须由宰相率群臣入西上閤门奉慰和入佛寺行香、做法事的大忌日与不须举办仪式的小忌日两种。《宋史》卷一二三《礼二六·忌日》："忌日，唐初始著罢乐、废务及行香、修斋之文。……宋循其制，惟宣祖、昭宪皇后为大忌。前一日不坐，群臣诣西上閤门奉慰，移班奉慰皇太后，退赴佛寺行香。凡大忌，中书悉集；小忌，差官一员赴寺。如车驾巡幸道遇忌日，皆不进名奉慰。留守自于寺院行香，仍不得在拜表之所。天下州府军监亦如之。"⑤

【翻译】

禁止屠宰：正月、五月、九月全月禁止；乾元、长宁节各［禁］七

---

① （宋）钱易：《南部新书》，黄寿成点校，中华书局，2002，第151页。

② 关于"乾元""长宁""天庆""先天""降圣"等节的解释，参见中国社会科学院历史研究所《天圣令》读书班《〈天圣令·假宁令〉译注稿》，徐世虹主编《中国古代法律文献研究》第10辑，社会科学文献出版社，2016，第231～233页。

③ 关于"天贶""天祺"等节的解释，参见中国社会科学院历史研究所《天圣令》读书班《〈天圣令·假宁令〉译注稿》，徐世虹主编《中国古代法律文献研究》第10辑，第233～234页。

④ 《唐六典》，第488页。

⑤ （元）脱脱等：《宋史》，中华书局，1985，第2888页。

天；（［节］前、［节］后各三天。）天庆、先天、降圣等节各［禁］五天；（［节］前、［节］后各两天。）天贶、天祺节、各个国忌日各［禁］一天。（长宁节只在京城禁止［屠宰］。）

宋 8 诸杂畜［一］有孕，皆不得杀。仲春不得采捕鸟兽雏卵之类。

【源流】

《唐六典》卷一七《太仆寺》“沙苑监”条：“凡屠宰……诸杂畜及羜羊有孕者，虽非其日月，亦免之。”①

【注释】

［一］杂畜：泛指各类牲畜，在特定语境下，也被限定为马或马、驴之外的牲畜。②

【翻译】

杂畜怀孕［时］，都不能宰杀。二月不能采集捕捉鸟兽的幼崽、卵蛋之类。

宋 9 诸每年司天监预造来年历日，三京、③诸州各给一本，量程远近，节级送。枢密院散颁，并令年前至所在。司天监上象器物［一］、天文图书［二］，不得辄出监。监生［三］不得读占书，其仰观所见，不得漏泄。若有祥兆、灾异，本监奏讫，季别具录，封送门下省，入起居注。年终总录，封送史馆。（所送者不得载占言。）

【源流】

《唐六典》卷一〇《秘书省》“太史局”条：“凡玄象器物，天文图书，苟非其任，不得与焉。（观生不得读占书，所见征祥灾异，密封闻奏，漏泄有刑。）每季录所见灾祥送门下、中书省入起居注，岁终总录，封送史馆。每

① 《唐六典》，第 488 页。

② 侯振兵：《试论唐代杂畜的含义——以〈厩牧令〉为中心》，韩国庆北大学亚洲研究所编《亚洲研究》第 14 辑，2011，第 71 ~ 86 页。

③ 关于“三京”的解释，参见中国社会科学院历史研究所《天圣令》读书班《〈天圣令·田令〉译注稿》，徐世虹主编《中国古代法律文献研究》第 11 辑，社会科学文献出版社，2017，第 280 ~ 281 页。

年预造来岁历，颁于天下。”①

【注释】

［一］上象器物：即玄象器物，为避赵玄朗讳改，指模仿天体运行的器物。《宋刑统》卷九《职制律》“禁玄象器物”门载：“玄象者，玄，天也，谓象天为器具，以经星之文及日月所行之道，转之以观时变。”②

［二］天文图书：记载日月星宿的书籍和河图洛书。《宋刑统》卷九《职制律》“禁玄象器物”门载：“天文者，《史记·天官书》云天文，日月、五星、二十八宿等。故《易》曰：‘仰则观于天文。’图书者，河出图、洛出书是也。”③

［三］监生：司天监所置生员。《续资治通鉴长编》卷六〇“真宗景德二年六月”条：“壬寅，令司天监始置监生，选历算精熟者为之。”④

【翻译】

每年司天监预先制作来年的历书，三京、各州各给一本，根据路程远近，逐级递送。枢密院［负责］颁发，且要求在年终之前到达［各个官府］所在［地］。司天监［的］玄象器物、天文图书，不能擅自带出司天监。监生不能读［有关］占卜的书，仰天观察所见到［的天文现象］，不能泄漏。如果有吉祥的征兆、灾祸的异象，司天监上奏完毕，每季详细记录，密封呈送门下省，录入起居注。年终汇总记录，密封呈送史馆。（所呈送的［记录里］不能记载占卜预言。）

宋10　诸州界内有出铜矿处官未置场［一］者，百姓不得私采。金、银、铅、镴、铁等亦如之。西北缘边无问公私，不得置铁冶。自余山川薮泽之利非禁者，公私共之。

【源流】

《唐六典》卷三〇《三府督护州县官吏》“士曹司士参军”条注：“凡州界内有出铜、铁处，官未采者，听百姓私采。若铸得铜及白镴，官为市

① 《唐六典》，第303页。

② （宋）窦仪等：《宋刑统》，薛梅卿点校，法律出版社，1999，第175页。

③ 《宋刑统》，第175页。

④ （宋）李焘：《续资治通鉴长编》，中华书局，2004，第1348页。

取，如欲折充课役，亦听之。其四边，无问公私，不得置铁冶及采铜。自余山川薮泽之利，公私共之。”①

【注释】

［一］场：通常是指政府为行榷卖、和籴或特殊物资采办所设的官营交易机构和场所。这里专指为矿产而设的采炼、经营场所。生产经营方式既可以是官营，又可以是私营而由官府榷卖。②《文献通考》卷一八《征榷考五》载：“坑冶，国朝旧有之，官置场、监，或民承买，以分数中卖于官。”③

【翻译】

各州界内出产铜矿的地方［且］官方没有设置矿场的，百姓不能私自开采。金、银、铅、镴、铁等也是如此。西北沿边［之地］不问公家、私人，不能设置铁矿冶炼［场所］。其他的山岭、河川、沼泽、湖泊的利益不被禁止的，公家、私人共同享有。

宋11 诸知山泽有异宝［一］、异木［二］及金、玉、铜、银、彩色［三］［1］杂物［四］处，堪供国用者，皆具以状闻。

【源流】

《唐六典》卷三〇《三府督护州县官吏》“士曹司士参军”条注：“凡知山泽有异宝、异木及金、玉、铜、铁、彩色杂物处堪供国用者，奏闻。”④

【校勘】

［1］清本《天圣令·杂令》本条“彩色”后无顿号。《宋会要辑稿》食货一七之二八载：“大观四年四月二十二日，工部奏：‘故赠开府仪同三司张康国妻成安郡夫人喻氏状：本家见就（杨）〔扬〕州修置夫开府坟茔，欲于淮、浙、真、（杨）〔扬〕等州收买木植、砖瓦、钉灰、彩色、朱漆、

① 《唐六典》，第749页。

② 参考王菱菱《宋代矿冶业研究》，河北大学出版社，2005，第175～191页。

③ （元）马端临：《文献通考》，中华书局，2011，第523页。

④ 《唐六典》，第749页。

杂物之类应副装修使用，欲乞蠲免沿路场务抽解及拘栏和买收税等。'"①此处“彩色”与“杂物”分列，应是两物。因此，令文断句亦应加入顿号。

【新令文】

诸知山泽有异宝、异木及金、玉、铜、银、彩色、杂物处，堪供国用者，皆具以状闻。

【注释】

［一］异宝：玛瑙、琥珀等宝石。《令义解》卷一〇《杂令》“知山泽”条注载：“异宝者，马脑虎魄之类也。异木者，沈香白檀苏芳之类也。”②

［二］异木：沉香、白檀、苏芳等名贵树木。参见“异宝”条。

［三］彩色：可作颜料的矿石。《尚书正义》卷一四《梓材》载：“若作梓材，既勤扑斫，惟其涂丹雘。”孔颖达疏：“‘雘’是彩色之名，有青色者，有朱色者。”③《续资治通鉴长编》卷三三一“神宗元丰五年十二月己未”条载：“梓州奏：‘奉诏收买青绿彩色二千斤，已计纲起发，余数见计置收买。'"④《宋史》卷二二《徽宗纪四》载：“（宣和三年正月乙丑）罢木石彩色等场务。”⑤

［四］杂物：其他有用之物。《令义解》卷一〇《杂令》“知山泽”条注载：“异宝异木之外，诸应充国用者皆是。”⑥

【翻译】

知道山岭川泽有异宝、异木以及金、玉、铜、银、颜料矿石和其他有用之物的产地，可以供给国家使用的，都详细地以状文上奏。

宋12　诸每年皇城司［一］藏冰［二］，每段方一尺五寸，厚三寸。孟冬，先以役兵［三］护取冰河岸，去其尘秽。季冬冰结，运送冰井

① （清）徐松辑《宋会要辑稿》，刘琳等点校，上海古籍出版社，2014，第6361页。

② 〔日〕黑板勝美编《令義解》，吉川弘文館，2000，第334页。

③ 李学勤主编《尚书正义》，北京大学出版社，2000，第456～457页。

④ 《续资治通鉴长编》，第7985页。

⑤ 《宋史》，第407页。

⑥ 《令義解》，第334页。

务［四］。

【源流】

《唐六典》卷一九《司农寺》“上林署”条：“凡季冬藏冰，（每岁藏一千段，方三尺，厚一尺五寸，所管州于山谷凿而取之。）先立春三日纳之冰井。”①

【注释】

［一］皇城司：禁军官司名。《宋太宗皇帝实录》附录一《辑佚·太平兴国六年》载：“本朝旧号武德司，太平兴国诏改今名。”②《宋史》卷一六六《职官六》“皇城司”条载：皇城司“掌宫城出入之禁令，凡周庐宿卫之事、宫门启闭之节皆隶焉”；“所隶官属一：冰井务，掌藏冰以荐献宗庙、供奉禁庭及邦国之用，若赐予臣下，则以法式颁之。”③

［二］藏冰：冬天贮藏冰块，开春后取用，起源于祭祀司寒的礼制，此外所藏之冰也用于日常的宾食丧祭等活动，以及赏赐王公大臣。杨梅认为到了宋代，藏冰制度由礼制向实用目的过渡，这体现了司寒在宋代祭祀中地位的下降。后世的藏冰不再具有礼的神圣性，而仅剩下实用目的。此外，唐、宋藏冰制度中冰的来源、冰的规格和数量、采冰所役对象、藏冰的管理机构等也有所变化。④

［三］役兵：从事劳役的厢军。宋代役使厢军代替民户承担营缮、修河、驿递等各项劳役。宋祁《庆历兵录序》载：役兵“群有司隶焉，人之游而惰者入之。若牧置、若漕挽、若管库、若工技，业一事专，故处而无更。凡军有额，居有营，有常廪，有横赐”。⑤

［四］冰井务：宋朝藏冰机构，隶属于皇城司。《宋会要辑稿》食货五五之一载：“冰井务，在夷门内，掌藏冰，以荐宗庙、给邦国之用。以内

① 《唐六典》，第526页。

② （宋）钱若水修《宋太宗皇帝实录校注》，范学辉校注，中华书局，2012，第853页。

③ 《宋史》，第3932页。此处依“校勘记”调整了引文所属，参见《宋史》第3950页。

④ 杨梅：《唐宋宫廷藏冰制度的沿袭与变革——以〈天圣令·杂令〉宋12条为中心》，刘后滨、荣新江主编《唐研究》第14卷，北京大学出版社，2008，第483～491页。

⑤ （宋）宋祁：《庆历兵录序》，曾枣庄、刘琳主编《全宋文》卷五一六，上海辞书出版社、安徽教育出版社，2006，第24册，第325页。

侍一人监。太祖建隆二年，诏置冰井务，隶皇城司。”[①] 至于宋代之前的藏冰机构，则《事物纪原》卷七《库务职局部》“冰井务”条载：“周礼有凌人，掌斩冰，三其凌。注云：凌，冰室也。其事始见于此。邺城旧事有冰井台。《魏志》云：建安十九年，魏王曹操造此台以藏冰，为凌室，故号冰井。唐上林令掌藏冰，职在司农。”[②]

【翻译】

每年皇城司贮藏冰块，每段四边各长一尺五寸，厚三寸。十月，先让役兵围护取冰的黄河沿岸，去除灰尘、污秽。十二月河水结冰［时］，［取冰］运送［到］冰井务。

宋 13 诸亲王府文武官，［1］王在京日，（在京，谓任京官[③]及不出藩者。）令条无别制者，并同京官；出藩者［2］各同外官。（即从王入朝者，赐会［一］、朝参［二］同京官。）车驾巡幸，所在州县官人见在驾前祇承者，赐会并同京官。

【校勘】

［1］据文意此处宜用冒号。

［2］据文意此处宜加逗号。

【新录文】

诸亲王府文武官：王在京日，（在京，谓任京官及不出藩者。）令条无别制者，并同京官；出藩者，各同外官。（即从王入朝者，赐会、朝参同京官。）车驾巡幸，所在州县官人见在驾前祇承者，赐会并同京官。

【源流】

《五代会要》卷五《行幸》：“晋天福二年十一月，中书门下奏：‘准

① （清）徐松辑《宋会要辑稿》，刘琳等校点，上海古籍出版社，2014，第 7251 页。

② （宋）高承、（明）李果：《事物纪原》，金圆、许沛藻点校，中华书局，1989，第 394 页。

③ 关于“京官”的解释，参见中国社会科学院历史研究所《天圣令》读书班《〈天圣令·仓库令〉译注稿》，徐世虹主编《中国古代法律文献研究》第 7 辑，社会科学文献出版社，2013，第 258 页。此处的京官可能指只参加朔望朝参的官员，与能够参加常参的升朝官相对。

杂令，车驾巡幸所在州县官人，见在驾所祗承者，赐赠并同京官。’”①

【注释】

［一］赐会：皇帝赏赐群臣宴会。② 《宋会要辑稿》礼四五之二八载："咸平二年九月重阳节，宴近臣于张齐贤第，诸将饮射于本营，内职射于军器库。自是重阳赐会如例。"③ 宋代官方举办宴会的缘由包括春秋大宴、圣节大宴、饮福大宴、曲宴、闻喜宴、节日赐会等。宴会上的座次分布体现官员的品秩高低及与皇帝的亲疏关系。④

［二］朝参：群臣进入殿廷、向皇帝拜谒行礼的礼仪活动，有元正冬至朝会、朔望朝参和平日常参。北宋前期根据官员身份、品级的内外高下，以及职事的重要程度来安排他们参与朝参的频度和班次。⑤

【翻译】

亲王府文武官员：亲王在京城期间，（在京城，指担任京官以及不到藩地）令条没有另外规定的，都等同于京官；［亲王］出京到藩地的，［亲王府的文武官员］各自等同于外官。（如果跟随亲王入朝的，赐会、朝参［的待遇］等同于京官。）皇帝出游巡视，所到州县的官员当时在皇帝面前服侍伺候的，赐会［的待遇］都等同于京官。

宋 14　诸竹木为暴水漂失有能接得者，并积于岸上，明立标牓，于随近官司申牒。有主识认者，江、河五分赏二，余水五分赏一。非官物限三十日外，无主认者，入所得人。官失者不在赏限。

【源流】

《令集解逸文·杂令》"公私材木"条："释云：‘赏，谓赏采得人也。唐令：江河五分赏二，余水五分赏一，言余水功少故。’"⑥

---

① （宋）王溥：《五代会要》，商务印书馆，1937，第 58 页。类似记载，亦见于（北宋）王钦若等编《册府元龟》，中华书局，1960，第 687 页。

② 读书班另有一种意见认为赐会即会赐，是朝会上的赐赠。于晓雯亦持此观点，参见高明士主编《天圣令译注》，台北，元照出版有限公司，2017，第 714 页。

③ （清）徐松辑《宋会要辑稿》，第 1745 页。

④ 李小霞：《宋代官方宴饮制度研究》，硕士学位论文，河南大学，2015 年，第 16、23 页。

⑤ 任石：《北宋元丰以前日常朝参制度考略》，《文史》2016 年第 3 辑，第 180 页。

⑥ 〔日〕黑板勝美編輯《令集解》附收《令集解逸文》，吉川弘文館，1943，第 23 页。

《宋刑统》卷二七《杂律》“地内得宿藏物”条：“准《杂令》，诸公私竹木为暴水漂失，有能接得者，并积于岸上，名立标榜，于随近官司申牒，有主识认者，江河，五分赏二分；余水，五分赏一分。限三十日，无主认者，入所得人。”①

【翻译】

竹、木被大水冲走、散失，有［人］能够捞取的，都堆积在岸上，清楚地树立标牌，向附近的官司提呈牒文。有原主［前来］辨识认领的，［从］长江、黄河［中捞取的］，酬赏［所捞失物的］五分之二，［从］其余河流［中捞取的］，酬赏［失物的］五分之一。不是官府的所有物，限定三十日，逾期没有原主认领的，［全部］给捞取人。官府丢失的［竹木］不在酬赏的范围内。

宋 15　诸取水溉田，皆从下始，先稻后陆［一］，依次而用。其欲缘渠造碾硙，② 经州县申牒，检水还流入渠及公私无妨者，听之。即须修理渠堰者，先役用水之家。

【源流】

《唐六典》卷七《尚书工部》“水部郎中员外郎”条：“凡水有溉灌者，碾硙不得与争其利；……凡用水自下始。”③

【注释】

［一］陆：即陆田，种植旱生农作物的田地。宋代史料或将农田分为陆田、稻田（水田）两类，如《建炎以来朝野杂记》甲集卷一六《财赋三·屯田》载：“凡民户所营之田，水田一亩赋粳米一斗，陆田赋豆、麦各五升”；④ 或分为陆田、稻田、麦田三类，如《天圣令·田令》宋 7 载：“诸职分陆田（桑柘、绵绢等目）限三月三十日，稻田限四月三十日。……其麦田以九月三十日为限。”⑤ 本条令文将农田分为陆田和稻田两类，此处

① 《宋刑统》，第 506 页。

② 关于“碾硙”的解释，参见中国社会科学院历史研究所《天圣令》读书班《〈天圣令·田令〉译注稿》，徐世虹主编《中国古代法律文献研究》第 11 辑，第 294 页。

③ 《唐六典》，第 226 页。

④ （宋）李心传撰《建炎以来朝野杂记》，徐规点校，中华书局，2000，第 346 页。

⑤ 《天圣令校证》，第 385 页。

的陆田应当包括麦田。

【翻译】

取用流水灌溉田地，都从下游开始，先稻田后陆田，按照次序取用。想要沿着水渠建造碾硙，通过州县提呈牒文，检查［流经碾硙的］水［能够］回流到水渠，以及不妨碍公家、私人［所用］的，［可以］允许。如果需要修理水渠、堤堰的，先役使用水的人家。

宋16 诸要路津济［一］不堪涉渡［二］之处，皆置船运渡，依至津先后为次。州县所由检校，及差人夫充其渡子［三］。其沿河津济所给船艘、渡子，从别敕。

【注释】

［一］津济：渡水的地方。如《宋刑统》卷二七《杂律》"不修堤防"条载："议曰：津济之处，应造桥航，谓河津济渡之处应造桥，及航者。"[①] 在"河津济渡"一词中，"津"应取河流义；而如《令集解逸文·杂令》"要路津济"条注释载："释云：津，谓济处也。"[②] 此处"津"与"济"同义，皆为渡口。

［二］涉渡：趟水过河。[③]《广韵·叶韵》载：涉，"徒行渡水也"；[④]《水经注》卷二八《沔水·又东过山都县东北》载："沔水又东偏浅，冬月可涉渡，谓之交湖，兵戎之交多自此"；[⑤]《尔雅》卷七《释水第十二》载"以衣涉水为厉，繇膝以下为揭，繇膝以上为涉，繇带以上为厉"，详细解释了水深不同时渡水的三种称法，其中水至膝盖以上为"涉"，且其疏曰："言水深至于裈以上者，而涉渡者名厉"，[⑥]"涉渡"也是趟水渡河的意思。

［三］渡子：在津渡驾驶船舶的船员，包括水手、艄公等。唐代，

① 《宋刑统》，第489页。

② 《令集解逸文》，第24页。

③ 另一种观点认为"不堪涉渡"指不便于造桥。《令集解逸文·杂令》"要路津济"条注释载："释云：不堪涉渡之处，谓造桥不便之处。古记云：不堪涉渡之处，谓造桥不便之处，难波堀江之类也。"（《令集解逸文》，第24页）于晓雯引以为据，予以解释。参见高明士主编《天圣令译注》，第719页。

④ （宋）陈彭年等修《广韵校本》，周祖谟校，中华书局，2004，第540页。

⑤ （北魏）郦道元著《水经注校证》，陈桥驿校证，中华书局，2007，第662页。

⑥ （晋）郭璞注，（宋）邢昺疏《尔雅注疏》，上海古籍出版社，2010，第370页。

渡子是一种色役。《唐六典》卷七《尚书工部》"水部郎中"条载，唐代不同津渡的渡子来源不同，有的以"当处镇防人充"，有的"取侧近残疾、中男解水者充"，也有以"近江白丁便水者充"。[①] 但宋代的情况与唐代有所不同。曹家齐认为宋代的渡子一般差派或雇用善水的百姓担任，有时也由士兵充任；[②] 黄纯艳根据本条令文推断，在募役法实行之前，渡子主要受差派，而且不管是差还是雇，都有请给。[③]《续资治通鉴长编》卷三九一"哲宗元祐元年十月"条载：宋哲宗时，吕陶进言改革役法，提议由上户负担更多差役，减轻中下户的负担，"其一贯已下等第渐低，只差县役一年，又其次者，差户长或渡子半年。所有第四等往往更不愿役，第五等则并不差充"。[④] 这说明渡子应是相对轻松的差役，可以优待中户。

【翻译】

交通要道［上的］渡水之处，［有］不能趟水过河的地方，都布置船只运送渡河，依照到达渡口的先后为序。［由］州、县的主管官吏管理，并且差派人夫充当渡子。那些黄河沿岸的渡口所给的船只、渡子，依照别敕处理。

宋 17 诸官船筏行及停住之处，不得约止［一］私船筏。

【注释】

［一］约止：阻止、制止。[⑤]《墨庄漫录》卷九《陈州牛氏缕金黄牡丹》载：洛阳牛氏家开了一朵绝美的牡丹花，"牛氏乃以缕金黄名之。以篷筱作棚，屋围帐，复张青帟护之。于门首，遣人约止游人，人输十金，乃得入观"。[⑥] 此处"约止"指的是阻止游人擅入赏花；又如《宋史》卷一七五《食货上三》"和籴"条载："既而州县以和籴为名，低裁其价，转

① 《唐六典》，第 225 页。

② 曹家齐：《宋代交通管理制度研究》，河南大学出版社，2002，第 83 页。

③ 黄纯艳：《宋代津渡的经营与管理》，《社会科学辑刊》2017 年第 1 期，第 121 页。

④ 《续资治通鉴长编》，第 9495 页。

⑤ 冈野诚、于晓雯认为"约止"是系留，即不得有私人船筏停靠。参见高明士主编《天圣令译注》，第 721 页。韩国学者也持此见解。参见〔韩〕金铎敏、河元洙主编《天圣令译注》，第 655 页。

⑥ （宋）张邦基：《墨庄漫录》，孔凡礼点校，中华书局，2002，第 251 页。

运司程督愈峻，科率倍于均籴，诏约止之。”[①] 其中“约止”指叫停州县以和籴为名的搜刮。本条令文规定不得约止私船筏，意在保护私船的航行权益。宋代私船运输业得到发展，《梦溪笔谈》卷一二《官政二》载：真州闸建成后，“官船至七百石；私船受米八百余囊，囊二石”，[②] 可见私船运输的盛况。

【翻译】

官府的船、筏航行和停泊的地方，不能阻止私家船、筏［行驶和停泊］。

宋18 诸州县及关津［一］所有浮桥及贮船之处，并大堰斗门［二］须开闭者，若遭水泛涨并凌澌欲至，所掌官司急备人功救助。量力不足者，申牒。所属州县随给军人并船，共相救助，勿使停壅。其桥漂破，所失船木即仰当所官司，先牒水过之处两岸州县，量差人收接，递送本所。

【注释】

［一］关津：关塞和津渡。如《天圣令·捕亡令》唐3载：“其年六十以上及残废不合役者，并奴婢走投前主及镇戍关津若禁司之官于部内捉获者，赏各减半。”[③]

［一］斗门：堤堰中用以蓄泄水流的闸门。宋代是水闸建置和管理的成熟时期，有系统完备的闸澳系统，即在水闸旁设置水库蓄水，以供水运之便。[④]

【翻译】

州县和关津所管辖的浮桥和贮藏船只的地方，以及大堰的斗门需要开闭的，如果遭遇水流泛滥暴涨和浮动冰块将至，掌管的官司迅速准备人力救助。估量人力不足的，提呈牒文。所属州县［接到牒文后］随时支给军人和船只，共同救助，不要让［水流和冰块］停滞、阻塞。如果浮桥被冲断，散失的船、木就由当地官司，先［发送］牒文到大水经过

① 《宋史》，第4246页。

② （宋）沈括：《梦溪笔谈》，上海书店出版社，2009，第105页。

③ 《天圣令校证》，第407页。

④ 王战扬：《宋代河道管理研究》，硕士学位论文，河南大学，2016年，第42页。

之处的两岸州县，酌情派遣人力［前去］接收，递送［至］原来的地方。

宋19 诸在京诸司官，应官给床席、毡褥［1］［一］、帐设［二］者，皆仪鸾司［三］供备。及诸处使人在驿安置者，亦量给毡被。若席经二年、毡经五年、褥经七年有破坏者，请新纳故。诸司自有公廨①者，不用此令。

【源流】

《新唐书》卷四八《百官三·卫尉寺》：京诸司长上官，以品给其床罽。供蕃客帷帟，则题岁月。席寿三年，毡寿五年，褥寿七年；不及期而坏，有罚。②

【校勘】

［1］黄正建认为“毡”“褥”应该断开，一方面因为史籍中有“床毡”和“床褥”的用法，另一方面“请新纳故”的物品里列举了“席”“毡”“褥”，说明是床上的席、毡、褥。如将“毡褥”连读，可能会有“毡做的褥”的歧义，③ 可从。

【新录文】

诸在京诸司官，应官给床席、毡、褥、帐设者，皆仪鸾司供备。及诸处使人在驿安置者，亦量给毡被。若席经二年、毡经五年、褥经七年有破坏者，请新纳故。诸司自有公廨者，不用此令。

【注释】

［一］毡、褥：床毡、床褥。《剑南诗稿》卷三八《老境》载：“朝晡两炊火，覆藉一床毡”；④《夷坚志》辛卷第一《张渊侍妾》载：“小鬟见

---

① 关于“公廨”的解释，参见中国社会科学院历史研究所《天圣令》读书班《〈天圣令·厩牧令〉译注稿》，徐世虹主编《中国古代法律文献研究》第8辑，社会科学文献出版社，2014，第328页。

② （宋）欧阳修等撰《新唐书》，中华书局，1975年，第1247页。

③ 黄正建：《明抄本宋〈天圣令·杂令〉校录与复原为〈唐令〉中的几个问题》，严耀中主编《唐代国家与地域社会研究》（中国唐史学会第十届年会论文集），上海古籍出版社，2008，第47~50页。

④ （宋）陆游：《剑南诗稿校注》，钱仲联校注，上海古籍出版社，1985，2458页。

床褥华雅，戏卧其上。”[①] 在宋摹本五代《重屏会棋图》[②]（图1）中，其中屏风所画取白居易《偶眠》的诗意，三位侍女铺床的场景对应“婢与展青毡”一句。画中青毡下有布料包边的床具应是床席，青毡铺展其上（图2），而左侧侍女抱着床褥（图3），准备铺于青毡之上。

图1 《重屏会棋图》

图2 《重屏会棋图》局部1

① （宋）洪迈：《夷坚志》，何卓点校，中华书局，2006，第1391页。

② 中国古代书画鉴定组编《中国绘画全集》第2卷《五代宋辽金1》，浙江人民美术出版社，1999，第24页。

图3 《重屏会棋图》局部2

［二］帐设：帐幕等物。如《宋会要辑稿》职官二二之二三载：大中祥符七年（1014）诏："应帐设什物缘行礼及坛殿所用，令仪鸾司造撰一番，别库封桩，常时不得杂用。"① 又如《宋会要辑稿》礼一四之一一载：咸平四年（1001），上封者言："郊庙大礼，有司多亏蠲洁，望令致斋之所增给幄幕。" 真宗诏："应祠祭行事官所须帐幔、毡席、什物，令仪鸾司供给，无得阙误。"② 可见仪鸾司提供的帐设即幄幕、帐幔等物。

［三］仪鸾司：官司名，隶属卫尉寺。《宋会要辑稿》职官二二之五载："仪鸾司在拱宸门外嘉平坊，掌奉乘舆亲祠郊庙、朝会、巡幸、宴飨及内庭供帐之事。"③

① （清）徐松辑《宋会要辑稿》，第3626页。

② （清）徐松辑《宋会要辑稿》，第748页。

③ （清）徐松辑《宋会要辑稿》，第3617页。

【翻译】

在京城的各个官司的官员，应该由官府提供床席、床毡、床褥、帐幕等物的，都由仪鸾司供给备办。还有各处使人在驿馆安顿休息的，也酌情支给床毡、被子。如果床席经过两年、床毡经过五年、床褥经过七年有残破损坏的，申请新的、交回旧的。各个官署［如］自身有公廨物的，不适用这条令文。

宋 20 诸官人缘使及诸色行人［一］请赐［二］讫停行者，并却纳［三］。已发五百里外者，纳半；一千里外者，勿纳。应纳者若已造衣物，仍听兼纳。其官人有犯罪追还者，但未达前所，赐物并复纳。

【源流】

《白氏六帖事类集》卷一三《和戎》“使人蕃赐物令”条引《杂令》：“诸官人缘使，诸色行人请赐讫停行，并却征。已发五百里外，征半；一千里外，停征。已造衣裳听兼纳。”[①]

【注释】

［一］行人：此处特指受命出使的人。宋代文献中“行人”的常见含义主要有三：第一是行路之人，如《天圣令·关市令》宋 2 载：“诸行人度关者，关司一处勘过，皆以人到为先后，不得停拥”；[②] 第二是各个行业的商人，读 háng，如《宋会要辑稿》番夷七之二七《历代朝贡》载：“乞下开封府告谕诸色行人，不许与交州人买卖违禁物色、书籍”；[③] 第三是出使之人。这在本条令文中又有两种理解：其一指外国使者，如《宋史》卷三七六《吕本中传》载：“金使通和，有司议行人之供。”[④] 此处的“行人”是指金朝使者。其二指本朝使团中除“官人”以外的随行人员。读书班认为本条令文中的“行人”应作此解释。《宋会要辑稿》职官五一之一一载：南宋外交使团中的随行人员分上节、中节、下节，除官员外还包

① （唐）白居易：《白氏六帖事类集》（帖册四），文物出版社，1987，第 131 页。

② 《天圣令校证》，第 404 页。

③ （清）徐松辑《宋会要辑稿》，第 9952 页。

④ 《宋史》，第 11637 页。

括工匠、军人等。[①] 这些可能就是本条令文所谓的“诸色行人”。又据《唐六典》卷三《尚书户部》“金部郎中”条，唐代的使团中有“傔人并随身杂使、杂色人有职掌者”。[②]

［二］请赐：请得赏赐。宋代支给出使人员的赐物是有定例的，如《宋会要辑稿》职官五二之五载：淳熙十四年（1187），对于出使的礼物官，“其逐官支赐、请给等，依见行格例支破”。[③]

［三］却纳：交还。如《宋会要辑稿》职官二四之三一载临安府判案的流程：“实缘刑部案状下寺，……及付当断评事看阅一两遍，……再纳评事，……却纳寺丞、正、卿、少逐处，次第往回批难，议定刑名，却再付楷书誊录净本节案法状申部。”[④] 唐《杂令》中“却纳”为“却征”，《宋令》中因避宋仁宗讳而修改。但“却纳”一词在唐代已经行用，含义也与“却征”相同，如《唐永泰年代河西巡抚使判集》中“沙州祭社广破用”一案就判决为“酒肉果脯，已费不追。布绢资身，事须却纳”。[⑤]

【翻译】

官人因为出使以及各种随行之人请得赏赐后，停止出行的，都要交还［赐物］。已经出发［走到］五百里外的，交还一半；［走到］一千里外的，不用交还。应该交还的［赐物］如果已经做成衣物，仍旧一起交还。官人［因为］犯罪而被召回的，只要没有到达原定的目的地，赐物［也］都要交还。

宋 21　诸内外诸司所须纸、笔、墨等，及诸馆阁［一］供写文书者，并从官给。若别使推事［二］，及大辟狱按［三］者，听兼用当司赃赎物[⑥]充。

---

① （清）徐松辑《宋会要辑稿》，第4423页。

② 《唐六典》，第82页。

③ （清）徐松辑《宋会要辑稿》，第4447页。

④ （清）徐松辑《宋会要辑稿》，第3673页。

⑤ 唐耕耦、陆宏基编《敦煌社会经济文献真迹释录》第2册，全国图书馆文献缩微复制中心，1990，第623页。

⑥ 关于“赃赎物”，参见中国社会科学院历史研究所《天圣令》读书班《〈天圣令·仓库令〉译注稿》，徐世虹主编《中国古代法律文献研究》第7辑，第281页。宋初的赎刑制度沿袭唐制，此后，平民百姓适用赎刑的范围逐渐扩大，官僚贵族的赎刑规定亦有所变化。参看戴建国《宋代法制初探》，黑龙江人民出版社，2000，第281～282页。

【注释】

［一］馆阁：昭文馆、史馆、集贤院、秘阁的总称，主要负责收藏、抄录、编修、校勘书籍，兼具储备人才的功能。①

［二］别使推事：另派专使进行审理案件。《宋刑统》卷三〇《断狱律》“官司出入人罪”条载：“别使推事，谓充使别推覆者。”②

［三］大辟狱按：判处死刑的案件。如《天圣令·狱官令》宋5载：“诸决大辟罪，在京者，行决之司一覆奏，得旨乃决。在外者，决讫六十日录案奏，下刑部详覆，有不当者，得随事举驳。”③ 戴建国认为，宋代的死刑案件可分为两种：其一是无疑难的死刑案，元丰改制前，州可直接判决执行，改制后，须报提刑司核准才能执行，而刑部的覆审是在死刑案件执行后；其二是死刑疑案，须在奏谳之后交付中央法司议决。这与前代死刑覆核的程序并不相同，属于宋代的一个创举。④

【翻译】

内外各个官司所需纸、笔、墨等，以及各馆阁用于书写文书的［用具］，都由官府供给。如果另派专使审理的案件，以及死刑案件［所需物品］允许同时用主管官司的赃物和赎物充当。

宋22 诸诉田宅、婚姻、债负，（于法合理［一］者。）起十月一日官司受理，至正月三十日住接词状，至三月三十日断毕。停滞者以状闻。若先有文案［二］，及交相［三］侵夺者，随时受理。

【源流】

《旧五代史》卷一一七《周书八·世宗纪第四》：“准令，诸论田宅婚姻，起十一月一日至三月三十日止者。……起今后应有人论诉陈辞状，至二月三十日权停。若是交相侵夺、情理妨害、不可停滞者，不拘此限。”⑤

《宋刑统》卷一三《户婚律》“婚田入务”门引《杂令》：“诉田宅、

① 龚延明：《宋代崇文院双重职能探析——以三馆秘阁官实职、贴职为中心》，《北京大学学报》（哲学社会科学版）2016年第4期。

② 《宋刑统》，第554页。

③ 《天圣令校证》，第415页。

④ 戴建国：《宋代刑事审判制度研究》，氏著《宋代法制初探》，第225～231页。

⑤ （宋）薛居正等：《旧五代史》，中华书局，1976，第1560～1561页。

婚姻、债负，起十月一日，至三月三十日检校，以外不合。若先有文案，交相侵夺者，不在此例。臣等参详：所有论竞田宅、婚姻、债负之类，（债负，谓法许征理者。）取十月一日以后，许官司受理，至正月三十日住接词状，三月三十日以前断遣须毕，如未毕，具停滞刑狱事由闻奏。如是交相侵夺及诸般词讼，但不干田农人户者，所在官司随时受理断遣，不拘上件月日之限。"[①]

【注释】

［一］合理：应当审理。此处似只针对"债负"，上文《宋刑统》所引《杂令》明言"所有论竞田宅、婚姻、债负之类（债负，谓法许征理者)"。另外，唐宋法律称债负"合理"，如"负债者，谓非出举之物，依令合理者"，[②] 是与"官不为理"的出举[③]相区分的，[④] 而对于田宅、婚姻纠纷，未见类似区分。

［二］文案：正在运行，或已经完成、在官司存底的案卷。而所谓案卷是指处理某事时，有关官司将相关的符牒券等粘连在一起形成的文书群。[⑤] 此处应是专指"存底的案卷"，因为若是"正在运行的案卷"，当属前述"停滞者"。"先有文案"可理解为案件已判决。

［三］交相：相互之间。《令义解》卷一〇《杂令》"诉讼"条注文载："交者，非徐迟之词也。"[⑥] 林麟瑄据此将"交相侵夺"解释为"紧急且有侵损他人或强夺他人财物"。[⑦] 但若"交"作此意，则"相"意难解，且目前

---

① 《宋刑统》，第 232 ~ 233 页。

② 《唐律疏议》卷二六《杂律》，第 485 页。"债负"与"负债"在律文中似可通用，如卷二六《杂律》有"诸负债不告官司，而强牵财物，过本契者，坐赃论。疏议曰：谓公私债负，违契不偿，应牵掣者，皆告官司听断"。参见《唐律疏议》，第 485 页。

③ 据刘俊文解释，出举即放款取利；罗彤华所言更详，将出举定义为"有息消费借贷"，指贷与人将钱物等消费品转移给借用人，并约定返还本息。参见刘俊文《唐律疏议笺解》，中华书局，1996，第 331 页；罗彤华《唐代民间借贷之研究》，台湾商务印书馆，2005，第 26 ~ 28 页。

④ 《宋刑统》卷二六《杂律》"受寄财物辄费用"门引《杂令》："诸公私以财物出举者，任依私契，官不为理。"参见《宋刑统》，第 468 页。

⑤ 黄正建：《唐代"官文书"辨析》，《魏晋南北朝隋唐史资料》第 33 辑，上海古籍出版社，2016，第 34 ~ 35 页。

⑥ 《令義解》，第 336 页。

⑦ 高明士主编《天圣令译注》，第 730 页。

未见“交”可解为“非徐迟”的语例。史籍中“交相”一词可表相互，如“势门子弟，交相酬酢”；[①] 亦有相继之意，如“帝素宽大容纳，无疑于物，自诛郭崇韬、朱友谦之后，阉宦伶官交相谗谄，邦国大事皆听其谋”。[②] 至于“交相侵夺”，语例不多见，除与本条令文规定相关的几则史料外，另见一条：“（大中祥符二年四月甲寅）泸州言，近界诸蛮交相侵夺，请益兵御之。上曰：‘远方之人，但须抚慰，使安定耳。’”[③] 应是指各部族互有侵犯、抢夺的情况。总之，本条令文中“交相”解释为“相互”应较为妥当。

【翻译】

起诉田宅、婚姻及债务（在法律上应当审理的），从十月一日起官司［开始］受理，到正月三十日停止接收诉状，到三月三十日审断完毕。［审理］停滞的将［相关］情状上报。如果是先前［已经审断］留有文案的，以及相互间有侵犯、强夺财物的，[④] 随时［可以］受理。

宋 23 诸家长在，子孙、弟侄等不得辄以奴婢、六畜、田宅及余财物私自质举，及卖田宅。（无质而举者亦准此。）其有家长远令卑幼质举、卖者，皆检于官司，得实，然后听之。若不相本问，违而辄与，及买者，物追还主。

【源流】

《宋刑统》卷一三《户婚律》“典卖指当论竞物业”门引《杂令》：“诸家长在，［在，谓三百里内，非隔阂（关）者。］而子孙弟侄等不得辄以奴婢、六畜、田宅及余财物私自质举，及卖田宅。（无质而举者，亦准此。）其有质举卖者，皆得本司文牒，然后听之。若不相本问，违而辄与及买者，物即还主，钱没不追。”[⑤]

---

① 《旧唐书》卷一六四《王起传》，第 508 页。

② 《旧五代史》卷三四《庄宗纪第八》，第 473 页。

③ 《续资治通鉴长编》卷七一，第 1605 页。

④ 《令义解》卷一〇《杂令》“诉讼”条注文载：“侵者，侵损于人也；夺者，强收财物。”参见《令義解》，第 336 页。

⑤ 《宋刑统》，第 230～231 页。需说明，读书班将此条中“阂”字改为“关”字，令文按“隔关”理解。薛梅卿点校本作“阂”，而《唐令拾遗》及岳纯之点校本《宋刑统》皆作“关”，今从后者。参见〔日〕仁井田陞《唐令拾遺》，東方文化學院東京研究所，1933，第 853 页；岳纯之《宋刑统校证》，北京大学出版社，2015，第 175 页。

【翻译】

家长在［家］，子孙、弟侄等不能擅自用奴婢、六畜、田宅和其余财物私自抵押借款，以及出卖田宅。（没有抵押而借款的也依此［处理］。）［如果］有家长远距离地指令卑幼抵押借款、出卖［田宅］的，都由官司检验，查得为实，然后允许［抵押、出卖］。如果［对方］不推究查问，违反规定而擅自给与［钱款］，以及购买［田宅］的，物品追还给原主。

宋 24 诸以财物出举者，任依私契，官不为理。每月取利不得过六分［一］。积日虽多，不得过一倍，亦不得回利为本［二］。（其放物［三］者准此。）若违法责（积?）利［四］、契外掣夺，及非出息之债者，官为理断。收质者若计利过本不赎，听从私纳。如负债者逃，保人［五］代偿。

【源流】

《宋刑统》卷二六《杂律》"受寄财物辄费用"门引《杂令》："诸公私以财物出举者，任依私契，官不为理。每月取利，不得过六分。积日虽多，不得过一倍。若官物及公廨，本利停讫，每计过五十日不送尽者，余本生利如初，不得更过一倍。家资尽者，役身折酬。役通取户内男口，又不得回利为本。（其放财物为粟、麦者，亦不得回利为本及过一倍。）若违法积利、契外掣夺及非出息之债者，官为理。收质者，非对物主不得辄卖。若计利过本不赎，听告市司对卖，有剩还之。如负债者逃，保人代偿。"①

【注释】

［一］六分：此处沿袭唐制，唐代利率计算单位多用"分"，以百分为率。②"六分"即为百分之六。

［二］回利为本：借方至期不偿债，贷方不得以利充本，利上滚利，即不得用复利方式，增大原本，加重借方负担。换言之，此处规定的是单利原则。③

① 《宋刑统》，第 468 页。
② 罗彤华：《唐代民间借贷之研究》，第 252 页。
③ 罗彤华：《唐代民间借贷之研究》，第 254 页。

［三］放物：疑指商业性借贷。[①] 据《容斋随笔·五笔》卷六“俗语放钱”条载：“今人出本钱以规利入，俗语谓之放债，又名生放，予考之亦有所来。《汉书·谷永传》云：‘至为人起责，分利受谢。’颜师古注曰：‘言富贾有钱，假托其名，代之为主，放与他人，以取利息而共分之。’此放字所起也。”[②] 可以推测，“放”用于表示借贷行为时，应是指将财物借贷给他人谋利为业，与“举”，即普通私人之间的临时借贷、私人与官府之间的借贷有所区别。

［四］责利：《宋刑统》所引《杂令》作“积利”，似有累计利息之意，但《养老令·杂令》亦作“责利”，而《令义解》卷一〇《杂令》“公私以财物”条注文载：“违法责利者，假如未至六十日取利，及不依八分一之类也。”[③] 其中六十日、八分一是《养老令》规定的借贷取利的时限和最高利率，违法责利即指“违反规定责取利息”。[④] 因此本条令文中“责利”可解为责取、索取利息，不必改为“积利”。

［五］保人：为双方借贷履行担保之责的中间人。当债务人逃亡而不履行债务时，须为之代行偿付责任。此处保人偿债的前提是“负债者逃”，并非只要债务人欠付，就被要求清偿。换言之，债务保人担保的是债务人的行为，其目的在防止债务人逃走，而非与债务人负同一义务。[⑤]

【翻译】

用财物借贷取利的，听任依据私契［处理］，官府不受理。每个月收取利息不得超过百分之六。［利息］累计的日子虽然多，不得超过［本金的］一倍，也不得用［未清偿的］利息作为本金［继续滚利］。（商业性借贷也依此［处理］。）如果是违法索取利息、在契约之外强夺［财物］，以及没有利息的债务，官府受理审断。收取质物的，如果累计利息超过本金［而出质者］还不赎回［质物］，允许由［收质者］纳为私有。如果负债者逃走，保人代为清偿。

---

① 林麟瑄将“放物”解释为“以物品抵押”，似无词例，暂不取。参见高明士主编《天圣令译注》，第 732 页。

② （宋）洪迈：《容斋随笔》，孔凡礼点校，中华书局，2005，第 900 页。

③ 《令義解》，第 337 页。

④ 岳纯之：《宋刑统校证》，第 350 页注 1。

⑤ 罗彤华：《唐代民间借贷之研究》，第 312 页。

宋 25 诸以粟、麦出举，还为粟、麦者，任依私契，官不为理。仍以一年为断，不得因旧本生利，又不得回利为本。

【源流】

《宋刑统》卷二六《杂律》“受寄财物辄费用”门引《杂令》：“诸以粟、麦出举，还为粟、麦者，任依私契，官不为理。仍以一年为断，不得因旧本更令生利，又不得回利为本。”①

【翻译】

用粟、麦借贷取利，归还粟、麦的，听任依据私契［处理］，官府不受理。并且以一年作为期限，不得利用［未清偿的］旧有本金生利息，也不得再用［未清偿的］利息作为本金。

宋 26 诸于官地内得宿藏物者，皆入得人；于他人私地得者，与地主中分之。若得古器形制异者，悉送官酬直。

【翻译】

在官地内得到从前埋藏的物品，都归获得者；在他人的私地得到［埋藏的物品］，［获得者］和土地所有者平分。如果得到古器物形制特殊的，都送交官府［，由官府］偿付所值价钱。

宋 27 诸畜产［一］觝人者，截两角；蹹人者，绊之；齧人者，截两耳。其有狂犬［二］，所在听杀之。

【源流】

《唐律疏议》卷一五《厩库律》“畜产觝蹹齧人”条疏议：“依《杂令》：‘畜产觝人者截两角，蹹人者绊足，齧人者截两耳。’”②

【注释】

［一］畜产：主要包括驼、骡、马、牛、驴、羖羊、白羊。《宋刑统》卷一五《厩库》“牧畜产死失及课不充”条引《厩牧令》：“诸牧杂畜死耗者，每年率一百头论，驼除七头，骡除六头，马、牛、驴、羖

① 《宋刑统》，第 469 页。

② 《唐律疏议》，第 286 页。

羊除十，白羊除十五。"[①] 可见畜产不包括犬，且在《宋刑统》卷一五《厩库》"犬伤害人畜"门中另有"犬自杀伤他人畜产""畜产及噬犬有觗蹹齧人"两条，[②] 皆将二者并列，亦可为证。故本条也对畜产及犬分别加以规定，前者伤人要受到处置，后者不须伤人、只要"狂"就可处死。

［二］狂犬：《宋刑统》卷一五《厩库律》"犬伤害人畜"门载："诸畜产及噬犬有觗蹹齧人，而标帜、羁绊不如法，若狂犬不杀者，笞四十；以故杀伤人者，以过失论。"[③] 此条将"噬犬"和"狂犬"相区分，对于前者，要求做出相应标记，对于后者，则必须杀死。伤害人畜的犬不一定是"狂犬"，早在唐代，医家对"狂犬"已有专论，《备急千金要方》卷二五载："凡春末夏初，犬多发狂，必诫小弱持杖以预防之。……凡狂犬咬人着讫，即令人狂。"[④] 简言之，"狂犬"可理解为"持续发狂之犬"，虽无法等同于现代意义上狂犬病的"狂犬"，但在宋人眼中确是一个特定概念。

【翻译】

畜牲用角顶人的，截掉两角；踩踏人的，捆住蹄脚；咬人的，截掉两耳。如果有狂犬，允许就地杀死。

宋 28 诸州县学馆墙宇颓坏、床席几案［一］须修理者，用当处州县公廨物[⑤]充。

【注释】

［一］几案：几案是类似后代桌子的平面家具，隋唐五代以后，既有席地而坐或坐于榻上时用的低矮几案，亦出现了放于床榻、椅凳前的高足

① 《宋刑统》，第 261 页。

② 《唐律疏议》，第 285 页。

③ 《宋刑统》，第 270 页。

④ （唐）孙思邈：《备急千金要方》，人民卫生出版社影印，1955，第 453 页。

⑤ 关于"公廨物"的解释，参见中国社会科学院历史研究所《天圣令》读书班《〈天圣令·营缮令〉译注稿》，徐世虹主编《中国古代法律文献研究》第 12 辑，社会科学文献出版社，2018，第 460 页。

几案。①

【翻译】

州县学馆的墙壁房檐破败坏损、床席几案需要修理的，用当地州县的公廨物充当［修理费用］。

宋 29　诸州县官私珍奇、异物、滋味、鹰狗、玉帛、口马［一］之类非正敕索者，皆不得进献。其年常贡［二］方物者，不在此限。

【源流】

《新唐书》卷五一《志四一·食货一》："异物、滋味、口马、鹰犬，非有诏不献。"②

【注释】

［一］口马：生口和马匹，生口主要为战争时的俘虏，是奴婢的来源之一。③

［二］常贡：土贡是中国古代地方政府向统治者进贡土产的一项经济制度，宋代土贡主要可分为"常贡"和"杂贡"。"常贡"指有一定种类、数量、时间限制的土贡；"杂贡"则没有这些限制，完全凭统治者一时意愿而定。④

【翻译】

州县官府、私人［所有］的珍贵奇异的物品、稀有的物品、美味食物、鹰狗、玉帛、生口和马匹之类不是［下达］正敕索要的，都不能进贡献上。每年的常贡土产，不在这个［规定的］限制内。

宋 30　诸王、公主及官人不得遣官属、亲事［一］、奴客［二］、部曲等在市肆兴贩，及于邸店沽卖、出举。其遣人于外处卖买给家、非商利者，不在此例。

---

① 黄正建：《唐代衣食住行研究》，首都师范大学出版社，1998，第 136 页。

② 《新唐书》，第 1344 页。

③ 高明士主编《天圣令译注》，第 739 页。

④ 单鹏：《宋代土贡制度考略——以常贡为中心》，《江苏科技大学学报》2007 年第 3 期，第 27 页。

【源流】

《白氏六帖事类集》卷一一《公主一七》“杂令诸王公主”条：“诸王、公主及宫（官）人，不得亲事、帐内、邑司、如（奴）客、部曲等在市兴贩及邸店沽卖者出举。”[①]

【注释】

［一］亲事：宋代似无“亲事”之职。在唐代，这是由品子充任的一种色役，是为王公等配备的服役人员，“掌仪卫事”。[②] 如《唐六典》卷五《尚书兵部》“兵部郎中员外郎”条：“凡王公已下皆有亲事、帐内，（六品、七品子为亲事，八品、九品子为帐内。）限年十八已上，举诸州，率万人已上充之。（亲王、嗣王、郡王、开府仪同三司及三品已上官带勋者，差以给之。并本贯纳其资课，皆从金部给付。）皆限十周年则听其简试，文、理高者送吏部，其余留本司，全下者退还本色。”[③]

［二］奴客：堀敏一认为奴客是节度使个人私兵的构成人员，这个词表明武将的私兵是由家内奴隶和客（主要是投靠武将个人的亡命徒）构成的，[④] 明显将奴和客相区分；李伯重则将唐代的奴客一词视作奴婢的一种异名。[⑤] 从唐代文献来看，有作为武将私兵的奴客，也有作为王公及富室依附人口的奴客，从中可知奴客与家奴、家人所指范围一致。而宋代文献中“奴客”的语例不多，具体含义不明，只能模糊理解为官宦、富室的仆从。综合唐宋时期的情况来看，恐怕难以明确定义“奴客”的法律身份，“奴客”似乎只是一种概称，也不必严格区分奴、客。具体到本条令文，奴客可以理解为依附于王、公主及官人的仆从，而且其中应该包括良人身份的仆从（甚至可能只指良人身份的仆从），因为在法律条文中，如果专门表示贱民身份，会用“奴婢”“部曲”两个词。

---

① 《白氏六帖事类集》（帖册三），第93页。原文以“公主”为词目，故“诸王公主”为大字，“及”以下为双行小字。

② 《唐六典》卷二九《诸王府公主邑司》“亲王帐内府”条，第732页。

③ 《唐六典》，第155～156页。

④ ［日］堀敏一：《藩镇亲卫军的权力结构》，索介然译，刘俊文主编《日本学者中国史论著选译》第4卷，中华书局，1993，第604～608页。

⑤ 李伯重：《千里史学文存》，杭州出版社，2004，第59页。

【翻译】

亲王、公主以及官人不得派遣官属、亲事、奴客、部曲等在市场上经营贩卖，以及在邸店出售［货品］、借贷取利。派遣人在其他地方交易供给家用、并非经商谋利的，不在这个规定内。

宋 31 诸官人赴任及以理去官、［1］虽无券食（食券?）［一］欲投驿止宿者，听之，并不得辄为（受?）［2］供给。

【校勘】

［1］“诸官人赴任及以理去官”为本条令文规定的大前提，故此处改顿号为逗号。①

［2］《唐律疏议》所引《杂令》及《养老令·杂令》均作“不得辄受供给”，② 《唐律疏议》中又有“不合受供给而受者”“辄受供给”等语句，③ 再结合本条令文语义，校“为”为“受”。

【新录文】

诸官人赴任及以理去官，虽无券食欲投驿止宿者，听之，并不得辄为（受）供给。

【源流】

《唐律疏议》卷二六《杂律》“不应入驿而入”条疏议：“《杂令》：‘私行人，职事五品以上、散官二品以上、爵国公以上，欲投驿止宿者，听之。边远及无村店之处，九品以上、勋官五品以上及爵，遇屯驿止宿，亦听。并不得辄受供给。’”④

【注释】

［一］券食：有观点认为“券食”可能字序颠倒，应为“食券”甚至

① 此处断句涉及对本条令文的理解，读书班内提出过不同意见：1. 官人赴任有券食，以理去官无券食；2. 官人赴任和以理去官都无券食；3. 官人赴任和以理去官都无券食，同时这里还包括其他无券食的情况。最终大部分成员同意改顿号为逗号，如此，句意上应较接近第 2 种意见。

② 《唐律疏议》，第 492 页；〔日〕井上光貞等注《律令》，《日本思想大系》3，岩波書店，1976，第 481 页。

③ 《唐律疏议》卷二六《杂律》“不应入驿而入”条载：“诸不应入驿而入者，笞四十。辄受供给者，杖一百；计赃重者，准盗论。虽应入驿，不合受供给而受者，罪亦如之。”第 492 页。

④ 《唐律疏议》，第 492 页。

“馆券”“仓券”（“馆”字或“仓”字被误写为“食”）。[①] 但宋代似无名为“食券”之券，如《宋史·职官志》“给券”列举了驿券、仓券、馆券等。[②] 其中，馆券的发放对象包括车驾巡幸扈从者中的中书、枢密、三司使、外国和少数民族使臣、赴京应试进士等，从用途来看，似能在馆驿食宿或支取食物，不过不能支取钱粮。[③] 仓券则指宋代官府发给出征、出使等人用于在途中到各地仓司领取公粮的一种凭证。[④] 因此，若“券食”一词确系抄错，此处原文最有可能是“馆券”。不过目前暂无有力证据支持改字和调整语序。另外，也有学者尝试对“券食”作出解释。林麟瑄将“券食”译为“驿券食钱”，[⑤] 宋代文献中确实有“驿券食钱”的说法，如《宋会要辑稿》食货五五之四八载：“又每年差宰手随三番接伴契丹使，离京之日，人请盘缠钱一千、皂衲棉披袄一，缘路日请驿券食钱四十。”[⑥] 可见本质上应是一种钱，本条令文是关于入驿的规定，似与钱无关。牛来颖梳理了唐至宋各类券的给付及使用，结合宋代“券食”的语例，认为“券食”是指代凭借驿券、馆券、仓券等享受相应食宿待遇的制度，此处“券食”应无误。[⑦] 综上，本条“券食”先保留不改。

【翻译】

官人赴任以及因正常原因免官的，虽然没有券食但想进入馆驿住宿

---

① 《天圣令校证》本条注释引《旧五代史》卷六七《任圜传》中“先是，使人食券，皆出于户部”一句，推测“券食”可能为“食券”（参见《天圣令校证》，第372页）；而《资治通鉴》记载任圜事时，作“旧制，馆券出于户部”（参见《资治通鉴》，第9006页），因此读书班也有意见认为“券食”可能为“馆券”；韩国学者在录文和翻译中都记为“食券”，但又提出“仓券”的可能性，参见〔韩〕金铎敏、河元洙主编《天圣令译注》，第675~676页，脚注147。

② 《宋史》卷一七二《职官一二·给券》载：“京朝官、三班外任无添给者，止续给之。京府按事畿内，幕职、州县出境比较钱谷，覆按刑狱，并给券。其赴任川峡者，给驿券，赴福建、广南者，所过给仓券，入本路给驿券，皆至任则止。车驾巡幸，群臣扈从者，中书、枢密、三司使给馆券，余官给仓券。”参见《宋史》，第4145页。

③ 曹家齐：《宋代交通管理制度研究》，第35~36页。

④ 参见中国社会科学院历史研究所《天圣令》读书班《〈天圣令·丧葬令〉译注稿》，赵晶主编《中国古代法律文献研究》第13辑，社会科学文献出版社，2019，第232~233页。

⑤ 高明士主编《天圣令译注》，第741页。

⑥ （清）徐松辑《宋会要辑稿》，第7281页。

⑦ 牛来颖：《唐代驿路与券食之制》，《隋唐辽宋金元史论丛》第10辑，上海古籍出版社，2020，第40~43页。

的，［可以被］允许，［但］不得擅自接受供给。

宋32 诸贮稾[①]及茭草[②]成积者，皆以苫[③]覆，加笆篱［一］泥之。其大不成积者，并不须笆篱。在京冬受、至夏用尽者，皆量为小积［二］，不须苫覆。贮经夏者，苫覆之。其所须苫、橛[④]、笆篱等调度，[⑤] 官为出备。若有旧物堪用，及计贮年近者，无须调度。

【注释】

［一］笆篱：竹、木等编制的屏障，即篱笆，用于保护仓储、院落的设施。也作“笓篱”，如《通典》卷一五二《兵五》载：“其什物、五谷……荆棘、笓篱……城上城下，咸先蓄积，缘人闲所要公私事物，一切修缉。”[⑥]

［二］积：堆。吴丽冠引《文苑英华》卷五四三《贮稾判》“所司贮稾，以三千围为积苫覆，无芘篱”为据，认为“积”是计量单位，“三千围为一积”。[⑦] 读书班对此有不同看法，有人同意吴说；也有人认为“大积”和“小积”只是相对描述，并非实际计量单位，如结合本条令文来看，成“积”者，要覆苫且加篱笆，“量为小积”者，不覆苫，而在判文中，三千围的“积”需覆苫但无“芘篱”，由此难以判断“三千围”是否为“积”的确数。

【翻译】

贮藏稾草以及茭草成积的，都用草帘子覆盖，加上篱笆用泥糊起来。［贮藏数量］不能成积的，并不需要篱笆。在京城，冬天受纳，到夏天用

① 关于“稾”的解释，参见中国社会科学院历史研究所《天圣令》读书班《〈天圣令·仓库令〉译注稿》，徐世虹主编《中国古代法律文献研究》第7辑，第254页。

② 关于“茭草”的解释，参见中国社会科学院历史研究所《天圣令》读书班《〈天圣令·厩牧令〉译注稿》，徐世虹主编《中国古代法律文献研究》第8辑，社会科学文献出版社，2014，第311页。

③ 关于“苫”的解释，参见中国社会科学院历史研究所《天圣令》读书班《〈天圣令·仓库令〉译注稿》，徐世虹主编《中国古代法律文献研究》第7辑，第254页。

④ 关于“橛”的解释，参见中国社会科学院历史研究所《天圣令》读书班《〈天圣令·仓库令〉译注稿》，徐世虹主编《中国古代法律文献研究》第7辑，第260页。

⑤ 关于“调度”的解释，参见中国社会科学院历史研究所《天圣令》读书班《〈天圣令·赋役令〉译注稿》，徐世虹主编《中国古代法律文献研究》第6辑，第353页。

⑥ 《通典》，第3893页。

⑦ 高士明主编《天圣令译注》，第743页。

尽的［贮草］，都酌情堆成小积，不需要［用］草帘子覆盖。贮藏［需］经过夏天的，［用］草帘子覆盖。［贮草］所需的苫、橛、篱笆等杂用物品，［由］官方为其支出配备。如果有旧物［还］能使用，以及计算贮藏年限将近［到期］的，无需［这些］杂用物品。

宋33 诸贮稾及贮茭草：高原处，稾支七年、茭支四年；土地平处，稾支五年、茭支三年；土地下处，稾支四年、茭支二年。

【源流】

《唐六典》卷七《尚书工部》“虞部郎中员外郎”条注文：“高原藁支七年，茭草支四年；平地藁支五年，茭草支三年；下土藁支四年，茭草支二年。”①

【翻译】

贮藏稾草以及贮藏茭草：高原处，稾草储存七年，茭草储存四年；土地平坦处，稾草储存五年，茭草储存三年；土地低下处，稾草储存四年，茭草储存二年。

宋34 诸给百司炭，起十月，尽九十日止。（宫人及蕃客，② 随时量给。）

【源流】

《唐六典》卷七《尚书工部》“虞部郎中员外郎”条：“其柴炭、木橦进内及供百官、蕃客，并于农隙纳之。（供内及宫人，起十月，毕二月；供百官、蕃客，起十一月，毕正月。）”③

【翻译】

供给百司的炭，始于十月，满九十日停止。④（宫人及蕃客，随时酌情供给。）

① 《唐六典》，第225页。

② 关于“蕃客”的解释，参见中国社会科学院历史研究所《天圣令》读书班《〈天圣令·仓库令〉译注稿》，徐世虹主编《中国古代法律文献研究》第7辑，第279～280页。

③ 《唐六典》，第225页。

④ 关于“尽九十日止”的理解，读书班有两种意见：其一是认为供炭持续三个月，即十、十一、十二月；其二则认为正月无炭，不合常理，所以“尽九十日止”意在确定九十天的供炭量，而非确定时限。

宋35 诸蕃使往还，当大路［一］左侧，公私不得畜当方蕃夷奴婢，有者听转雇与内地人［二］。其归朝人［三］色类相似者，又不得与客相见，亦不得充援夫［四］等。

【源流】

《唐会要》卷八六《奴婢》“大足元年五月三日敕”条：“西北缘边州县，不得畜突厥奴婢。”①

【注释】

［一］大路：官道。唐朝在通途大路上，设置“驿”，《通典》卷三三《职官一五》载：“三十里置一驿，其非通途大路则曰馆。……凡天下水陆驿一千五百八十七。”②《唐会要》卷六一《馆驿》贞元二年敕文则有“大路驿”“次路驿”之分。③

［二］内地人：与边地之人相对应的概念。《续资治通鉴长编》卷二一四“神宗熙宁三年八月戊寅”条载：“今内地人不乐入四路，四路人乐就家便，用新法即两得所欲，何须苦之使两失优便？”④ “四路”是指川峡、福建、广南等路，由此可见“内地人”的指涉范围。

［三］归朝人：《朝野类要》卷三《入仕·归附等》载：“归正，谓元系本朝州军人，因陷蕃，后来归本朝。归顺，谓元系西南蕃蛮溪峒头首等，纳土归顺，依旧在溪峒主管职事。归明，谓元系西南蕃蛮溪峒人，纳土出来本朝，补官或给田养济。归朝，谓元系燕山府等路州军人归本朝者。忠义人，谓元系诸军人，见在本朝界内，或在蕃地，心怀忠义，一时立功者。”⑤ 读书班对令文中的“归朝人”有两种意见。一是认为令文中的“归朝人”应改为“归明人”，即原为西南蕃蛮溪峒等边蕃，后归顺本朝的人。因为宋代“归朝人”的出现与宣和年间设燕山府等路相关，远在天圣之后，且史书也存在将“归朝”“归正”混称为“归明”

① 《唐会要》，第1569页。
② 《通典》，第924页。
③ 《唐会要》，第1250页。
④ 《续资治通鉴长编》，第5217页。
⑤ （宋）赵升撰《朝野类要》，中华书局，1985，第32页。

的情况。[①] 故此处的“归朝人”或应作“归明人”。二是认为不应改。“归朝人”一词唐代已出现，泛指边蕃归顺本朝的人，未出现地域区分。如《贞观政要》卷二《纳谏第五》的“北蕃归朝人”,[②] 指北突厥归顺唐朝的人。因此令文中的“归朝人”并非宣和以后的专称，无须修改。

［四］援夫：同于“援人”“防援人”,[③] 都是临时被征发、承担警备与护卫作用的人员。

【翻译】

蕃使往来返还，在大路附近,[④] 公家、私人不能蓄养［蕃使］所属国的蕃夷奴婢，［如果］有蓄养的，允许转雇给内地之人。归朝人［与蕃使］族类相似的，又不能与蕃客相见，也不能充任防援护卫的人夫等。

宋 36 诸犯罪人被戮，其缘坐应配没者［一］，不得配在禁苑［二］内供奉，及东宫、亲王所左右驱使。

【注释】

［一］缘坐应配没者：因缘坐而被发配、没官之人。这些人在唐代是官奴婢，随着良贱制的变化，到了宋代，他们成为有罪犯身份的“配隶奴”。[⑤]

［二］禁苑：皇家苑囿，以供游猎赏玩等。唐代的“禁苑”是指长安三苑中最大的皇家苑囿。[⑥] 宋代的“禁苑”似无具体所指，其包含的御苑和御园，数量众多。在北宋开封，有宫城北部的后苑，还有分布在城外的“皇家四园苑”，即琼林苑、宜春苑、玉津园、瑞圣园。[⑦]

---

① 参见徐东升《宋朝对归明、归朝、归正人政策析论》，《厦门大学学报》（哲学社会科学版）2012 年第 1 期，第 41 ~ 48 页。

② （唐）吴兢：《贞观政要》，中华书局，2009，第 134 页。

③ 关于“防援人”的解释，参见中国社会科学院历史研究所《天圣令》读书班《〈天圣令·关市令〉译注稿》，徐世虹主编《中国古代法律文献研究》第 9 辑，社会科学文献出版社，2015，第 248 页。

④ 将“左侧”译作附近，参见黄正建《明抄本宋〈天圣令〉校录与复原为〈唐令〉中的几个问题》，第 58 ~ 60 页。

⑤ 张文晶：《试论中国中古良贱制度的衰亡》，硕士学位论文，南京师范大学，2005，第 26 ~ 30 页。

⑥ 陈桥驿主编《中国都城辞典》，江西教育出版社，1999，第 731 页。

⑦ 李瑞：《唐宋都城空间形态研究》，博士学位论文，陕西师范大学，2005，第 240 页。

【翻译】

犯罪之人被处死，因牵连坐罪而应被发配、没官的人，不能发配在皇家禁苑之内伺候、侍奉，以及［不能到］东宫、亲王府［在太子、亲王的］身边［受］驱使。

宋 37 诸外官亲属经过，不得以公廨供给。凡是宾客，亦不得于百姓间安置。

【翻译】

外官的亲属经过［辖区］，不能将公廨供给［亲属居住］。凡是［外官的］宾客，也不得在百姓之中安排住处。

宋 38 诸外任官人，不得于部内置庄园、店宅，又不得将亲属、宾客往任所请占田宅、营造邸店、碾硙，[①] 与百姓争利。虽非亲属、宾客，但因官人、形势［一］请受造立者，悉在禁限。

【源流】

《唐六典》卷三〇《三府督护州县官吏》："凡官人不得于部内请射田地及造碾硙，与人争利。"[②]

【注释】

［一］形势：唐五代已出现"形势"一词，意指依附权贵之人，以及在地方衙门中担任职务的胥吏；[③] 到了宋代，则逐渐成为正式的法定户名，范围宽于官户。[④] 根据《庆元条法事类》卷四七《赋役门一·违欠税租》所收"赋役令"，形势户的范围包括"见充州县及按察官司吏人、书手、保正、耆户长之类，并品官之家非贫户弱者"。[⑤]

【翻译】

外任官员，不能在管辖范围内建置庄园、店铺宅舍，又不能把亲属、

① 关于"邸店""碾硙"的解释，参见中国社会科学院历史研究所《天圣令》读书班《〈天圣令·田令〉译注稿》，徐世虹主编《中国古代法律文献研究》第 11 辑，第 294 页。

② 《唐六典》，第 749 页。

③ 张泽咸：《唐代阶级结构研究》，中州古籍出版社，1996，第 178～180 页。

④ 王曾瑜：《宋朝阶级结构》，河北教育出版社，1996，第 10～11 页。

⑤ （宋）谢深甫等：《庆元条法事类》，戴建国点校，黑龙江人民出版社，2002，第 627 页。

宾客带到任职所在地申请占据田亩宅地，营造邸店、碾硙，和百姓争夺利益。即便不是亲属、宾客，但通过官员、形势户申请领受［田宅］、营造建立［邸店、碾硙］的，都在禁止范围内。

宋 39 诸在京及外州公廨杂物，皆令本司自句，① 录财物五行见在帐［一］，具申三司［二］，并随至句勘。

【注释】

［一］财物五行见在帐：李锦绣认为勾帐和财物五行见在帐是性质不同的两类财物帐。前者记录的是收入、支出，指向流动性较强的财物，重点在财务收支的多少；后者记录的是现在存有的财物，多指向器物，甚至包括不动产，关注的是器物新旧等外形特征。②

［二］具申三司：在唐代前期，负责财物总勾的是刑部下属的比部司，到了中后期，中央形成度支、户部、盐铁使司三分的财政体系，勾检官有了三司使职，还出现了孔目官。③ 北宋则形成了总括国家经济事务的“三司”，其中“三司勾院”是负责财务勾检的机构。④

【翻译】

在京及外州的公廨杂物，都要求本部门自行勾检，记录到财物五行见在帐，详细申报给三司，并且一到［三司，三司就随时］勾检勘对。

宋 40 诸道士、女冠⑤、僧尼，州县三年一造籍［一］，具言出家年月、夏腊［二］、学业［三］，随处印署。案留州县，帐申尚书祠部。其身死及数有增减者，每年录名及增减因由，状申祠部，具入帐。

---

① “句”即勾检，参见中国社会科学院历史研究所《天圣令》读书班《〈天圣令·厩牧令〉译注稿》，徐世虹主编《中国古代法律文献研究》第 8 辑，第 327～328 页。

② 李锦绣：《唐“五行帐”考》，台师大历史系等主编《新史料·新观点·新视角：天圣令论集》（下），台北，元照出版有限公司，2011，第 299～323 页。

③ 关于唐代勾检制度，参考王永兴《唐勾检制研究》，上海古籍出版社，1991。李志刚《唐代勾检制度研究》，硕士学位论文，扬州大学，2010。

④ 张亦冰：《北宋三司研究述评》，《唐宋历史评论》第 3 辑，社会科学文献出版社，2017，第 288～319 页。

⑤ 关于“女冠”的解释，参见中国社会科学院历史研究所《天圣令》读书班《〈天圣令·狱官令〉译注稿》，徐世虹主编《中国古代法律文献研究》第 12 辑，第 432 页。

【源流】

《唐六典》卷四《尚书礼部》“祠部郎中”条：“凡道士、女道士、僧、尼之簿籍亦三年一造。（其籍一本送祠部，一本送鸿胪，一本留于州、县。）”[①]

《通典》卷二三《职官五》“司封郎中”条：“天宝八载十一月敕：‘道士、女冠籍每十载一造，永为常式。’至德二年十一月敕：‘道士、女冠等宜依前，属司封曹。’”[②]

《册府元龟》卷四七四《台省部一八·奏议五》：“（文宗大和）四年祠部上言：‘……准天宝八年十一月十八日敕，诸州府僧、尼籍帐等，每十年一造，永为常式者。其诸州府近日因循，都不申报。省司无凭收管造籍。起今已后，诸州府僧尼已得度者，勒本州府具法名、俗姓、乡贯、户头，所习经业及配住寺人数，开项分析，籍帐送本司，以明真伪。……又诸州府僧尼籍帐，准元敕十年一造，今五年一造。’”[③]

【注释】

［一］籍：包括僧尼籍、道士女冠籍。学界关于唐代僧尼籍的研究颇多，[④] 大致勾勒出相关制度的流变，如最初三年一造，至天宝八载（749）变为十年一造，大和四年（830）又变成五年一造。到了北宋时期，由州县造籍，三年一造帐并汇总到礼部形成“都帐”。[⑤] 至于僧尼籍记载的内容，可参见巴达木113号墓所出《唐龙朔二年（622）正月西州高昌县思恩寺僧籍》：

（前缺）

1 　　　　叁岁，廿一夏，高昌县顺义乡敦孝里，户主张延

① 《唐六典》，第126页。

② 《通典》，第634页。

③ 《册府元龟》，第5660页。

④ 孟宪实：《论唐朝的佛教管理——以僧籍的编造为中心》，《北京大学学报》（哲学社会科学版）2009年第3期，第136~143页；孙宁：《唐代非农人口籍帐编造的始年、周期与份额》，《唐史论丛》第26辑，2018，第98~111页；杨际平：《论唐宋手实、户籍、计帐之间的关系》，《杨际平中国社会经济史论集》第2卷（唐宋卷），厦门大学出版社，2016，第139~160页。

⑤ 王仲尧：《南宋佛教制度文化研究》上册，商务印书馆，2012，第47~55页。

伯弟，伪延和十三年四月十五日度［计至今八年］

2　　诵《法华》五卷　《药师》一卷　《佛名》一卷

3　僧崇道，年三十五岁，十五夏，高昌县宁昌乡正道里，户主张延相男，伪延寿十四年四月十五日度，计至今廿五年。

4　　诵《法华》五卷

(后略)[①]

该僧籍详细写出了法名、年龄、夏腊、籍贯（县、乡、里）、俗家信息、剃度时间、剃度至今年数、所诵经业。道士女冠籍的编制流变与僧尼籍一致，其籍帐的基本内容也与僧尼籍帐类似。如《庆元条法事类》卷五一《僧道童等帐》载：

（前略）

道士、女冠、僧尼，

在州，某观系古迹或敕额。（内有同名宫观，即各开着望乡村去处。童行项及刺帐有同名者，并准此。）

道士：旧管若干。

一名道士姓法名，见年若干，本贯某处，元礼某宫观某人为师，某年月日请到某恩例度牒披戴，（僧、尼仍云某年月日于某处受戒，请到六念戒牒。）某年月日请到某恩例紫衣文牒，某年月日请到某恩例某师法号，（无紫衣、师号，即不开。）某年帐在某州某县某宫观供申，（累次行游，供帐去处并准此。）两名以上依此开。

新收若干。（依旧管开。）开落若干。（各开姓法名。）见在若干。（止开人数。）

余寺观等依前项开；女冠、僧、尼依道士开；外县依在州开。[②]

---

① 孟宪实：《吐鲁番新发现的〈唐龙朔二年西州高昌县思恩寺僧籍〉》，《文物》2007年第2期，第50页。后收入荣新江、李肖、孟宪实主编《新获吐鲁番出土文献》（上），中华书局，2008，第61页。

② 《庆元条法事类》，第717～719页。

由此可知宋代道士也统计姓法名、年龄、籍贯、出家地点与时间、师从、紫衣师号的获得时间等。

［二］夏腊：又称僧腊、僧夏、法龄，指僧人受具足戒之后的年岁。如释慧祥《清凉传》卷中载："（牛云和尚）至唐明皇帝开元二十三年，师年六十三，夏腊四十四，无疾而终。"① 又如前引《唐龙朔二年（622）正月西州高昌县思恩寺僧籍》记载了僧某人、僧崇道的僧夏，分别为"廿一夏""十五夏"。②

［三］学业：所习经业、所诵经卷。如前引《唐龙朔二年（622）正月西州高昌县思恩寺僧籍》载：僧某人诵《法华》五卷、《药师》一卷、《佛名》一卷；僧崇道诵《法华》五卷。③

【翻译】

道士、女冠、僧人、女尼，州县［每］三年造一次籍，详细写明出家年月、夏腊、学业，随［有字］处盖印。④ 文案留在州县，帐申报尚书祠部。［如果他们］死亡以及数量有所增减，每年记录姓名以及增减的原因理由，［将］情状申报祠部，详细补入帐［中］。

宋 41 诸有猛兽［一］之处，听作槛穽［二］、射窠［三］等，不得当人行之路。皆明立标帜，以告往来。

【源流】

《唐六典》卷七《尚书工部》"虞部郎中员外郎"条："若虎豹豺狼之害，则不拘其时，听为槛穽，获则赏之，大小有差。（诸有猛兽处，听作槛穽、射窠等，得即于官，每一赏绢四匹；杀豹及狼，每一赏绢一匹。若在牧监内获豺，亦每一赏绢一匹。子各半匹。）"⑤

---

① （唐）释慧祥：《清凉传》，山西人民出版社，2013，第 77 页。

② 《新获吐鲁番出土文献》（上），第 61 页。

③ 《新获吐鲁番出土文献》（上），第 61 页。

④ 读书班对"随处印署"有两种不同的理解，其一是"在僧尼、道士女冠籍上的相应地方"印署，其二"由僧尼、道士女冠籍所在的当地州县"印署。此处难做取舍，暂不详译。此外，"印署"究竟是"既印又署"，还是"以印为署"，读书班也有不同意见。从现存残卷来看，只有盖印而未有署名，所以此处权且取"以印为署"的理解。

⑤ 《唐六典》，第 224 ~ 225 页。类似记载，亦见于《南部新书》，第 146 ~ 147 页。

【注释】

［一］猛兽：虎豹熊罴之类。《周礼注疏》卷三〇《服不氏》载："服不氏掌养猛兽而教扰之。（猛兽，虎豹熊罴之属。……）"[①] 据上引《唐六典》所载，获猛兽"赏绢四匹"，杀豹、狼等"赏绢一匹"，可知令文所言"猛兽"可能仅指虎。

［二］槛穽：捕捉猛兽的机具和陷坑，亦作槛阱。唐代李贤等为《后汉书》卷四一《宋均传》"槛穽"作注："槛，为机以捕兽。穽，谓穿地陷之。"[②]

［三］射窠：捕射动物的机具。《法苑珠林》卷六七载："佛言：以前世时，坐为人，野田行道安枪，或安射窠，施张弶穽，陷坠众生，头破脚折，伤损非一。"[③]

【翻译】

有猛兽的地方，允许设置槛穽、射窠等，［但］不能挡在人行走的道路［上］。［在设置槛穽、射窠处］都清楚地设立标识，以告知往来［行人］。

右并因旧文，以新制参定。

【翻译】

以上令文均是依据旧文，参考新制度而修定。

唐1 太常寺二舞郎，取太常乐舞手年十五以上、二十以下容貌端正者充。教习成讫，每行事日追上，事了放还本色。光禄寺奉觯、太仆寺羊车小史，皆取年十五以下。其漏刻生、漏童，取十三、十四者充，（其羊车小史，取容仪端正者。）兹（?）十九放还。其司仪署及岳渎［一］斋郎，取年十六以上中男充，二十放还。太史局历生，取中男年十八以上、解算数者为之，习业限六年成；天文生、卜筮生并取中男年十六以上、性识聪敏者，习业限八年成，业成日申补观生、卜师。（其天文生、卜筮生初入学，所

① 李学勤主编《周礼注疏》，北京大学出版社，2000，第953页。

② 《后汉书》，第1413页。

③ （唐）释道世：《法苑珠林校注》第4册，周叔迦、苏晋仁校注，中华书局，2003，第1999页。

行束修①一同按摩、咒禁生例。）

【注释】

［一］岳渎：五岳四渎，五岳为东岳泰山、西岳华山、南岳衡山、北岳恒山和中岳嵩山，四渎为江、河、淮、济，即长江、黄河、淮河、济水。

【翻译】

太常寺［文、武］二舞郎，选取太常寺乐舞手［中］年龄［在］十五岁以上、二十岁以下容颜相貌端正的人充当。受教学习完成［后］，每逢举行仪式的日子［就］召来，事情结束放回，恢复其原本身份。光禄寺奉觯、太仆寺羊车小史，都选取年龄［在］十五岁以下［的人充当］。漏刻生、漏童，选取十三、十四岁的人充当，（羊车小史，选取容颜仪表端正的人［充当］。）十九岁放回。司仪署斋郎以及岳渎斋郎，选取年龄［在］十六岁以上的中男充当，二十岁放回。太史局历生，选取中男年龄［在］十八岁以上、通晓算数的人担任，学习课业限定六年完成；天文生、卜筮生都选取中男年龄［在］十六岁以上、秉性见识聪明敏捷的人［充当］，学习课业限定八年完成，课业完成之日申请递补［为］观生、卜师。（天文生、卜筮生初入学［时］，所行的束修［之礼］完全等同按摩生、咒禁生的规定。）

唐2 诸习驭、翼驭、执驭、驭士、驾士、幕士、称长、门仆、（门仆取京城内家口重大、身强者充。）主膳、典食、供膳、主酪、典钟、典鼓、防阁、庶仆、价人、（价人取商贾，及能市易、家口重大、识文字者充。）邑士，皆于白丁内家有兼丁者为之。（令条取军内人为之者，没［准?］别制。）其主膳、典食、供膳、主酪，兼取解营造者。（若因事故②停家，③及同色子弟内有闲解者，亦取。）典钟、典鼓，先取旧漏刻生成丁者。每年各令本司具录须数，申户部下科（科下?），④十二月一日集省分配。门仆、称长、价人四周一

① 有关“束修”的解释，参见中国社会科学院历史研究所《天圣令》读书班《〈天圣令·医疾令〉译注稿》，徐世虹主编《中国古代法律文献研究》第10辑，第219页。

② 有关“事故”的解释，参见中国社会科学院历史研究所《天圣令》读书班《〈天圣令·赋役令〉译注稿》，徐世虹主编《中国古代法律文献研究》第6辑，第345页。

③ 有关“停家”的解释，参见中国社会科学院历史研究所《天圣令》读书班《〈天圣令·医疾令〉译注稿》，徐世虹主编《中国古代法律文献研究》第10辑，第225～226页。

④ 读书班认为“下科”“科下”皆可通。

代，防阁、庶仆、邑士则二周一代。年满之日不愿代者，听。

【翻译】

习驭、翼驭、执驭、驭士、驾士、幕士、称长、门仆、（门仆选取京城内家口众多、身体强壮的人充当。）主膳、典食、供膳、主酪、典钟、典鼓、防阁、庶仆、价人、（价人选取商人，以及擅长贸易、家口众多、认识文字的人充当。[①]）邑士，都在白丁中［选取］家中有两名以上丁男的人担任。（令文［要求］选取军中人充当的，依从另外的规定。）主膳、典食、供膳、主酪，还要同时选取通晓制作［膳食］的人。（如果因为意外状况卸任归家，以及同类［身份］的子弟中有熟练通晓［膳食制作］的，也选取。）典钟、典鼓，优先选取先前［曾充任］漏刻生［现已］成为丁男的。每年分别要求本部门详细记录所需数额，申报户部向地方征配，十二月一日汇集于尚书省分配。门仆、称长、价人四年一轮替，防阁、庶仆、邑士则二年一轮替。年满之日不愿轮替的，允许［继续充任］。

唐3 诸王及大长公主、长公主、公主应赐物者，并依本品［一］给。

【注释】

［一］本品："凡九品已上职事，皆带散位，谓之本品。"[②] 本条令文中"诸王及大长公主、长公主、公主"的品级另有划分，并非散官品级。《唐六典》卷二《尚书吏部》"司封郎中员外郎"条载："司封郎中、员外郎掌邦之封爵。凡有九等：一曰王，正一品，食邑一万户。二曰郡王，从一品，食邑五千户……皇兄弟、皇子皆封国，谓之亲王。亲王之子承嫡者，为嗣王。皇太子诸子并为郡王……外命妇之制：皇姑封大长公主，皇姊妹封长公主，皇女封公主，皆视正一品。"[③]

【翻译】

亲王及大长公主、长公主、公主应赐予物品的，都依照本品赐给。

---

① 读书班还有另外一种理解，即认为"商贾及能市易""家口重大""识文字"是价人需同时具备的三种条件。

② 《旧唐书》卷四二《职官志一》，第1785页。

③ 《唐六典》，第37~39页。

唐4　诸亲王府给杂匠[1]十人、兽医四人、供膳五人，仍折充帐内［一］之数。其公主家，供膳给二人。

【注释】

［一］帐内：唐代由品子充任的一种色役，是为王公等编配的服役人员，“掌仪卫事”。[2]《唐六典》卷五《尚书兵部》“兵部郎中员外郎”条载：“凡王公已下皆有亲事、帐内，（六品、七品子为亲事，八品、九品子为帐内。）限年十八已上，举诸州，率万人已上充之。（亲王、嗣王、郡王、开府仪同三司及三品已上官带勋者，差以给之。并本贯纳其资课，皆从金部给付。）皆限十周年则听其简试，文、理高者送吏部，其余留本司，全下者退还本色。”[3]

【翻译】

亲王府配给杂匠十人、兽医四人、供膳五人，仍旧折合抵充［亲王府中］帐内的人数。公主家，供膳配给二人。

唐5　诸船运粟一千五百斛以下，给水匠［一］一人；一千五百斛以上，〔水?〕匠二人。率五十斛给丁一人。其盐铁杂物等，并准粟为轻重。若空船，量大小给丁、匠。

【注释】

［一］水匠：法藏敦煌文献 P. 2507《开元水部式》残卷载：

（前略）

139　蒲津桥水匠一十五人，虔州大江水赣石险难（滩）之处

140　给水匠十五人，并于本州取白丁便水及解木作者

141　充，分为四番上下，免其课役。[4]

（后略）

---

① 有关“杂匠”的解释，参见中国社会科学院历史研究所《天圣令》读书班《〈天圣令·营缮令〉译注稿》，徐世虹主编《中国古代法律文献研究》第12辑，第448页。

② 《唐六典》卷二九《诸王府公主邑司》“亲王帐内府”条，第732页。

③ 《唐六典》，第155～156页。

④ 刘俊文：《敦煌吐鲁番唐代法制文书考释》，中华书局，1989，第335页。

内河运输以及蒲津桥与虔州赣石险滩（赣州到万安段）等均设置有水匠，不但熟悉水性还身兼木匠。本条令文中的“水匠”或即此类人。

【翻译】

船只运输粟一千五百斛以下，配给水匠一人；［运输］一千五百斛以上，［配给］〔水?〕匠二人。每五十斛配给丁一人。［运输］盐铁杂物等，都以粟作为轻重［标准来配给匠、丁］。如果是空船，斟酌［船只］大小配给丁、匠。

唐6 诸三师三公参朝著门籍［一］，及人马供给，并从都省。太子三师三少，即从詹事府。

【注释】

［一］门籍：允许出入宫门者的名簿。《唐六典》卷二五《诸卫府》“左右监门卫”条载：“左、右监门卫大将军·将军之职，掌诸门禁卫门籍之法。凡京司应以籍入宫殿门者，皆本司具其官爵、姓名，以移牒其门，（若流外官承脚色，并具其年纪、颜状。）以门司送于监门，勘同，然后听入。凡财物器用应入宫者，所由以籍傍取左监门将军判，门司检以入之；应出宫者，所由亦以籍傍取右监门将军判，门司检以出之。其籍月一换。”① 流内官、杂色人的门籍登记官爵、姓名，流外官的门籍登记年龄、样貌。

【翻译】

三师三公入朝参见［皇帝时］所登记的门籍，以及人员、马匹提供与配给［的名簿］，都由尚书都省［开具］。太子三师三少，就由太子詹事府［开具］。

唐7 诸文武职事、散官三品以上及爵一品在两京，若职事、散官五品以上及郡、县公在诸州县，欲向大街开门，检公私无妨者，听之。

【翻译】

文武职事官、散官三品以上以及爵一品在两京，或职事官、散官五品以上以及郡公、县公在各个州县，想要朝向大街开辟［房屋的］门，［经］

① 《唐六典》，第640页。

检查［对］公家、私人［都］没有妨碍的，［可以］允许。

唐8 诸在京诸司流内九品以上，及国子监诸学生及俊士；流外官太常寺谒者、赞引、祝史，〔司仪署?〕司仪，典客署典客，秘书省、弘文馆典书，左春坊掌仪，司经局典书，诸令史、书令史、楷书手，都水监河堤谒者，诸局书史，诸录事、府、史、［1］计史、司直史、评事史、狱史、监膳史、园史、漕史、医学生、针学生，尚食局、典膳局主食，萨宝府府、史，并长上。其流外非长上者及价人，皆分为二番。（番期长短，各任本司量〔长?〕短定准。当库藏者，不得为番。）其太史局历生、天文生、［2］巫师、按摩、咒禁、卜筮生、药园生、药童、羊车小史、兽医生，岳渎祝史、斋郎，内给使、散使，奉觶，司仪署斋郎，郊社、太庙门仆，并品子任杂掌，皆分为三番。余门仆、主酪、习驭、翼驭、执驭、驭士、驾士、幕士、大理问事、主膳、典食、供膳、兽医、典钟、典鼓，及萨宝府杂使、［3］漏刻生、漏童，并分为四番。其幕士、习驭、掌闲、驾士隶殿中省、左春坊者，番期上下自从卫士例。其武卫称长，须日追上，事了放还。

【校勘】

［1］［2］［3］：在列举完同一机构的属员之后，应用逗号，以示其范围，故改顿号为逗号。

【新录文】

诸在京诸司流内九品以上，及国子监诸学生及俊士；流外官太常寺谒者、赞引、祝史，〔司仪署?〕司仪，典客署典客，秘书省、弘文馆典书，左春坊掌仪，司经局典书，诸令史、书令史、楷书手，都水监河堤谒者，诸局书史，诸录事、府、史，计史、司直史、评事史、狱史、监膳史、园史、漕史、医学生、针学生，尚食局、典膳局主食，萨宝府府、史，并长上。其流外非长上者及价人，皆分为二番。（番期长短，各任本司量〔长?〕短定准。当库藏者，不得为番。）其太史局历生、天文生，巫师、按摩、咒禁、卜筮生、药园生、药童、羊车小史、兽医生，岳渎祝史、斋郎，内给使、散使，奉觶，司仪署斋郎，郊社、太庙门仆，并品子任杂掌，皆分为三番。余门仆、主酪、习驭、翼驭、执驭、驭士、驾士、幕士、大理问事、主膳、典食、供膳、兽医、典钟、典鼓，及萨宝府杂使，漏刻生、漏童，并分为四番。其幕士、习驭、掌闲、驾士隶殿中省、左春坊者，番期上下自从卫士例。其武卫称长，须日追上，事了放还。

【翻译】

在京各个官司［中］流内官九品以上，以及国子监各学的学生和俊士；流外官［中］太常寺谒者、赞引、祝史，〔司仪署?〕司仪，典客署典客，秘书省、弘文馆典书，左春坊掌仪，司经局典书，各［机构中的］令史、书令史、楷书手，都水监河堤谒者，各局［中的］书史，各［机构中的］录事、府、史，计史、司直史、评事史、狱史、监膳史、园史、漕史、医学生、针学生，尚食局、典膳局主食，萨宝府府、史，都长期上番。流外官［中］不是长期上番的人以及价人，都分为二番［轮值］。（［每轮］上番日期的长短，都由所在官司估量〔长?〕短来制定标准。在库房当值的，不能分番轮值。）太史局历生、天文生，巫师、按摩、咒禁、卜筮生、药园生、药童、羊车小史、兽医生，岳渎祝史、斋郎，内给使、散使，奉觯，司仪署斋郎，郊社、太庙门仆，以及品子任杂掌，都分为三番［轮值］。［除郊社、太庙门仆外］其余的门仆，主酪、习驭、翼驭、执驭、驭士、驾士、幕士、大理问事、主膳、典食、供膳、兽医、典钟、典鼓，以及萨宝府杂使，漏刻生、漏童，都分为四番［轮值］。幕士、习驭、掌闲、驾士隶属于殿中省、左春坊的，上、下番的日期自然依照卫士的规定。［左右］武卫称长，需要之时召来，事情结束放回。

唐9　诸司流内、［1］流外长上官，国子监诸学生，医、针生，俊士，（视品官［一］不在此例。）若宿卫当上者，并给食。（京兆、河南府并万年等四县佐、史，关府、史亦同。其国子监学生、俊士监［?］等，虽在假月假日，能于学内习业者亦准此。）其散官五品以上当上者，给一食。

【校勘】

［1］此处若用顿号，易产生长上者包括流内、流外两类人的歧义，故改为逗号。

【新录文】

诸司流内，流外长上官，国子监诸学生，医、针生，俊士，（视品官［一］

不在此例。）若宿卫当上者，并给食。（京兆、河南府并万年等四县佐、史，关府、史亦同。其国子监学生、俊士监［?］等，虽在假月假日，能于学内习业者亦准此。）其散官五品以上当上者，给一食。

【注释】

［一］视品官：唐代以开元十年（722）玄宗废除王公以下参佐国官为界，视品官的范围发生了根本变化。《旧唐书》卷四二《职官志一》载："流内九品三十阶之内，又有视流内起居，五品至从九品。初以萨宝府、亲王国官及三师、三公、开府、嗣郡王、上柱国已下护军已上勋官带职事者府官等品。开元初，一切罢之。今唯有萨宝、袄正二官而已。又有流外自勋品以至九品，以为诸司令史、赞者、典谒、亭长、掌固等品。视流外亦自勋品至九品，开元初唯留萨宝、袄祝及府史，余亦罢之。"①

【翻译】

各个官司的流内官，流外长期上番官，国子监各学的学生，医生、针生，俊士，（视品官不适用这一规定。）或正在上番的卫士，都供给膳食。（京兆府、河南府以及万年等四县的佐、史，关的府、史也一样［享受这一待遇］。国子监学生、俊士等，即便在放假的月、日，能够在学校内学习课业的也依此［处理］。）散官五品以上正在上番的，供应一餐。

唐10 诸在京诸司，并准官人员数，量配官户、奴婢，② 供其造食及田园驱使。衣食出当司公廨。

【翻译】

在京各个官司，都根据官人的定员数量，［由司农寺等官户、官奴婢的主管官司］酌量配给官户、［官］奴婢，供［在京各个官司］制作膳食以及在田地园圃役使。［官户、官奴婢的］衣服、食粮都出自所在官司的公廨钱物。

---

① 《旧唐书》，第1803页。亦可参见李锦绣《唐代视品官制初探》，《中国史研究》1998年第3期，后收入氏著《唐代制度史略论稿》，中国政法大学出版社，1998，第114～154页。

② 关于"官户""官奴婢"的解释，参见中国社会科学院历史研究所《天圣令》读书班《〈天圣令·仓库令〉译注稿》，徐世虹主编《中国古代法律文献研究》第7辑，第274页。

唐 11 诸州朝集使至京日，所司准品给食。亲王赴省考日，依式供食，卫尉铺设。

【翻译】

各州朝集使到京城的时候，主管官司根据［朝集使的］官品供给膳食。亲王到尚书省［参加］考课的时候，按照规定供给膳食，卫尉［寺］［负责］设置安排。

唐 12 诸流外番官别奉敕，及合遣长上者，赐同长上例。

【翻译】

流外番官另外遵奉敕旨［长期上番］，以及［流外番官中］应当［被］差遣为长期上番的，赏赐同于［流外］长期上番官的标准。

唐 13 诸勋官及三卫诸军校尉以下［一］、［1］诸蕃首领、归化人［二］、迓（边?）远人［三］、遥授官等告身，并官纸及笔为写。（其勋官、三卫校尉以下附朝集使立案分付；迓［边?］远人附便使及驿送。）若欲自写，有京官职［2］及缌麻以上亲任京官为写者，并听。

【校勘】

［1］刘后滨认为，第一句中的三个“诸”字将几类主体划分为三个单元，勋官与三卫在关于选官的文献中经常并列，故可视为一种类型，而“诸军校尉以下”是另一种类型，《天圣令校证》未予断开。① 其说可从，故修改令文正文与注文的断句。

［2］“有京官职”，令文原作“有京官识”，是指保识官，无误。《唐语林》卷四载：

> 李丞相回，少尝游覃怀王氏别墅。王氏先世仕宦，子孙以力自业，待之甚厚，回深德之。及贵，王氏子赍其家牒求谒，不得通，于金吾鼓舍伺丞相出，拜于道左。久之方省，曰：“故人也。”遂廪饩

① 刘后滨：《唐代告身的抄写与给付——〈天圣令·杂令〉唐 13 条释读》，刘后滨、荣新江主编《唐研究》第 14 卷，北京大学出版社，2008，第 473 页。

之。逾旬，以前衔除大理评事，取告身面授。旧制：大理寺官初上，召寺僚或在朝五品以上清资保识。王氏本耕田，宗无故旧，复邀回言之。回问："有状乎?"对曰："无。"又曰："有纸乎?"曰："无。""袖中何物?"曰："告身。"即取告身署曰："中书侍郎兼礼部尚书平章事李回识。"仍谓诸曹长曰："此亦五品以上清资也。"①

【新录文】

诸勋官及三卫，诸军校尉以下，诸蕃首领、归化人、迓（边?）远人、遥授官等告身，并官纸及笔为写。[其勋官、三卫、校尉以下附朝集使立案分付；迓（边?）远人附便使及驿送。] 若欲自写，有京官识及缌麻以上亲任京官为写者，并听。

【注释】

［一］诸军校尉以下：唐前期军队系统内外军府（五中郎将府、折冲府）的基层军官，主要包括校尉、旅帅、队正、副队正等。②

［二］归化人：款附来归的唐周边民族和部落的首领，包括内附后设立的羁縻府州的都督、刺史。③

［三］迓（边?）远人：黄正建疑"迓"为"边"之误；刘后滨亦持此说，并认为这一群体是指在岭南、黔中等实行"南选"制度的地区中不经铨选的官员；赖亮郡则认为"迓远人"不误，"迓"即"迎"，迓远人（即便是边远人）与南选制度无关，乃是地方政府及边防军事单位因处理外交事务而设立的一支通晓外语、临时受命与外国交涉的第一线外事人员。④ 因史料所限，此次翻译暂不作观点取舍。

---

① （宋）王谠撰，周勋初校证《唐语林校证》，中华书局，2008，第342～343页。

② 刘后滨：《唐代告身的抄写与给付——〈天圣令·杂令〉唐13条释读》，第472～473页；赖亮郡：《唐代特殊官人的告身给付——〈天圣令·杂令〉唐13条再释》，《台湾师大历史学报》第43期，2010，第129页。

③ 刘后滨：《唐代告身的抄写与给付——〈天圣令·杂令〉唐13条释读》，第473页；赖亮郡：《唐代特殊官人的告身给付——〈天圣令·杂令〉唐13条再释》，第129页。

④ 分别参见《天圣令校证》，第377页；刘后滨《唐代告身的抄写与给付——〈天圣令·杂令〉唐13条释读》，第474～475页；赖亮郡《唐代特殊官人的告身给付——〈天圣令·杂令〉唐13条再释》，第138～151页；《遥授官、迓远人与唐代的告身给付——〈天圣令·杂令〉唐13条再释》，台湾师范大学历史系等主编《新史料·新观点·新视角：〈天圣令论集〉》（下），第280～284页。

【翻译】

勋官以及［亲卫、勋卫、翊卫］三卫，各军校尉以下，外蕃首领、归化人、迓（边?）远人、遥授官等的告身，都［由］官府［提供］纸和笔为［受官者］书写。（勋官、三卫、校尉以下［的告身］由朝集使建立案卷［后］分别给付；迓（边?）远人［的告身］交付顺便［路过的］使人及驿递送达。）如果［受官者］想要自行书写［告身］，有保识京官以及缌麻以上的亲属担任京官为［受官者］书写的，都允许［这样做］。

唐14 诸出举，两情同和。私契取利过正条者，任人纠告。本及利物并入纠人。

【翻译】

借贷取利，双方协商一致。私人订立的契约收取的利息超过法律条文［规定］的，听任他人检举告发。本金及利息都归告发人。

唐15 诸司流外非长上者，总名“番官”。其习驭、掌闲、翼驭、执驭、驭士、驾士、幕士、称长、门仆、主膳、供膳、典食、主酪、兽医、典钟、典鼓、价人、大理问事，总名“庶士”。① 内侍省、内坊阉人无官品者，皆名“内给使”。亲王府阉人，皆名“散使”。诸州执刀、［1］州县典狱、问事、白直，总名“杂职”。州县录事、市令、仓督②、市丞、府、史、佐、计（帐?）史、［2］仓史、里正、市史，折冲府录事、府、史，两京坊正等，非省补者，总名“杂任”。其称“典吏”者，“杂任”亦是。

【校勘】

［1］“杂职”中，执刀限定在诸州，典狱、问事、白直则限定在州县，为避免歧义，今将“诸州执刀”后的顿号改为逗号。

［2］黄正建曾指出：“流外七品中有‘诸仓计史’。由于唐代州县俱有

① 关于“庶士”的解释，参见中国社会科学院历史研究所《天圣令》读书班《〈天圣令·赋役令〉译注稿》，徐世虹主编《中国古代法律文献研究》第6辑，第359页。

② 关于“仓督”的解释，参见中国社会科学院历史研究所《天圣令》读书班《〈天圣令·赋役令〉译注稿》，徐世虹主编《中国古代法律文献研究》第6辑，第359页。

仓，因此此处的‘计史’或亦不误”。[①] 此次翻译暂从“计史”之说。

【新录文】

诸司流外非长上者，总名“番官”。其习驭、掌闲、翼驭、执驭、驭士、驾士、幕士、称长、门仆、主膳、供膳、典食、主酪、兽医、典钟、典鼓、价人、大理问事，总名“庶士”。内侍省、内坊阉人无官品者，皆名“内给使”。亲王府阉人，皆名“散使”。诸州执刀，州县典狱、问事、白直，总名“杂职”。州县录事、市令、仓督、市丞、府、史、佐、计史、仓史、里正、市史，折冲府录事、府、史，两京坊正等，非省补者，总名“杂任”。其称“典吏”者，“杂任”亦是。

【翻译】

各个官司流外官［中］不是长期上番的，总称为“番官”。习驭、掌闲、翼驭、执驭、驭士、驾士、幕士、称长、门仆、主膳、供膳、典食、主酪、兽医、典钟、典鼓、价人、大理问事，总称为“庶士”。内侍省、内坊的阉人没有官品的，都称为“内给使”。亲王府阉人［没有官品的］，都称为“散使”。各州的执刀，州县的典狱、问事、白直，总称为“杂职”。州县的录事、市令、仓督、市丞、府、史、佐、计史、仓史、里正、市史，折冲府的录事、府、史，两京坊正等，［其中］不是由尚书省选任的，总称为“杂任”。称为“典吏”的，“杂任”也是。

唐16 诸贮草及木橦［一］、柴炭，皆十月一日起输，十二月三十日纳毕。

【注释】

［一］木橦：即木柴，以“根”为计量单位。《唐六典》卷一九《司农寺》“钩盾署”条载：“其和市木橦一十六万根，每岁纳寺；如用不足，以苑内蒿根柴兼之。其京兆、岐、陇州募丁七千人，每年各输作木橦十根，春、秋二时送纳。”[②] 橦也可为量词，用于木头的计量。《资治通鉴》卷一九五“太宗贞观十四年十一月”条载胡三省注引《唐式》：“柴方三尺

① 《天圣令校证》，第377页。

② 《唐六典》，第527页。

五寸为一橦。”①

【翻译】

贮藏的草料及木橦、柴炭，都［从］十月一日开始运输上缴，十二月三十日收纳完毕。

唐 17 诸官户、奴婢男女成长者，先令（？）② 当司本色令相配偶。

【翻译】

官户、官奴婢的子女［已］成年长大的，先让所在官司下令［，使他们在］同类中相互婚配。

唐 18 诸犯罪配没：有技能者，各随其所能配诸司，其妇人，与内侍省相知，简能缝作巧者，配掖庭局；自外无技能者，并配司农寺。

【翻译】

［因被］犯罪［牵连而］没官［为官奴婢的］：拥有技能的人，分别按照其所能分配给各个官司，其中的妇女，知会内侍省，挑选擅长缝纫技巧的人，分配给掖庭局；其他没有技能的人，都分配给司农寺。

唐 19 诸官户皆在本司分番上下。每〔年?〕十月，都官案比［一］。男年十三以上，在外州者十五以上，各取容貌端正者，送太乐；（其不堪送太乐者，自十五以下皆免入役。）十六以上送鼓吹及少府监教习，使有工能，［1］官奴婢亦准官户例分番。（下番日则不给粮。）愿长上者，听。其父兄先有技业堪传习者，不在简例。杂户［二］亦任（在?）本司分番上下。

【校勘】

［1］黄正建已检出《唐六典》卷六《尚书刑部》“都官郎中”条所载“有工能官奴婢”，③ 因此“使”字是否为衍文，目前暂无法判断，权且保留，但不译出，断句从《唐六典》。当然，读书班还存在另一意见：“使有

① 《资治通鉴》，第 6158 页。

② “令”字疑误，此句或有衍文。

③ 《天圣令校证》，第 278 页。

工能”是指令其掌握工艺技能，这是教习的目的，官奴婢比照官户分番，与“工能”无关。

【新录文】

诸官户皆在本司分番上下。每〔年?〕十月，都官案比。男年十三以上，在外州者十五以上，各取容貌端正者，送太乐；(其不堪送太乐者，自十五以下皆免入役。)十六以上送鼓吹及少府监教习。使有工能官奴婢亦准官户例分番。(下番日则不给粮。)愿长上者，听。其父兄先有技业堪传习者，不在简例。杂户亦任（在?）本司分番上下。

【注释】

［一］案比：案户比民，造籍之前的户口清查审核。《唐律疏议》卷一二《户婚》“里正不觉脱漏增减”条载：“里正之任，掌案比户口，收手实，造籍书。”① 张荣强认为，与县令貌阅相对，唐代的“案比”仅指在造籍前，里正对民户申报户籍情况的审核，而不需按户籍上登记的年龄和本人体貌进行核对。②

［二］杂户：唐代官贱民的一种，地位高于官奴婢、官户，也是配没入官的罪人，隶属于诸司，不得与良人为婚。《唐律疏议》卷三《名例》“府号官称”条载：“杂户者，谓前代以来，配隶诸司职掌，课役不同百姓，依令‘老免进丁受田依百姓例’，各于本司上下。”③《唐六典》卷六《尚书刑部》“都官郎中员外郎”条载：“凡反逆相坐，没其家为官奴婢。一免为番户，再免为杂户，三免为良人，皆因赦宥所及则免之。”④

【翻译】

官户都在所属官司轮流上、下番。每年十月，都官［司对官户］进行登记与核查。［两京的官户］男子十三岁以上，在外州的十五岁以上，分别选取容颜相貌端正的，送去太乐署；(［资质］不够送太乐署的人，从十五岁以下都不用服役。)十六岁以上送去鼓吹署及少府监受教学习。有技巧艺能的官奴婢也按照官户的标准轮流上、下番。(下番的时候不给粮。)愿

① 《唐律疏议》，第233页。

② 张荣强、张慧芬：《新疆吐鲁番新出唐代貌阅文书》，《文物》2016年第6期，第81页。

③ 《唐律疏议》，第57页。

④ 《唐六典》，第193页。

意长期上番的，允许。［官户的］父亲、兄长先前已有技艺可以传授教习的，不在挑选［送去学习］的范围［内］。杂户也在所属官司轮流上、下番。

唐 20 诸官奴婢赐给人者，夫妻、男女不得分张［一］。三岁以下听随母，不充数限。

【注释】

［一］分张：分开、分别。《杜诗镜铨》卷六《佐还山后寄三首》“白露黄粱熟，分张素有期”一句注文载：“朱注：‘分张，分别时也。’”[①]

【翻译】

官奴婢赐予私人的，夫与妻、［父母与］子女不能分开。三岁以下［的孩童］允许跟随母亲，不算入［赐予的］数额范围内。

唐 21 诸官〔户?〕奴婢死，官司检验申牒，判计（讫?）埋藏，年终总申。

【翻译】

官〔户?、官〕奴婢死亡，［所属］官司检查核实、提呈牒文，［待主管官员］判定完毕［后］埋葬，年终汇总申报。

唐 22 诸杂户、官户、奴婢主（居?）作者，每十人给一人充火头，[②] 不在功课之限。每旬放休假一日。元日、冬至、腊、寒食，各放三日。产后及父母丧，各给假一月。期丧，给假七日。即〔官?〕户奴婢老疾，[③] 准杂户例。应侍者，[④] 本司每听一人免役扶持（侍?），先尽当家男女。其官

---

① （唐）杜甫著，（清）杨伦笺注《杜诗镜铨》卷六《佐还山后寄三首》，上海古籍出版社，1980，第 267 页。

② 关于“火头”的解释，参见中国社会科学院历史研究所《天圣令》读书班《〈天圣令·赋役令〉译注稿》，徐世虹主编《中国古代法律文献研究》第 6 辑，第 346 页。

③ 关于“疾”的解释，参见中国社会科学院历史研究所《天圣令》读书班《〈天圣令·田令〉译注稿》，徐世虹主编《中国古代法律文献研究》第 11 辑，第 286 ~ 287 页。

④ 关于“应侍”的解释，参见中国社会科学院历史研究所《天圣令》读书班《〈天圣令·赋役令〉译注稿》，徐世虹主编《中国古代法律文献研究》第 6 辑，第 357 页。

户妇女及婢，夫、子见执作，生儿女周年，并免役。（男女三岁以下，仍从轻役。）

【翻译】

杂户、官户、官奴婢服劳役的，每十个人配给一人充任伙头，[1] ［伙头］不在计算工时之列。每十日放假一日。元日、冬至、腊日、寒食，分别放假三日；产后和父母亡故，分别给假一个月。期亲亡故，给假七日。如官户、官奴婢年老、重疾的，比照杂户的处理方式。应当［配给］侍丁的，所属官司每次允许一人免去劳役［去］服侍［时］，先尽可能［从］这家子女［中选择］。官户妇女和婢女，丈夫、儿子正在执役做工的，诞下子、女一年［以内的］，都免劳役。（子女三岁以下［的］，仍然从事较轻的劳役。）

唐23 诸官奴婢及杂户、官户给粮充役者，本司明立功课案记，不得虚费公粮。其丁奴［一］每三人当二丁役；中〔奴若丁婢，二当一役；中婢，三当一役。〕[2]

【注释】

［一］丁奴：二十岁以上的男奴。《唐六典》卷六《尚书刑部》“都官郎中员外郎”条注文载：“（官奴婢）四岁已上为‘小’，十一已上为‘中’，二十已上为‘丁’。”[3] 据此，本条令文后补内容中的“丁婢”是指二十岁以上的婢女，“中婢”是指十一岁以上、十九岁以下的婢女。要注意的是，奴婢的小、中、丁与一般民户小、中、丁的年龄并不一致，且屡有变化。

【翻译】

官奴婢和杂户、官户［中］支给粮食充当劳役的，所属官司［须］明确把工时记录在案，不能虚耗浪费公家粮食。丁奴每三人［完成的工作］

---

① 读书班另有一种观点，据《天圣令·赋役令》唐22“诸役丁匠，皆十人外给一人充火头”，认为伙夫不在十人的范围内，即每十人另派一人充任伙夫。

② 〔 〕内文字原阙，现据《唐六典》卷六《尚书刑部》“都官郎中”条“凡居作各有课程。（丁奴，三当二役，中奴若丁婢，二当一役；中婢，三当一役。）”补。参见《唐六典》，第194页。

③ 《唐六典》，第193页。

相当于二丁的劳役量，中〔奴或丁婢，［每］二人相当于一丁的劳役量；中婢，［每］三人相当于一丁的劳役量。〕

右令不行。

【翻译】

以上令文不再施行。

《中国古代法律文献研究》第十四辑
2020 年，第 204～223 页

华俗互动下高丽的二元化法制体系

张春海*

摘　要：唐制是由律令格式的法律体系建构起来的，高丽在移植唐制建构本国的官僚体制时，必将这套基础性制度也移植过去，但由于两者在政治、社会与文化等各方面的具体国情不同，高丽在移植唐代的律令格式体系时，对之进行了大规模的删减与大幅度的变异，使法律体系出现了许多漏洞与空白，独具半岛特色的制、判体系应运而生。华制以律令格式为其主要形式，土俗性制度则以制、判为主要载体，两者既分野，又紧密配合、相互补充，共同构成了高丽的基本法律框架，使高丽法律体系既有明显的二元性，又具有内在的一致性。两者之间的互动形成了有半岛特色的制度体系与文明。

关键词：高丽　二元体制　制、判体系　律令格式　华制　土俗

唐代制度乃是由律令格式的法律体系所构筑，高丽在移植唐制建构本国官制时，亦必须将这套基础性制度一并移植，作为其制度体系的外壳。在此外壳之下，移植而来的“华制”与半岛的“土俗”冲撞、混合，形成

* 南京大学法学院副教授。

独具半岛特色的法制——制、判体系。它们和律令格式体系共存，使高丽法制呈现出明显的二元化色彩。这种状况的产生，主因在唐制的不少内容与高丽国情不合，故被大幅删改，又以制、判体系为补充。那么，两者在制度与实践层面以怎样的样态存在，又怎样互动？学界尚未揭示。[①] 本文将通过对高丽法律体系的综合性考察，究明制、判体系独特的形成路径与运作方式，以理解其在半岛法律史上的意义。

一　制、判：半岛土俗的法制化

（一）制、判的含义与性质

“制”即国王的命令，其名来自唐。《唐六典》卷一《三师、三公、尚书都省》：“凡上之所以逮下，其制有六，曰：制、敕、册、令、教、符（注：天子曰制，曰敕，曰册；皇太子曰令；亲王、公主曰教）。”[②]

在高丽，“制”除称“诏”之外，在有些历史时期亦称“教”，主要视与中国诸王朝的关系而定。一般而言，当高丽在政治与文化上较为深入地认同中国，承认自身是以中国王朝为中心的天下秩序中的一方诸侯时，则称“教”。这主要集中在臣服于宋与元的时期。成宗受宋册封，于986年三月，“以诏称教”。[③]《资治通鉴》卷一八九“武德四年九月甲午”条

① 现有的研究，或是就高丽的各种具体制度就事论事，基本忽视在这些制度背后起作用的法律；（这类研究非常丰富，比如有〔韩〕李基白的《高麗兵制史研究》，一潮阁，1968年；〔韩〕边太燮《高丽政治制度史研究》，一潮阁，1977；〔韩〕许兴植《高丽科举制度史研究》一潮阁，1977，等等。不一一列举。这些研究基本上均是一种制度史范畴上的研究，而不是法律史范畴上的研究，所以制度背后的法律体系基本都忽视了）或是虽在做法律史的研究，但却将研究的对象主要限于刑律，忽视了其他的法律形式。目前比较重要的研究有〔韩〕宋斗用的《高丽律之研究》（〔韩〕宋斗用：《韩国法制史考》，进明文化出社，1992），〔韩〕韩容根的《高丽律》（〔韩〕韩容根：《高麗律》，서울서경문화사，1999），〔韩〕辛虎雄的《高丽法制史研究》（〔韩〕辛虎雄：《高丽法制史研究》，国学资料院，1995），都是以律为主要的研究对象。这样的研究显然并不全面，不可能使我们看到高丽法律体系的真面目。

② 《唐六典》卷一《三师、三公、尚书都省》，中华书局，2014，第10页。

③ （朝鲜）郑麟趾：《高丽史》卷三《成宗世家》，西南师范大学出版社，2014，第65页。

胡三省注："诸王出命曰教。"[①] 成宗"以诏称教"之举乃自觉地将本国降到了宋之诸侯的地位，使高丽成为"天子"之下的王国。不久，高丽又被迫先后臣服于辽、金，但内心并不认同，故又开始称"制"、称"诏"；直到屈服于蒙元王朝之后，才再次称"教"。

"制"虽是国王的命令，但大多其实是根据官僚机构的奏请而来。成宗七年（988）二月，左补阙兼知起居注李阳上封事：

> 其一曰：古先哲王，奉崇天道，敬授人时……按《月令》："立春前出土牛，以示农事之早晚。"请举故事以时行之。其二曰……（成宗）教曰："李阳所论，皆据典经，合垂俞允……始自今岁，以作通规……宜颁两京百司及十二牧知州县镇使等，咸使知委，勉行条制。当体予意，普示黎元，无犯此令。"[②]

成宗以"教"的形式对李阳之奏予以肯定，确认其为"通规"与"条制"，成为王朝的正式法律。"制"乃以上下互动方式而成为高丽王朝的法律渊源。

"判"乃国王对官僚机构的"状"或"疏"所做的裁断。忠肃王十五年（1328）十二月，资赡司状申："银瓶之价日贱，自今上品瓶折賨布十匹，贴瓶折布八九匹，违者有职征铜，白身及贱人科罪。"国王"判可"。但"时铸银瓶杂以铜，银少铜多，故官虽定价，人皆不从"。[③] 又，《高丽史》卷一一八《赵浚传》：

> 赵浚，字明仲，侍中仁规之曾孙……撰祈禳疏云："疏正直忠信之人，狎谄佞谗邪之徒。"知申事金涛，代言朴晋禄、金凑曰："王若问正直忠信而疏者何人，谄佞谗邪而狎者何人，则何以对?"令浚改撰。遂白禑："诰院所撰，宜令书题，宰臣监申，然后判可。"禑从之。[④]

---

① 《资治通鉴》卷一八九"武德四年九月甲午"条注，第5923页。

② （朝鲜）郑麟趾：《高丽史》卷三《成宗世家》，第68页。

③ （朝鲜）郑麟趾：《高丽史》卷七九《食货二》，第2524页。

④ （朝鲜）郑麟趾：《高丽史》卷一一八《赵浚传》，第3605～3606页。

关于“状”，《唐六典》卷八《门下省》“侍中”条：“凡下之通于上，其制有六：一曰奏抄……五曰表，六曰状，皆审署申覆而施行焉。”① “表”与“状”之类的文书必须通过“申”的程序才能上达给最高统治者。关于“疏”，六典未做规定，但同“表”与“状”一样，作为臣下向皇帝所上文书，也需经过“审署申覆”的程序。由此而言，“制”与“判”的主要区别在于它们做成与运作方式上的差异，在当时被视为两种不同的立法方式，但从现代法学的角度，我们已很难从性质、效力与内容等层面将它们完全区分开来。

需要指出的是，在高丽一代，国王对个别刑事案件的裁断也称“判”。仁宗元年（1123），清州有人因救父杀人，国王判云：“事理可恕，除入岛，只移乡。”② 这种“判”近于现代法学所说的“判决”，其结论只有个案之效力，并非一种立法活动，更非一种立法方式，与作为法律渊源的“判”不同。

（二）“土俗”的法制化

就文化属性而论，制、判以反映土俗的内容最为丰富。那些为律令体系所无，或难以被规定到律令体系中的反映半岛特定国情与土俗的制度，主要以制、判的形式出现。这又分为两种情况：一是华制与土俗的混合性制度，一是完全反映土俗的制度。

半岛的一些关键性制度均是较为纯粹的土俗，其中又以奴婢制度、限职制度、禁锢制度、其人制度、乡职制度等最为典型，而这些制度与半岛特定的权力格局与社会结构密切相关。以下我们仅以奴婢制、限职制与禁锢制为例略加说明。

奴婢法制是从新罗开始一直持续到朝鲜王朝后期的半岛固有制度，与中国制度存在显著差异。柳寿垣《迂书》卷一《论丽制》“奴婢”条云：

> 丽制：放良奴婢，年代渐远，则必轻侮本主。若骂本主，或与本

① 《唐六典》卷八《门下省》，第241～242页。

② （朝鲜）郑麟趾：《高丽史》卷八五《刑法二》，第2710页。

主亲族相抗，则还贱役使。还贱者诉冤，则钑面还主。此实残酷无据之政……且丽朝用人，考其八世户籍，不干贱类，乃得筮仕。若父若母一贱，则纵其本主放许为良，于其所生子孙，却还为贱。又其本主绝嗣，亦属同宗。天下安有如许惨毒之法耶……我朝……崇尚门阀，甚于丽朝……奴婢世传，一循丽制。①

柳寿垣点明了高丽奴婢法制与贵族制之间的关系。为他所痛斥的高丽奴婢法制的种种规定与原则，主要便是以制、判形式被法律化的。试举几例：

1. 成宗六年七月教："放良奴婢年代渐远，则必轻侮本主。今或代本主水路赴战或庐墓三年者，其主告于攸司，考阅其功，年过四十者，方许免贱。若有骂本主，又与本主亲族相抗者，还贱役使。"②

2. 显宗四年判："还贱奴婢更诉良者，杖之，钑面还主。"③

3. 文宗三年判："公私奴婢三度逃亡者，钑面还主。"④

这些法条在中国法制中找不到依据，完全依据半岛"土俗"。它们总的目的是不使奴婢为良，将他们永远役使，以持久维持一个数量庞大的贱民阶层，成为贵族社会赖以存在的经济与社会基础。

在被元朝强权控制下的高丽后期，任征东行省平章的阔里吉思试图依据中国法改革半岛奴婢法制，遭到了国王与贵族集团的强烈反对。忠烈王上表元成宗曰："若许从良，后必通仕，渐求要职，谋乱国家……由是小邦之法，于其八世户籍不干贱类，然后乃得筮仕。凡为贱类，若父若母，一贱则贱，纵其本主放许为良，于其所生子孙却还为贱。又其本主绝其继嗣，亦属同宗，所以然者，不欲使终良也。"⑤ 道出了这一体系的核心原则与秘密。

对于高丽奴婢法制的来源，柳寿垣云：

① （朝鲜）柳寿垣：《迂书》卷一，首尔大学古典刊行会，1971，无页码。

② （朝鲜）郑麟趾：《高丽史》卷八五《刑法二》，第2717～2718页。

③ （朝鲜）郑麟趾：《高丽史》卷八五《刑法二》，第2718页。

④ 以上均见（朝鲜）郑麟趾《高丽史》卷八五《刑法二》"奴婢"条，第2718页。

⑤ （朝鲜）郑麟趾：《高丽史》卷三一《忠烈王四》，第1012页。

丽制则不然，立法之初，不能循天理，则圣制，以成大公至正之治。徒取唐季之法，参以国俗，硬做一副制度。而其实则虽于唐制，亦昧其里面精义细密作用之妙，只以模仿傅会为事。故自外面观之，则制度规模，非不阔大；仪文典章，非不彬彬。而其中则政事无实，治规尨杂，反成邯郸之步，徒为效颦之归。此实出于治无根本而然也。[①]

其“取唐季之法，参以国俗”的判断不确，因为唐代奴婢法制的原则是“一良永良”“从良不从贱”，尽可能地向对贱民有利的方向靠拢。《唐律·户婚律》“放部曲奴婢还压”条就规定：“诸放部曲为良，已给放书，而压为贱者，徒二年；若压为部曲及放奴婢为良，而压为贱者，各减一等；即压为部曲及放为部曲，而压为贱者，又各减一等。各还正之。”[②] 对放贱为良持鼓励态度，甚至还规定了类似“放贱为良，给复三年”[③] 之类的优惠政策。

到了唐季，随着贵族制的退场，以“律比畜产”为特征的奴婢作为一个阶层基本消失。到了宋代，城乡客户、雇工、人力、女使等在唐代没有独立人格的“贱民”，均成为法律关系的主体。[④] 赵彦卫在其《云麓漫钞》中即云：“《刑统》，皆汉唐旧文，法家之五经也。当国初尝修之，颇存南北朝之法及五代一时旨挥，如‘奴婢不得与齐民伍’，有‘奴婢贱人，类同畜产’之语……不可为训，皆当删去。”[⑤]

正因以“一贱永贱”“从贱不从良”“父母一贱则贱”为原则[⑥]的高丽奴婢法制是半岛土俗，与唐制存在根本性差异，难以被吸收入中国式的律

---

① （朝鲜）柳寿垣：《迂书》卷一《论丽制》“奴婢”条。

② 刘俊文：《唐律疏议笺解》，中华书局，1996，第949页。

③ 刘俊文：《唐律疏议笺解》，第355页。

④ 郭东旭：《宋代法制研究》，河北大学出版社，2000，第376页。

⑤ （宋）赵彦卫：《云麓漫钞》卷四，中华书局，1985，第94页。

⑥ 如《高丽史·刑法二》“奴婢”条：“靖宗五年立贱者随母之法。”（第2718页）又《高丽史·忠烈王四》载忠烈王二十六年十一月上述元中书省云：“照得本国旧例，自来驱良种类各别。若有良人嫁娶奴婢者，其所生儿女俱作奴婢。若有本主放许为良，所生儿女却还为贱。”（第1014页）另外，关于高丽时代的奴婢制度可参阅以下几篇论文：양영조《고려시대 천자수모법에 대한 검토》，《청계사학》6，1989；이재범《고려 노비의 법제적 지위》，《국사관논총》17，1990；성봉현《고려시대 노비법제 재검토·호서사학》19、20 합，1992。

令格式体系中，故只能以制、判的形式成文化、法制化。这才是高丽奴婢法制不能成“大公至正之治”的根本原因。

贵族政治的最大特点是以血缘为基础的世袭小集团政治。而要维持此种体制，必须尽力保持统治集团小集团的性质，[①] 这就需制定一系列相关的法律制度加以规范，限职之法即是如此。柳寿垣《论丽制》“铨注”条：“此外又有限职之制，凡工商内外子孙，勿许清要理民之职，只许做校尉等流外杂职八九品而止。虽其祖先，系是三韩功臣，若自高祖以下内外祖先，或有工商，则并锢子孙，此实自古所未有之法也。”[②] 又云：“大抵丽氏法制中，禁锢子孙之法最多……此何政法？”[③]

如果说限职制针对的是世家大族以外阶层的话，禁锢制针对的主要是本集团，它们均以保持贵族势力小集团的特性为目的，均通过制、判方式成文化、法制化。

> 文宗十二年五月，式目都监奏：“制述业康师厚十举不中，例当脱麻。然是堂引上贵曾孙，堂引是驱史之官。伏审……又丙申年制：杂路人子孙蒙恩入仕者，合依父祖仕路。今师厚不宜脱麻。”[④]

制述业即唐宋时期的进士科，“十举不中，例当脱麻”之制乃由宋代的特奏名制度而来，但在半岛贵族制的状况下，又为本国的“限职”之法所制约。所谓“杂路人”，又称“杂类”，常与“工商乐名”并列，虽是良人

① 奥尔森就指出：“当这些分利集团企图通过政治行动达到其目标时，排挤新成员的原因在于：该集团若能以最少的人数取胜，则其中每一成员分得的利益最多。……采用政治或军事手段来达到目的的特殊利益集团的一个有趣例子就是掌握统治权的贵族或寡头。……该集团必定是排他性的……全部历史上所有贵族统治集团都有排他性的事实……当统治集团的地位足够稳定，能将其权力传给其后代时，这种排他性就更加明显了。……这种排他性是如此根深蒂固，以致有些人认为这是‘天赋的’，并找出一切理由来为其辩护。”（〔美〕曼库儿·奥尔森：《国家兴衰探源——经济增长、滞胀与社会僵化》，吕应中等译，商务印书馆，1999，第 72 ~ 73 页）他还指出：“对于一个不按人口比例分配农业收成的分利集团而言……最少人数的分利集团中的成员可以取得最大的收益。”（第 172 页）

② （朝鲜）柳寿垣：《迂书》卷一《论丽制》。

③ （朝鲜）柳寿垣：《迂书》卷一《论丽制》。

④ （朝鲜）郑麟趾：《高丽史》卷七五《选举三》，第 2382 页。

中的一个阶层，[①] 可以出仕，但却在品级与职位上受到严格限制，一般只能任职南班，不能进入由贵族集团垄断的东西两班。

对杂路人及其子孙的限制大多以制、判形式成文化、法制化。文宗十年（1058）十二月，判曰："杂路人子孙从父祖曾祖出身仕路，外孙许属南班。若祖母之父系杂路者，许叙东班。"[②] 直到此时，杂路人子孙才可在特定条件下出仕东班。可到了肃宗元年（1096）七月，又判曰："注膳、幕士，所由、门仆、电吏、杖首等杂类，虽高祖以上三韩功臣，只许正路南班，限内殿崇班加转。"[③] 对杂路人的限制愈发严格，出仕的通道不断收紧。之后，又出现了"恣女案"制度与限制僧人子孙之制。

> 毅宗六年（1152）二月判："京市案付恣女失行前所产，限六品职；失行后所产，禁锢。"三月判："僧人子孙限西南班七品。"[④]

这一制度的本质在于禁锢妇女失行后所产子孙及僧人后代的出仕，将他们排除在贵族的范围之外，既可巩固贵族势力小集团的特性，又可维护他们在道德上的优势，增强制度的合理性。

对于高丽如此众多的与唐不同的制度，柳寿垣认为主要是由于高丽人在移植唐制时，不知为政之本所致。

> 高丽之治，大抵崇尚唐制，而不知为政之本，故其弊流为门阀用人矣……丽朝立国，无所依仿而为治。时当唐末，中国人士，多有东来者。丽朝之治，盖仿唐季，而子孙慕华尤切。文物凡事，必欲一朝变革。而东民椎鲁，实无速化彬然之理，故不得不崇用士人，厌贱杂

① 仁宗朝，式目都监详定《学式》："国子学生以文武官三品以上子孙……为之。太学生以文武官五品以上子孙……为之。四门学生以勋官三品以上无封，四品有封，及文武官七品以上之子为之。三学生各三百人，在学以齿序。凡系杂路及工商乐名等贱事者、大小功亲犯嫁者、家道不正者、犯恶逆归乡者、贱乡部曲人等子孙，及身犯私罪者，不许入学。"（朝鲜）郑麟趾：《高丽史》卷七四《选举二》，第2360页。

② （朝鲜）郑麟趾：《高丽史》卷七五《选举三》，第2384页。

③ （朝鲜）郑麟趾：《高丽史》卷七五《选举三》，第2382页。

④ （朝鲜）郑麟趾：《高丽史》卷七五《选举三》，第2384页。

> 技，以为鼓舞之地，遂至于禁锢工商之域如此……又复禁锢恣女子孙。所谓恣女，即改醮之流也。原其本意，非出于崇尚门阀，而其弊自然为门阀之归矣……或曰："丽朝制作多出唐人。岂不知四民不可偏废。而立法之初，偏僻如此耶？"答曰："所谓唐人，多是沿海穷秀才……不过略记中国文物制度之糟粕……而遭逢幸会，得参制作之际。渠安知四民一致，不可废一而为国也哉。"①

柳寿垣虽看到了高丽土俗与门阀政治的关系，却把原因归结到高丽人对唐制移植的不当，认为应由归化中国士人负主要责任，可谓倒因为果。

二　华化语境下的制与判

（一）"华化"语境下的制与判

制、判固多来自土俗，但也有一些是在变异唐代令式的基础上制定而成。靖宗十二年（1046）判："诸田丁连立无嫡子，则嫡孙；无嫡孙，则同母弟；无同母弟，则庶孙；无男孙，则女孙。"② 此判来自唐《封爵令》。唐开元七年《封爵令》规定："诸王公侯伯子男，皆子孙承嫡者传袭，若无嫡子及有罪疾，立嫡孙；无嫡孙，以次立嫡子同母弟，无母弟，立庶子；无庶子，立嫡孙同母弟；无母弟，立庶孙……"③ 虽然高丽判文针对的是田柴科制度下的土地继承，唐《封爵令》针对的是爵位传袭，但它们处理的核心问题一致。就原理而言，高丽之判明显受到了唐令的影响。

另有一些制、判则来自唐代的一些非法律性资源。高丽关于"行卷"的制与判即是如此。在唐代，科举制度尚不成熟，取士不仅要看科场表现，还要看平时才学。在考试之前，士子们要向达官贵人或闻士名流投呈作品，称为"行卷"。这在当时只是一种惯例，而非律令规定的程序与义

① （朝鲜）柳寿垣：《迂书》卷一《论丽制》。

② （朝鲜）郑麟趾：《高丽史》卷八四《刑法一》"户婚"，第 2683 页。

③ 〔日〕仁井田陞：《唐令拾遗》，栗劲、霍存福等译，长春出版社，1989，第 219 页。

务。在高丽王朝，行卷则成为法律规定的一项必须提交的材料。宣宗八年（1091）十二月判："内侍人吏行卷，依披篮赴举例，试前为限纳之。又进士遭父母丧者，其业未选前服阕，则行卷家状修送贡院，虽限内姓名未录，许令赴试。"①

高丽对中国唐代之前与之后制度的移植，由于无现成律令可以依凭，也以制、判的方式移植。文宗八年（1054）三月判："凡田品不易之地为上，一易之地为中，再易之地为下。其不易山田一结，准平田一结；一易田二结，准平田一结；再易田三结，准平田一结。"② 此条来自《周礼》。《周礼·地官·大司徒》："不易之地家百晦，一易之地家二百晦，再易之地家三百晦。"③ 高丽判文结合本国国情，对周制进行了移植与变异。

另外，高丽制、判中亦结合进不少唐代律令的精神。文宗即位年判：

> 凡军人有七十以上父母而无兄弟者，京军则属监门，外军则属村留二三品军。亲没后，还属本役。④

该判乃为高丽特有的军事组织而设，而非对唐制的移植，可在内容上却又结合了唐代侍养制度的精神。⑤ 此后，这种精神不断以判的形式被强化与重申。文宗三十五年十月判："凡内外军丁亲年七十以上无他兄弟者，并令侍养，亲没许令充军。"⑥ 仁宗六年判："诸领府军人遭父母丧者，给暇百日。"⑦ 这些均为半岛制度与文化上不断华化在法制上的反映。

在此语境下，有些制、判虽为高丽所特有，但其所反映的趋势却是华

① （朝鲜）郑麟趾：《高丽史》卷七三《选举一》，第2306页。
② （朝鲜）郑麟趾：《高丽史》卷三二《食货一》"经理"，第2477页。
③ 杨天宇译注《周礼译注》，上海古籍出版社，2004，第152页。
④ （朝鲜）郑麟趾：《高丽史》卷八一《兵一》，第2581页。
⑤ 《唐律疏议·名例律》规定："诸犯死罪非十恶，而祖父母、父母老疾应侍，家无期亲成丁者，上请。犯流罪者，权留养亲……若家有进丁及亲终期年者，则从流。"（刘俊文：《唐律疏议笺解》，第269页）
⑥ （朝鲜）郑麟趾：《高丽史》卷八一《兵一》，第2583页。
⑦ （朝鲜）郑麟趾：《高丽史》卷八一《兵一》，第2585页。

化。比如，近亲为婚乃高丽特有之风俗，[①] 但随着中国文化影响的深入，高丽人逐渐具有了变俗意识，并采取了具体措施，主要手段就是法律，即以制、判形成禁止性规范，以逐渐实现婚姻制度上的华化。

> 文宗十二年五月判："嫁大功亲所产，禁仕路。"[②]
>
> 宣宗二年四月判："同父异母姊妹犯嫁所产，仕路禁锢。"[③]
>
> 肃宗元年二月判："嫁小功亲所产，依大功亲例禁仕路。"[④]
>
> 睿宗十一年八月判："大小功亲犯嫁者，禁锢。"[⑤]
>
> 仁宗十二年十二月判："嫁大小功亲，所产曾限七品，今后仕路一禁。"[⑥]
>
> 毅宗元年十二月判："大、小功亲内只禁四寸以上犯嫁，五六寸亲党不曾禁嫁，缘此多相昏嫁，遂成风俗，未易卒禁。已前犯产人许通仕路，今后一皆禁锢。"[⑦]

在这些判文中，通过"限职"以反对本国近亲为婚习俗的那些法令尤为引人注目。它们是结合半岛贵族制之制度资源进行的立法，因而是较为有效的，我们从法条规定之禁锢的范围越来越广的趋势，可清楚地看到这一点。制、判成为移风易俗的手段，"华化"是其基本的历史与文化背景。

---

① 朝鲜崔溥（1454～1504）云："新罗之初，习俗鄙野，娶堂从之亲，恬不知耻。……高丽家法，非特堂从，虽姊妹，亦不避。如景宗之纳光宗女，显宗之纳成宗女，睿宗之纳宣宗女，则于己为堂从。光宗之大穆后，则大（太）祖之女。德宗之敬成后、文宗之仁平后，则显宗之女，皆其姊妹也。三纲不正，有夷狄之风。皆假外亲为姓，以之而示群下，以之而闻上国，以之而奉宗庙社稷之祀，可乎？当时群臣……自喜因循，不知其同流于禽兽而不辞也，岂不深可惜哉？……不别同姓，不分亲疏，弃礼乱正如高丽者，又何足责哉？"（朝鲜）崔溥：《锦南先生集》卷二《东国通鉴论》，《韩国文集丛刊》16，1996，第401页。

② （朝鲜）郑麟趾：《高丽史》卷七五《选举三》，第2383页。

③ （朝鲜）郑麟趾：《高丽史》卷七五《选举三》，第2383页。

④ （朝鲜）郑麟趾：《高丽史》卷七五《选举三》，第2383页。

⑤ （朝鲜）郑麟趾：《高丽史》卷七五《选举三》，第2383页。

⑥ （朝鲜）郑麟趾：《高丽史》卷七五《选举三》，第2384页。

⑦ （朝鲜）郑麟趾：《高丽史》卷七五《选举三》，第2384页。

(二) 制、判与律令格式的关系

首先，有相当数量的制、判被吸收到律令格式之中。在《高丽史·刑法志》以外的各志中存在相当数量的“科条的记事”。如：“一品曰三重大匡，重大匡；二品曰大匡、正匡；三品曰大丞、佐丞；四品曰大相、元甫；五品曰正甫；六品曰元尹、佐尹；七品曰正朝、正位；八品曰甫尹；九品曰军尹、中尹。”① 它们均为半岛特有制度，在唐代律令中找不到对应的条文，应该是先以制或判的形式存在，之后又通过系统性立法进入律令格式的法律体系之中。

其次，高丽对唐代法制的移植常以制与判的方式零星、部分地进行。文宗二年正月制：“犯罪配乡人若有老亲，权留侍养，亲没还配。”②此条乃移植自唐律。《唐律疏议·名例律》：“诸犯死罪非十恶，而祖父母、父母老疾应侍，家无期亲成丁者，上请。犯流罪者，权留养亲……若家有进丁及亲终期年者，则从流。”③ 两相对照可知，文宗二年制将唐律中的“权留养亲”改为了“权留侍养”，将“若家有进丁及亲终期年者，则从流”改为“亲没还配”，即以大幅简化与改写的方式对唐制进行了变异。

这种以制、判渐进式地移植唐制的做法不唯体现于律，亦体现于令、格、式等其他法典。显宗十五年（1024）十二月判：

> 诸州县千丁以上，岁贡三人；五百丁以上，二人；以下，一人。令界首官试选，制述业则试以五言六韵诗一首，明经则试五经各一机，依例送京国子监更试，入格者许赴举，余并任还本处学习。如界首官贡非其人，国子监考覈科罪。④

在唐代，“乡贡”需先参加州县每年举行一次的考试，先县考，后

① （朝鲜）郑麟趾：《高丽史》卷七五《选举三》，第2399页。
② （朝鲜）郑麟趾：《高丽史》卷八五《刑法二》“恤刑”条，第2709页。
③ 刘俊文：《唐律疏议笺解》，第269页。
④ （朝鲜）郑麟趾：《高丽史》卷七三《选举一》，第2395页。

州考，[①] 录取名额亦有限制。《唐六典》卷三〇《三府都督都护州县官吏》"功曹司功参军"条："凡贡人，上州岁贡三人，中州二人，下州一人。若有茂才异等，亦不抑以常数。"[②] 高丽上述判文显然来自唐代令式，只是依据本国国情略有变化而已。

这些被移植到半岛的律令格式，之后还经历了一个补充与发展的过程。这些改进主要也以制、判的方式进行。文宗二十二年制："凡人无后，者无兄弟之子，则收他人三岁前弃儿养以为子，即从其姓，继后付籍，已有成法。其有子孙及兄弟之子而收养异姓者一禁。"[③]《唐律疏议》的相关法条则规定："诸养子……即养异姓男者，徒一年；与者，笞五十。其遗弃小儿年三岁以下，虽异姓，听收养，即从其姓。"[④] 两相比较可知，文宗二十二年制乃是对与唐律此条相关之律令的移植与变异。文宗时，还以制的方式制定了这样一条法律："禁以伯叔及孙子行者为养子。"[⑤] 乃对唐令的移植。唐开元二十五年《户令》："诸无子者，听养同宗于昭穆相当者。"[⑥] 高丽之制不过是对唐令做了更直接的表述而已。

随着半岛华化的深入，零星移植而来的中国制度又不断面临进一步完善的压力。还以收养制度为例，仁宗十四年（1136）二月制："同宗支子及遗弃小儿，三岁前，节付收养者，为收养父母服三年丧。遗弃小儿仍继其姓同宗支子，为亲父母期年。异姓族人之子收养者服丧之制礼虽无据，恩义俱重，不可无服，其令服大功九月四十九日。"[⑦] 此种补充乃为了和从中国移植而来的五服制度相匹配。

通过制、判方式移植而来的律令格式，随着不断积累，逐渐显露出了整体性的特征。此种整体性，又进一步拉动了对中国制度的引进，促发本国相应制度的创出。肃宗二年（1096）判："被差充丁夫杂匠稽留不赴，

---

① 唐高祖李渊于武德四年（621）四月一日，敕诸州学士及白丁，"有明经及秀才、俊士、进士，明于理体，为乡里所称者，委本县考试，州长重覆，取其合格，每年十月随物入贡"（《唐摭言》卷一五《杂记》，上海古籍出版社，2012，第101页）。

② 《唐六典》卷三〇《三府都督都护州县官吏》，第748页。

③ （朝鲜）郑麟趾：《高丽史》卷八四《刑法一》"户婚"条，第2683页。

④ 刘俊文：《唐律疏议笺解》，第941页。

⑤ （朝鲜）郑麟趾：《高丽史》卷八四《刑法一》，第2683页。

⑥ 〔日〕仁井田陞：《唐令拾遗》，第141页。

⑦ （朝鲜）郑麟趾：《高丽史》卷六四《礼六》，第2041页。

一日，笞四十；四日，五十；七日，杖六十；十日，八十；十三日，九十；十九日，一百；二十三日，徒一年。将领主司，各加一等。”① 《唐律疏议》“丁防稽留”条：“诸被差充丁夫杂匠，而稽留不赴者，一日笞三十，三日加一等，罪止杖一百；将领主司加一等。防人稽留者，各加三等。即由将领者，将领者独坐。”② 两相比较，可知肃宗三年判不过是对此条做了一定程度的变异而已。

肃宗三年的这一判文之后又被吸收入律典。《刑法志》“户婚”条有“被差充丁夫、杂匠稽留不赴，一日，笞四十；二日，五十；七日，杖六十；十日，七十；十三日，八十；十六日，九十；十九日，一百；二十三日，徒一年。将领主司，各加一等”③ 这样一个条文。据笔者研究，这一律文当出自武人政权时期制定的一部律典。④ 该条律文虽和判文略有不同，但来自肃宗二年的判文当无疑问。质言之，通过制、判的零星移植模式与通过集中性立法的较大规模移植模式之间存在一种交汇机制，由此形成了部分性移植与集中性移植并行不悖、制判体系与律令体系相互配合的态势。

制、判还可以修改律令格式。仁宗十二年（1134）判：“殴人折齿者，征铜与被伤人。”⑤ 此条乃对律典的修改，完全超出了唐律的范围。对同样之罪，唐律《斗讼律》“斗殴折齿毁缺耳鼻”条规定：“诸斗殴人，折齿，毁缺耳鼻，眇一目及折手足指，若破骨及汤火伤人者，徒一年；折二齿、二指以上及髡发者，徒一年半。”⑥ 对殴伤人的处罚乃以实刑主义为原则，可仁宗十二年的判却将之改为赎刑。日本学者仁井田陞甚至据此得出了高丽法制尽量避免唐律之“实刑主义”，而实行“赔偿主义”的结论。⑦

制、判不仅可以变异律令，甚至还可部分乃至全部地废止律令的某些条款与规定。文宗二十年七月制：“诸因畏惧致死者，以绞论，有乖于义，

① （朝鲜）郑麟趾：《高丽史》卷八四《刑法一》，第 2669 页。

② 刘俊文：《唐律疏议笺解》，第 1226 页。

③ 见《高丽史》卷八四《刑法一》“户婚”条，第 2682 页。

④ 关于此，见《高丽律辑佚与复原及其所反映之时代》，《南京大学法律评论》，2010 年秋季号。

⑤ （朝鲜）郑麟趾：《高丽史》卷八四《刑法一》，第 2687 页

⑥ 刘俊文：《唐律疏议笺解》，第 1469 页。

⑦ 〔日〕仁井田陞：《唐令拾遗补》，第 274 页。

皆除之。"[1]"诸因畏惧致死者，以绞论"一款乃移植唐律"以物置人耳鼻孔窍中"条。[2]在移植的当时，高丽已对唐律本条进行了变异——将唐律本条的"各随其状，以故斗、戏杀伤论"改为"以绞论"。[3]现在又以制的形式，将律文的这一规定完全删除。由此可知，制、判的效力与权威在律令格式之上，主要是以"新法"与"特别法"的形式存在。

三　以制、判进行的华制土俗化

高丽对唐律令体系的移植具有选择性，多移植那些与国情有交集的制度与条文。但即使是这些经过筛选的条文，亦与高丽的土俗与需要不完全相符，仍需进行变异，半岛土俗借助华制而法律化的现象出现了。

一些高丽制度从整体性或系统性的角度看待中国制度，可又在不断"土俗化"，最终使"华制"沦为形式，仕进制度即是如此。

自光宗实行华化政策以来，科举与荫叙便成为高丽最主要的两种仕进通路。从基本的制度框架看，它们均系移植唐制而来，但在高丽贵族制的基本国情下，又进行了一些关键性变异。

> 文宗九年十月，内史门下奏："氏族不付者，勿令赴举。"[4]
>
> 元宗十四年（1273）十月，参知政事金坵知贡举。旧制："二府知贡举，卿监同知贡举。其赴试诸生，卷首写姓名、本贯及四祖，糊封，试前数日呈试院。"[5]

科举参加者必须提供其出身家门文件的规定，将科举与贵族制直接挂钩。之所以有此要求，是因为道德标准是维持高丽贵族制的条件之一。对这一制度，朝鲜太宗时，司宪府上疏曰："吾东方，自王氏统合以来，官无大

---

① （朝鲜）郑麟趾：《高丽史》卷八五《刑法二》，第2710页。
② 刘俊文：《唐律疏议笺解》，第1295页。
③ （朝鲜）郑麟趾：《高丽史》卷八五《刑法二》，第2710页。
④ （朝鲜）郑麟趾：《高丽史》卷七三《选举一》，第2305页。
⑤ （朝鲜）郑麟趾：《高丽史》卷七四《选举二》，第2340页。

小，皆待告身署经台谏，其或系出有累者，行有不洁者，必滞告身以惩之。是故人各饬砺，务尚节操，巩固维持，几五百年。"[①]"系出有累"即指世系方面的瑕疵，而"行有不洁"则指道德方面的问题。世系与道德标准既然如此重要，就须以法律加以规制。科举时提供本贯及四祖（父、祖、曾祖、外祖）的证明文件，就是要查证应试者"四祖"是否有痕咎及本贯是否被降号。如当事人或其祖先有"痕咎"（"痕累"），会对其本人及后代产生严重影响。庾仲卿为工部尚书庾逵之子，国王让他门荫出仕，却遭到了以首相李子渊为首之十一人的驳议："仲卿舅平章李龚，奸兄少卿蒙女，生仲卿母，仲卿不宜齿朝列。"[②] 如不能提供相应的文件，则不能授予官职。《高丽史》卷九五《崔冲传》：

> 明年（文宗五年）为式目都监使，与内史侍郎王宠之等奏："及第李申锡不录氏族，不宜登朝。"门下侍郎金元冲、判御史台事金廷俊奏："氏族不录，乃其祖父之失，非申锡之罪。况积功翰墨，捷第帘前，身无痕咎，合列簪绅。"制曰："冲等所奏固是常典，然立贤无方，不宜执泥，其依元冲等奏。"[③]

一般认为，高丽科举考试分"乡贡试—国子监试—东堂试（礼部试）"三个阶段，[④] 就国子监试而论，高丽有这样的法律："旧制：国子监以四季月六衙日，集衣冠子弟，试以《论语》《孝经》，中者报吏部，吏部更考世系，授初职。"[⑤] 学校与科举两大制度是高丽最早完整移植而来的唐制，其国子监考试生徒之法，也是借鉴唐制而来。《唐六典》卷二一《国子监》"国子博士"条："每岁，其生有能通两经已上求出仕者，则上于监；堪秀才、进士者亦如之。"[⑥]这是上引高丽"旧制"的来源。但在华制的外壳下，却装入了"吏部更考世系"这一与半岛贵族制相配合的土俗性

① 《朝鲜王朝实录·太宗实录》，"太宗十三年十一月庚辰"条。
② （朝鲜）郑麟趾：《高丽史》卷九五《金元鼎传》，第2961页。
③ （朝鲜）郑麟趾：《高丽史》卷九五《崔冲传》，第2940页。
④ 见〔韩〕朴龙云《高丽时代荫叙制와科举制研究》，一志社，2000，第206页。
⑤ （朝鲜）郑麟趾：《高丽史》卷九九《崔惟清附崔宗峻传》，第3053页。
⑥ 《唐六典》卷二一《国子监》，第559~560页。

内容。

与之相对的是对其他各阶层的限制，这些限制主要也以制与判的方式出现。首先，包括乡、部曲人在内的各种贱民阶层被剥夺了参加科举的资格。靖宗十一年四月判："五逆、五贱、不忠、不孝、乡、部曲、乐工杂类子孙，勿许赴举。"① 其次，限制乡吏阶层应举。文宗二年十月判：

> 各州县副户长以上孙、副户正以上子欲赴制述、明经业者，所在官试，贡京师。尚书省、国子监审考所制诗赋，违格者及明经不读一二机者，其试贡员科罪。若医业，须要广习，勿限户正以上之子。虽庶人，非系乐工杂类，并令试解。②

户长、户正等乃乡吏阶层世袭的乡职。"乡吏"是一个与作为执政集团之在京世家大族相对应的以乡村为根据地的中小贵族阶层，朝廷对这一阶层的限制十分严格，特别是通过"乡职制度"限制他们的出路。

"乡职"源于高丽初期各地豪族势力自设的官署名号，它们大多直拟中央官府。到了高丽第六代君主成宗时，王权在和大贵族势力达成妥协的基础上，引进了唐代的三省六部制，地方上的各种名号被降为乡职。《高丽史》卷七五《选举三》"乡职"条："成宗二年，改州府郡县吏职，以兵部为司兵，仓部为司仓，堂大等为户长，大等为副户长，郎中为户正，员外郎为副户正，执事为史，兵部卿为兵正，筵上为副兵正，维乃为兵史，仓部卿为仓正。"③ 担任乡职的乡村小贵族势力则逐渐沦为"乡吏"。国家对这一阶层实行歧视政策，制定了很多限制性法规，上引文宗二年十月判只是其中的一条而已，它将乡吏阶层应举的范围限定在副户长以上孙、副户正以上子。如乡吏赴举子孙达不到要求，还要对有关官员治罪。这种规定为唐代所无，完全是半岛土俗。

再看关于荫叙的法律。隋朝建立后，虽废除了九品中正制，但为了保证当朝贵族与高官子弟世代为官，创设了门荫制。唐承隋制，并以详细法

① （朝鲜）郑麟趾：《高丽史》卷七三《选举一》，第2305页。
② （朝鲜）郑麟趾：《高丽史》卷七三《选举一》，第2305页。
③ （朝鲜）郑麟趾：《高丽史》卷七五《选举三》，第2399页。

律作出严密规定。[①] 唐代门荫制的最大特点是：门荫范围限于本宗子孙，不及外姓。唐开元七年《选举令》：

> 诸一品子正七品上，从三品子递降一等，四品、五品有正从之差，亦递降一等，从五品子从八品下，国公子亦从八品下，三品已上荫曾孙，五品已上荫孙，孙降子一等，曾孙降孙一等……自外降入九品者，并不得成荫。[②]

门荫制非常适合半岛贵族社会的特性，故为高丽所移植，成为王朝最主要的一种出仕方式。成宗创法立制时，有意限制贵族权力，尚未移植此类制度。[③] 随着贵族制的日渐成熟，这一制度终于在穆宗时被从唐移植而来——穆宗下教："文武五品以上子，授荫职。"[④]

不过，当时高级官贵只能荫子，用荫的范围小于唐。但这与半岛实际社会结构与权力格局不符，之后范围不断扩大。显宗五年十二月教："两班职事五品以上子孙若弟侄，许一人入仕。"[⑤] 不仅扩大到了孙，还扩及弟与侄，已超出了唐制的范围。之后，则更是扩展到了收养子。睿宗三年二月诏："两京文武班五品以上，各许一子荫官。无直子者，许收养子及孙。"[⑥] 仁宗五年二月判："收养同宗支子，许承荫；收养遗弃小儿、良贱难辨者，东、西、南班并限五品。"[⑦] 仁宗时期又扩大到了外甥和女婿。仁宗十二年六月判：

> 致仕见任宰臣直子，军器、注簿、同正。收养子及内外孙、甥、侄，良酝令同正。前代宰臣直子，良酝令同正。内外孙，令史同正。

① 关于唐代的门荫制度，可参看吴宗国《唐代科举制度研究》第二章第一节"门荫入仕"，北京大学出版社，2010。

② 《唐令拾遗》，第214～215页。

③ 朴龙云教授则推测，此制可能在穆宗之前已经设立，但并无证据（见氏著《高丽时代蔭叙制와科举制研究》，第6页）。

④ （朝鲜）郑麟趾：《高丽史》卷七五《选举三》"凡荫叙"条，第2385页。

⑤ （朝鲜）郑麟趾：《高丽史》卷七五《选举三》"凡荫叙"条，第2385页。

⑥ （朝鲜）郑麟趾：《高丽史》卷七五《选举三》"凡荫叙"条，第2385页。

⑦ （朝鲜）郑麟趾：《高丽史》卷七五《选举三》"凡荫叙"条，第2385页。

枢密院直子，良酝令同正。收养子及内外孙、甥、侄，良酝丞同正。左右仆射、六尚书以下文武正三品直子，良酝令同正。收养子及内外孙、甥、侄，主事同正。从三品直子，良酝令同正。收养子及内外孙、甥、侄，令史同正。正从四品直子，良酝丞同正。正从五品直子，主事同正。①

与唐代令式只规定出身官品不同，高丽用荫者一开始就有实职，这显然与半岛贵族社会的特性直接相关。② 总之，高丽以制与判，将唐代只能用父、祖之荫的制度变异为由父荫、祖荫、外祖荫、兄荫、外叔荫、伯父荫、舅荫组成的庞大体系，③ 是华制“土俗化”的典型体现。柳寿垣不明此理，论高丽铨选之法曰：“功臣子孙，勿论内外玄孙之玄孙，许以初入仕。功臣子孙，虽或录用，岂有外玄孙之玄孙，亦许悬荫之理耶，可笑甚矣。”④

四 结语

在华、俗两分的文化与社会环境中，高丽法律体系呈现出明显的二元性：既有在“华化”政策下由移植唐制而来的律令格式体系，又有扎根于本国传统的制、判体系。制与判，均为以国王命令形式出现的特别法，虽然主要是土俗的法制化，但在王朝不断华化的语境下，制、判与华制之间又形成了复杂的互动关系。首先，有些制、判是在变异唐代律令格式的基础上制定而成；其次，有些制、判来自唐代的一些非法律性资源；再次，高丽对中国唐代以前及以后的一些制度性资源的移植也以制、判的方式进行；最后，有些制、判虽为高丽所特有，可反映的趋势却是华化。

① （朝鲜）郑麟趾：《高丽史》卷七五《选举三》“凡荫叙”条，第2385页。

② 朴龙云教授在其专著中对“荫叙与家门”有专论，可参看氏著《高丽时代荫叙制와科举制研究》，第74～83页。

③ 关于高丽荫叙的种类，可参考〔韩〕朴龙云《高丽时代荫叙制와科举制研究》，第19页。

④ （朝鲜）柳寿垣：《迂书》卷一《论丽制》“铨注”条。

再就制、判与律令格式的关系而论，首先，有相当数量的制、判被吸收到了律令格式之中。其次，高丽对唐代法制的移植常以制与判的方式零星、部分地进行。再次，被以制、判移植到半岛的律令格式，又经历了一个不断被补充与发展的过程，这些改进主要也以制判的方式进行。两大法律体系大致与华制和土俗的二分格局相对应，彼此之间既有较为明显的分野，又紧密配合、相互补充，共同构成了高丽王朝的基本法律框架。

对于高丽制度的这种状况，柳寿垣以“无稽之法”斥之，其论田制云：“丽朝田制……则亦不纯用唐制，多以无稽之法，参错于其间……”① 在他看来，高丽制度几无一善：“丽朝以海外偏邦，不思国力之不逮，凡百制度，动皆模拟唐朝……不过模得华制影子。”② 这不过是他从自身所处之高度儒化的现实出发，脱离具体语境所做的肤廓之论。从长时段的历史进程看，高丽在半岛制度与文化的发展史上实有承前启后、继往开来的作用。半岛在制度与文化上大规模的华化正是从高丽时代开始的。在移植中国制度的过程中，尽管受到了本国固有社会结构、文化传统与政治格局的强大制约，但统治集团通过博弈，努力寻找着华制与土俗间的平衡点，摸索出了一套较为成功的模式，法制上的二元化体系即是如此。高丽人通过对唐代法制的框架性移植，搭建了中国式制度的基本外壳，在此外壳之下，又包容了大量的土俗制度，两者之间密切互动，最终形成了有半岛特色的法律体系。

---

① （朝鲜）柳寿垣：《迂书》卷一《论丽制》“田制”条。

② （朝鲜）柳寿垣：《迂书》卷一《论丽制》“官制”条。

《中国古代法律文献研究》第十四辑
2020 年，第 224 ~ 241 页

略论元代罪囚的枷、锁、散禁*

党宝海**

摘　要： 元朝关押囚犯的方式，主要分为枷禁、锁禁、散禁三种。由于元朝的立法问题和族群政策，监禁制度与前代相比有较大差异，如滥用枷禁、优待蒙古人等等。

关键词： 元代　罪囚　枷禁　锁禁　散禁　优待蒙古人

一

元朝继承前朝制度，在关押罪囚时，根据囚犯罪行的轻重和他们的个体状况，实行不同等级的监禁形式，大体上分为枷、锁、散禁三大类。

分级囚禁的制度在中国起源很早。① 全面、完整的记载见于《唐律疏议》卷二九“断狱”所收“囚应禁不禁”条：

诸囚应禁而不禁，应枷、锁、杻而不枷、锁、杻及脱去者，杖罪

* 本文是国家社科基金重大项目“《元典章》校释与研究”，（项目批准号：12&ZD143），课题的阶段性成果。

** 北京大学历史系副教授。

① 中国较成熟的监狱分级囚禁制度不晚于汉朝。参阅宋杰《汉代刑具拘系制度考述》，载氏著《汉代监狱制度研究》，中华书局，2013，第 328 ~ 358 页。

笞三十，徒罪以上递加一等；回易所著者，各减一等。［疏］议曰：狱官令：“禁囚：死罪枷、杻，妇人及流以下去杻，其杖罪散禁。”又条：“应议、请、减者，犯流以上若除、免、官当，并锁禁。”即是犯笞者不合禁，杖罪以上始合禁推。［下略］①

关于此条，刘俊文注释说：此引《狱官令》，原文详见《宋刑统》卷二九“应囚禁枷锁杻”门：

诸禁囚，死罪枷、杻，妇人及流罪以下去杻，其杖罪散禁。年八十及十岁并废疾、怀孕、侏儒之类虽犯死罪，亦散禁。应议请减者犯流罪以上（若）除、免、官当，并锁禁。公坐流、私罪徒，并谓非官当者，责保参对。其九品以上及无官应赎者犯徒以上若除、免、官当者，枷禁。公罪徒并散禁，不脱巾带，款定皆听在外参对。②

综合以上法条，我们可以看到唐朝“杖罪以上始合禁推”，禁囚之制分为三等：枷、锁、散禁。

枷禁实施的范围是：死刑犯，若无特殊情况，男子用枷、杻；女子去杻。流刑犯、徒刑犯，枷禁，去杻。九品以上及无官应赎者犯徒以上若除、免、官当者，枷禁。

锁禁实施的范围是：应议、请、减者，犯流以上若除、免、官当，锁禁。

散禁指在禁不著械具，其实施的范围是：杖罪散禁。年八十岁及十岁并废疾、孕妇、侏儒即使犯死罪，也要用散禁。此外，公罪徒并散禁，不脱巾带，款定听在外参对。

总之，至晚到唐代，监禁罪囚已经明确分出三种不同等级。宋朝延续了唐制。《宋刑统》卷二九引《狱官令》“应囚禁枷锁杻”门已见上引文。

---

① （唐）长孙无忌等：《唐律疏议》第469条，载刘俊文《唐律疏议笺解》下册，中华书局，1996，第2013～2014页。

② 上引刘俊文《唐律疏议笺解》，第2014～2015页。

相关规条在宋朝依然沿用。[①]

金朝是元朝法律制度的主要来源。学界公认，金律基本上承袭唐律。虽然我们不能看到完整的金朝法典，但可以推测它和唐律的差别不大。[②]那么，在开国之初多年内沿用金《泰和律》的元朝，[③]必然也间接地继承了唐朝以来三级监禁罪囚的制度。

二

元代传世文献关于禁囚制度记载并不全面，没有明确、直接地提到三级制度。如《元典章》“疑狱毋得淹滞”条：

> 中统五年（1264）八月初四日，钦奉圣旨立中书省条画内一款节该：“诸州司县但有疑狱不能决断者，无得淹滞，随即申解本路上司。若犹有疑惑不能决者，申部。应犯死罪，枷杻收禁，妇人去杻，杖罪以下锁收。”钦此。[④]

又如《元典章》“巡检司狱具不便”条：

> 大德七年（1303）十二月，中书省据河南江北道奉使宣抚呈官民不便数事，关系通例。送刑部议拟到：“……检会到中统五年钦奉圣旨条画内一款：‘……应犯死罪，枷杻收禁，妇人去杻。杖罪以下并

---

① 王云海主编《宋代司法制度》，河南大学出版社，1992，第192～193、395～396页。相关法条另可参阅《天圣令》卷二七《狱官令》第36条，见天一阁博物馆、中国社会科学院历史研究所天圣令整理课题组校证《天一阁藏明钞本〈天圣令〉校证——附唐令复原研究》下册，中华书局，2006，第334页。《宋会要辑稿·刑法》下册《刑法六·禁囚》引《狱官令》，马鸿波点校，河南大学出版社，2011，第766页。

② 《金史》卷四五《刑志》谓泰和律“实唐律也，但加赎铜皆倍之”，中华书局，1975，第1024页。参阅叶潜昭《金律之研究》，台北，台湾商务印书馆，1972。

③ 参阅刘晓《〈大元通制〉到〈至正条格〉：论元代的法典编纂体系》，《文史哲》2012年第1期，第65～66页。

④ 《元典章》卷四〇《刑部二·系狱》，陈高华等点校，中华书局、天津古籍出版社，2011，第1361页。

锁收。’钦此。”①

上述规定是元朝官吏所熟知的。在元代碑刻资料中提到类似规定。曾任松江县县丞的魏虞翼元贞二年（丙申年，1296）所写《松江府司狱司记》中说：

> 赏罚者国之大柄，废一不可，有功者必赏，有罪者必罚。拘挛之，桎梏之，有曰狴犴，曰囹圄，曰牢狱，仍选官专掌其事。有曰司寇、参军，今曰司狱。虽历代沿革不同，推其义则一也。我国家平治天下，有诏颁降《至元大典》，中款节云：“除府州县外，其余官司不得私置牢狱。应犯死、流、徒，罪枷杻，妇人去杻。杖罪已下，并锁收。”②

严格说来，元世祖、成宗时期并未颁布过《至元大典》，此处所说的《至元大典》很可能是指《至元新格》。

显然，与唐宋不同的是，元朝扩大了禁囚的范围，降低了使用锁禁的标准。唐朝“杖罪以上始合禁推”，杖刑散收，笞刑不禁。元朝则对杖、笞罪犯都囚禁，而且均用锁收。囚禁使用的范围和强度都扩大与提高了。

古代狱具的形制变化不大。唐朝狱具有枷、杻、锁。枷以木制，用以枷罪犯之颈；杻亦以木制，用以械罪犯之手；锁以铁制，用以锁罪犯之颈。唐代枷、杻、锁各有定制，《旧唐书》卷五〇《刑法志》：“系囚之具，有枷、杻、钳、锁，皆有长短广狭之制，量罪轻重，节级用之。”《唐六典》卷六“刑部郎中员外郎”条注：“枷长五尺以上、六尺以下，颊长二尺五寸以上、六寸以下，共阔一尺四寸以上、六寸以下，头径三寸以上、四寸以下。杻长一尺六寸以上、二尺以下，广三寸，厚一寸。……锁长八尺以上、一丈二尺以下。”③

---

① 《元典章》卷四〇《刑部二·系狱》，第 1357 页。

② 原文见（崇祯）《松江府志》卷二二，收入李修生主编《全元文》卷九一六，凤凰出版社，2004，第 28 册，第 252 页。标点略有改动。

③ 俱见前引刘俊文《唐律疏议笺解》，第 2015 页。

宋承唐制。枷、杻、锁的长度、尺寸与唐朝的规定相同。不过，在北宋前期出现了一个值得注意的变化，就是根据量刑的不同，具体规定了枷的不同重量。最早的法条见《天圣令》卷二七《狱官令》："诸枷，大辟重二十五斤，徒、流二十斤，杖罪一十五斤。……仍以干木为之，其长阔、轻重，刻志其上。"[①] 相同的规定，又见《宋会要辑稿·刑法六》。[②] 研究者指出，《天圣令》中关于枷不同重量的条文，似非唐制，宋初《狱官令》中对枷的重量没有规定，推测自《天圣令》之后，宋令中新增了关于枷重量的条文。[③] 此说可从。

《元史》记载："诸狱具，枷长五尺以上，六尺以下，阔一尺四寸以上，一尺六寸以下，[④] 死罪重二十五斤，徒、流二十斤，杖罪一十五斤，皆以干木为之，长阔、轻重各刻志其上。杻长一尺六寸以上，二尺以下，横三寸，厚一寸。锁长八尺以上，一丈二尺以下。镣连（环）〔镮〕重三斤。"[⑤]

大体上，元朝沿用前朝的刑具规制，对枷三级重量的详细规定源自宋朝。

三

唐朝"杖罪以上始合禁推"，禁囚之制分为枷、锁、散禁三等。上文征引资料显示，元朝前期已经明确对囚犯实施枷禁和锁禁。但是，在普遍意义上实行散禁的规定未见明确记载。查阅当时文献，只在规定对蒙古族罪犯的监禁时提到了散禁，详见下文。

实际上，元朝仍然实行三级禁囚制度。对此，最有力的证据莫过于元

① 前引《天一阁藏明钞本〈天圣令〉校证——附唐令复原研究》下册，第336~337页。

② 前引《宋会要辑稿·刑法》下册《刑法六·枷制》引《狱官令》，第800页。

③ 雷闻：《唐〈开元狱官令〉复原研究》，载《天一阁藏明钞本〈天圣令〉校证——附唐令复原研究》下册，第636页。

④ 《元史》点校本此处有校勘记：《事林广记》别集卷三《大元通制》在"一尺六寸以下"后尚有"厚二寸以下，一寸八分以上"十一字，此疑脱。按，关于枷板厚度的规定，不见于前朝文献。

⑤ 《元史》一〇三《刑法志二·职制下》，中华书局，1976，第2635页。标点稍有改动。参见前引《元典章》卷四〇《刑部二·狱具》，第1349页。

代司法档案。虽然留存至今的这类档案数量有限，而且大多残缺，但作为第一手资料，它们的重要性不言而喻。

日本学者竺沙雅章系统研究了中国古籍印刷使用的宋、元、明政府公文。[①] 他介绍过日本静嘉堂文库藏宋刻元印《欧公本末》。此书用元朝中期公文纸的背面印刷，其中包括郑胜一死亡案件的处理案牍。这是一桩刑事案件，大致案情如下。江浙行省婺州路武义县二十一都郑曾一卖给处州路丽水县四十一都朱四八田八十把。后来由于沙石淤塞，朱四八之子朱万七同意郑曾一之子郑胜一将田回赎，但是，原来朱家购买土地的文契并没有退还给郑家。延祐五年四月，武义县经理田粮，对土地产权重新登记。朱万七拿旧文契到武义县二十一都，通过当地的乡官郑崇六、周五四，霸占郑家已经回赎的田地。同年四月二十七日，郑胜一到朱家，要讨回地权，但一去不返。他的弟弟郑胜二寻找哥哥，在丽水县四十一都得知郑胜一已死。直到五月一日，他才在武义县二十一都玉山上找到被吊在树上的哥哥的尸体。经官府审问，朱万七供述：四月二十七日，郑胜一到朱家争田，吊死在朱万七族亲朱寿五家，当晚二更天，朱万七带着儿子朱贤五、亲戚朱寿五、房客吴曾六及其友人李庆二，抬尸体到武义县二十一都玉山。朱万七将尸体挂在树上后，一伙人离去。郑胜一是被杀身亡还是如朱万七所说自杀而死，从案牍残文无从知晓。武义县对案情做了调查，涉案人员的情况和审讯期间的处理办法在案牍中有具体记载（/表示另起一行，圆括号表示括号内文字的原文为小字）：

婺州路/呈见禁轻囚一起五名。朱万七等为郑胜一身死事/干碍一十三名/见禁五名（延祐五年十月二十二日入禁）/枷收被告一名朱万七/锁收干连人二名/吴曾六、李庆二/散收干连人二名/朱寿五、朱贤五/保候八名/干连人六名/郑崇六、周五四/朱何马（即朱贤五娘）、朱何周（即朱寿五娘）/武义县元差祗候高元/原告人一名郑胜二/。[②]

---

① 〔日〕竺沙雅章：《汉籍纸背文书の研究》，《京都大学文学部研究纪要》第14期，1973年，第1～54页。

② 上引〔日〕竺沙雅章《汉籍纸背文书の研究》，第15～26页，特别是第17页。

与此案相关的犯罪嫌疑人根据涉案的程度，受到不同级别的监禁：有重大杀人嫌疑的朱万七被枷收；协助朱万七抬移郑胜一尸体到武义县的吴曾六、李庆二被锁收；与朱万七等人一起从丽水县到武义县吊尸现场的朱寿五、朱贤五被散收。其他与案件有关的证人取保候审。

据此，元朝对犯罪嫌疑人的囚禁分为枷收、锁收、散收三种类型。

我们再看一个元朝末年的案例。由于异常干燥的环境，内蒙古阿拉善盟额济纳旗境内的黑水城遗址存留了一批元朝亦集乃路总管府的档案残片。这批档案最早由李逸友先生整理发表。其中有 24 片档案残件涉及一桩元朝末年的销毁婚书案。[①] 大致案情如下。回回商人阿兀以中统钞二十锭为聘礼，娶大都城女子失林为妾妻，失林在婚书上画字。婚后，失林随阿兀到亦集乃路居住，但生活并不幸福，经常受到阿兀的打骂。在阿兀外出经商时，失林与邻居闫从亮相识、相爱。闫从亮提议先将阿兀和失林的婚书销毁，然后到官府状告阿兀压良为驱，经官府判决阿兀和失林离婚后，他娶失林为妻。失林将家中存放的文契三份偷出交给闫从亮，但两人都不识字，不知哪份是婚书。闫从亮拿三份文契到街上找史外郎识读，并声称文契是他买柴时拾到的。在确认了婚书之后，闫从亮将其烧毁。不久，史外郎与阿兀相遇，告诉阿兀有人捡到他的婚书，阿兀产生怀疑并告到官府。经官府审讯，失林和闫从亮均承认烧毁婚书一事。官府断决笞失林四十七下，由阿兀带回严加看管，对闫从亮的判决结果因文字缺失，无法得知。F116：W45 号文书记录了亦集乃路总管府刑房对失林婚书案的判决结果，内容如下：

刑房/呈见行阿兀状告妾妻失林［下残］/书来偷递与闫从亮烧毁［下残］/此责得闫从亮状招云云［下残］/责得妇人失林［下残］/总府官议得既闫从亮［下残］/失林已招明白仰将闫从亮［下残］/责付牢子亦拟如法监［下残］/据干照人贴木儿徐明善［下残］/家者承此合行具呈者/锁收男子一名闫从亮/散收妇人一名［下残］。[②]

① 录文均见李逸友《黑城出土文书（汉文文书卷）》，科学出版社，1991，第 164～171 页。

② 前引李逸友《黑城出土文书（汉文文书卷）》，第 170 页。

黑城出土的 F116：W30 号文书是亦集乃路总管府牢房人员收押闰从亮和失林的责领状。相关内容如下：

> 取责［下残］/今当/总府责领到锁收男子［下残］/从亮妇人一名失林委将［下残］/去在牢如法监收毋致疏［下残］/违当罪不词责领是实伏［下残］/台旨/至正廿二年十二月取责领［下残］/初九日［押］。①

显然，在销毁婚书案中，闰从亮的犯罪情节比失林严重，所以前者被锁收，后者被散收。

根据上引黑水城档案，直到元朝末年，政府收押犯罪嫌疑人、待决的罪犯仍采用分级收押的方式，具体而言，锁禁（锁收）和散禁（散收）是独立的两类。

2019 年 11 月，中国政法大学法律古籍整理研究所举办“多元视角下的传统法律文献研究”国际学术研讨会。杜立晖先生提交了《元代罪囚的月报与季报制度——以国图藏〈魏书〉纸背文献为中心的考察》一文。文中抄录、整理了大量元朝江浙行省杭州路等地方政府的罪囚月报、季报文书，其中涉及罪囚枷、锁、散禁的资料非常丰富。② 此文尚未公开发表，读者可关注此文或查阅会议第二组的论文汇编。

无论唐宋时代的法典还是元朝的具体司法实践，都说明中古以降，政府监狱对囚犯的监禁主要采用枷禁、锁禁、散禁三种形式。它们彼此独立，根据实施对象的罪行与个体特征分等实施，不能混淆。据此，我们注意到一些元朝法律文献的标点处理欠妥。

《元典章》“斟酌监保罪囚”条：“至元十四年（1277），钦奉圣旨条画‘委相威为头行御史台事’内一款节该：诸罪囚应枷锁、散禁之例，各以所犯轻重斟酌。干连不关利害，及虽正犯而罪轻者，召保

① 前引李逸友《黑城出土文书（汉文文书卷）》，第 170 页。

② 中国政法大学法律古籍整理研究所编《“多元视角下的传统法律文献研究”国际学术研讨会论文集（第二组）》，2019 年 11 月，第 92～115 页。

听候。"①

《元典章》"监禁轻重罪囚"条："至元二十二年四月，……都省拟自今后诸衙门罪囚，或枷锁、散禁，须管明立案验，委官一员，不妨本职专一提调，无致轻重纵肆，透漏狱情，因而脱放。"②

韩国学者标点整理的《至正条格》"条格"所收"恤刑"条："枷锁刑禁，毋肆威权。今后凡有枷锁散禁罪人，即日以公文明写已招罪名、应枷应锁或散，收发下司。狱司分别轻重异处，若无公文，不许收留。州县同署案验讫，然后监系，仍行移提牢官照验，并依程限归结。"③

元末刘孟琛编《南台备要》收录了至元十四年立行御史台条画，其中一条提到："诸罪囚应枷锁散禁之例，各以所犯轻重斟酌。"④ 该书三种点校本的处理方法都是把"枷锁散禁"改为"枷锁监禁"，校勘记均认为，"散"字为误写，根据文义及《宪台通纪·行台体察等例》、《元典章》卷五《台纲一·行台体察等例》相应文字改正。《宪台通纪·行台体察等例》相应文字为："诸罪囚枷锁监禁之例，各以所犯轻重斟酌。"⑤ 《元典章》卷五《台纲一·行台体察等例》相应文字为："诸罪囚枷锁监禁之例，各以所犯斟酌。"⑥ 按，这两条与本文上引《元典章》"斟酌监保罪囚"条"至元十四年，钦奉圣旨条画'委相威为头行御史台事'"为同源史料，其文字为："诸罪囚应枷、锁、散禁之例，各以所犯轻重斟酌。"与《南台备要》相同。根据元朝的禁囚制度，《南台备要》、《元典章》"斟酌监保罪

① 《元典章》卷四〇《刑部二·系狱》，第1362页。洪金富校定本《元典章》做了相同的处理，见第三册《刑部工部》，中研院历史语言研究所，2016，第1219页。相关文字当标点为："诸罪囚应枷、锁、散禁之例。"

② 《元典章》卷四〇《刑部二·系狱》，第1362页；前引洪金富校定本《元典章》，第1219页。相关文字当标点为："或枷、锁、散禁。"

③ 《至正条格》"条格"卷三三《狱官》，载韩国学中央研究院编《至正条格（校注本）》，（首尔）Humanist出版社，2007，第132页。相关文字当标点为："今后凡有枷、锁、散禁罪人，即日以公文明写已招罪名，应枷、应锁或散收，发下司狱司，分别轻重异处。"

④ 《宪台通纪（外三种）》，王晓欣点校，浙江古籍出版社，2002，第153页；《元代台宪文书汇编》，洪金富点校，中研院历史语言研究所，2003，第119页；《宪台通纪（外三种）新点校》，屈文军点校，（香港）华夏文化艺术出版社，2006，第94页。

⑤ 此条文字见上引《宪台通纪（外三种）》，第21页；《元代台宪文书汇编》，第37页；《宪台通纪（外三种）新点校》，第12页。

⑥ 前引《元典章》，第151页。不过，校勘本已经将"监禁"校改为"散禁"。前引洪金富校定本《元典章》，第287页做了相同的处理。

囚”条不误而《宪台通纪》、《元典章》“行台体察等例”条错误，应以前者校正后者。

以上诸书标点中，对枷、锁、散禁没有做出明确的区分，欠准确。凡是出现“枷锁散禁”字样都应标点为“枷、锁、散禁”，将它们视为三种不同的监禁方式。

四

从元朝的司法实践来看，很早就对有严重过错者使用枷禁。如《经世大典》“站赤一”收录窝阔台汗诏书中提道：“将带随投下牌子文字往来人等，强要铺马，取要口食者，仰收捉枷禁。掰逐根脚来历，明白端的缘由，至时免放。”①

对于犯罪严重的囚犯，元朝实行枷禁。《元典章》“禁停橹取渡钱”条记载，大德二年（1298），镇江西津渡的梢水沈兴等乘驾渡船满载过长江，“欲至中流才方停橹勒取船钱，不将风蓬放落。须臾风雨大来，为无防闲，以致将船打翻。除金山寺救护得活人数外，淹死军民客旅甚众”。沈兴虽非主观故意害人，但死者众多，当地政府“将沈兴等枷禁取问”。②

又例，《元典章》“逼令妻妾为娼”条：大德元年，上都民户王用逼令妻阿孙、妾彭鸾哥为娼，“接客觅钱。每日早晨用出离本家，至晚，若觅钱不敷盘缠，更行拷打”。彭鸾哥不堪折磨，告发到官。王用所犯，实绝人伦，依法属重罪，上都留守司将王用枷收。③

又例，《元典章》“小叔收阿嫂例”条：至元五年，郑奴奴死，妻子王银银未改嫁，带儿子郑社社生活。郑奴奴的弟弟郑窝窝与嫂子王银银在至元八年十月通奸，王银银怀孕后两人一同出逃。弟嫂通奸，依法属重罪，

① 《永乐大典》卷一九四一六“站赤一”，中华书局影印本，1986，第8册，第7192页上栏。

② 《元典章》卷五九《工部二·船只》，第1985页。

③ 《元典章》卷四五《刑部七·纵奸》，第1525页。

郑窝窝被枷禁。[①]

元朝还沿袭前朝制度，对情况特殊的重犯，采用酌情减轻的囚禁形式。《元史》记载："诸谋故杀人年七十以上，并枷禁归勘结案。"[②] 按，杀人者囚禁用枷、杻，本条的规定有减恤之意，应当是去杻的。

此外，传世元代法律文献明确记载了"锁禁"。如《元典章》"枉禁轻生自缢"条：大德九年，吉州路录事司管下百姓刘季三将李重二殴打致死。当时在场的钟三曾经骂过李重二，刘季三殴打李重二时，钟三"向前救劝，不从，致系刘季三将李重二踢死"。吉州路录事司两次审理，刘季三和钟三供述相同。由于钟三并无严重犯罪情节，在审理期间被锁禁。[③]

又例，《元典章》"僧道教门清规"条：至大四年（1311），平江路僧正司差派铎吉祥到当地各寺"取勘各寺院年老僧人花名"，铎吉祥在常熟州四十五都报慈寺，"索要酒食钱物"。又在兴福寺、维摩报慈寺等二十二处寺院索要钱钞。由于僧人违反清规戒律，且索要钱财，平江路将铎吉祥锁收审问。[④]

再如《元典章》"打死奸夫不坐"条：江西省南安路任闰儿与梁娥儿为夫妻。元贞二年（1296），梁娥儿与权令史通奸，"任闰儿于奸所捕获，夺到权令史所执木拐棒，于权令史囟门上打伤。本人又行争斗，用麻绳绑缚行打，因伤身死"。权令史与任闰儿妻子通奸，被任闰儿抓获后打伤致死。"致命去处，系始初捕获时囟门上打伤之痕，难拟坐罪。"任闰儿没有杀害权令史的故意，而且权令史违法在先，因此，南安路将任闰儿锁收听候。[⑤]

上文引《唐律疏议》"囚应禁不禁"条，规定了对滥用囚禁官吏的惩罚措施，即诸囚应禁而不禁，应枷、锁、杻而不枷、锁、杻及脱去者，要

---

① 《元典章》卷一八《户部四·收继》，第653页。至元八年十二月，根据元世祖忽必烈的旨意，收继庶母和嫂子合法化。中书省兵刑部据此判定郑窝窝无罪，可以收继王银银为妻。不过，改判已经迟至至元九年十月。

② 《元史》卷一〇五《刑法志四》，第2678页。

③ 《元典章》卷五四《刑部十六·违枉》，第1814页。

④ 《元典章》卷三三《礼部六·释道》，第1128页。

⑤ 《元典章》卷四二《刑部四·因奸杀人》，第1467页。

受到笞、杖等惩罚。元朝的立法迟滞，长期没有法典。[①] 对滥用囚禁的官吏缺少具体的惩罚措施。大量案例表明，元朝存在政府官吏滥用囚禁，尤其是枷禁的情况。违法使用枷禁大体可以分为四种类型。

第一类，被枷禁者的确有明显过失或犯罪事实，但罪行并没有严重到需要枷禁的程度。王恽《秋涧先生大全集》卷八九《论顺天清苑县尉石昌璞系狱事状》为典型案例：

> 顺天路清苑县尉石昌璞，强干有为，巡捕得法，察贼推情，遂破窟穴。自到任以来甫及一年，擒捕强窃及印造伪钞知名剧贼郝荣、杨留儿等，凡一十七起，计贼党九十八名，俱系积年作过，流毒数州，所在官府皆不能制，所谓不待教而诛者也。致使保州方数百里间，道途清宁，称颂在路，诚消弭安静、巡捕之最者也。今止为郝荣等事被问到部。本部即行枷收，同重囚系狱，实为未当。参详，据已结案强贼郝荣等反狱杀人，情理深重。旧例：劫死囚杀人者，无首从皆处绞斩。彼郝荣拘执死囚，已成得劫，况石昌璞依奉府命，擢拉凶威，误有折伤，因之损死，度其情节，诚可恕原。盖公心除害之理多，私计故杀之意无。据所犯，设若抵罪，理合照依旧例，量情施行，似为相应。兼本官前后擒获罪数，合得未给赏赉甚多，将功赎过，亦不至此。[②]

又如，《元典章》“枉勘部民致死”条：至元八年，真定路南宫县贾珍与靳留女互争土地，贾珍并未隐匿马千户关文，“昏赖庄田”，结果该县达鲁花赤脱因迷失、县尹庞铎、县丞蔡茗等将贾珍枷收，“脱因迷失自行主意，五杖子换一个人，将贾珍断讫三十七下，因杖疮，五日身死”。[③]

又例，《元典章》“引盐不相离”条：大德五年，盐商童文彬在江陵路贩盐，“盐、引不相随”，被江陵路政府抓获。根据元代法律，“诸人贩盐，

---

① 参阅前引刘晓《〈大元通制〉到〈至正条格〉：论元代的法典编纂体系》，第65～70页。

② （元）王恽：《秋涧先生大全集》第2册，《元人文集珍本丛刊》影印明修补至治刊本，台北，新文丰出版公司，1985，第454～455页。

③ 《元典章》卷五四《刑部十六·违枉》，第1801页。

引不随行，依私盐法”。而私盐的量刑标准是“诸犯私盐者，科徒二年，决杖七十，财产一半没官。决讫，发下盐司带镣居役，满日疏放”。童文彬应当枷禁。可是，江陵路将童文彬和盐牙杨必庆等三名都枷禁听候。盐牙只是买卖食盐的中间人，江陵路将杨必庆等人枷禁，显然处置过重。①

第二类滥用枷禁的现象是，被枷禁者只是犯罪嫌疑人，并无确凿证据证明其罪，政府根据所疑之罪，对嫌疑人实施枷禁。王恽《秋涧先生大全集》卷八八《弹大兴县官吏乞受事状》记载了一个案例：

> 至元六年三月内，有施仁关倡户鱼王嫂赴大兴县告称，男妇阿肖欲行私遁还家，想见别有奸事。有周县尹并司吏张荣禄将阿肖枷收，辄行推问，指称在家曾与刘华善、安三通奸，随即扑捉，各人不见，却将平人刘贵、刘庆甫监收。至当月二十一日，有周县尹将鱼王嫂、刘贵、巷长张仲义等公厅省会，休和了者。至二十五日，有鱼王嫂要讫亲家肖大买休钞一百四十两及刘贵、安三、刘住安休和钞九十两。当官有本把张荣禄取要讫刘贵等家钱物钞三十八两九钱、纻丝二匹，又有打合休和人、罢役司吏张权县，要讫安三钞一十五两，祗候人冯首领、董面前，要讫钞九两，打合人韩大处见收钞一十七两。有周县尹教休和了当。为此唤到司吏张荣禄等略行问得是实，就追到钞六十三两、纻丝二匹，赃状至甚明白。据本县官司，止合依理归问阿肖不合背夫欲行私自还家罪犯，外据想见别有奸事一节，系是称疑词因，别无可验显迹，依例不许经告，官司便行推鞫，令阿肖招说曾与刘华善、安三通奸，辄生事端，乱行扑捉，搔扰收禁。兼鱼王嫂娼优之家，官司不为详审，致令当行令史收受钱物，为无凭据，辄行省会休和，如此开闭幸门，挠乱公法，事属欺枉，合行纠呈。②

又例，《大元检尸记》记载：延祐五年五月十四日，龙兴路宁州冷有敬告，家中使唤人戴章逃走。戴仁等扛抬不知名男子烂坏尸体，称是泰清

---

① 《元典章》卷二二《户部八·盐课》，第852页。

② 前引（元）王恽《秋涧先生大全集》第2册，第440页。

港内漂来。戴章的哥哥戴得五状告，他认得尸体右额、右胛的疮疤，右手短，是其弟尸身。知州孙瑾检尸，发现尸体咽喉下刀伤致命，右额、右手并无疮疤，右手不短。他却听从司吏钟文谅的意见，根据戴得五原告，增写尸帐，记录右额、右手各有疮疤，右手短一寸，确实是戴章尸体。可是，地邻祝允五等都说不是戴章，戴章的确在逃。孙瑾却“令贴书周德厚除换供帐前幅，改作识认得系是戴章。以致本州与何同知、卞州判等自五月二十七日、六月二日为始，节次将陈俊、张福、刘福十、范清拷训，及将冷有敬违法用皮掌掴两腮，竹散子夹两手指，木棍辊两膝，敲击两踝骨，抑令虚招，因捕获戴章与次妻凤哥奸，使令陈俊等用斧斫死。又委州判卞瑄下乡追搜器仗，责令陈俊等妄认，将各人枷禁。至七月二十二日，黄崇捕获戴章亲身，才将各人疏放”。①

又例，《元典章》“拷打屈招杀夫”条：龙兴路新建县人邓巽为争家财，找到潘四三、胡万一，杀害他的叔父邓德四。至元二十五年正月二十八日夜二更，潘四三、胡万一“依从邓巽主使，于本人手内接讫尖刀一张在手，胡万一手执砖石一个，与雷正俚同情，于邓德四睡处堂上灵前，将本人杀死”。可是，当地政府却将死者邓德四的妻子邓阿雇认定为凶手，认为她和侄子邓巽有奸，谋杀亲夫。邓阿雇称冤，政府不准，将阿雇打拷屈招，长期囚禁。“上下官司将邓阿雇枉勘枷禁五年”，直到至元二十九年，这一冤案才被监察机关发现并昭雪。②

第三类，被枷禁者为政府官吏，并无犯罪行为，只是对上级长官有不敬的表现，便被违法枷禁。《元典章》“长官擅断属官”条：皇庆元年(1312)，扬州路达鲁花赤牙里，“为监倒昏钞泰兴县主簿郭仁出离钞库，断罪七下，又因咆哮，枷收数日后断七下”。③

第四类，被枷禁者为普通百姓，并无犯罪行为，只是未能满足政府官吏的敲诈勒索，被官吏违法枷禁。《元典章》“枉勘死平民”条：大德五年

① 《永乐大典》卷九一四“验尸”项下所载《经世大典》文字，当隶于《经世大典·宪典》的《杀伤篇》。收入《元代法律资料辑存》，黄时鉴辑点，浙江古籍出版社，1988，第109～110页。

② 《元典章》卷五四《刑部十六·违枉》，第1804页。

③ 《元典章》卷五四《刑部十六·违错》，第1826页。

正月，广西庆远安抚司佥事朱国宣向宜山县人谢彻广借中统钞五十定，又借劳力五十名，被谢彻广拒绝，怀恨在心。"将宜山县已问印造伪钞人蒙五打拷，令司吏莫焕教引虚指谢彻广男谢二六曾行供逸，知情分使。[①] 如此取讫招词，分付县吏黄世荣扣换本贼元招，勾捉谢彻广到官。谢二六赴广西宣慰司陈告，复值伊侄宋元帅循情，不与受理，赴湖广行省称冤。其朱国宣等差无职役人王再贵就武昌路捉拿本人回还，又不发下宜山县与元指贼人归对，亦无取到招伏，主意与安抚使韩文焴违例，辄将谢二六枷禁，游街号令，连日拷勘，经隔六日，在牢因伤身死。[②] 伊父谢彻广年逾八十，无招监禁九个月余，病重才方召保还家，一十四日身死。使无辜良民父子二人俱因枉禁，死于非命。"[③]

又如，《元典章》"禁约下乡销粮钞"条："近体知得各处州县司吏、乡司人等，递年以来，每遇节朔，科敛追节钱物不少。无由而行，以征粮为名，各分都保，给引催征。或户名争差，或升合悬欠，或自钞在佃客之家，未及取回，或元无苗额，妄行飞射，一勾到官，便即枷禁决挞，恣意骗胁，以供馈节之费。民户惊怕，不得安居。"[④]

有法不依，滥用械具的情形，在元代相当普遍。但这并不是元朝所独有的。监狱是古代政府司法系统极易滋生腐败的地方。南宋后期官员胡太初《昼帘绪论》"治狱篇"早就指出："吏辈受赂，则虽重囚亦与释放安寝；无赂则虽散禁亦必加之缧绁，最不可不躬自检察。"[⑤] 清代法学家薛允升注意到："《唐律》死罪囚有枷，《明律》亦然。现在律文减去，可谓宽厚矣。而寻常人犯之用枷者，不知凡几，是本有者而忽减，本无者而忽加，未解何故。"[⑥] 实际上，薛允升对这一现象产生的原因不会真的"未解何故"，不会看不出械具滥用源自政府官吏权力的滥用。

---

① 具体做法是，朱佥事指使审问伪钞贼蒙五的司吏莫焕，让蒙五诬陷说，谢彻广吩咐造屋木匠小吴、唐再二同他一起做伪钞，送十五定给谢彻广的儿子谢二六使用。

② 其拷打的细节是，令禁子周君信用披头木棍将谢二六拷勘，杖疮衅发致死。

③ 《元典章》卷五四《刑部十六·违枉》，第 1801 页。

④ 《元典章》卷二一《户部七·杂例》，第 787 页。

⑤ （元）陶宗仪编《说郛》（一二〇卷本）卷七〇，收入《说郛三种》，第 6 册，上海古籍出版社，1986，第 3263 页下栏。

⑥ （清）薛允升：《唐明律合编》卷二九"断狱上·囚应禁而不禁"条按语，怀效锋、李鸣点校，法律出版社，1998，第 778 页。

不过，具体到元朝，除了古代政府的通病外，[①] 元朝立法粗疏，长期没有严密的刑法典也应是原因之一。

五

元朝比起此前的政权，在统治族群方面具有特殊性。它是第一个由汉族之外的族群建立的统一王朝。为了凝聚蒙古族，元朝制定并推行了大量优待蒙古人的政策。这在法律制度方面有很多具体的表现。不过，前人对监收囚犯方面的规定似讨论不多。

据《元典章》“蒙古人犯罪散收”条，至元九年十二月，中书兵刑部奉中书省札付：

> 今体知得随处官司，或因小事，便将正蒙古人每一面捉拿监禁。都省除外，合下仰照验，遍行各路。据正蒙古人每，除犯死罪监房收禁，好生巡护，休教走了，不得一面拷掠，即便申覆合干上司，比及申覆明降，据合吃底茶饭应付与者外，据真奸真盗之人，达鲁花赤与众官人一同问当得实，将犯人系腰、合钵去了，散收，依上申覆。其余杂犯轻罪，依理对证，并不得一面捉拿监收。有盘问得委系逃走人呵，监收，亦具姓名、脚色，即便申覆上司，却不得因而纵放。[②]

这条法令在《元史》中被压缩改写为：“诸正蒙古人，除犯死罪，监禁依常法，有司毋得拷掠，仍日给饮食。犯真奸盗者，解束带、佩囊，散收。余犯轻重者，以理对证，有司勿执拘之，逃逸者监收。”[③]

“正蒙古人”即真正蒙古人之意。由于蒙古族是居于统治地位的族群，常有其他族群的人冒充蒙古人，所以此处强调“正”。分析上述规定，对“正蒙古人”有以下优待。

第一，犯死罪的正蒙古人，在监房收禁，严加看守，防止越狱。但是

① 参阅前引王云海主编《宋代司法制度》，第193～196页。

② 《元典章》卷三九《刑部一·刑名》，第1344页。

③ 《元史》卷一〇三《刑法志二·职制下》，第2632页。

不能加以拷打，要迅速报告上级。在处置意见下达之前，要供应适当的饮食。

第二，对于有其他严重刑事犯罪的蒙古人，即真奸真盗，地方上的长官审问属实，只是将犯人的腰带和荷包（即系腰、合钵/束带、佩囊）除去，不带械具，散收在监狱中，依照程序向上级报告。对蒙古人来说，系腰、合钵（束带、佩囊）是生活的必需品，在一定程度上也是身份的象征。去除散禁囚犯的系腰、合钵，如同除去汉族男子的头巾、腰带，带有折辱的性质。

第三，对于其余杂犯轻罪的蒙古人，可以审问对证，但是不能捉拿收监。

第四，轻罪蒙古人不收押在监狱中，会有蒙古罪犯畏罪潜逃，这种逃逸的罪犯被捕获，查问情况属实后，才收押到狱中。

与上文所论汉人罪犯的处置相比，元朝对蒙古人的优待是显著的。即使对死刑犯，元朝也没有明确规定要枷禁，只笼统地说“监禁依常法”，但不准拷打，还要监狱提供“合吃底茶饭”。

元朝对蒙古人、汉人在监禁法上的不平等显而易见。不过，有的法制史研究者夸大了这种不平等。如有的著作写道：“蒙古人除犯死罪之外，概不监禁，甚至不拘执，死罪监禁也不准拷掠。”① 这忽略了散禁的实施。有的著作认为：“蒙古人犯一般刑罪可以不监禁或监禁也不带械具。”“蒙古王公贵族犯罪，除十恶重罪外，在监狱中享受免于刑讯，免带械具，施行散禁的特权。”② 文中没有对刑罪的等级和相应的囚禁方式进行区分，也忽视了散禁期间对蒙古囚犯系腰、合钵（束带、佩囊）的褫夺。

总而言之，元朝法律对蒙古人和汉人是不平等的，带有明显的族群歧视性。这无疑会加重族群之间的紧张关系。元朝末年红巾军起事，提出“龙飞九五，重开大宋之天”的口号。明朝北伐诏书中有“驱逐胡虏，恢复中华，立纲陈纪，救济斯民”的宣言。恢复汉人王朝，驱除异族统治者——这些口号作为政治动员的有力工具，它们的提出都不是偶然的。

① 王志亮：《中国监狱史》，中国政法大学出版社，2017，第198页。

② 薛梅卿主编《中国监狱史知识》，法律出版社，2001，第81~82页、94页。

结　论

元朝继承前朝制度，在关押罪囚时，根据囚犯罪行的轻重和他们的个体状况，实行不同的监禁形式，大体上分为枷、锁、散禁三大类。在具体的司法活动中，由于元朝的立法问题和族群政策，上述监禁制度与前代相比有较大差异，包括滥用枷禁、对蒙古人给予优待等等。

《中国古代法律文献研究》第十四辑
2020 年，第 242～256 页

中国古代流放体系的地域圈层结构

——以明清时期为中心*

陈功民　张轲风**

摘　要：流刑作为中国古代刑法制度的重要组成部分，获得学界关注已久，但以往研究并未揭示中国古代流刑的地域圈层结构。早期中国留下了很多关于流逐罪人于要荒之地的历史记载，这说明在流放地选择上已有地域圈层意识，并体现出“惩戒凶恶”和“教化边裔”的双重意蕴。中国古代流放体系的地域圈层特征，随着流刑的不断丰富而逐步强化，至清代形成了“多中心、四个实体圈层，一个特殊圈层”的地域圈层结构。可以说，这一地域圈层结构与古代中国“五服制”的理想型圈层结构，在思想渊源上一脉相承，在制度实践上异曲同工。

关键词：流刑　流放体系　地域圈层结构　充军　明清时期

流刑，作为降死一等的重罪，是中国古代刑法制度的重要组成部分。

* 该论文系2019年国家社会科学基金项目“清代‘边缺’制度与边疆民族地区深化治理研究”（项目批准号：19BZS129）的阶段性成果。

** 陈功民，云南大学历史与档案学院2017级历史地理学专业硕士研究生；张轲风，云南大学历史与档案学院、云南大学历史地理研究所教授。

自隋唐确立笞、杖、徒、流、死五刑以来，历代加入不同名目以丰富流刑在国家刑制中的内容，如：宋代刺配、元代流远、明代充军等。至清代，又在继承前明刑制之外创设发遣刑，最终“形成了以三流为正刑，迁徙、充军、发遣等为闰刑的流放体系”。①

目前学界关于流放制度的研究成果日益丰富，其中尤以李兴盛、周轩、吴艳红、王云红等学者成绩最著。② 但这些研究成果均未提及历代流刑呈现的地域圈层性特征，而这一特征与中国传统王朝治理思想具有密切关系。《史记》记载：“流共工于幽陵，以变北狄；放驩兜于崇山，以变南蛮；迁三苗于三危，以变西戎；殛鲧于羽山，以变东夷。”③ 关于“流”“放”“窜”“殛”四个动词的解释，《说文》：“流，水行也”；“放，逐也”；窜，《广韵》：“放也，诛也”；殛，《尔雅·释言》：“殛，诛也。”简言之，均有“流放”之意。而《史记》所言之“变”，《广韵》释为“化也，通也”，即教化之意。换言之，对于内地而言，共工、驩兜、三苗、鲧虽为“四凶”之人，然放逐于四裔，仍可教化边民，承担起教化边疆“蛮夷”之责，这正是“流四凶”思想内蕴的体现。

周振鹤先生在解析中国历史政区分布格局时，首先提出了“圈层结构”这一学术概念，其研究基础是《尚书·禹贡》所载的“五服制”。所谓“五服制”，即以每五百里为限，形成甸服、侯服、绥服、要服、荒服依次向外推延的五种管理模式。周振鹤指出：“五服制所体现的是一个国家的核心区与边缘区的理想关系”，尽管这种政治地理上的圈层结构属于理想状态，但“简化了的圈层却一直体现在中国历史上的边疆区与内地的关系上”。④ 这一圈层结构，在地域上呈现为内地与边疆，在族群分布上呈现为华夏与夷狄的“内外有别”，层层向外推延。目前，“圈层结构”理论已是历史地理学界用于解析中国历史政区和古代王朝行政管理模式的流行

① 王云红：《论清代军流〈道里表〉》，《历史档案》2012 年第 2 期。

② 李兴盛：《东北流人史》，黑龙江人民出版社，1990；李兴盛：《中国流人史》，黑龙江人民出版社，1996；李兴盛：《中国流人史与流人文化论集》，黑龙江人民出版社，2000；周轩：《清代新疆流放研究》，新疆大学出版社，2004；吴艳红：《明代充军研究》，社会科学文献出版社，2003；王云红：《清代流放制度研究》，人民出版社，2013；等等。

③ （汉）司马迁：《史记》卷一《五帝本纪》，中华书局，1982，第 28 页。

④ 周振鹤：《中国政治历史地理十六讲》，中华书局，2013，第 50 页。

研究范式,[①] 然而，不论从思想观念还是制度实践层面上来看，这种圈层结构并非局限于古代行政区划设置方面，在政区圈层之外，李良品曾揭示了滇南地区土司存在的“阶差化”权力结构，同样带有圈层性特征。[②]

不仅如此，早期流放地的选择也内含地域圈层意识。正如《尚书·禹贡》所记载的要服、荒服：“五百里要服：三百里夷，二百里蔡；五百里荒服：三百里蛮，二百里流。”所谓“要”，汉人孔安国认为即约束之义，“要束以文教”；所谓“夷”，汉人马融曰：“夷，易也。”清人王先谦云：“谓其风俗可变易者徐进之”；所谓“蔡”“流”，宋人蔡沈云：“蔡，放也。”又云：“流，流放罪人之地。蔡与流，皆所以处罪人，而罪有轻重，故地别远近。”[③] 由此解释来看，五服制之最外层的“要荒之地”，正是流放罪人的理想之所，并期以易风俗、正教化之愿望。要服二百里“蔡”，荒服二百里“流”，也正是以罪行轻重以别地域远近的反映。由此来看，“五服制”政治地理格局并非单纯的政区差异化“圈层”结构，也不止是从中心到边缘的权力递减式的“阶差圈层”，其本身还蕴含了中国古代流放体系的地域圈层特征。

一　明代以前流刑地域圈层结构的形成与演化

中国古代流刑的地域圈层特征，是随着流刑不断丰富和完善而逐步得到强化的。《尚书·舜典》载：“五流有宅，五宅三居”，孔安国注云：“谓不忍加刑，则流放之，若四凶者。五刑之流，各有所居。五居之差，有三

① 参见郭声波《中国历史政区的圈层结构问题》，《江汉论坛》2014 年第 1 期；郭声波《圈层结构视域下的中国古代羁縻政区与部族》，中国社会科学出版社，2018；余蔚《两宋政治地理格局比较研究》，《中国社会科学》2006 年第 6 期；陆韧、彭洪俊《论明朝西南边疆的军管羁縻政区》，《中国边疆史地研究》2013 年第 1 期；韩周敬《越南阮朝初期“京—城”政区体制的内涵与消亡（1802—1832）》，《云南大学学报》（人文社会科学版）2018 年第 1 期；魏超《宗藩关系视阈下越南后黎朝初期政治空间结构探析》，《中国历史地理论丛》2019 年第 4 辑；等等。

② 李良品、李思睿：《“圈层结构”视域下道光年间滇南地区土司权力结构与运行——以〈滇事杂档〉史料为中心》，《西南民族大学学报》（人文社会科学版）2019 年第 6 期。

③ 尹世积：《禹贡集解》，商务印书馆，1957，第 54 ~ 55 页。

等之居，大罪四裔，次九州之外，次千里之外。”[①] 孔安国将流刑地分为三等：一是四裔地方，应指东夷、南蛮、北戎、西狄所居之地；二是九州之外；三是千里之外。所谓四裔、九州之外、千里之外，又是以何地为中心呢？参照四裔所言，可以推断罪人流放是以王畿为中心，这样才能与其时的“五服制”形成关联。周振鹤指出：“五服制正是封建制的理想化，从中心统治区向外围水波纹似的推开去”。[②] 然就流刑“圈层”而言，从中心统治区向外围“推开去”的是犯罪之人，又根据所犯罪行轻重，从王畿中心流向千里之外、九州之外，乃至四裔。由此可见，此时流放地选择已有了“圈层”意识，只不过早期的“圈层”意识终究是理想化的。

北周以前，虽有大量的流刑记载，但在罪行等级、流徙距离上，并未体现出具体的制度设计。至北周保定三年（563），流刑始分为五等：

> 流卫服，去皇畿二千五百里者，鞭一百，笞六十。流要服，去皇畿三千里者，鞭一百，笞七十。流荒服，去皇畿三千五百里者，鞭一百，笞八十。流镇服，去皇畿四千里者，鞭一百，笞九十。流蕃服，去皇畿四千五百里者，鞭一百，笞一百。[③]

从北周流刑的刑制来看，北周统治者以皇畿为中心，根据人犯罪情轻重，并以不同的道里数相匹配，规定出五个流放区，即卫服、要服、荒服、镇服、蕃服，以示轻重有别。若以“圈层”视之，则可以看成“一个中心，五个圈层”的流放体制。北周流刑与五服制何其相似，这正是北周统治者套用五服制“圈层”模式，规定流刑之刑制，其目的是向世人宣告自身的正统地位。这一流刑圈层的构筑已非常明确，但仍较理想化，因北周疆域狭小，依此圈层，流刑的具体实施难度极大。

隋朝开皇元年（581），更定新律，流刑等级由五等减为三等，保留了以道里远近区分罪等的方案，并将流放间距依次改为一千里、一千五百

---

① （汉）孔安国传，（唐）孔颖达疏《尚书正义》卷三，廖名春等整理，北京大学出版社，2000，第 90 上页。

② 周振鹤：《中国行政区划通史·总论》，复旦大学出版社，2009，第 199 页。

③ （唐）魏征等：《隋书》卷二五《刑法志》，中华书局，1973，第 707～708 页。

里、二千里。[①] 唐朝经武德改律，将流刑里数又改为二千里、二千五百里、三千里。[②] 之后，历经宋元明清，流刑三等，二千里、二千五百里、三千里并无太大变化，变的只是在每等之上附加以不同形式的刑罚而已。换言之，自隋唐始，流刑的“一个中心，三个圈层”的地域圈层结构即已固定下来，成为流刑的主要特点。

至北宋时期，从流刑分离而出的闰刑种类不断丰富，在流刑之下衍生出“刺配”之刑，这也带动了流刑地域圈层特征的进一步演化。元符元年(1098)，形成以本州为中心，依次由内向外刺配的九个流刑圈层：本州、邻州、五百里、千里、二千里、三千里、广南州军、远恶州军、沙门岛。至宋孝宗时期，进而增加为本州本城、本州牢城、邻州、五百里、千里、一千五百里、二千里、二千五百里、三千里、广南州军、远恶州军、海外州军等十二个地域圈层，在罪行上则分为十四等。[③] 北宋流刑的地域圈层，是由道里远近的“数理区域”和水土恶劣的指定区域组合而成的，兼具了灵活性和可操作性，极大丰富了隋唐以前的流刑地域圈层结构，也奠定了明清时期的基础。此外，北宋罪犯均从本州刺配，这说明此时的地域“圈层”已明确呈现出多中心的态势。

二 明代充军的地域圈层结构

明代充军从最初发边方屯种或戍守，到崇祯末年的附近一千里、边卫二千五百里、边远三千里、极边四千里，形成了既有等级又有里数的充军“圈层”，这主要得益于军犯定卫制度的确立和不断完善。明初是充军的创设时期，只是根据实际需要将军犯发往边方屯种或戍守，故而执行的是简单的边方定卫发配。洪武六年（1373）《大明律》的制定，使充军有了“附近”“边远”两个圈层，其中《名例·边远充军》部分强调了“从宜编发”原则，形成了以原籍为出发点，对规定的各省所辖卫所进行定卫发配。

随着充军条例的增设，新的定卫原则也在逐步形成之中。成化四年

① （唐）魏征等：《隋书》卷二五《刑法志》，第710页。

② 《唐律疏议》卷三《名例律·犯流应配》，刘俊文点校，中华书局，1983，第66页。

③ 参见戴建国《宋代刑法史研究》，上海人民出版社，2008，第212页。

(1468)，江西按察使赵敔奏称：“江西豪民多因争占田产，聚众相残，杀死人命”，乞请出榜禁约，并奏请“杂犯死罪并坐徒者，发一千里外充军，杖罪以下照例发落”。[①] 弘治六年（1493）六月，奉旨：“今后遇有邓廷瓒等及刑部奏拟各项饶死应该充军囚犯，各照南北地方，编发一千里以外缺军卫分，俱子孙永远充军。”[②] 关于以上两则材料，吴艳红认为：“成化四年（1468）与弘治六年（1493）六月两条规定的独特之处在于，它们的定卫以罪犯的原籍或原在卫所为中心，以千里为单位，向四周辐射定卫。”[③] 笔者赞同这一观点，尽管罪等不明，且缺乏层级性，但也说明成化至弘治初年，明代充军在新的定卫原则下，圈层特征已有所体现。根据吴艳红的研究，弘治朝《问刑条例》的编定，在洪武朝充军“附近”“边远”二等基础上，根据情罪轻重以定远近，发展为附近、边卫、边远、烟瘴、口外、极边卫等多个层级名目。[④] 由于律文中没有里数加以匹配，难以区别各层级的等级关系。但弘治《问刑条例》的定卫，使充军名目和类型日益丰富，充军的地域圈层结构更加立体化。

嘉靖六年（1527），更定充军制度。此次更定主要是将原本“南人发北，北人发南”的“就边就远”的定卫原则，明确改为南人发南、北人发北。同时，对罪人充军的最远里程和期限也作了相应的规定，“远不过三千里，程不过一二月”，并且在规定中也阐述了“极边”是充军之中最重的刑罚，与最远里程相匹配，即极边充军三千里。[⑤] 由此可见，嘉靖初年的定卫原则中，充军罪犯的罪行轻重与充军的里程相对应，充军据此正式出现了罪等与里数相匹配的圈层设计。

嘉靖二十九年（1550）五月，给事中俞鸾对嘉靖初年御史杨彝提出的定卫原则进行补充，认为与其将罪犯发配至一些难以生存之地，不如“少宽其法”，将之充入军伍空虚的卫所加以利用。又指出：嘉靖中期的充军罪犯发配有“附近、边卫、边远、极边”四等，“南北地里也不过曰本省、

① 《明宪宗实录》卷六一，成化四年十二月丁未。

② （明）戴金：《皇明条法事类纂》卷六《名例类·徒流迁徙地方》。

③ 吴艳红：《明代充军研究》，社会科学文献出版社，2003，第108~109页。

④ 吴艳红：《明代充军研究》，第74页。

⑤ 《明世宗实录》卷三六〇，嘉靖二十九年五月丙戌。

隔省、再隔省而已”。对此，俞鸾提出新的定卫思路，即将四等充军制与南北地里情形加以糅合，“以罪之轻重，权地之近远，边卫可以本省拟配，边远可以隔省拟配，极边可以再隔省拟配。如内地无边方者，可以隔省附近边方拟配边卫。其边远、极边亦可依类递配”。[①] “以罪之轻重，权地远近”，是将罪行轻重与充军定卫的道里远近相联系起来，自此基本改变了明初以来充军定卫的“就边就远”原则，也放弃了“边远充军”下充军罪犯原发地与发往省分卫所的具体对应，“而以原发地为中心，以罪情轻重决定充军的远近距离，向外层层递发。具体而言，以省为单位，罪在充军附近者，即定本省附近卫分充军，罪在充军边卫者，可定本省或隔省之边方卫所编发，充军边远者，可定隔省或再隔省卫分充发，极边可在边远的基础上再隔省编发”。[②] 正如姚思仁《大明律附例注解》所作的例解：

> 如犯人北直隶人则该附近者，就发本处附近卫所；犯边卫者，发附近边方卫所。如大名府人，发天津卫可也；犯边远者，方照律条原定卫所佥发；犯极边者，发极远边方卫所。如广平人，有犯即应发宁夏卫所矣。[③]

从此来看，人犯之情罪轻重决定了充军远近之分、区域之别。至此，明代充军的地域圈层结构较为完善地呈现出来，即以罪犯原发地为中心，根据罪行轻重以定里程之远近，向外层层发配，形成了类似一个中心点向四周辐射的同心圆。

据《明史》载，至崇祯十一年（1638），“谕兵部编遣事宜，以千里为附近，二千五百里为边卫，三千里为边远，其极边、烟瘴以四千里外为率”。[④] 这是自明初以来最为完善的定卫编遣原则，是对“以罪行轻重权地之远近”原则的继承。另外，从弘治、嘉靖年间的充军四等，增至附近、边卫、边远、极边、烟瘴五等，极边、烟瘴是充军中最重的刑罚。

---

① （清）沈家本：《历代刑法考·充军考中》，中华书局，1985，第1275页。

② 吴艳红：《明代充军研究》，第110页。

③ （明）姚思仁：《大明律附例注解》卷一《名例律·徒流迁徙地方·边远充军》。

④ （清）沈家本：《历代刑法考》，第1274～1275页。

纵观有明一代，统治者对充军制度进行更定和增加条例的同时，不仅使充军逐步形成定制，而且也使得明代充军的制度设计更加立体化、复式化，赋予了充军地域圈层结构更丰富的内涵。

三　清代军流体系的地域圈层结构

顺治四年（1647），清朝以明制为基础，制定了新的充军五等之制："凡五等：曰附近，发二千里；曰边卫，发二千五百里；曰边远，发三千里；曰烟瘴，曰极边烟瘴，发四千里。"[①]"边卫"由最初的"沿海"改名而来，至乾隆中后期撤并卫所后又改为"近边"；明代充军有"永远充军"条款，清初改为"极边烟瘴"，乾隆时期正式命名为"极边"。清代充军刑制明确规定充军为五等，且有等级之分和间距确数，充军人犯按照情罪之轻重，以律例定拟充军之罪名，从附近以每等间距五百里向外发配，附近之外是近边，近边之外是边远，边远之外极边，极边之外烟瘴。清代充军五等之制与《尚书》"五服制"异曲同工，皆以五百里为限，形成五个"圈层"，从中心统治区向外层层推延。然而，受到政治局势影响，清初罪犯多流徙东北，只有零星编发军卫的情况存在，可见这一地域圈层的理想意义更大于实施。

至顺治十六年（1659），对于军犯发遣开始有了具体规定："刑部问拟充军人犯，咨送兵部，发兵马司羁候，照以《邦政纪略》内开载卫所，定卫发遣。"[②]其时的军犯发遣究竟如何定卫，史阙难详。直到雍正三年（1725）才见有关于定卫之事的具体记载，即：充发军犯以罪人原籍府属为始发地，照所限道里远近定卫发配，不能随意充发，"致有趋避"。[③]由此说来，雍正朝以后的充军"圈层"是以人犯原籍府属为中心逐等向外编

① 《钦定大清会典则例》（乾隆朝）卷一二四《刑部·刑制》，《景印文渊阁四库全书》第623册，台北，台湾商务印书馆，1983，第682页。

② （清）伊桑阿等纂修《大清会典》（康熙朝）卷一〇六《兵部·编发》，沈云龙主编《近代中国史料丛刊》第72辑，台北，文海出版社，1992，第5305页。按：清初由于卫所多裁汰或归并州县，使军流人犯造成无卫所可发配的局面。鉴于此，此后对于军流人犯的编发多发往卫所归并之州县。至乾隆三十六年，在律例中才将"定卫发遣"改成"定地发遣"。

③ 《钦定大清会典则例》（乾隆朝）卷一二三《发配》，《景印文渊阁四库全书》第623册，第678页。

发的。换言之，在法律层面上，以任何一府一州，即能构成一个完整的充军圈层，形成了多中心的充军地域圈层结构。

一个需要重视的问题是，清廷关于“烟瘴”和“极边”的圈层理解和不断调适。顺治十六年（1659），刑部规定：“极边充军者，发四千里；烟瘴充军者，发烟瘴地方，亦四千里。如无烟瘴地方，照极边例发遣。”① 尽管“极边”和“烟瘴”人犯编发的道里数均为四千里，但从实际情况来看，仍应理解为两个圈层。编发“烟瘴”是清代最高一等的流刑，“极边”在等级上则次于“烟瘴”。所谓“烟瘴”，又称“烟瘴地面”，在清代法律上，并不拘泥于道里数，而是一种特殊的军流条目和法律术语，专指清代云贵两广的水土恶劣之区，其界定则以清代历次纂修的军流《道里表》为凭，坚持视表发配。

乾隆三十二年（1767），关于“极边”与“烟瘴”的圈层理解曾发生过激烈的讨论。刑部认为：“烟瘴地方，只有广东、广西、云南、贵州四省”，且充军烟瘴人犯，属于“去死一间之犯”，与充军极边人犯有较大区别。若司法官员拘泥于极边、烟瘴均为四千里这一道里数，将本应充军烟瘴的人犯改发至极边之地充军，此做法是“减轻一等”。因为所谓极边，在道里数上凑够四千里即可，比如湖南、福建、四川编发极边，则编发江南、山西等地。如果将应发“烟瘴地面”人犯，改发四千里，则可能反而使其“徙居善地”，这样做“于律义未合”。为了对二者加以区别，刑部专门制定“发遣烟瘴人犯”条例：烟瘴人犯编发，“无论四千里内外，总于有烟瘴省分安置，将不足四千里改发极边之例停止”。②

至乾隆三十七年（1772），新问题又出现了。因“问拟发遣军犯悉属凶恶匪徒。烟瘴充军，仅止云贵两广，而该四省所属州县，又不尽皆烟瘴”，若拘泥烟瘴字样发遣，将十余省凶恶匪徒发往云贵两广四省的“烟瘴地面”，此做法不仅有匪徒“群聚之虞”，对当地治安管理带来巨大压力，而且作为边疆省份的云贵两广四省，匪徒集聚也可能造成边防安全隐患。因此，人犯编发不可拘泥“烟瘴”字样。然则，若视“极边”为“烟

① （清）伊桑阿等纂修《大清会典》（康熙朝）卷一〇六《兵部·编发》，第5305页。

② 《清高宗实录》卷七八三，乾隆三十二年五月乙亥。

瘴”，二者情罪轻重又将混淆无别。最终议定：将新疆改发“烟瘴地面”人犯继续发往云贵两广四省，而“其余本例应发烟瘴，及名例改发四省烟瘴人犯，应以烟瘴、极边，足四千里为限”，坚持视表发配。①

附近、近边、边远、极边的充军等级，以五百里为间距，向外从二千里至四千里逐渐推延，勾画出四个实实在在的充军“圈层”。同时，清代统治者又展现出对这一圈层结构的最外层——“烟瘴”圈层构建的政治智慧。“烟瘴”圈层在内遣和外遣人犯正常发配情况下，接收内地的烟瘴人犯编发，这时“烟瘴地面”充当军流体系的特殊圈层；当外遣人犯处于饱和，需要分销遣犯时，“烟瘴地面”则成为东北、新疆两地遣犯的调剂者，接收遣犯的改发。而本应发往“烟瘴”的人犯则需调剂至“极边”等级，这时“烟瘴”与“极边”重合，亦即“视极边为烟瘴”。由此，清代一个理想型的军流地域圈层被勾画出来（见图1）：由中心点（即人犯原籍府属）向外辐射发配，每一圈层间隔五百里，从中心点至附近、近边、边远，再到极边。而“烟瘴地面”则专指云贵两广四省的烟瘴地区，属于存在于“极边”圈层内部的一个特殊圈层。

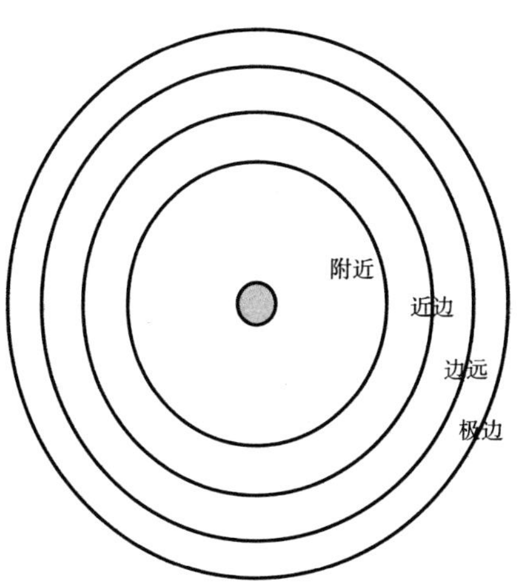

图1　清代理想型军流地域圈层示意

① （清）托津等：《钦定大清会典事例》（嘉庆朝）卷五九七《刑部十四·明律例·徒流迁徙地方四·充军地方》，沈云龙主编《近代中国史料丛刊》第69辑，台北，文海出版社，1992，第792页。

清代人犯通过军卫《道里表》向全国各地调配，各府、直隶州的资源由中央政府集中调控，属于中央集权高度集中模式。而其罪行等差并不在于对人犯的监控力度，军流人犯由兵丁解送至应编发之州县，然后由州县交由各地保领回，到保的军流人犯只需每月初一、十五日点卯即可，而情罪轻重的等次之别主要体现在道里远近，并参酌当地水土环境而定。如此来看，清代军流体系的地域圈层结构，与《尚书·禹贡》所呈现的“五服制”理想型圈层式结构具有异曲同工之妙。

综上所述，清代充军表现为多中心、四个实体圈层，一个特殊圈层的地域圈层结构。多中心是指以人犯原籍为中心，籍贯不同则编发人犯的中心点和道里计算必然也会变化；而特殊圈层则专指云贵两广四省的“烟瘴地面”而言。如此，全国各省便形成了一个相互交织的、庞大的人犯编发网络。

雍正八年（1730）《军卫道里表》的纂定，使清代军流人犯的发配网络变成了现实。乾隆八年（1743）、乾隆二十七年（1762）乾隆四十四（1779）、嘉庆年间对《道里表》的纂修，说明这一人犯发配网络并不是一成不变的。

乾隆中后期，各等充军人犯“原以情罪之轻重，定道里之远近”，但是“因道里参差，有不能适符所指各处里数者。附近、近边多寡以百里为率；边远、极边多寡以二百里为率”。[①] 对于道里参差造成的罪行与里数不相匹配，统治者决定将附近、近边、边远、极边四个充军等级以百里、两百里为调整空间。从另一层面来看，也说明了清代军流的圈层间距存在内外波动性。

需要说明的是，制度实践中的军流地域圈层结构，从来不似理想化模式下的圆形或方形，其圈层设计必然会考虑具体的区域形势、地理环境、政治经济等因素，与历史政区的圈层结构类似，清代军流圈层也是不规则的。笔者以清代河南开封府军犯编发为例，以表 1 示下。

① （清）福隆安等：《钦定五军道里表·凡例》，中华书局，2015，第 15 页。

表 1　乾隆四十四年《五军道里表》河南开封府军犯编发地方

附近	东至	浙江杭州府(A1)仁和县、钱塘县、海宁州,又至嘉兴府(A2)石门县
	南至	湖南长沙府(A3)湘阴县、长沙县、善化县
	西至	甘肃平凉府华(A4)亭县、隆德县、静宁州,又至陕西延安府(A5)延长县、延川县
	北至	直隶停止编发。以上除北外,东南西俱二千里
近边	东至	浙江宁波府(B1)慈溪县、鄞县,又至绍兴府(B2)余姚县、嵊县、新昌县,又至台州府(B3)天台县,又至金华府(B4)兰溪县,又至衢州府(B5)龙游县
	南至	湖南衡州府(B6)衡阳县清泉县、衡山县
	西至	甘肃巩昌府(B7)安定县,又至兰州府(B8)金县
	北至	抵边不足二千五百里。以上除北外,东南西俱二千五百里
边远	东至	浙江温州府(C1)乐清县、永嘉县、瑞安县,又至福建建宁府(C2)蒲城县
	南至	广西桂林府(C3)全州兴安县
	西至	甘肃凉州府(C4)古浪县、平番县
	北至	抵边不足三千里。以上除北外,东南西俱三千里
极边	东至	福建福州府(D1)罗源县、候官县、闽县、连江县,又至福宁府(D2)宁德县
	南至	广东广州府(D3)清远县
	西至	甘肃肃州(D4)高台县
	北至	抵边不足四千里。以上除北外,东南西俱四千里
烟瘴	广西思恩府宾州;贵州南笼府普安州;云南曲靖府平彝县、南宁县、沾益州	

注：此表数据取自福隆安等修纂的《钦定五军道里表》（中华书局，2015）河南开封府部分。表中标注的 A、B、C、D 数码，即图 2 所示该府、直隶州属所在地。

河南开封府军犯编发地方的附近、近边、边远、极边都有东、南、西、北四至方向，又以五百里为间距。由图 2 所示，河南开封府的充军圈层，是由开封府向外辐射的模式，由 A1 至 A5 等 5 点连线构成的半弧形为开封府的附近圈层，由 B1 至 B8 等点连线构成的半弧形为开封府的近边圈层，由 C1 之 C4 等点连线勾画的半弧形为开封府的边远圈层，由 D1 至 D4 等点连线勾画的半弧形为开封府的极边圈层，由广西思恩府宾州、贵州南笼府普安州和云南曲靖府平彝县、南宁县、沾益州等“烟瘴地面”组成了特殊圈层。

但是，与理想型的军流圈层相比，司法实践下的军流圈层结构相差甚远。首先，开封府充军圈层只能构成半弧形，其北面并未闭合。其原因有二：一是附近圈层因乾隆十九年（1754）奏定了停止军流人犯编发直隶府

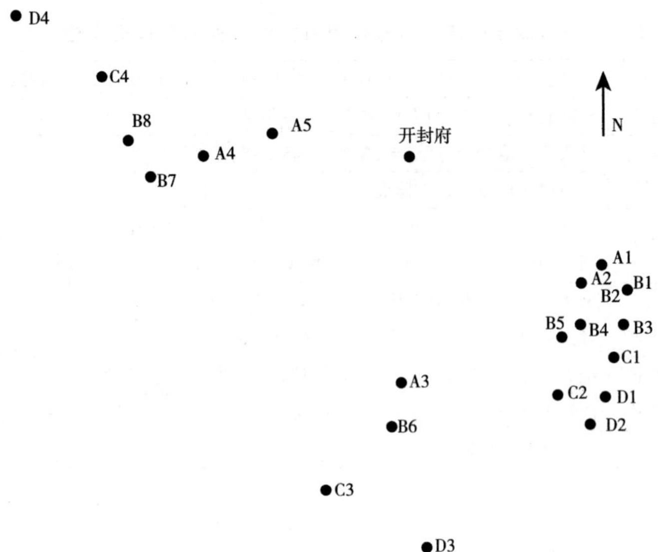

图 2　清代河南开封府充军“圈层”示意

州条例,[①] 致使全国各地军流人犯都不准编发直隶地区；二是近边、边远、极边等圈层因为向北道里数不足二千五百里，所以北部不作为编发人犯考虑范围。其次，图 2 所示的附近（A）、近边（B）、边远（C）、极边（D）构成的圈层半弧，仍旧是不规则的。再次，开封府人犯编发的“四至”并没有真正指向应至区域。如开封府向东，应该到达江苏沿海一带，但是“东至”实际指向了东南方向，即浙江、福建两地。此外，充军圈层的道里数恐非实数。从开封府至“附近”的浙江钱塘县大约 900 公里（1800 里），至“极边”的广东广州府清远县和甘肃肃州高台县大约分别为 1950 公里（3900 里）、1730 公里（3460 里），与“附近”二千里、“极边”四千里尚有差距。[②] 虽然，清代解配罪犯多由官道递送，道路不乏曲折，与充军道里数或许相近。但是，开封府至“附近”的陕西延长县大约 595 公里（1190 里），这与二千里的道里数相距甚远。且这样的实例不止一个。

清代军流的司法实践，得益于军流《道里表》的纂修，而《道里表》的实施得益于清朝 1300 多万平方公里的广阔疆域。军流人犯“路途解送，

① （清）福隆安等:《钦定五军道里表 · 凡例》，第 19 页。

② 该数据属约数，是笔者根据高德地图估测的两地之间的直线距离。

每日定限五十里”,[①] 为军流实施的有效性作了时间规定。军流人犯从原籍府属始发，决定了军流圈层没有固定的中心。多中心编发模式可避免人犯聚于一地，导致“匪类”群集之隐患。相反，可使人犯编发有更多的选择，体现出合理性和灵活性。

四 结语

本文尝试探讨中国古代流放体系的地域圈层结构，重点解析了中国古代流放思想产生之初的“圈层”意识、历史早期关于流刑的地域圈层特征以及明清军流体系的地域圈层结构的观念与实践，并得出以下结论。

第一，以“五服制”为基础的中国古代地域圈层结构，体现为由中心向外层层辐射推延的“差序性”，形成理想化的“同心圆”形态。这并非局限于中国历史政区设置的特殊性之上，在中国古代的行政权力结构、法律体系层面上也有同样表现。可以说，它是中国传统王朝行政管理思想在各层面的渗透。若从源头上认识，“地域圈层化”意识在《尚书·禹贡》所载的“五服制”中已有明确体现，“五服制”指向的政治地理格局不仅体现在分层分级的政区设置与管理模式之上，其本身还内含流逐罪人于要荒之地以“惩戒凶恶”和“教化边裔”的双重意蕴。

第二，中国古代流刑的地域圈层特征，随着流刑不断丰富而逐步强化。至北周隋唐时期，流刑的“一个中心，多个圈层”的地域圈层模式即已固定下来，成为流刑的主要特点。至北宋时期，流刑的地域圈层结构呈现出由道里远近的“数理区域”和水土恶劣的指定区域组合而成的模式，以及多中心的圈层态势，奠定了明清军流五等制下流放地布局的基础。至明代创设充军制度，其地域圈层结构逐步发展成为以人犯原发地为中心，以罪行轻重而定道里之远近，向外层层发配的“同心圆”模式。尤其至崇祯十一年，明代确立附近、边卫、边远、极边、烟瘴的充军五等之制，它既是对“以罪行轻重权地之远近”原则的继承，也是自明初以来最为完善

① 《钦定大清会典则例》（乾隆朝）卷二五《提解》,《景印文渊阁四库全书》第620册，第487页。

的定卫编遣原则。

第三，至清代，军流体系逐渐形成“多中心、四个实体圈层，一个特殊圈层”的地域圈层结构。“多中心”是指以人犯原籍为中心，籍贯不同则编发人犯的中心点和道里计算必然也会变化；“特殊圈层”则专指云贵两广四省的“烟瘴地面”而言。而情罪轻重的等次之别主要体现在道里远近，并参酌当地水土环境而定。可以说，清代军流体系的地域圈层结构与“五服制”理想型圈层结构，在思想渊源上一脉相承，在制度实践上异曲同工。需要说明的是，法律实践中的军流地域圈层结构，从来不似理想化模式下的圆形或方形，其圈层设计必然会考虑具体的区域形势、地理环境、政治经济等因素，与历史政区的圈层结构类似，清代军流圈层也是不规则的。

《中国古代法律文献研究》第十四辑
2020 年，第 257 ~ 281 页

清代民俗医疗的法律规制

郭瑞卿*

摘　要： 清代民俗医疗法律规制肇始于清政府的政治转型，其历次立法都带有强烈的政治意蕴，通过引入“异端法术”概念，最大范围地将民俗医疗纳入法律的视野。清政府通过对民俗医疗规制，试图整合医疗秩序，建立汤药针刺等正统医疗为唯一的医疗模式，也可以说民俗医疗法律规制是一场医疗改革。

关键词： 清代　民俗医疗　巫术　异端法术　法律规制

一　问题的提出

民俗医疗①在中国古代历史悠久，自医与巫分离后，疾病治疗即形成

* 中国政法大学法律古籍整理研究所副教授。

① 中国古代许多文献，尤其是方志中，存有大量“信巫不信医”的记载，反映了民间社会的疾病医疗情况，但显然此语也透露了这样的信息，即“信医”应为疾病医疗之正途，“医”应是人们求助治疗疾病的正道方式。“信巫”治疗，言外之意，乃旁门左道之选，文献亦称之为恶习或陋习。究竟何为巫术医疗？近代名医恽铁樵曾在医学史中论及巫术医疗有两种：禁术、祝由，认为禁术“盖汉之方士为神仙家言者，及演赞其说，古上医能之”，指出《史记·仓公传》“阴阳禁书，盖古医多通数学、物理论，所谓能明性命吉凶之数，乃为良医”。唐人孙思邈《千金翼方》中收录《禁经》二十二篇，亦皆治病之术。禁术十分复杂，需要精通推演等，可以看透人之性命之数。祝由“有符印禁咒，治奇疾往往而验”，恽铁樵总结唐代医学家王冰《黄帝内经》所言，认为“祝说病由，不劳针石。今操其术者，至人家辄问病由，书其人姓名，向神方祝；或吞气服符，（转下页注）

了两种模式：即运用汤药针刺等方式的医术医疗和以巫术方式为代表的民俗医疗，它们二者在疾病医疗中都发挥了作用。疾病医疗与人们的日常生活息息相关，甚至关涉生死，人们在重视医疗的同时，对从医人员医疗行为的安全性与有效性亦非常关注，希望他们为其医疗行为承担相应的责任，早在秦朝时期法律已有此内容，“不得兼方，不验，辄死”。[①] 根据疗效灵验与否认定责任，不分医疗方式，尽管非常严苛，但未尝不是对从医人员医疗行为的约束与震慑。医、巫医疗方式不同，其灵验验证手段等亦有所差异，秦代司法如何各自验证它们的疗效，因史料阙如，我们不得而知。唐时法律关于医疗惩治行为的规定相对详细而易于操作，其内容见于“医违方诈疗病”“医合药不如方”律，根据律文，医疗分为开方与合药两个阶段，开方者与合药者在各自阶段若开方违规或不按方合药，则分别责任进行惩罚。这些规范显然更适用于针刺汤药类医疗。唐律中虽然有关于巫术的内容，但以邪术害人，如厌魅、符书咒诅、造蓄蛊毒、采生折割等受到惩治，不是因医人行为具有过失而被规制。这样的立法内容，是因为巫、医均为国家医疗方式，不需要单独规制？抑或是因为巫术医疗是祝由之术，以咒禁，无法律文规制？唐代医、巫立法内容的不同，反映了二者在法律上的彻底分野。其分野起于何时尚不清晰，但也确立了巫术可以害人的邪术特性。清代法律将巫术邪术化，不知是否受此影响。

以巫术医疗为代表的民俗医疗，长期盛行于民间，在清代以前一直未有专门的法律对其进行治理，这是由于对民俗医疗的非理性信任还是国家对民俗医疗的轻视？巫、医分离后，随着医学的发展，后者渐渐成为国家的主流医疗，是正统医疗，前者渐被国家与主流社会边缘化，巫术医疗是人们在疾病痛苦面前的本能选择，将其纳入理性思维的法律中，必然要求对它有充分、清醒的认识。这在相信鬼神或超自然力量可以治愈疾病的背景下，对其立法是一个极大的考验。古代法律中关于巫术治理，是根据巫

（接上页注①）饮人以神水，其技类禁术而无方”（见孟凡红整理《恽铁樵医学史讲义》，中国医药科技出版社，2017，第42、43页）。明清之际，巫术医疗衰微，渐消失于国家医疗体制中，普遍见行于民间社会，且非常活跃。本文将巫术性医疗统归属于民俗医疗。

① 转引自张大可、王明信《〈史记〉人物系列：千古一帝秦始皇》，商务印书馆，2018，第134页。据该书“不得兼方”，《笺证》释为“每人只允许专攻一种方伎，指方士及医、巫、百工而言”，由此可知，秦人已经对从医者医疗行为有所规制。

术使用目的是否具有恶意而制定，是对巫术恶意使用的惩治。[①] 对巫术恶意使用的惩治可以在一定程度上规范巫术使用，促进巫术的善意利用。但如何判断巫术被善意使用，其标准如何确定，始终是一个不容易解决的问题。清代将巫术医疗纳入法律的视野中，其原因为何？是其立法技术的高明还是对巫术类医疗有了更深刻的知识，掌握了其善意使用的标准还是基于政治的认识？巫自诞生以来，即与国家政权关系密切，抑或在国家层面，巫术始终是政治问题，即使用于疾病治疗，它也是一个政治问题？

民俗医疗的法律规制，从广义而言，是以民俗医疗[②]为对象的立法规范，包括前面提及的厌魅、符书咒诅、蛊毒等，都应被纳入其中。但是，这些内容，严格来说，都不是正统意义上或真正意义上的疾病医疗，也不是本文所欲探索的内容。本文的研究范围仅限于因疾病治疗而产生的法律问题，即狭义上的民俗医疗法律规制。近来随着疾病医疗史的研究，清代民俗医疗史颇受关注，出现了许多相关的论著，它们运用社会史、医疗人类学等方法探索了民俗医疗的发生、文化意义及医学与宗教的关系等，这些论著于民俗医疗的法律规制不曾有关注，即使有所谈及，多是蜻蜓点水，一带而过。如龙伟提及《刑案汇览》的民俗医疗案件时指出是医者"利用邪术医人"，受到重惩。[③] 郑智亦是类似的观点，认为清代以巫术行医致罪，[④] 均未曾深入分析民俗医疗为何成为邪术治病，巫术行医因何会致罪。纵观学界对清代民俗医疗法律规制的研究情形，尚有以下问题值得进一步探讨。（1）民俗医疗与禁止师巫邪术在立法逻辑与实践中的逻辑为何？（2）民俗医疗的性质。巫术治病被治罪，究竟是受民间宗教牵累还是受正统医疗之排斥？（3）禁止巫术行医被写入法律与满人统治模式的关系

---

① 根据弗雷泽的理论，巫术有黑、白巫术之分，黑巫术是消极的，目的是伤害他人。白巫术是积极的，为人祛除不祥、病痛，或满足某种愿望，如祈求晴、雨等。中国古代法律以巫术害人入罪（参见〔英〕詹·乔·弗雷泽《金枝》，徐育新等译，中国民间出版社，1987，第19~70页）。

② 清代的民俗医疗，大约可以分两种情形：一是拜神祈禳，二是巫术医疗，本文因篇幅等所探讨的范围限于第二种情形的研究。

③ 见龙伟《清代医疗纠纷的调解、审理及其特征》，《西华师范大学学报》（哲学社会科学版）2016年第6期。

④ 郑智：《巫术何以致罪——试论清代巫术犯罪中的因果关系及其法律适用》，《法制史研究》（台湾）第30期，2016年12月。

如何？由于后两个问题涉及内容比较多，尚需要大量的档案材料补充，本文主要解决第一个方面的问题。

二　立法规范：从巫术医疗的限制到异端法术的禁止

清人关于民俗医疗的认识可分为入关前与入关后两个时期。入关前，满人在很长的时间内“绝无医药针砭之术，只使巫觋祷祝，杀猪裂纸以祈神”,[①] 这一习俗严重影响了满人的疾病观，即使在入关以后朝廷多次立法惩治延请巫医，但巫术医疗仍流行于旗人中。崇德五年（1640），皇太极颁布了“满洲、蒙古、汉军巫师道士跳神、驱鬼、逐邪以惑民心者，处死。其延请逐邪者，亦治罪”[②] 的谕令，就内容本身而言，治理的目标是从事巫术活动者，治理的主体是满洲、蒙古、汉军之延请逐邪者和逐邪的巫师道士，旨在改革民族生活陋习，具有一定的政治意义，也开启了有清一代民俗医疗法律规制的进程。入关初始，清政府即仿照明制在中央建置太医院，设立医科十一科，将汤药针刺等明朝正统医疗作为新皇家的疾病治疗方式，标志着满人自崇德五年以来的民俗医疗改革在中央层面实现了从思想到体制建构的转变，巫术性医疗被排除于中央最高医疗机构之外，汤药针刺等医疗方式的正统权威地位于明清王朝更替之际再次得到了确立。巫术医疗是在满人长期的历史发展中形成的疾病治疗观念，已渗透于他们的生活，有病求助于巫师是其根深蒂固的习惯，故此，清政府中央医疗新体制的建立并未能改变满人的医疗习俗。为推行医疗改制，顺治十八年（1661）颁布条例：“凡无名巫觋私自跳神者，杖一百。因而致人于死者，处死。”[③] 治理对象是“无名巫觋”“私自”巫术活动，一般性活动，施以杖刑。若因此出现人命事件，则处以死刑。该条文内容有些模糊，就文义来说，究竟是对“无名巫觋”跳神行为的禁止还是对他们“私自”跳

① 转引自李治亭《微言集：明清史考辨》，辽宁民族出版社，2012，第83页。

② （清）伊桑阿等：《大清会典》（康熙朝）2，关志国、刘宸缨校点，凤凰出版社，2016，第940页。

③ （清）托津等：《钦定大清会典事例（嘉庆朝）》卷七六六《刑部·礼律·祭祀》之“禁止师巫邪术”，嘉庆二十五年武英殿刻本。

神行为的限制，抑或二者兼之？何种跳神活动是“私自”行为，是指空间性，还是巫觋个人擅为，还是指延请人的个人行为？本条例是否适用于“名巫觋”的跳神行为，等等。如果条例仅适用于无名巫觋的私自跳神活动，其立法目的则是治理民间巫觋活动的失控情形，而非巫术医疗活动。

次年，即康熙元年（1662），清政府又颁布了一条新条例：“凡人有邪病要请巫师道士医治者，须领巫师道士禀知各都统、副都统，用印文报部，经批准后方可，违者，巫师道士交刑部正法，其请医治之人交部议罪。”① 开宗明义，该例治理的目标是巫术性医疗活动，治理的主体是治疗邪病的巫师道士和请医治之人，由此可知，该法律的立法目的是将巫师道士的邪病医疗行为置于国家的管控之下。但该条例依然存在一些问题，如是否仅适用于邪病治疗的巫师道士活动，一般性疾病延请巫师道士医疗是否需要申报官府许可？清代以前的历次立法皆未明文禁止一般性疾病的巫术医疗活动。无论是崇德五年的法令还是该条例，内容皆是对巫师逐邪或驱邪的治理。崇德五年的规定是禁止全面性的巫师道士的跳神、驱鬼、逐邪行为；康熙元年条例则限制性开放了崇德五年的部分禁令，强调了“邪病”治理。为什么清政府两次立法强调对巫师道士逐邪、治理邪病的管制？在回答这个问题之前，我们需要知道该条例中所提到的“邪病”是什么，因何需要巫术医疗。

“邪病”，在中国古代是常见之病，正统医学著作中也多有记载，根据疾病发生学，邪病大致有以下两种。其一，人产生疾病是受外界风、寒、暑、湿、燥、火的影响，外感侵体，产生风邪、寒邪、暑邪、湿邪、燥邪、火邪，这些疾病亦有称之为邪病的。清代名医张志聪在《黄帝内经素问集注》中解释：“邪从表入里，在外之气血、骨肉先为邪病所虚，是以骨肉滑利，则邪不内侵，而里亦实。表气虚，则内伤五藏，而里亦虚。此表里之虚实也。”② 其二，鬼神使人产生疾病。古人信鬼神，一些疾病发生原因，医学亦从鬼神说予以解释。如清代名医徐大椿在其《医学源流论》中言道：

---

① （清）伊桑阿等：《大清会典》（康熙朝）2，第940页。

② （清）张志聪：《黄帝内经素问集注》卷四，清康熙九年刻本，第52页。

> 人人之受邪也，必有受之之处，有以召之则应者斯至矣。夫人精神完固，则外邪不敢犯。惟其所以御之之具有亏，则侮之者。斯集凡疾病有为鬼神所凭者，其愚鲁者以为鬼神实能祸人，其明理者以为病情如此必无鬼神，二者皆非也。夫鬼神犹风寒暑湿之邪耳，卫气虚则受寒，营气虚则受热，神气虚则受鬼。盖人之神属阳，阳衰，则鬼凭之。《内经》有五藏之病，则现五色之鬼。《难经》云脱阳者见鬼，故经穴中有鬼床、鬼室等穴。此诸穴者皆赖神气以充塞之。若神气有亏，则鬼神得而凭之，犹之风寒之能伤人也。①

医学通过探讨邪病发生原因，寻求治愈之法，认为外感入侵的风寒暑湿燥火邪之病，针刺可以疗之，“治寒者壮其阳，治热者养其阴”。② 那么鬼神致病者可否医疗，如何治疗？徐大椿认为鬼神致病的治理可分三种情形。其一，治鬼者充其神。其或有因痰、因思、因惊者，则当求其本而治之。故明理之士必事事穷其故，乃能无所惑而有据。其二，其有触犯鬼神之病，则祈祷可愈。其三，冤谴之鬼致病，有自作之孽深仇不可解者，有祖宗贻累者，有过误害人者，其事皆凿凿可征，似儒者所不道，然见于经史，如公子彭生、伯有之类甚多，目睹者亦不少，此则非药石祈祷所能免矣。③ 简言之，第一种情形可以延医治疗，第二种情形，可以延请巫师道士进行医治，即驱鬼逐邪。第三种情形，冤孽深重，医、巫皆不可治。

由上可知，条例所言之邪病应是鬼神所致而正统医疗难以治愈者，需要延请巫师道士进行医疗，但因何须置于国家管控之下？其原因大致如下。其一，邪病患者，心神丧失，不能自控，治疗期间难以预料与可控，需要国家进行监督与管理。其二，巫师可以沟通人鬼神，有不可测之能，若趁为人治疗，起害人之心，操控鬼神，危害甚大，需要国家掌控。其三，可能是出于政治方面的考虑。该条例是专门针对旗人医疗而制定，如前所说，入关之前旗人长期依赖巫师，入关后这一医疗习惯并未发生根本

① （清）徐大椿：《医学源流论》卷上，《景印文渊阁四库全书》第785册，台北，台湾商务印书馆，1983，第28页。

② （清）徐大椿：《医学源流论》卷上，《景印文渊阁四库全书》第785册，第28页。

③ （清）徐大椿：《医学源流论》卷上，《景印文渊阁四库全书》第785册，第29页。

性改变，旗人依然普遍使用巫术医疗，法律未作强制性规定。但入关之前，旗人生活集中，巫师来源相对简单易控，但入关以后，巫师道士构成复杂，旗人延请他们医疗疾病则具有一定的危险，故此，中央政府不得不谨慎，强制旗人医治邪病必须上报中央许可。

上述法律是清政府针对旗人医疗习俗而定，其对内地医疗习俗的关注主体体现在下列法律中。

康熙十二年（1673），题准条例："凡端公道士私行跳神医人者，免死，杖一百。虽曾禀过礼部，有作为异端跳神医治致人于死者，照斗殴杀人律拟罪。其私请之人系官议处，系平人照违令律治罪。"[①] 治理的对象是巫术医疗的私行行为。惩治的主体是端公道士、作为异端跳神者及私请端公道士之人，私请之人包括官员与平民。这一条例涵盖了所有疾病的私行巫术医疗，既有前面的邪病治疗，也包括了一般性疾病医疗。该条例沿用了明律巫师称呼"端公"（端公，"男巫之俗号"[②]），法律用语的变动，说明立法目的旨在治理全国性的巫术医疗活动。但该条例亦存在一些问题，如"跳神"医疗的两种情形在实践中很难区分，尤其是对于延请人而言。"私行跳神"是民间未经官府许可，私自延请端公道士医治疾病的行为。"有作为异端"，是端公道士以医治疾病为手段，以达成其他目的，即治病动机不纯。延请端公道士之人不能区分他们动机的纯与不纯，他们旨在治病救人，于疾病治疗有益，他们就可以信任，于延请人而言，与其他"私行跳神"的端公道士无甚区别，都是治疗疾病。因此，清代时期大量民间宗教利用为人治病，吸引病人及其家属加入宗教组织。这或许是康熙时期立法以"私行跳神"和"有作为异端跳神"不同文字表达的目的所在。有意思的是，不知为何该条例仅规定了作为异端跳神致人死亡的惩罚，而没有私行跳神若致人死亡应作何处理的规定。司法中若发生此类案件，是依据当时的"庸医杀伤人"律，还是依据过失杀人律进行惩治呢？

雍正三年（1725），清政府修定律典时，在礼律"禁止师巫邪术"后添加了异端法术医人致死附例，"端公道士作为异端法术，医人致死者，

① （清）托津等：《钦定大清会典事例》（嘉庆朝）卷七六六《刑部・礼律・祭祀》之"禁止师巫邪术"。

② （清）沈之奇：《大清律辑注》，怀效锋、李俊点校，法律出版社，2000，第390页。

照斗杀律治罪”，[1] 立法整合了前面条例关于巫术医疗的治理，废除了端公道士私行跳神医疗和私请之人的规定，保留了作为异端跳神的内容，并以“法术”文字表达取代“跳神”，因跳神是巫术活动的一种形式，不能涵盖其他类型的巫术活动，而“法术”一词可以包含所有的巫术活动，故此，从内含上条例扩大了异端巫术医疗活动的范围。由此可见立法惩治的目标是惩治异端巫术的一切医疗活动，犯罪主体是端公道士，惩罚以斗杀律量刑，较庸医杀伤人致死处罚为重。该条例是以“作为异端法术”为惩治端公道士医人致死的前提，亦即端公道士医人致死的量刑是根据其医疗是否具有“作为异端”来判定，如果“作为异端”法术医人致死，依据斗杀律处以绞决。因为该律是附在“禁止师巫邪术”律下，故“异端法术”的含义应结合律文的整体语境理解，应是与该律文中宗教组织活动有所关联。清代民间宗教利用为人治病，诱惑他人加入的情形比较普遍，中央政府也认识到这一民间医疗现象，因此制定此条例，目的是治理端公道士作为异端法术为人治病。这可能也是例文没有规定如果端公道士不是“作为异端”法术医人致死，应以何律论罪的原因。乾隆五年（1740）的《大清律例》完全承袭了这一立法。

嘉庆六年（1801），修订条例，将上述例文移入刑律“庸医杀伤人”门，“凡端公道士及一切人等作为异端法术，如圆光画符等类医人致死者，照斗杀律拟绞监候。未致死者，杖一百，流三千里。为从各减一等”。[2] 从内容而言，惩治的目标依然是异端法术的医疗致死行为，但犯罪的主体范围扩大了，从端公道士扩大到常人。例文改变了自康熙十二年以来端公道士在法律中的地位，自立法以来他们一直与“师巫邪术”及宗教组织密切相连，其医疗行为亦被“作为异端”，与常人不同。条例为何作此修改，动机为何？这一问题可从其移入“庸医杀伤人”律的原因中找到答案。据嘉庆年间修撰的《大清会典事例》注释说明，“此等托异术为人治病，与左道惑众者迥别，因载在师巫邪术门，外省往往误会将圆光、画符之类比

① （清）托津等：《钦定大清会典事例》（嘉庆朝）卷八〇五，“刑部·刑律人命”之“庸医杀伤人”。

② （清）托津等：《钦定大清会典事例》（嘉庆朝）卷八〇五，“刑部·刑律人命”之“庸医杀伤人”。

依左道惑众定拟，为从亦问发充军，殊未允协，因增定比条”，[①] 即端公道士以巫术治疗疾病与“禁止师巫邪术”律的宗教左道惑众不同，应作区分。司法中圆光、画符之术无律适用，比条定罪不便，因此将二者附入刑律“庸医杀伤人”门下，视其为人治病为医疗行为。“庸医杀伤人”律是对针刺汤药等正统医疗的规制，该例文中“作为异端法术”的内涵是否保留了其原来立法的本意。这一问题留待于后面解答。

综上而言，清代的民俗医疗立法从一开始就具有较为强烈的民族蕴含和政治意义。从崇德五年的谕令到康熙元年的条例，是以改革和控制旗人巫术医疗为立法目的，在清政府接受明朝中央医疗体制，迅速将汤药针刺等医疗方式确立为国家主流医疗模式的同时，继续推进旗人民俗医疗改革，但并未全面、系统地废除其原来的巫术医疗，而是采用了限制性的上报审批制，这是清政府转型时期的一种法律保护。自康熙以后，国家对民俗医疗立法的关注即与民间异端法术医疗活动的治理结合在了一起，异端邪术被国家视为有违统治秩序的宗教活动，其从事医疗的行为亦被认为具有“惑众”的政治目的，成为当时民俗医疗立法重点规制的目标。医疗是民生的重要构成，清政府对此有清醒的认识。在民俗医疗立法中从未否定巫术法术的医疗功能并禁止民间巫术性医疗。非常有趣的是，立法一直在强调惩治异端法术医人致死的行为，似乎表明国家不干预其他方式的民俗医疗，另一方面，又扩大了法术的内涵。其立法的本意似乎有意模糊不清，这只能在具体的法律适用中才可以清楚国家的立法用意。

三　司法对民俗医疗的治理

清代民间社会疾病医疗在长期的发展中已形成了多样化的手段与方式，尤其民俗医疗，在这一时期文献疾病治疗记载中非常普遍，将这些纷繁混乱的医疗现象纳入国家的管控，在立法暧昧不明的情形下，于司法而言，非常困难。那么究竟什么样的医疗行为是司法治理的目标？下面，我

① （清）托津等：《钦定大清会典事例》（嘉庆朝）卷八〇五《刑部·刑律人命》之“庸医杀伤人”。

们试以案例入手，对上述问题进行探讨。[①] 本文根据收集到的案例，依据治疗的不同方式手段简单作了类型划分。

（一）特别法术治病

传统医疗中，施用法术是区分正统医疗与民俗医疗的根本要素，也是巫术性医疗的代表性特征，以此种方式医治疾病，是否就构成“异端法术”为人治病？下面，我们试通过案件解读来回答这一问题。

光绪年间，赵什升的表妹根英儿患病狂歌乱舞，因他以行医为生，故根英儿的父亲梁正发请他前去为她治病。赵什升看视后，认为根英儿病情严重，非常凶险，指出是“邪祟占身”，与梁正发商量医治，令其预备两把刀震吓妖邪，梁正发及其弟弟梁正旺和和色布、冯双葆辅助赵什升治病。光绪三年十二月十八日夜，赵什升在屋内点燃香烛，令梁正发及其妻子赵氏将女儿根英儿按在炕上，解开胸前衣服，又令和色布与冯双葆手持一把刀首尾，锋刃挨近根英儿肚脐，其本人手拿刀一把，出屋跳舞请神，梁正旺在前喝导，赵什升缓步走到根英儿身前，讽诵咒语祷祝神灵，举刀用背向根英儿腹上，用刀背敲打，“冀图妖邪畏避”，不料用力过猛，刀折断致伤根英儿身死。[②] 由案情来看，这是一场典型的巫术医疗，病人患有精神类疾病，被认为邪祟上身，需要驱邪。赵什升的驱邪医疗行为，说明他并不是以正统医疗方式来治疗疾病，是名巫医，因失误而致病人死亡，案件情节看起来符合“端公道士及一切人等作为异端法术医人致死”的规定，当时的直隶总督也按照该律，将赵什升依端公道士及一切人等作为异端法术医人致死者拟绞监候。由此看来，赵什升的医疗行为被定性“异端法术”，亦即说明他在医疗过程中使用的巫术手段是“异端法术”。什么是异端法术？前面的法律没有界定，这需要我们从司法中去寻找答案。“异端”，如前所言，其原本具有政治含义，在“禁止师巫邪术”律中端公道士作为异端法术为人治病，暗含他们以医疗为手段，诱引患者及其家属入

① 文中所用案件主要来源于《刑案汇览》《刑部比照加减》《秋审实缓比较汇案新编》及奏折、说帖类文献及第一历史档案馆档案，共100余件。

② 杨一凡主编《历代珍稀司法文献》第14册《秋审条款》（中），《秋谳辑要》卷六“法术治病致毙人命”，社会科学文献出版社，2012，第799页。

邪教之意，医疗动机不纯，故为异端。“作为异端医人”是否还含有医疗方式非正统之意，从上文历次立法中无法得出这一结论。巫术医疗虽然自明隆庆五年（1571）以后，退出了中央医疗体制，但法律未明文宣布其医疗方式的非法性。赵什升的医疗行为显然不具宗教意义的异端特性，司法官员依据什么将其医疗定为“异端法术”，是因其医疗方式不同于针刺汤药等方式的正统医疗吗？

蒙古人额英克布患有疯病，其父亲乌尔恭额英延请素习医道的罗普桑·扎勒来给儿子看病。罗普桑·扎勒认为额英克布被妖魅缠身，建议用红白布及鸟枪装入铁砂施放妖魅，驱逐其病，即愈。乌尔恭额听从了建议。罗普桑·扎勒将火药铁砂装入鸟枪点放，又念诵作法，令额英克布坐在门槛，点枪向额英克布吓放，导致枪砂中伤其胸膛左乳，当场殒命。罗普桑·扎勒以异端法术医人致死例治罪。他点枪驱妖，亦是法术为人治疗精神疾病，被司法官定为异端法术。初奎以针刀为人治病，不慎致毙人命，亦以照异端法术医人致死例问罪。[①] 动用针刀具有现代外科医生的某些特性，但当时司法官员认为这非合乎正统医疗，因此其医疗方式为法术治病。

下列案件的司法官员对这一问题似乎有所回答。

韩重给孙举妮医病，以画符念咒，行针刺之术进行医疗，由于“孙举妮病体羸弱”，不能承受针刺治疗，韩重令“其妻孙李氏代受针刺”，致孙李氏身死。韩重被司法官员“比照端公道士及一切人等作为异端法术，医人致死者，照斗杀律，拟绞监候”。为什么如此判决，司法官认为韩重“不按方用药”“妄照不经旧书画符念咒针刺”，[②] 说明他没有以正统医疗方式为病人治病，虽然以针刺医疗，但针刺非患者本人，而是请人代受针刺，行为非常荒诞，此种医疗行为显然不适用“庸医杀伤人”律，最终定性为法术医疗。此案中，韩重医疗手段虽然是正统医疗的针刺之法，但治疗理念及方式仍具巫术性质。司法官裁决其比照异端法术医人致死的参照是正统医疗。

上述几个案件都是将一般性的巫术医疗视为异端法术，这说明自嘉庆

① （清）桑春荣：《秋审实缓比较汇案新编》卷下，清光绪七年刻本，第46页。

② （清）祝庆祺、鲍书芸、潘文舫、何维楷编《刑案汇览三编》第4册，北京古籍出版社，2004，第274页。

六年后，民间巫术医疗医人致死者，都不再视为常态的医疗事故，而是异端法术致死，处刑重于庸医伤人致死。巫术医疗在此类案件中已呈非法化。

（二）神灵附体

神灵附体，是人类早期巫文化盛行的产物，《说文解字》将巫解释为降神者，郑玄《周礼》注“巫下神之礼”，“下”即依凭、附着之意，即神灵附体之人。巫觋在早期可以与宇宙万物沟通，地位崇高，后来演化为民间社会拥有道术之人，假托神灵附体，替人治疗疾病、祈福解祸等。清代司法中也出现了颇多此类案件，其裁决显示了国家对此问题的态度。

道光元年（1821），王李氏“诡托孛髻山娘娘”，“令催香火”给人治病。其事发后，当时的水师提督以“邪术医人未致死满流上量减一等，满徒收赎”惩治。[①] 王李氏诡托神灵给人治病之目的是“骗钱”，承审官为何没有以财产犯罪“惑众骗钱”处理，而是以“邪术医人未致死”判决？显然财产犯罪更适合王李氏的情形。丁沙氏案也是如此。嘉庆二十四年（1819），直隶丁沙氏谎称蛇精附身为人治病，事发，顺天府府尹将其“依端公道士人等作为异端邪术医人未致死满流例上量减一等，满徒，收赎”。顺天府尹也认为丁沙氏的目的是“图骗钱文”。[②] 下面的刘陆氏案与上述两案一样。刘陆氏因丈夫刘冈月领钱粮不敷度日，以家中所供佛像“捏称佛仙附体，治病灵验”，借此骗钱。案件发生后，刘陆氏以“于邪术医人未致死杖一百流三千里例上减一等，拟杖一百，徒三年。应销除本身旗档，系妇女照律取赎，给与本夫领回，严加管束，仍追取赎银入官”。[③] 上述三人皆为女性，因生活贫困，假托神灵附体，为人治病骗取钱财，以邪术医人论罪。和尚悟禅“因寺宇坍塌，欲图修整”，“见朱长化痰迷病发，捏称有神附体，哄人医病，求药得财”，案发，亦被江苏巡抚“比照端公道士作为异端法术医人未死拟流”。[④]

---

① （清）许莲：《刑部比照加减成案》卷四，清道光十四年刻本，第24页。

② （清）许莲：《刑部比照加减成案》卷一五，第20页。

③ 中国第一历史档案馆藏内务府档案，档号：04-01-01-0799-049。

④ （清）许莲：《刑部比照加减成案》卷一五，第21页。

根据上述案件的判决，我们可以了解到他们几人都不是真正意义上的巫医，如刘陆氏案中，“刘陆氏……不识字，又不通医理”，只是借助于神灵巫术的外衣，骗取钱财，但在审理中，司法官员视其治病医疗行为为“异端法术医人”，其理由在刘陆氏案的判词中可见，刘陆氏“因贫起意为人治病，图骗钱文，辄诡托仙佛附体治病，实近于邪术医人”，“近于邪术医人”，说明他们的行为具有“医人”特性。这也许是司法中此类情形皆以“异端法术医人”办理的原因。

（三）符咒

在传统巫术文化中，符咒皆具有治病功效。画符念咒是清代司法中常见的民俗医疗情形。此类医疗可否被国家认同？下面，我们试以实例进行考察。刘庆会画符治病，其“照书描画”，“图骗钱文”，被判处“合依端公道士作为异端法术画符等类医人未致死满流例上量减一等，杖一百，徒三年”。[①] 吴东周“将鳌头通书所刊镇煞符录及丁甲形像照样画出”为人治病，诓惑骗钱，依“作为异端法术医人未致死者满流例上量减一等，满徒”。[②] 二人皆以画符医人致罪，减刑判决的理由是因“并无邪言惑众情事，与实在诈为异端法术、捏造符箓者有间，自应按例酌减问拟”。张掖县杨添贵应许苗氏邀请为其算命，“妄为该氏画符魇镇，祈求子嗣”。案发后，杨添贵“比依端公道士作为异端法术医人未致死者，杖一百，流三千里”，其判刑重于前两人，因为其虽为画符，但魇镇求子，不是法律意义上的医人，有意思的是，司法人员认为“其符魇系为消灾求子，与画符治病情事相同”，故此，其判决“自应比例问拟”，[③] 显然扩大了画符医人范围，是一种扩张性解释，其目的应该是为了法律适用判决的便利。在赵炳一案中，司法官员再次对画符进行了扩张性释义。赵炳“捏造男女阴阳，令人朝天磕头数日，唱歌治病，以骗取钱文”。就案情而言，赵炳的行为既非画符，亦非念经咒，但赵炳“比照端公道士及一切人等作为异端法术医人未致死者例拟流”。为何比照“异端法术医人”例判决？根据司法解

① （清）祝庆祺、鲍书芸、潘文舫、何维楷编《刑案汇览三编》第4册，第275页。

② （清）许莲：《刑部比照加减成案》卷一五，第20页。

③ （清）许莲：《刑部比照加减成案》卷一五，第24页。

释，其令人磕头、唱歌治病行为，“与画符无异”。[①] 无疑，经过解释，更多的民俗医疗行为被纳入管制。刘孔易买得抄写符书画符医病，复教演拳棒，诓骗钱文，“比照造妖书妖言传用不及众例”定罪，发回城为奴。[②] 他虽然有画符治病行为，但处罚不是依据异端法术画符医人例，这是因“教演拳棒”为聚众授徒。司法将其画符治病与教演拳棒结合论罪，定性为“造妖书妖言传用”，其画符行为则构成造妖书妖言。

（四）看香

看香是借助于神力了解各种事物的巫术活动，可以测吉凶，为人治病等。清代此类医疗之术在民间社会颇为流行，司法亦有所见。如嘉庆二十三年（1818），杜张氏给人看香治病，将苏氏针扎致死。这个案件比较有意思的是，杜张氏行医方式是巫术与针刺医疗并用，杜张氏在行针时，借助于看香的神力，这样的情形，司法应如何适用法律，关系到对杜张氏医疗性质的认定。经过审理，司法人员认定苏氏之死是因杜张氏行针失手，误行致伤，“非有心故害”，杜张氏应以庸医杀伤人律论罪，但又认为“仅依庸医杀人科断律止收赎，不足示惩”，她“以女流不思安分，辄起意看香治病，冀图骗钱”，“照违制律，杖一百，不准收赎，折责发落”。[③] 此案的判决，反映了清代司法官员关于民间医疗治理的矛盾态度。杜张氏的医疗行为虽有正统性，但看香行为仍具异端法术性质，是邪术，故此以违制量刑。看香治病在清代的民间医疗中常常与其他医疗方式结合。如乾隆年间曾经震惊京师的西峰寺张李氏看香治病案。

乾隆五十三年（1788），张李氏在西峰寺带发修行，自号西峰老祖，能看香治病，请求符药者，服之即愈。其会针刺之术，曾治愈了当时大学士三宝儿媳以及贵州巡抚图思德儿媳的疾病，于京师一带颇具盛名。其案发后，如何对其定罪，中央上层存有争议，起初以“禁止师巫邪术”律等定罪：

---

① （清）许莲：《刑部比照加减成案》卷一五，第22页。

② （清）许莲：《刑部比照加减成案》卷一五，第25页。

③ （清）许莲：《刑部比照加减成案》卷一五，第25页。

> 凡师巫自号端公、师婆名色，及妄称弥勒佛，一应左道隐藏图像，烧香集众，煽惑人民，为首者绞监候。又官吏军民人等僭用黄紫二色，比照僭用龙凤缎律，拟杖一百，徒三年各等语，此案张李氏本一民妇，出家为尼，辄假烧香治病为名，念咒画符，煽惑远近居民及官员眷属，舍银多至数万余两，并被人称为老祖活佛，居之不疑……张李氏假神画符烧香治病，敛钱惑众，固属为首……张李氏除擅用黄缎坐褥等物罪止满徒不议外，张李氏……合依师巫妄称弥勒佛隐藏图像煽惑人民为首律，俱拟绞。但该氏既已为尼，又不剃发，复敢假神治病敛钱，甚至哄动官员眷属，得银数万……情罪均重。京畿为首善之地，尤宜肃清，此等惑众妄为之徒，未便稍为稽诛，应请旨即行正法，以昭惩戒。[①]

据此，张李氏的烧香等医疗行为完全淹没在了师巫邪术惑众等罪行中，其医疗属异端法术医人行为无疑。然而这个判决意见为乾隆皇帝所推翻，他认为“张李氏假神画符，以烧香治病为名，惑众敛钱，固属不法，但乡村愚妇，不过为图骗钱财起见，究无悖逆词语。张李氏著从宽，改为按例应绞监候，秋后处决”，[②] 按照此判，张李氏的医疗行为可视为民间一般性敛钱行为，不属异端法术。

虽然上述两案并非典型的看香医疗的代表性案件，但也反映了清代司法在对民间巫术医疗行为的认定上，是以具体医治患者技术而定的。

除了上述比较普遍的民俗医疗形式外，尚有许多，文中不一一列举。民俗医疗通常具有地域性特点，例如一些形式在北方地区常见，如立会治病，即以入会形式给人治病。道光六年（1826），河北胡犄角等立会，“系给人治病……所习之事，系烧香上表，低头弯腰，将两手摇摆，随势倒在地上，声言祖师附体……打鞭……妖魔皆畏鞭声……记些偏方，可以治病。如治疯病，剪一纸人，用病人头发一绺扎在纸人身上，用火烧化，称系送邪。画符一纸，贴在病人家门外，称系能使邪祟不敢再来”。[③] 这是一

---

① 转引自赵志强编《满学论丛》第 2 辑，辽宁民族出版社，2012，第 117 页。

② 赵志强编《满学论丛》第 2 辑，第 118 页。

③ （清）那彦成：《那文毅公奏议》卷七〇，清道光十四年刻本，第 16 页。

种民间集体修习法术并治疗疾病的活动。清代国家在治理此类民间医疗活动时，常常出于秩序的重视，采取简单粗暴的手段禁止与惩罚。直隶总督那彦成认为胡犄角等人的立会“属不法”，直接查禁并对胡犄角等组织者予以惩治，指责他们“自行立会，藉治病为由，敛钱惑众，尤为可恶……合依各项教会名目，并无传习咒语，虽未传徒或曾供奉飘高老祖及收藏经卷者，均于发边远充军例上加重改发新疆，以示惩儆”。[①] 胡犄角等人的立会被认为是“教会”，所以，官府的治理是政治考量的结果。

综上，民俗医疗作为中国古代医疗体系中的重要构成，尽管随着汤药针刺等正统医疗的发展，不断被边缘化，但其在民间拥有极其强大的生命力，以各种形式存在于人们的生活中。因其先天的特性及后天散漫的发展，融合了许多非理性的内容，在系统、科学正统医疗模式的参照下，其荒诞、落后的一面渐渐凸显，成为清代国家司法治理的目标。司法以异端法术作为治理民俗医疗的工具，将民俗医疗最大范围地纳入法律的视野。进入司法视野的民俗医疗案件，绝大部分是以“异端法术医人例”惩处，这对于案件的当事人来说，可能明确了异端法术医疗（或巫术性医疗）与正统医疗的界限，从而客观上有利于推进国家对野蛮状态下生长的民俗医疗秩序整合与治理。当然这也可能在一定程度上有助于正统医疗的发展，改善人们的医疗观，推动民间社会医疗观念的更新与发展。

民俗医疗在清代已成为许多人用来敛财的工具，笔者所收集的案例中有40%的案件是为人看病者，不通医理，亦非真正意义上的巫师，但因生活贫困，不得不以看香、画符、念咒等方式为人治病以获取钱财。这些行为通常被司法官员称之为图骗钱财或惑众敛财。司法对这些医疗行为的惩治，可能在短期内具有震慑作用，但达不到长期治理的效果。

清代地方常常出于秩序的考量，采用简单粗暴的方式对民间医疗进行治理。如道光四年（1824）的赵幅才案。赵幅才因女儿生病糊涂，谵语自称菩萨庙内服役仙姑，求讨香火，辄许愿祈祷书写仙姑牌位，供于该村观音寺内。此事被传扬出去后，该处男妇附会传说，纷纷赴庙烧香，施舍钱粮，惊动了官府。经过审理，发现观音寺内聚众烧香等活动均是民间自发

① （清）那彦成：《那文毅公奏议》卷七〇，第21页。

的行为，与赵幅才没有直接关系。他只是到庙中为女儿还愿，并供设牌位。由于寺庙聚众为国家所禁，根据“禁止师巫邪术”律下附条例规定：“凡左道惑众之人，或烧香集徒、夜聚晓散为从者，发边远充军。若称为善友求讨布施至十人以上，并军民人等不问来历，窝藏接引，或寺观住持容留披剃冠簪者，发近边充军。”① 地方官员认为“赵幅才首先妄行祈祷，供设仙姑牌位，以致该处民人纷纷施舍”，其应承担刑事责任，但如何处罚，地方官员不得不咨询刑部，陕西司认为赵幅才的情形“与例内所称聚众求讨布施者不同，究属妄生事端。自应照例酌量定拟，以示惩儆。赵幅才应于称为善友求讨布施至十人以上军罪上量减一等，杖一百，徒三年”。② 整个案件的处理，官府都没有注意到民间的医疗问题，这是一种有意的忽视，但疾病医疗恰恰是民众寺庙聚集及捐施钱粮的起始原因。所以司法在民俗医疗的治理上，不是以惩治不利于医疗秩序的行为为中心，而是通过惩治异端法术医疗，确立政治权威。因此在司法实践中，异端法术的内涵不断扩展，越来越多的民俗医疗方式与手段被囊括进来，被官府认可的民俗疾病治疗方式和手段越来越少。

中国古代民俗医疗生命力旺盛的一个原因，是其在历史的发展进程中几乎没有受到任何的限制与约束。这虽然能够适应民间生活的需要，但如果长期任其野蛮生长，必然良莠并存，使得原本无序的民俗医疗更为混杂，问题丛生，进而影响正规医疗秩序。所以国家有必要对其进行规制，但如何规制既能关照社会需求，又可兼顾秩序，是一个值得思考的问题。

四　禁止官员延请巫医治病

清政府对巫术医疗的法律治理，其实是在国家意识形态层面上确立了对巫术医疗的不信任，尤其嘉庆朝以后，在医疗领域逐渐确立了巫术为异端法术的认知，这一观念的转变直接影响到了官员的医疗行为，官员疾病治疗不得延请巫师。

---

① （清）吴坤修编撰《大清律例根原》2，上海辞书出版社，2012，第631页。

② （清）许莲：《刑部比照加减成案续编》卷四，第24～25页。

如上所言，自康熙时起，国家立法限制旗人与官员私自延请巫师道士医治疾病，但雍正时在法律文本中取消了病患延请巫师的惩罚性规定，仅惩治巫师道士行医行为。这可能与雍正皇帝本人的态度有关，他对巫术医疗并不反对，但亦非全然信任。雍正九年（1731）正月，曾言："昨岁，朕躬偶尔违和，贾士芳逞其邪术，假托祝由以治病。朕觉其邪妄，立时诛之。而余邪缠扰，经旬未能退净。有法官娄近垣者……为朕设坛……有灵验。又以符水解退余邪，涣然冰释，朕躬悦豫，举体安和。"[①] 道士贾士芳因施邪术治病被处斩，而娄近垣则以符水等术治愈而被褒奖，究竟医疗中何为邪术，何为巫术，这里亦未明确，很难区分，只能说明法术因人而异，需要具体情况具体分析。但在司法中官员区分何种情形是端公道士的异端法术医人，何种情形是一般性的疾病医疗行为，难度太大。正如上文所讲，嘉庆时期因此将一切法术医疗行为统一治理。这推动着清政府官员不得不改变疾病医疗观念，否则以巫术医疗者将受制裁。如嘉庆十九年（1814），大学士勒保因目疾，"延请祝由科医生看视，其治法先用口在太阳穴吮出毒气，随后再画符念咒"，被其子英绶奏报给嘉庆皇帝，嘉庆帝"以符咒之事近于邪术，因命军机大臣传谕英绶"进行调查，将给勒保治疗眼疾的医生张泳宁"交军机大臣会同刑部审讯定拟"。[②] 嘉庆皇帝是清朝第一个开始全面严格治理巫术医疗的皇帝，他将异端法术概念引入巫术医疗的治理中，使巫术医疗的方式与手段因此而邪术化。

法术医疗非法化、邪术化以后，国家官员不得不将国家政治意识形态的邪教邪术与其个人生活中的法术活动紧密结合起来，禁止此类行为出现在生活中，疾病医疗亦不寻求正统医疗以外的其他方式，他们不仅对个人如此要求，也需要约束限制家人不得沾染。如嘉庆十八年（1813），玉门知县陈周书因为妾室韩氏生病寻求占卜治疗而滥施刑罚。韩氏在衙署患病后，令家中雇工妇人谢高氏向星士阎贵占卜求医。阎贵图得钱文，声称须在神前献膳，并用黄纸书写县令与韩氏的年龄方可愈病。谢高氏告知韩氏，韩氏同意，给予制钱九百五十九文，买备一切。谢高氏随后央求邻人

① 《龙虎山志》卷一，《藏外道书》第19册，江西出版集团，2007，第427页。

② （清）王先谦辑《东华续录》，嘉庆十九年秋七月，清光绪十年长沙王氏刻本。

石璞买就香烛、旛布、黄纸、鸡酒等项，用钱四百文。又浼王维汉、史尚志代书旛纸，各给钱十五文，将供献等物交给阎贵，并酬谢钱五百文。韩氏的病痊愈。陈周书事先并不知道此事。六月二十日，韩氏与谢高氏在房内闲谈，称是祈禳有灵，被他听闻，进行盘问，“究出前情”。他怀疑禳病书旛即系师巫邪术，认为自身治家不严，何以禁止百姓？且黄纸擅书其“年庚”占卜，“必有咒诅情事”，因此传集所有涉及人员问明事情经过，将石璞、史尚志各责五板，王维汉责打十板，阎贵责打二十板，谢高氏掌嘴二十，仍恐咒诅情实，又牵连了其他人员，导致韩氏自缢而死。[①] 这场由占卜禳病引发的惨事，真实地反映了以陈周书为代表的清代官员关于邪术的态度。占卜禳病是否是以异端邪术治病？我们可以从对陈周书的处罚中找到答案。案件发生后，总督那彦成向嘉庆皇帝上奏了对陈周书的处置：

> 此案参革知县陈周书，因妾韩氏禳病献旛书写男妇年庚，疑其咒诅，辄将石璞、史尚志、王维汉、阎贵等讯责、管押，又将谢高氏掌责，以致韩氏畏惧自缢身死。在韩氏死由自尽，律得勿论。即石璞等被责，亦属咎由自取。惟将谢高氏掌嘴，实属决不如法，依律应笞四十。至家丁宋高，以同乡久随跟役，虽非契买家奴，实与雇工无异，及因其犯窃，并不用家法处治，辄用官法枚臀、掌嘴，兼之跪练击背、敲踝，复声言递解回籍，以致宋高情急自戕，实属任性妄为。查宋高究系自戕身死，并非由于该革员之刑毙，第击背、敲踝等项均干例禁，且以家事而动用官法，尤属违制。已革知县陈周书除决不如法轻罪不议外，自应照违制律杖一百，系私罪，业经革职，应毋庸议。阎贵以星士卜卦，讯无不法别情，其图骗妇女供献钱物殊属不合。谢高氏听从已死韩氏妄为禳病，石璞等代买供献物件，王维汉等代书旛纸，均经该革员分别责处，应免重科。[②]

① （清）那彦成：《那文毅公奏议》卷二七，第41页。

② （清）那彦成：《那文毅公奏议》卷二七，第43页。

禳病消灾在清代民间非常盛行，其方式多样，法术多途，占卜是其中一种。占卜源于《周易》，星士以星命术为人推算命运等，并未被纳入异端法术之列，所以那彦成认为阎贵“以星士卜卦，讯无不法别情”，说明他为人占卜禳病并不违法，其违法之处是“骗妇女供献钱物”。由此可知，韩氏请人占卜禳病并非异端邪术治病。陈周书的滥刑，是因其不能辨别哪些法术是邪术，哪些不是，但又由于职责所在，不能不追究。故此宁可“错杀”，亦不放过。

官员寻求正统医疗以外的巫术方式治疗疾病，惩罚亦重于常人。道光十二年（1832），浙江教谕徐伟因为一个王姓幼童痘症甚危，起意与赵昆伦商量请仙求方书符扶鸾，因试祷没有灵验，随即“悔惧中止”。此事揭露后，不仅被革职，且被处以“于书符咒水扶鸾祷圣煽惑人民为首绞监候律上量减一等，杖一百，流三千里”[①] 之刑罚。徐伟本意为救治学生，是在病情危急下、一种寻求精神医疗的非理性之举。他的被惩治，反映了清政府为了根治邪教，不加区别地禁止一切巫术医疗活动，严重冲击了长久以来所建立起来的民间医疗秩序。

巫术医疗在中国传统社会的历史非常悠久，清代以前一直是国家所认可的医疗方式，唐宋时期太医署的咒禁科，元、明时期太医院的祝由科，皆与正统医疗并用。明隆庆五年（1571），祝由科从皇家太医院的医科设置中被移出，但在民间依然非常盛行，“信巫不信医”的记载在这一时期的文献中非常普遍，其医疗效用在各类文献中也常看到，如晚清官员陈其元曾在笔记中记载：

> 祝由一科起于黄帝，禁咒治病，伊古有之，其词甚俚，其效甚速，不可解也。今择余所知而验者录之。治蜈蚣螫咒云：止见土地神，知载灵太上老君急急如律令，敕以右手按螫处，一气念咒七遍，即挥手作撮去之状，顷刻痛止。[②]

① （清）许莲：《刑部比照加减成案续编》卷四，第33页。

② （清）陈其元：《庸闲斋笔记》卷一一，清同治十三年刻本，第18页。

即使在当时正统的医家书籍中，对巫术医疗也予以肯定，清代名医徐大椿曾言："祝由之法亦不过因其病情之所由，而宣意导气，以释疑而解惑。此亦必病之轻者，或有感应之理，若果病机深重，亦不能有效也。古法今已不传，近所传符咒之术，间有小效，而病之大者，全不见功。"[①] 巫术医疗的疗效功能，弥补了传统中国社会正统医疗资源不足的缺陷，支撑了民间医疗秩序的正常运作。

清政府以异端法术之名对民间巫术医疗不加区别地惩治，在当时也遭到了人们的批判。如方浚师认为："即如巫医二者，虽圣人之所不弃，然亦近于异端，而巫以祀神祇，医以疗疾病，皆不得不用者。至村巫诱人为非，庸医伤人之命，此即巫医中之异端也。安可因其异端，有害于人而不用药乎？"[②] 方氏认为不能因巫有弊端而否认巫术医疗的功用，村巫"诱人为非"，仅是巫医的个人行为，瑕不掩瑜，不能因噎废食。

五　地方禁革巫术医疗等陋俗

清政府为了治理异端法术，将民间医疗非正统以外的其他习俗均视为陋俗，在地方推行革除邪风、严惩师巫的教化运动。雍正元年（1723），"闻江西……民多尚邪教"，雍正皇帝谕令江西巡抚裴率度下令禁革此风，裴率度回复指出，"医卜星相往往假其术以惑民，虽非邪教，亦当以时严惩"，[③] 将"医卜星相"之民间医疗之术也纳入了禁止、严惩的范围，此处的"医"，显然就是巫术医疗。自康熙以降，巫师道士行医受到法律限制后，以法术治疗疾病越来越被视为"邪术"，多遭禁止。乾隆元年（1736），针对江南"信巫不信医"风俗颇盛的情形，特别颁发谕令，指出"闻吴下风俗，笃信师巫。病不求医，惟勤祷赛，中产以下，每致破家。病者未必获痊，生者已致坐困。愚民习而不悔，尤属可悯。地方官亦当曲加病人训诲，告以淫祀无福。严禁师巫，勿令蛊惑，亦保民之一端"，历

① （清）徐大椿：《医学源流论》，《景印文渊阁四库全书》第785册，第50页。

② （清）方浚师：《蕉轩随录》卷六，清同治十一年刻本，第12页。

③ （清）赵尔巽等：《清史稿》卷二九二，吉林人民出版社，1995，第8100页。

数其弊，督促“地方大吏及守令有临民之责者，皆当遍行化导”。[①] 疾病治疗关涉生死，民间信师巫医疗不惜重金，这被清朝政府视为愚蠢之举，不利于社会秩序的稳定，因此将其与邪术等同治理，以达到惩邪禁巫的目的，在意识形态上树立疾病医疗求助巫神，只能徒费家财，而不能治愈疾病的观念，巫医不能信的思想一旦被民间认可，即可以从根本上断除邪教利用法术治病吸引信众的基础。

地方推行移风易俗通常是打破地方原有的医疗观。如乾隆二十四年（1759），湖北巡抚冯钤为改革湖北苗民“尚邪术”之风，颁布了抚苗条款：

> 禁崇尚邪术。查苗瑶不知礼教，其俗多信鬼神，病不医药，惟知诵咒书符，灾不修省，互相把斋茹素，以致奸邪得以捏造诡言异说，诱以它银哄骗敛钱种种情事，近于邪教，不可不预为防范，杜其滋蔓。抚苗各官，时当晓谕岗长瑶，总劝谕苗瑶各务耕织，毋信邪术，一切书符把斋不经之事，概行禁示。如有以邪术诱惑者，即送地方官究治。[②]

条款中，冯钤首先将苗民惯行的“信鬼神”“病不医药”而“诵咒书符”“把斋茹素”，说成是不知礼教的行为，礼在当时被视为区分文明与野蛮的标志，所以，通过这些话语建构了苗民上述行为的落后性和野蛮性。而且，他在话语中又将当地“诡言异说”“它银哄骗敛钱”等事说成“近于邪教”，打破人们对这些事情的既有认定，并把这些“近于邪教”之事的产生与他们不知礼教的行为勾连起来，从而建构人们废除、禁止上述行为等观念。湖北苗民习俗不同于汉人，在医疗方面亦不同于汉人的正统医疗，若如条款所言，巫术医疗一律禁止，那么当地苗人疾病医疗秩序需要重建，但在当时的情况下，正统医疗资源缺乏，而官府并未提出改变的具体措施，条款内容只能是一种政治姿态，可见这种谕令基本是政治宣传性

① 《清高宗实录》卷一九，乾隆元年五月庚戌，清嘉庆间内府抄本。

② 《清高宗实录》卷一，雍正十三年八月辛卯。

话语。

东三省是满族人的祖源地，历来疾病医疗信奉蒙医或巫术，入关以后，清政府重视该地区治理，于医疗方面积极采取措施推动改革。嘉庆皇帝时期曾下令东三省禁行邪术医疗。嘉庆十三年（1808）秋审时，奉天出现了三例以异端法术医人致死的案件，这三人多尔吉怕郎洼、宋存信、升保是因学习邪术治病，或用鸟枪，或用鍘刀而将病人伤毙。经刑部审理，依异端法术医人致死例拟绞，秋审时入情实。刑部将死刑名单上报嘉庆皇帝朱勾，当他看到三人的案情时，起了恻隐之心，认为“核其情节均系病者情愿邀请，该犯浼其医治，失手误伤，致毙人命”，故而“俱加恩，免予勾决”。因为此事，他意识到东三省“学习邪术治病并不止区区三人”，“东三省地方有此邪术治病风气”，认为“不可不严行禁革”，下令奉天将军、府尹等“转饬所属，随时出示晓谕，以医师剂药古有明文，岂有火器金刃能疗治疾病之理？如再有传习此种异端法术者，即先行查拿禁绝，照例治以应得之罪，免致乡愚被其诱惑，屡有失手戕生之事，亦保全民命之一道也”。[①] 嘉庆皇帝明确认为“医师剂药”为正途医疗，而“火器金刃”是异端法术。火器金刃治病是否应该被视为邪术？在回答这个问题之前，我们需要了解火器金刃治疗的是什么病。如果是外科疾病，火器金刃是手术不可或缺的工具，其不应在禁止之列。满人入关以前，以游猎为主，很长时期内处于战争状态，他们多从蒙医，蒙古外科医疗在当时非常发达，火器金刃是其医疗的重要工具，据《蒙古秘史》记载窝阔台在一次战争中颈部负伤，成吉思汗令人用烙铁烫烙窝阔台的伤口，[②] 烙烫伤口具有消毒功能。东三省毗邻蒙古，该地区的满人有学习此类医疗的习惯。如果非外科医疗，运用火器金刃医治则为不当，应禁止。嘉庆皇帝不分其具体医疗情形，片面认为火器金刃不能治病，否定了当地外科医疗的合理性，有医疗无知之嫌。

清代地方政府致力于革除民间医疗陋俗，直至晚清时期。如光绪十一年（1885），浙江奉化县令发布了“禁止义马告示”，其在示文中指出：

① 《清仁宗实录》卷二〇一，嘉庆十三年九月辛巳，清道光间内府抄本。

② 见胡斯力、郑泽民编著《蒙医志略》，远方出版社，2007，第219页。

“奉化地面巫风最盛，男女皆有，为之号称大神，名以义马，又曰帮君，亦曰杂拉……专事假造符咒，称治病为由，凡探有病有钱之家巧言诈骗，诡托神奇，甚至佩刀系铃，喧阗鼓噪，男女混杂，夜聚明散。或请为某仙某神降临，或指为狐鼠鬼魅缠病。”劝谕居民如“堕其术中，则是本无邪自引邪，入门使病者反重……病需医药是为常理”，因此下令“兵役访拿”。该告文说明民间医疗治理是一个难题，民俗医疗的大量存在自有其社会基础，正如有人评议告文所指出，“巫蛊之风，自古有之，大抵不过祓除祈祷之意，不谓迁流至今，乃有如义马之惑世诬民至于斯极者。其关系世道人心，允非浅鲜”。[①] 清政府无法通过强制的法律和简单的说教手段根治与民生至为重要的医疗问题。

结　论

清代民俗医疗规制肇始于清政府的政治转型，其历次立法都带有强烈的政治蕴含，从适应中原汉人的统治，到入关后在民族矛盾激烈对立下对旗人的保护，再到治理民间宗教的需要，应该说，清政府从政治视角看到了自明朝以来，自由散漫发展的民俗医疗在治愈着社会的同时，也被民间利用着已经或正在汇成对抗国家政权的力量，即民间宗教组织。清代民间宗教组织之活跃，远远超越了历代王朝，它们利用巫术医疗，一是吸收人员，扩大规模；二是敛财。无论是哪种情形，都影响着国家统治，因此，民俗医疗在清政府看来已不仅仅是医疗问题，更是一个政治问题。因此，立法从意识形态领域将以巫术性医疗为代表的民俗医疗塑造为异端邪术活动，进而对民俗医疗进行合法地规制。清代国家政权对民俗医疗的治理，从未有明文的内容，而是借助于“异端法术”这个概念，经过司法的扩张解释，明确法律治理的目标。就此而言，其立法非常高明，巧妙地回避了医疗技术层面的规范标准，为司法治理民俗医疗提供了易于操作的法条。

民俗医疗是一个包容性很强的概念，将正统医疗以外的所有医疗方式

---

① （清）李前泮、张美翊：《光绪奉化县志》卷一二，清光绪三十四年刊本，第188～189页。

囊括其中，国家要对这样庞杂的医疗体系进行治理，其难度之大可以想象。但清政府并没有停留在这一层面，而是借助于异端法术、邪术，在最大范围内治理民俗医疗的无序状态，试图整合国家医疗，确立正统医疗唯一，而且也在努力实践着这一目标，如禁止官员使用正统医疗以外的其他医疗方式，并在地方推行民俗医疗方式非法、邪术化的教育，尝试改变人们的医疗观念。从这个意义来说，清代的民俗医疗规制可以说是在国家政治推动下的一场医疗改革运动。

《中国古代法律文献研究》第十四辑
2020年，第282~365页

大木文库藏《直隶册结款式》解题、录文*

伍　跃**

摘　要：传统中国行政制度的特点之一是在运作中充分利用上行、平行和下行文书，故被简称为"文书行政"。为了处理政务，各级官员尤其是正印官员除必备的写作技能之外，还必须掌握各类官文书的款式。《直隶册结款式》就是清代乾隆年间直隶地区颁布的册结文书的款式标准。本书收录有129种文书款式，计册49种和各类保结文书80种，其中绝大部分官文书涉及国家行政最基层的州县乃至来自州县辖下乡里村庄的文书，不仅包括州县衙门上呈至布政司衙门的文书款式，还包括候选候补官员、进士举人、各类贡监乃至庶民上呈至州县的、连接着衙门与乡村社会的文书，对于了解清代中后期府州县衙门的行政文书款式，理解前近代国家的基层行政和社会治理，有着十分重要的参考价值。而且，透过对比现存顺天府档案中保存的相关文书，可知该《直隶册结款式》的影响一直延续到清朝末年。本文在过录原文的基础上施以标点，对于文中一些涉及文书制度和官僚制度的用语适当附以注释。整理中的不妥之处，肃乞方家教正。

* 本研究为日本学术振兴会（JSPS）科学研究费补助金资助项目JP17K03153（順天府档案に見る清代の「行政訴訟」—巴県档案との比較を中心に）的一部分。

** 大阪经济法科大学教授。

关键词： 文书行政　直隶册结款式　亲供　甘结　印结

一　解题

（一）版本

《直隶册结款式》是清代乾隆年间直隶地区颁布的册与保结（含甘结与印结）的文书款式标准。本书看似枯燥，实则充溢着传统中国国家治理的丰富讯息。

笔者所见该书收藏于东京大学东洋文化研究所大木文库。大木干一本人根据自创的分类法，将本书归入"政法第一类总类"之九"文范"，并著录为"不分卷，清观音保编，乾隆刊，一帙四册"。[①] 该书钤有"东洋文化研究所图书"印记和"大木文库"戳记（见图1）。中国科学院国家科学图书馆也收藏有原属旧东方文化事业总委员会的同版该书（见图2）。2020年初，河南省新乡市寒香书屋在孔夫子旧书网上出售同名该书，经照片判断当属同一版本。[②] 恕笔者寡闻，除此之外，本书尚未见诸其他公私书目。

该书前有直隶布政使观音保[③]的牌，[④] 其中说明了本书的编纂缘由。该

① 〔日〕东京大学东洋文化研究所编《東京大学東洋文化研究所大木文庫目録・内篇》，载《東洋文化研究所紀要》第9册，1956年，第28页。〔日〕东京大学东洋文化研究所编《東京大学東洋文化研究所漢籍分類目録》，汲古书院，1996，第362页著录如下："册结款式一卷，清观音保撰，刊本（大）。"

② http：//book. kongfz. com/255425/1280531909/（2020年3月10日确认）。卖家描述该书为"七五品"，并注明"存32个筒子页，孤本"，索价950元。据网上照片，可知该书大致相当于大木文库藏本的第4册。

③ 观音保履历见秦国经主编《清代官员履历档案全编》第2册，华东师范大学出版社，1997，第112页。《清高宗实录》卷六四一，乾隆二十六年七月甲子；卷八四五，乾隆三十四年十月乙丑；见《清实录》，中华书局，1985～1987，第17册第163页，第19册第297页。

④ 清代规定，"督抚行司道以下，司道行府厅以下，府厅知县以下，直隶州知州行所属知县以下，州县行杂职皆用牌。其上行皆用申文"。《（嘉庆）钦定大清会典》卷二三《礼部・仪制清吏司四》，清嘉庆年间内府刊本，第10页a；《出山指南》"公牍合表"，清光绪三十三年京师槐荫山房刊本，第14页a。

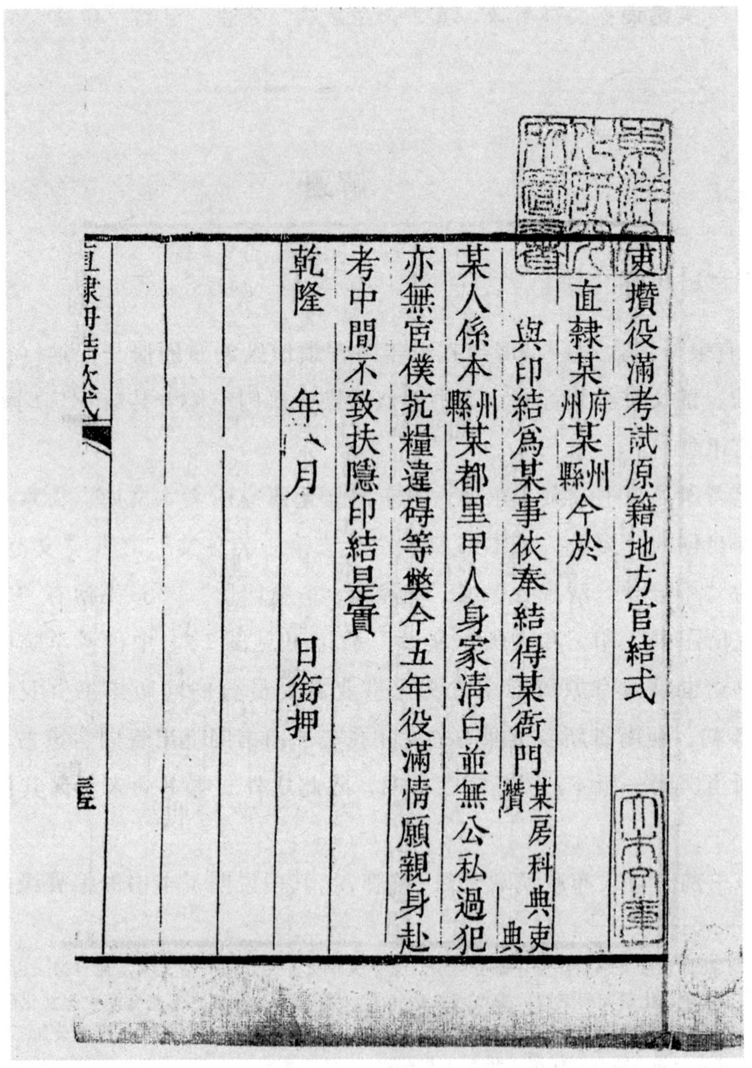
吏攢役滿考試原籍地方官結式

直隸某府州某州縣今於

與印結爲某事依奉結得某衙門某房科典吏攢典

某人係本州縣某都里甲人身家清白並無公私過犯

亦無宦僕抗糧違碍等弊今五年役滿情願親身赴

考中間不致扶隱印結是實

乾隆　年　月　日銜押

图 1　大木文库藏本书影

牌文首先转述了直隶总督方观承[①]的牌文。方观承认为，直隶各州县申送的“册结”存在诸多问题，“非系烦琐，即属率漏”，为提高行政效率，有必要为“簿书末节”规定“一定成式”。曾经在平郡王爱新觉罗·彭福处

① 〔日〕党武彦：《方観承とその時代—乾隆期における—知識人官僚の生涯》，《東洋文化研究》第 7 号，2005，第 67 ~ 96 页。

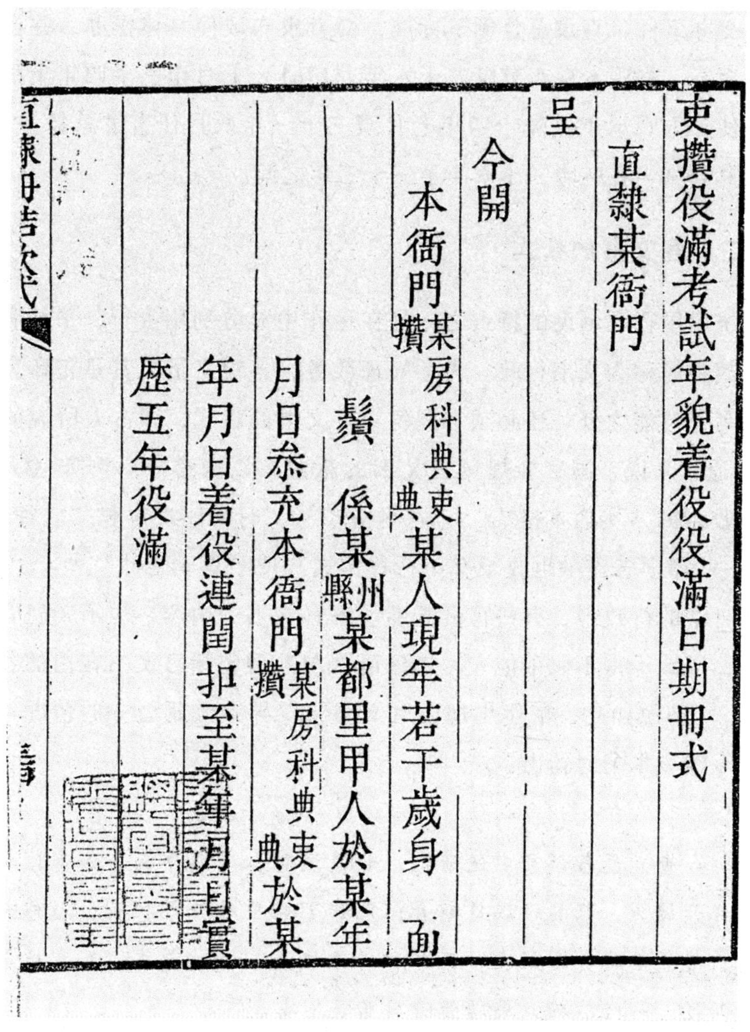

吏攢役滿考試年貌着役役滿日期冊式

直隸某衙門

呈

今開

本衙門某房科典吏攢典某人現年若干歲身　面

鬚　係某州縣某都里甲人於某年

月日忝充本衙門某房科典吏攢典於某

年月日着役連閏扣至某年月日實

歷五年役滿

图 2　中国科学院国家科学图书馆藏本书影

担任记室、精于书启的方观承决定以其前任地——浙江省的“各项册结汇定画一款式”为基准，令直隶布政使观音保“遴派精细书吏”，参酌直隶当地情况，编纂一部可供“通行遵照”的文书款式。观音保奉命后督率部下，“逐条确核，分别应删应增，同直省先经定有章程毋庸另议者，一并缮册签送”方观承。方观承在“覆核”后发下批文云：“如详饬发清苑县刊刷，通颁应用，各衙门一体遵行。缴。”由此可见，本书的编纂是直隶总督的交办事件。直隶总督颁下标准，交直隶布政使具体操办，并在覆核后通令遵行。查观音保于乾隆二十六年（1761）七月至三十四年十月任直隶布政使，方观承于乾隆十四年七月至三十三年八月任直隶总督。[①] 故本书的编纂刊刻当在乾隆二十六年至三十三年之间。

（二）官文书的款式

传统中国行政制度的特点之一是在运作中充分利用上行、平行和下行文书，故被简称为文书行政。为了处理政务，各级官员尤其是正印官员除必备的写作技能之外，还必须掌握各类官文书的款式，即古人所说的“书仪”。[②] 通常来说，国家会规定官文书的款式，以资遵守。例如《大明会典》中收录的“奏启本格式”、“题本格式”、“行移体式”和“署押体式”等。[③] 一些律学著作中也收录有“行移体式”或“题奏之式”。[④]

在日常的行政中，有些官员既不了解官文书的内容，也不知晓官文书的款式，以致不得不假手他人，如延请幕友处理包括官文书在内的各类公私文书。[⑤] 即便如此，依然出现因官文书错误导致宕延公务的情况。方观承在下令编纂本书时指出：

> 今查直属各州县申送册结，非系烦琐，即属率漏。如丁忧起复并不详开履历，只具服满日期者；又如丁忧应称并无捏丧，乃称并无匿丧；起复应称并无短丧，乃亦称并无匿丧。如此等类，率意填写，不一而足。一经驳换，展转经时，贻误不少。

① 《清高宗实录》卷三四四，乾隆十四年七月壬子；卷八一六，乾隆三十三年八月庚午；见《清实录》第13册，第761页、第18册，第1066页。

② 周一良：《书仪源流考》，《历史研究》1990年第5期，第95~103页。

③ 《（正德）大明会典》卷七五《礼部·奏启本格式》，汲古书院，1989，影印明正德年间内府刊本，第2册，第166~178页。

④ 如《鼎镌六科奏准御制新颁分类注释刑台法律》中所收《行移体式》。最新的研究成果见阿风等整理《刑台法律·行移体式》，中国政法大学法律古籍整理研究所编《中国古代法律文献研究》第13辑，社会科学文献出版社，2019，第370~417页。

⑤ 缪全吉：《清代幕府人事制度》，台北，中国人事行政月刊社，1971，第47~49页。郭润涛：《官府、幕友与书生——“绍兴师爷”研究》，中国社会科学出版社，1996，第94~101页。

曾任云南布政使的刚毅，更将不谙官文书的情况视为行政颓废的主要原因。他说："近世之士，稽古而不通今，身登仕籍，端坐堂皇，吏日抱尺许厚牍以请判，据案署尾，茫然不知其中为何事，而黠者乘之以因缘为奸。治术之颓废，由来亦已久矣。"①

《官场现形记》中就有"茫然不知"官文书内容的事例。② 江苏六合县知县梅飏仁处世颟顸，"只有读书做八股却还来得"。初到任后缘事被总督训斥，称"除严行申饬外，并记大过三次云云"。梅飏仁这种"初次出来做官的人，没有经过风浪，见了上司下来的札子，上面写着什么违干、未便、定予严参等字样"，以为就要被参处革职，立即"慌做一团"。此时，书启老夫子会告诉说："这是照例的话句，照例的公事，总是如此写的。"更有"黠者"利用某些官员缺乏知识，"因缘为奸"，使用伪造的官文书招摇撞骗。③《官场现形记》中描写一位"少说也有四五十个姨太太"的张守财死后并无子嗣，突然冒出一个 30 多岁的男人，口称是张某"头一位姨太太"所生，目下官居"副将衔候补游击"，并拿出"钦差督办四川军务大臣"委任他领兵的"札子"，证明自己仕途亨通。包括芜湖道这样的监司大员在内，无人看出个中破绽。但是，有一位衙门里的老夫子却"早看得清清楚楚"，他说：

> 我办了这几十年的公事，甚么没有见过？连着照会尚且有朱笔、墨笔之分，至于下到札子，从来没有见过有拿墨笔标日子的。凡是"札"字，总有一个红点，临了一圈一钩，名字上一点一钩，还有后头日子都要用朱笔标过，方能算数。而且一翻过来，一定有内号戳记一个。他这个札子，一非朱标，二无内号。想是我阅历尚浅，今天倒要算得见所未见。……不过我们心存忠厚，不当面揭破，也就罢了。

可见，"读书做八股"与理解官文书之间还有相当的距离。为了改善

① （清）刚毅：《牧令须知》序，《官箴书集成》第 9 册，影印清光绪十八年京师荣禄堂刊本，黄山书社，1997，第 213～214 页。

② （清）李宝嘉：《官场现形记》第五四回，人民文学出版社，1957，第 926～930 页。

③ （清）李宝嘉：《官场现形记》第五二回，第 892 页。

这种情况，刚毅本人“曾手辑吏牍程式各种，刊之于滇南藩署，命之曰《牧令须知》，以告世之学仕者”。该书依吏户礼兵刑工为序介绍了多种“文移稿件”的款式。[①]

曾经担任过知县的黄六鸿在《福惠全书》中收录了处理政务所需的“文移诸式”，如申文式、牒式、故牒式、牒呈式、关式、移会式、劄付式、帖式、付子式、批式，以及用印式、贤否册式、揭帖式、宪纲册式和吏书勤惰册等，“以备参考”。[②] 张鉴瀛看到“坊刻尺牍伙矣，然每仅录所叙情词，而于各样法程，未道只字”的情况，在他编著的《宦乡要则》中介绍了包括札饬和移文等多种公私文书的款式和用语，乃至封套的书写方法。[③] 东洋文化研究所大木文库中收藏的《奏折谱》《通本签式》《部本签式》《各部院签式》等均属于此类书籍。

（三）册与结

《直隶册结款式》收录的“册”与“结”都是重要的、具有法律意义的行政文书。与上述《福惠全书》等官箴书基于本人经验的介绍不同，本书是由省级衙门正式颁发的、具有指导意义和行政司法效力的官文书规范。[④] 再者，由于《大清会典》虽然收录有各类官文书的使用规定，但没有言及款式。[⑤] 因此，本书对于了解清代中期以后府州县衙门的行政文书款式有着十分重要的参考价值。

本书收录有129种文书款式，计册49种和保结文书80种（伍案：保结文书含亲供26种、甘结16种、印结38种，详见下文表1），均为上行

① （清）刚毅：《牧令须知》卷二，第224～270页。

② （清）黄六鸿：《福惠全书》卷四《文移诸式》，《官箴书集成》第3册，影印清康熙三十八年金陵濂溪书屋刊本，黄山书社，1997，第265～270页。

③ （清）张鉴瀛：《宦乡要则》卷二《札饬式、移文式》，《官箴书集成》第9册，影印清光绪十六年刊本，第103、126～127页。另见（清）李宝嘉《官场现形记》第五六回，第983页。

④ 据本人管见，中国科学院国家科学图书馆藏《云南省册结式》（清乾隆年间刊本，8册）也是由清代省级行政机构颁发的公文范本。

⑤ 《（嘉庆）钦定大清会典》卷二三《礼部·仪制清吏司四》，第9a～11页b；《（光绪）钦定大清会典》卷三〇《礼部·仪制清吏司四》，清光绪二十五年石印本，第9页a～11页a。

文书。尤其值得重视的是，与到目前为止的明清时代官文书研究相对侧重于衙门之间的往来文书相比，[①] 本书收录的绝大部分官文书都是涉及国家行政最基层的州县乃至来自州县辖下乡里村庄的文书，不仅包括了州县衙门上呈至布政司衙门的文书款式，还包括了候选候补官员、进士举人、各类贡监乃至庶民上呈至州县的、连接着衙门与乡村社会的文书，有助于理解前近代国家的基层行政和社会治理。

册被广泛应用于各种政务。本书收录的册不同于皇帝使用的册立、册封之册，而是地方行政中用于报告统计钱粮税款和人事管理等公务的册籍，且往往与详文等一起使用。在一些县衙中还设有专门负责掌管册籍的册房。[②] 根据《清代州县故事》引《门务摘要》记载，州县衙门使用的册籍分书册与清册，前者为“有格者”，后者为“无格者”。[③]

结指保结，是重要的法律文书，其功能在于证明与担保。《吏文辑览》中对保结有如下解释：

> 上司有公事，其承行者曰：不敢符同，以虚为实，如涉虚，甘受重罪云云。结成文状回报，使上司保其不虚。曰结状。[④]

保结文书在包括听讼在内的行政中具有十分重要的作用。滋贺秀三在研究淡新档案的基础上，分析了两造的甘结在清代州县司法审判中的功能。他认为，知州知县在审讯之后发出的堂谕本身并不代表听讼程序的完结，“还须当事者表示服判并写下一纸内容为情愿不再争议的文书呈上

---

① 雷荣广等介绍了衙门之间往来文书的程式结构，并言及牌、票、札、示、照会、详、禀、咨、移会（移）等文书。张我德等在论及清代文书时，除诏令奏疏外，介绍了上行文书4种（详文、验文、禀状）、平行文书4种（咨、移会、移、关牒）和下行文书4种（牌、票、札、示）。雷荣广等：《清代文书纲要》，四川大学出版社，1990，第32～39、110～158页；张我德等：《清代文书》，中国人民大学出版社，1996，第143～245页。这种叙述框架一直延续到近年，见裴燕生主编《历史文书》（第2版），中国人民大学出版社，2009，第161～314页。无疑，这些都是十分重要的。

② （清）黄六鸿：《福惠全书》卷九《编审部总论》，第315页。

③ 蔡申之：《清代州县故事》，近代中国史料丛刊影印本，台北，文海出版社，1970，第40页。

④ 〔日〕前间恭作遗稿，〔日〕末松保和编纂《训读吏文》，国书刊行会，1975，第341页。伍案：文中之“符同”，现通作“扶同”。

（滋贺原注：称为遵依结状），听讼程序才暂且告一段落”。在这个意义上，两造提交甘结与否，甚至关系到官员的堂谕能否发生法律效力。① 其作用之大，由此可窥一斑。

在处理诉讼之外的日常政务过程中，同样需要不同形式的保结文书。如上所述，本书中收录的保结文书包括了三种类型，即甘结、印结、亲供。甘结为民间人以花押出具者，印结是官员以官印出具者。前者的结尾处多作“所结是实”，后者作“印结是实”。亲供是当事者本人出具的保结文书。书中亲供文书的标题多作“亲供结”即为明证之一。出具者在亲供中除说明相关事项（伍案：如终养、赴选等等）之外，均需声明并无假冒顶替以及抗粮违碍等项不法行为。同时，出具亲供本身就包含了“如涉虚，甘受重罪”之意。在亲供的基础上，亲族和乡里邻右出具甘结。州县官员在审核亲供和甘结之后加具印结。笔者在研究清代官员因病因故出缺和报捐者参加铨选的问题时，曾参考本书分析了印结制度。② 以下结合本书内容，再举两例。

本书第026项为“恩拔副岁贡生考职亲供结式”。清代制度规定，恩拔副岁贡生可以通过考职的途径入仕，担任州判或外县县丞等佐贰官员。《吏部则例》中规定的具体做法是：

> 于乡试之年，凡恩拔岁副贡生，除本人已就教职及直隶州州判，仍归原班铨选，毋庸赴部考试，其愿就佐贰……者，务于三月内咨送到部，五月内考试。由原籍具呈。地方官取具本生亲笔供状、里邻甘

---

① 〔日〕滋贺秀三：《淡新檔案の初步的知識—訴訟案件に現れる文書の類型》，原载《東洋法史の探求—島田正郎博士頌寿記念論集》，汲古书院，1987，第253～317页。后收入遗著《続・清代中国の法と裁判》，创文社，2009，第25～58页。本文有林乾译《诉讼案件所再现的文书类型：以“淡新档案”为中心》，《松辽学刊》（社会科学版）2001年第1期，第13～24页；〔日〕滋贺秀三：《中国法文化的考察》，载〔日〕滋贺秀三等著《明清时期的民事审判与民间契约》，王亚新等译，法律出版社，1998，第1～18页；原名《中国法文化の考察》，初刊于《東西法文化：法哲学年報1986》，有斐阁，1987，第37～54页。后收入〔日〕滋贺秀三《続・清代中国の法と裁判》，第3～23页。

② 伍跃：《清代地方官の病死・病氣休養について：人事管理に関する一考察》，《東洋史研究》第59卷第2号，2000年9月，第31～67页。又，伍跃：《中国的捐纳制度与社会》第三章第一节，江苏人民出版社，2013，第126～147页。

结，粘连地方官印结，该抚给与印文保送。①

这就是说，考职的关键在于“原籍具呈”，即原籍地为该人出具考职所需的相关文书。在这种制度的规定之下，如某甲希望循考职进入仕途，首先必须准备说明自身情况的亲供，随后还必须取具第027项的“恩拔副岁贡生考职里邻亲族甘结”，用于担保亲供内容的准确无误。当知县收到某甲呈上的本人亲供和里邻甘结等文书之后，应审核文书内容本身是否无误、款式是否允洽，在确认无误后，出具加盖官印的印结，并将相关文书粘连，以详文形式上报督抚。督抚在此基础上出具保送文书。这就是“原籍具呈”。

又，本书第079项为“一产三男结式”。一产三男在传统中国被视作“祥瑞”之一，国家对一产三男者给予旌表，并将实施旌表的具体时间和对象郑重地载入实录。康熙二年（1663），清政府规定，“凡一产三男或男女并产，八旗由礼部具题，直省由各该督抚具题，礼部题覆，行户部，准给米五石、布十匹”。② 康熙十二年十月，清政府下令删除上述条文中的“男女并产”，明文规定“男女并产或俱产三女，俱不准行”。③ 这一制度一直延续到清朝末年。但是，清代官书中的记载经过了提炼浓缩，使读者无法知悉操作的详情。揆之常理，礼部或督抚无论如何不可能甘冒“对制上书诈不以实”或“诈为瑞应”之罪，④ 肆意以题本向皇帝报告某处某家出现了一产三男的祥瑞，而户部仅凭一纸报告即发放米、布。更何况，对一产三男者进行旌表本身虽非旷世盛典，但毕竟是载入《大清会典》和

① 《（乾隆）钦定吏部则例》卷四《铨选汉官·贡监考职》，清乾隆年间内府刊本，第25页a~28页a。

② 《（康熙）大清会典》卷五四《礼部·一产三男》，清康熙年间内府刊本，第15页a。《（乾隆）钦定礼部则例》卷四五《仪制清吏司·赏赍一产三男》，清乾隆年间内府刊本，第10页b。

③ （清）陆海编《本朝则例类编》“礼部·卷下·旌表附一产三男”，康熙年间刊本，第60页a。

④ “对制上书诈不以实”条规定：“凡对制及奏事上书，诈不以实者，杖一百，徒三年。非密而妄言有密者，加一等。”“诈为瑞应”条规定：“凡诈为瑞应者，杖六十，徒一年。”《大清律例》卷三二《刑律·诈伪》，田涛、郑秦点校，王宏治通校，法律出版社，1999，第509、518页。伍案：点校底本为清乾隆五年刊《钦定大清律例》。

《礼部则例》的国家恩典，一定会有相应的操作程序，也需要有人对报告的真伪承担责任。可是，在上述敕修典则中没有相关的记载。在这种情况下，《直隶册结款式》的存在解答了我们的疑问。透过本书第 079 项文书款式可知，一产三男的消息是由里邻以甘结形式上报的。该里邻在上报时除说明生母系何人之妻、生产日期等之外，还必须申明作为一产三男优恤对象的重要条件，即该三男必须“现俱存育”，并在保证“中间不致虚捏”后画押。该条原注云：“府州县印结照此加具”，即地方官要在审核的基础上加具印结，然后呈报给各该督抚。这样，我们可以知道督抚或礼部具题的根据是源自里邻的甘结和地方官的印结。发生问题时，责任的所在一目了然。

根据清代制度，如果地方官员出具印结的事案发生问题，将会根据《处分则例》中“混出印结”的规定进行问责，例如：

> 地方官如将顶替人员及因事问罪过犯或出身不正之人混给印文……俱革职，转详之知府、直隶州知州降一级调用，失察之道员降一级留任，督抚布政使罚俸一年。①

这就是说，知州知县根据呈来的亲供和甘结出具了印结，就等于对亲供的各项内容，以及出具亲供、甘结者声明的“不至虚捏”“并无某某违碍”等项内容给予担保。一旦发生问题，除知州知县本人将被革职之外，他的各级上司也要受到相应的处分。这就是印结的法律责任。

此外，虽然不是“混出印结”，充其量仅仅是有些许遗漏或笔误，依然会影响到相关程序的进行。仍以铨选为例稍加说明。前面提到，候选官员赴选时须提交亲供和里邻甘结，地方官审核后加具印结。《吏部则例》中规定，在候选官投供验到时，将“不合例”者“出示堂榜晓谕，以杜撞骗之弊”。所谓的“不合例”指“印结内三代姓氏舛错，不声叙父母存殁年岁及父母存殁年岁不符，并亲年七十以上不声叙次丁”等疏漏。遇到此

① 《（乾隆）钦定吏部处分则例》卷九《印信·混出印结》，清乾隆年间内府刊本，第 5 页 a。

类问题，该人将被“扣选”，即暂停参加铨选的资格。[①] 参加科举考试时也有同样的规定。[②]

总体来说，根据现今保存在中国第一历史档案馆的清代顺天府档案，我们可以看出，《直隶册结款式》中对册结的规定在实际中得到了贯彻实施。兹举一例。光绪二十七年（1901），顺天府文安县籍的“新海防遇缺先选用教谕”刘仲镛丁母忧后办理起复手续时，准备了如下亲供：

具亲供新海防遇缺先选用教谕刘仲镛今于[③]

与亲供事。依奉供得，[④] 职现年五十岁，系文安县民籍，由岁贡生于光绪二十年在顺属义赈捐局报捐光禄寺署正职衔，复遵新海防例在台湾藩库报捐教谕、不论双单月归新海防遇缺先选用，均经户部核准。于光绪二十四年六月十五日，职亲母张氏病故丁忧，当经报明在案。兹扣至光绪二十六年九月十五日，不计闰二十七个月服阕。职系亲子，例应起复。并无过继违碍情事。因在外教读，呈报稍迟。现已回籍，合并呈明。所具亲供是实。

计开　　三代

曾祖（父栋殁/母靳氏殁）　祖（父治殁/母陈氏殁）　（父赐锦殁/母张氏殁）

光绪二十七年　月　日

在此基础上，族长和邻右为他出具了如下甘结：

① 《（乾隆）钦定吏部则例》卷二《铨选汉官·投供验到》，第7页a~9页a；《（道光）钦定吏部铨选汉官则例》卷二《月选·投供验到》，清道光二十三年刊本，第9页b~15页a。

② 拙稿《科挙の受験にかかわる行政訴訟の一考察——1851年順天府冒籍案を中心に》，《東アジア研究》68，2018年，第29~41页。

③ 保结文书在此处多省略“老爷台前”、受文衙门或官员衔名等，改行后书缘由或文种，如“为亲供事”、“与甘结事”或“与印结事”等，另有“与保状事”或“与领状事”等。张我德等：《清代文书》，第195~196页。

④ 亲供作“依奉供得”，印结与甘结作“依奉结得”，为亲供与甘结、印结的引领词。依，依从，依据；奉，接受，遵照。此处省略了出具亲供或甘结、印结的依据。供得和结得，类似“看得”“查得”。

具甘结族长刘庆详、左邻靳锡惠、右邻靳舒翰今于

与甘结事。依奉结得，新海防遇缺先选用教谕刘仲镛委系于光绪二十四年六月十五日丁亲母张氏忧，兹扣至光绪二十六年九月十五日，不计闰二十七个月服阕。并无过继违碍、扶同捏饰等弊。所具甘结是实。

光绪二十七年　月　日

文安县知县在收到上述亲供和甘结之后，经过审核，出具了印结：

南路厅文安县今于

与印结事。据族邻刘庆详等结称，依奉结得，新海防遇缺先选用教谕刘仲镛委系于光绪二十四年六月十五日丁亲母张氏忧，兹扣至光绪二十六年九月十五日，不计闰二十七个月服阕。并无过继违碍、扶同捏饰等弊。所具甘结是实。等情。据此，卑职覆查无异，理合加具印结是实。

光绪二十七年　月　日王舒萼①

文安县知县王舒萼在附加了详文和书册之后，向顺天府转送了上述亲供、甘结和印结。将上述三件文书与本书第 058 项之“候选官（丁忧/起复）亲供结式”对照后可以看出，虽然彼此之间相距约 150 年，但是文书款式基本保持着一致。

由以上事例可见，本书不仅可以印证清代行政制度中的规定，而且可以补充《大清会典》等官方史料中语焉不详的部分。

（四）文书与国家治理体系的运转

本书最大的价值并不仅仅是上述的印证和补充，而是有助于全面理解

① 顺天府档案，卷二〇，第 013 - 014、024 - 029。顺天府虽为特别行政区域，但包括本案的教职在内，四路同知以下的人事须经过直隶总督，故受《直隶册结款式》约束。《（乾隆）钦定吏部则例》卷五《铨选汉官 · 顺天府四路同知拣补、大宛二县题补、京学教职调补》，第 9 页 b ~ 11 页 b。

清代的州县行政体制及其运作。瞿同祖在《清代地方政府》中对州县官员在司法、征税、户口编查、治安、邮驿服务、公共工程、公共福利、教育与教化、祭祀仪式和杂务（伍案：即劝课农桑、疏浚水利、报告晴雨、取缔私宰等等）等方面职能做了比较全面的描述，也论及了每年还要编造百种以上的册结。[①] 实际上，在一个具有悠久官僚制历史的国家里，州县地方政府直接承担着大量涉及人事管理的行政事务。不了解这一点，遑论准确把握中国历史的基本特征。[②]《直隶册结款式》为思考探索这一问题提供了新的角度和史料。下述分类的第Ⅰ和第Ⅱ部分的85件文书（伍案：约占总数的66%）几乎都是与此相关的文书。也就是说，州县衙门除在放告之日接待告状者外，平时还会有很多来自乡间、怀揣亲供和里邻亲族甘结之人为某项事务前来申请知州知县的印结等文书，一如今日的居民有时会因需前往村镇社区或政府派出机构办理证明。具体到官僚人事制度的角度来看，正因为有原籍州县出具的相关证明，候选候补官员等才有可能参加由吏部主持的铨选，而后者正是依赖这些来自基层的各类文书才能有效运作。例如，《吏部则例》对在籍候选官员有如下规定：

> 凡候选官员，俱令取具各官原籍并各该衙门文结……系双月选用者，于单月初一日验到；系单月选用者，于双月初一日验到；双单月俱准选用者，双单月俱行验到。正八品以下官员，取具赴选文结咨部，停其投供验到。[③]

根据这一规定，在籍候选官赴选时必须携带“各官原籍并各该衙门文结”。以截取官为例，所需的“各官原籍”文结当包括本书中第040和041号文书，而“各该衙门文结”则包括吏部通知该人前往参加铨选的“截取之文”。[④] 由此可以看出，传统中国的官僚人事制度虽然由皇帝以及中央政府

① 瞿同祖：《清代地方政府（修订本）》第3章、第7章至第9章，范忠信等译，法律出版社，2011，第63、179～264页。

② 〔日〕滋贺秀三：《仁井田陞博士の〈中国法制史研究〉を読みて》，《国家学会雑誌》第80卷第1－2号，1966年，第87～121页。

③ 《（乾隆）钦定吏部则例》卷二《铨选汉官·京外官员候选取文到部》，第1页a～3页a。

④ 《（康熙）大清会典》卷八《吏部·汉缺选法》，第5页a。

操控，但该制度的有效运作完全离不开州县衙门负责的许多日常琐碎的行政事务。换句话说，正是这些日常琐碎的行政事务在相当长的时期内支持着国家机器的有效运转。因此，我认为，知州知县依据国家相关规定，审核申请者提交的文书并为他们出具印结等相关文书本身就是前近代国家对基层社会实施有效管理的明证。

再者，本书中收录的26种亲供和16种甘结中，除了现职或候补的官员、候选的进士举人乃至贡监生员之外，有一些是来自“里邻某某”、“里民某某”和“亲族某某”的文书。一般来说，来自庶民的文书或因其文采，或取其内容，有可能被收入地方志等著作之中。但是，涉及国家行政的文书，除涉及司法者（伍案：如禀状、结状等等）由于某种偶然的因素会保留至今外，[①] 涉及人事等方面的文书在该项人事完结之后基本就失去了作用，故很少流传下来。这种情况限制了我们对地方行政中涉及州县以下文书，尤其是呈递至州县衙门的上行文书的认识。[②] 本书的传世为我们了解庶民与行政衙门之间的联系提供了绝好的资料。

基于以上理由，我认为，这部看似枯燥的公文款式的背后蕴藏着传统中国对社会实施有效治理的智慧，值得学界重视利用。

最后，附带说一下册与印结的钤盖官印问题。《直隶册结款式》没有涉及这一问题，并非遗漏，而是因为该书仅仅是对官文书款式的规定。亲供和甘结是由民间出具的文书，需用花押防伪，并表示责任所在。册与印结属于官文书，需要钤盖发文衙门的官印。清代规定，书册在“面上用正印，每页骑缝用正天印”；清册“在前后页上用正天印，每页骑缝用正地印”。[③] 这里所说的天印指钤于文书上方之印，地印指钤于文书下方之印。我们在顺天府档案中可以见到册的实物。如前述刘仲镛起复文书，在亲供、甘结和印结之外，文安县知县还准备了“书册”。该书册上遵循上述原则，于封面钤正印，每页上方钤正天印。[④] 印结与其他官文书同样，需

① 阿风：《明清徽州诉讼文书研究》，上海古籍出版社，2016，第15～111页。

② 柏桦注意到了州县的下行文书。柏桦：《明代州县政治体制研究》，中国社会科学出版社，2003，第166～169页。

③ 蔡申之：《清代州县故事》，第40页。

④ 顺天府档案，卷二〇，第014。

在文末年月日处钤盖官印，具体说来就是要“齐年盖月”。[①] 即官印上缘与年号下一字的下端基本平齐，官印下缘至少要盖住“月”字。如在“乾隆三十年五月初一日”上钤盖官印，至少要使官印盖住“三十年五月”。在实际运用中，由于官印与文书均有一定的尺寸规格，故钤印时官印会稍有上下移动，甚至盖住年号或日期的部分。关于官文书与官印的问题，请参看拙稿《官印与文书行政》。[②]

二　整理凡例

《直隶册结款式》中收录的129种文书大致可以分为三个部分，第Ⅰ部分为001－062，主要是用于官员贡监等的封赠、赴选、赴考、丁忧的册结；第Ⅱ部分为063－085，主要是办理民间乡贤节妇、祭祀僧道等事务的册结；第Ⅲ部分为086－129，主要是办理钱粮交代和赈济编审的册结（见表1）。

表1　《直隶册结款式》收录文书款式分类表

部分	起讫	册	保结				主要事项
				亲供	甘结	印结	
Ⅰ	001－062	15	47	26	5	16	封赠、赴选、终养、丁忧、起复、贡监、书吏
Ⅱ	063－085	12	11		11		乡贤、名宦、节妇、孝义、祭祀、风水、僧道
Ⅲ	086－129	22	22			22	钱粮、杂税、牙行、当铺、交代、赈济、编审、船只
总　计		49	80	26	16	38	

直隶布政使所辖政务需用的册结当然并不仅限于这129种。为减省篇幅起见，原书编纂者合并了一些内容格式相近的项目。如第040之“截取官赴选亲供结式”后注明，“里邻亲族甘结、府州县各印结照此加具”。据此可知，截取官赴选所需的甘结与印结是在保证应有款式的前提下，依照

① 雷荣广等：《清代文书纲要》，第25～26页。

② 载周绍泉等编《’98国际徽学学术讨论会论文集》，安徽大学出版社，2000，第332～358页。

亲供内容开具。又如第126之“赈恤报销册式”下收录了3种款式，第128之“编审人丁册式”和第129之“编审滋生人丁花名册式”均分别收录有州县总册和社里甲的分册。[①] 最后要申明的是，上述区分仅仅是为了便于掌握该书的大致内容起见，并非严格的分类。[②]

整理工作力求简明扼要，遵依下列凡例进行：

（1）过录：除原文抬头或另起行者照录外，采用自然行逐录，并施以标点。

（2）单行小字：用“〈〉”标示。形式上虽取双行，但所叙为一事者同。

（3）双行：双行部分前后加“（）”号，行与行之间用“/”号。

（4）双行以上：该部分前后用“（）”标示，第一层级之间用“/”，以下各层级之间依次用“·”和“+”标示（见图3）。对于多达12行者（如080～082），依此原则逐录后，另在注释中说明。

（5）抬头（含提行平抬、单抬、双抬等）：依原文。为求简便起见，除正文前观音保牌文中的两处外，省略空抬，如双行中的“恩”字前的空抬等。

（6）错字：该字后用“［■］”标示正字，并适当说明。

（7）脱字：用“【■】”补入，并适当说明。

又，原书正文前有目录。因与正文所载各册结款式的题名重出，故省略。对于文中一些涉及文书制度和官僚制度的用语适当附以注释。整理中的不妥之处，肃乞方家教正。

---

① 凡遇此种情况，在该款式后附以本人酌拟题名，并用“［］”号标出。

② 本人曾误认为本书收录的印结为33种。特此更正。伍跃：《中国的捐纳制度与社会》，第127页。

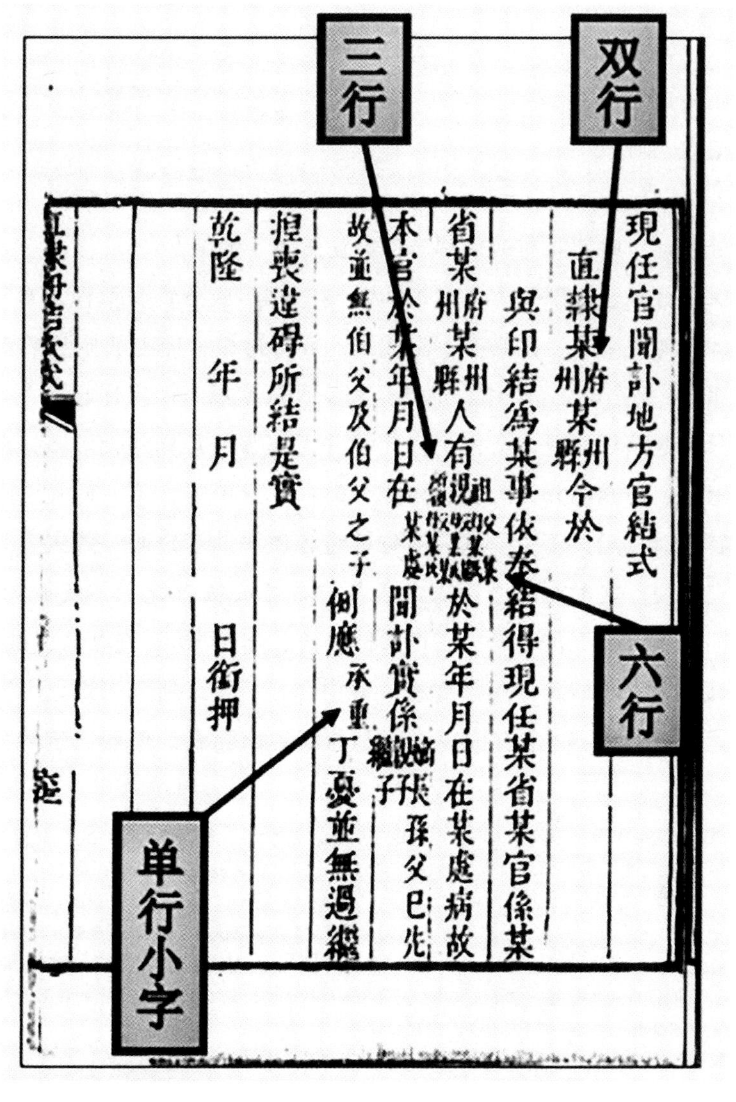

060 现任官闻讣地方官结式

直隶某（府/州）某（州/县），今于

与印结为某事。依奉结得，现任某省某官系某省某（府/州）某（州/县）人，有（祖・父某＋母某氏/亲・父某＋母某氏/所后・父某＋母某氏），于某年月日在某处病故，本官于某年月日在〈某处〉闻讣，实系（嫡长孙，父已先故，并无伯父及伯父之子/亲子/继子），例应〈承重〉丁忧，并无过继捏丧违碍。所结是实。

乾隆　　年　月　　　　　日衔押

图3　凡例（2）～（4）例示（上：书影；下：录文）

三 正文

直隶册结款式

直隶等处承宣布政使司布政使观音保为饬遵事。案蒙[①]
太子太保总督兼巡抚部院方 宪[②]牌内开：照得[③]政务贵有章程，奉行期于画一，即至簿书末节，亦必有一定成式，俾可遵循，庶免驳换[④]稽迟之弊。今查直属[⑤]各州县申[⑥]送册结，非系烦琐，即属率漏。如丁忧起复并不详开履历，只具服满日期者，又如丁忧应称并无捏丧，乃称并无匿丧；起复应称并无短丧，乃亦称并无匿丧。如此等类，率意填写，不一而足。一经驳换，展转经时，贻误不少。从前浙省曾将各项册结汇定画一款式，发属遵办，官吏称便，文檄亦因之简省。虽各省政务或彼有此无，或彼无此有，难以强同，然大概不甚相悬，正可参稽损益。合行[⑦]饬发查办。为此，仰[⑧]司官吏即将发去册结式样逐条查核，其中名目，直隶所无者删之，有而未载者增之；或经咨部[⑨]定有成规、不必与浙省相同者，仍照已定程式，一

① 清代官文书中常见领述词之一，在此用于引述总督来文。案指有案卷可查，蒙指蒙受。刘文节：《历史文书用语辞典（明清民国部分）》，四川人民出版社，1988，第141～142页。

② 清代官文书中表示等级关系的用语，如“宪檄”“宪台”等。雷荣广等：《清代文书纲要》，第249页；刘文节：《历史文书用语辞典（明清民国部分）》，第115～116页。

③ 清代官文书中常见领述词之一，意即无须引用根据或查阅原典。雍正、乾隆以后多用于下行文书。张我德等：《清代文书》，第128～129页；刘文节：《历史文书用语辞典（明清民国部分）》，第173页。

④ 驳换，指提出的文书被上司指出谬误，退回修改。《福惠全书》云，新旧交代时，须“将实征册与交代册对，如实征漏造，即系里书作弊，唤问里书；如交代漏造，即系户房作弊，唤问户房。若不查出，或前此未经奏销，交代之后，部中驳查，即累现官赔项矣”。（清）黄六鸿：《福惠全书》卷三《清查之法》，第254页。

⑤ 指直隶地区所属。

⑥ 谓以申文报送。申文见第283页注④。

⑦ 清代官文书中常见结转词之一，意为根据前述缘由决定采取以下措施，多与下文中的“为此”结合使用。〔日〕山腰敏宽：《中国歴史公文書読解辞典》，汲古书院，2004，第79页。

⑧ 清代下行官文书中常见命令词之一，意为要求属下奉命行事，并常在本字上标朱。张我德等：《清代文书》，第137页；刘文节：《历史文书用语辞典（明清民国部分）》，第51页。

⑨ 谓以咨文报部。“各部院行各省总督巡抚都统将军等衙门，……用咨，来文亦用咨”。《（嘉庆）钦定大清会典》卷二三《礼部·仪制清吏司四》，第9页b。

并载入册内。总期详而核，简而明，体例归于画一，官吏俱可遵守，斯为斟酌尽善。该司即遴派精细书吏，详悉校对，仍亲加酌核，分别缮送，以凭鉴定，饬发刊刻，通行遵照。毋违。等因。[①] 蒙此，[②] 该布政司查得，各属造送一切册结原宜简明合式，使事不纷歧而案牍亦省。向因各项款式未经核定，或虽有定式，而官吏未能尽谙，以致率多舛误，难免驳饬稽延。今蒙檄发浙省刊行原册，饬令核明仿照办理，洵于公事有简便易循之益。本司遵即逐条确核，分别应删应增，同直省先经定有章程毋庸另议者，一并缮册签送，听候覆核，酌定批发，以便转交清苑县[③]刊刷成册，通饬[④]各属一体遵行。蒙

本部院方　批：如详[⑤]饬发清苑县刊刷，通颁应用，各衙门一体遵行。缴。[⑥] 等因。合将册结款式刊刻成帙，通颁应用，各衙门一体遵行。

册结款式目录（略）

001 官员请封亲供结式[⑦]

直隶某职某人今于

与亲供为某事。依奉供得，卑职，〈详开年岁出身履历〉，今

恭遇某年月日

恩诏，〈卑职〉系

---

① 清代官文书中常见引结词之一，意即引述上级或平级衙门来文结束。张我德等：《清代文书》，第 133 页。

② “蒙此”为清代官文书中常见结转词之一，通常与前文中的“等因”连用，表示根据上级衙门的前述命令，决定采取以下措施。张我德等：《清代文书》，第 135 页。

③ 雍正二年起，直隶总督驻节保定，清苑县为保定府附郭县，亦为直隶首县。

④ 通，此处指将文书送达所有相关衙门。饬，命令。通饬与通令、通颁等同为下行文书用语，指将该文书通令下属各相关衙门。〔日〕山腰敏宽：《中国歴史公文書読解辞典》，第 171 页。上行文书多用通禀、通详等。

⑤ 详，指部下用于请示可否的详文。雷荣广等：《清代文书纲要》，第 138～145 页。

⑥ 在下行文书中，通常用在批语的结尾。使用情形大致有两种。（1）将批复来文发还下级衙门；（2）要求下级衙门在照办后，将原批件交还。刘文节：《历史文书用语辞典（明清民国部分）》，第 135 页。

⑦ 清代规定，朝廷在覃恩和考满（后废）时循规向官员之曾祖父母、祖父母和父母授予与该官员品级相当之官阶和虚衔。生者称封，死者称赠。

诏前授职到任之员，应以现任几品请

(封·赠几代及本身妻室/封本身) 祖父某 (存/殁)、祖母某氏系某人室女 (存/殁)、父某 (存/殁)、母某氏系某人室女 (存/殁)、妻某氏系某人室女，均以礼聘娶，并无违碍等弊。亲供是实。

乾隆　　年　　月　　　　日衔押

原注：如系八九品官，只开本身。及其有从前已经大衔封赠，不应重封。并祖父母、父母大衔未请封赠，今应照原品级封赠者，亦须声明。再，先遇

恩诏尚未请封，即在本任复恭逢

恩诏者，俱应遵

恩诏请封。

002 官员请封册式

直隶某职

某职某人〈详开年岁出身履历〉，今恭遇某年月日

恩诏，〈卑职〉系

诏前授职到任之员，应以现任几品请

(封·赠几代及本身妻室/封本身) 祖父某 (存/殁)、祖母某氏系某人室女 (存/殁)、父某 (存/殁)、母某氏系某人室女 (存/殁)、妻某氏系某人室女，均以礼聘娶，并无违碍等弊。

003 官员请貤封[①]祖父母亲供结式

直隶某职某人，今于

与亲供为某事。依奉供得，卑职〈详开年岁出身履历〉，今恭遇某年月日

恩诏，〈卑职〉系

诏前授职到任之员，应以现任几品请

① 貤封，清代封赠制度的规定之一。官员在朝廷覃恩时，可将本身及妻室应得封典呈请移封亲族尊长。请封时该亲族尊长已故者，称貤赠。制度规定八、九品官的貤封对象仅及于父母，而二、三品官则可貤封至曾祖父母。

（封/赠）一代及本身妻室。今情愿将本身、妻室应得

封典貤

（封/赠）祖父母。〈卑职〉祖某（存/殁）、祖母某氏系某人室女（存/殁）、父某（存/殁）、母某氏（存/殁）系某人室女，均以礼聘娶，并无违碍等弊。

乾隆　　年　　月　　　　日衔押

004 官员请貤封祖父母亲供册式①

直隶某职

某职某人，〈详开年岁出身履历〉，今恭遇某年月日

恩诏，〈卑职〉系

诏前授职到任之员，应以现任几品请

（封/赠）一代及本身妻室。今情愿将本身、妻室应得

封典貤

（封/赠）祖父母。〈卑职〉祖某（存/殁）、祖母某氏系某人室女（存/殁）、父某（存/殁）、母某氏（存/殁）系某人室女，均以礼聘娶，并无违碍等弊。

005 八九品官请貤封父母亲供结式

直隶某职某人，今于

与亲供为某事。依奉供得，卑职〈详开年岁出身履历〉，

今恭遇某年月日

恩诏，〈卑职〉系

诏前授职到任之员，应以现任（八/九）品请

封本身。今情愿将本身应得

封典貤

封父母。〈卑职〉父某（存/殁）、母某氏系某人室女（存/殁），以礼聘娶，并无违碍等弊。亲供是实。

---

① 目录作“官员请貤封祖父母册式”。

乾隆　　年　　月　　　　日衔押

006 八九品官请貤封父母册式

直隶某职

某职某人，〈详开年岁出身履历〉，今恭遇某年月日

恩诏，〈卑职〉系

诏前授职到任之员，应以现任（八/九）品请

封本身。今情愿将本身应得

封典貤

封父母。〈卑职〉父某（存/殁）、母某氏系某人室女（存/殁），以礼聘娶，并无违碍等弊。

007 官员请封同乡官结式

直隶某（府/州）某（州/县）某人，系某省某（府/州）某（州/县）人，今于

与印结为某事。依奉结得，同乡官现任某职某人〈照亲供全装〉,[①] 并无违碍等弊。

印结是实。

乾隆　　年　　月　　　　日衔押

原注：如系同旗官应分晰开明旗色、佐领。

008 捐纳官试俸年满实授亲供结式

直隶某职某人，今于

与亲供为钦奉

上谕事。依奉结得，〈某〉年几十几岁，系某省某（府/州）某（州/县）人，由某项出身，于某年月日遵某事例，在某处捐（银/粮）若

① 宋代以后官文书用装叙法，即套引相关来文。"照亲供全装"指照录亲供全文。雷荣广等：《清代文书纲要》，第 35 页。申斌：《明代官文书结构解析与行政流程复原》，《安徽师范大学学报》（人文社会科学版）2006 年第 6 期，第 749～756 页。

干〈两/石〉，准作〈先/即〉用，[①] 某年月日内除授今职，于某年月日到任，扣至某年月日，试俸三年期满，例得实授。亲供是实。

乾隆　　年　　月　　　　日衔押

009 捐纳官试俸年满实授印结式

直隶某（府/州）某（州/县），今于

与印结为钦奉

上谕事。依奉结得，某官年几十几岁，系某省某（府/州）某（州/县）人，由某项出身，于某年月日遵某事例，在某处捐（银/粮）若干〈两/石〉，准作〈先/即〉用，某年月日内除授今职，于某年月日到任，扣至某年月日，试俸三年期满，〈填写考语〉。实属称职，堪以实授。中间不致扶捏。印结是实。

乾隆　　年　　月　　　　日衔押

010 捐纳官试俸年满实授册式

直隶某（府/州）某（州/县），今于为钦奉

上谕事。遵将某职某人履历考语事实，理合开造。

计开

某职某人年若干岁，〈详开出身履历〉，于某年月日到任，扣至某年月日，试俸三年期满。

考语

〈云云〉　原注：务与结内考语相同。

事实

一，该员〈云云〉　原注：将事迹逐条叙列，不拘多寡。

乾隆　　年　　月　　　　日衔押

011 试用官请实授结式

① 先用和即用均为清代铨选制度中的“班次”，也是捐纳制度中的“花样”。两者均表示在同一序列中可以优先得缺，唯即用更优于先用。伍跃：《中国的捐纳制度与社会》，第270页。

直隶某（府/州）某（州/县）今于

与保结为某事。依奉结得，署某事试用官某，年若干岁，〈详开籍贯履历〉，某年月日[①]

题署今职，于某年月日到任，扣至某年月日试用（一/二）年期满。该员居官，〈加具考语〉,[②] 实属称职，堪以实授。中间不致扶捏。保结是实。

乾隆　　年　　月　　　　日衔押

012 试用官请实授册式

直隶某（府/州）某（州/县）为某事。遵将署某事试用官某，年岁履历，实在政绩，考语事实，理合开造。

计开

署某事试用官某，年若干岁，〈详开籍贯履历〉，某年月日

题署今职，于某年月日到任，扣至某年月日，试用（一/二）年期满。

考语

〈云云〉　原注：务要与保结内考语相同。

事实

一，该员〈云云〉　原注：务要填写实在政绩。

013 官员升任请咨结式

直隶某（府/州/县/职[③]），今于

与（印/钤）结为某事。依奉结得，原任某官某人今升某处。某官自某年月日到任起，至某年月日卸事止，任内经手仓库钱粮等项及一切事件，俱交代清楚，并无未完，相应遵例请咨。中间不致扶捏。（印/钤）结是实。

乾隆　　年　　月　　　　日衔押

① 此4字原为单行小字，揆之文意，应为大字。

② 此4字原为大字，揆之文意，应为单行小字。

③ 此处之“府”“州”“县”指正印官，即知府、知州、知县。“职”指同知、县丞等佐贰官或首领官。后文中“印”指正印官之印，“钤”指佐贰等官之戳记。

原注：上司加结仿照此式。如教职有经手学租、祭器、乐器、书籍等项，分别开明。其佐杂等官并无经手钱粮各项者，止开任内并无未完事件语句。

014 官员亲年七十以上告请终养亲供结式

具亲供某职某人，今于

与亲供为某事。依奉供得，某有（亲·父某+母某氏/祖·父某+母某氏/所后·父某+母某氏），年已若干岁，某系（亲子/亲孙/继子），家无以次成丁，例得终养。亲供是实。

乾隆　　年　　月　　　　日衔押

原注：如系嫡、继等母年老告请终养，[①] 及母老虽有兄弟而同父异母者，应各分晰声明。

015 官员亲年七十以上告请终养同乡官结式

直隶某（府/州）某（州/县），今于

与印结为某事。依奉结得，同乡官现任某职某人，有（亲·父某+母某氏/祖·父某+母某氏/所后·父某+母某氏），年已若干岁，某系（亲子/亲孙/继子），家无以次成丁，例得终养。中间不致扶捏。印结是实。

乾隆　　年　　月　　　　日衔押

原注：上司加结内应添入任内钱粮并无亏空、政务并无怠忽语句。余俱同。

016 官员亲年八十以上告请终养亲供结式

具亲供某职某人，今于

与亲供为某事。依奉供得，某有（亲·父某+母某氏/祖·父某+母某氏/所后·父某+母某氏），年已若干岁，某系（亲子/亲孙/

① 嫡母指“妾生子女称父之正妻”，继母指“父娶之后妻”，服制上均为斩衰三年。《大清律例》卷二《丧服图·三父八母服图》，田涛、郑秦点校，王宏治通校，第73~74页。

继子），虽家有次丁，例得终养。亲供是实。

乾隆　　年　　月　　　　日衔押

原注：如系嫡、继等母年老告请终养，应各分晰声明。

017 官员亲年八十以上告请终养同乡官结式

直隶某（府/州）某（州/县），今于

与印结为某事。依奉结得，同乡官现任某职某人，有（亲·父某+母某氏/祖·父某+母某氏/所后·父某+母某氏），年已若干岁，某系（亲子/亲孙/继子），虽家有次丁，例得终养。中间不致扶捏。印结是实。

乾隆　　年　　月　　　　日衔押

原注：上司加结内应添入任内钱粮并无亏空、政务并无怠忽语句。余俱同。

018 官员老病告休验看官结式

直隶某（府/州）某（州/县），今于

与印结为某事。依奉结得，亲诣某官署内，验看得某人，实系（老者开年岁及老迈情状/病者开病症及患病情状），难以供职。中间不致扶捏。印结是实。

乾隆　　年　　月　　　　日衔押

原注：医生甘结及上司加结仿照此式。其有暂时患病附请病痊起用者，结式亦同。惟上司详内应加考语。

019 旗员归旗请咨结式

直隶某（府/州）某（州/县），今于

与印结为某事。依奉结得，原任某职某人家口归旗，并无容留在境，不致遗漏隐匿，原任内亦无未完事件。印结是实。

乾隆　　年　　月　　　　日衔押

020 旗员归旗家口程途里数册式

直隶某（州/县）

呈。今将某职某人归旗家口数目及程途里数，理合开造。

计开

某职某人系某系某旗某佐领下人。自某处启程至本旗，共计程途若干里。

妻某氏　子某　人　女

家人某人　妻某氏　家僮某　婢女某

原注：无论多寡，俱照此式添注。

021 年底造具开收监生册式

直隶某（府/州）某（州/县）为咨查事。遵将卑（州/县）乾隆某年分各案捐纳监生姓名、收除实在数目，理合开造。

计开

乾隆某年分

旧管，某年十二月底止各案捐纳监生若干名

某某

新收监生若干名

某某，由何出身，于某年月日遵某事例，在某处捐（银/谷）若干（两/石），准作监生，于某年月日换有执照，（已/未）经考职，在籍（候选/肄业）。

开除（斥革/病故）监生若干名

某某

实在，某年十二月底止，各案捐纳监生若干名

某某

022 招募吏攒[①]着役亲供结式

① 吏指典吏，攒指攒典。清代制度，司道府厅州县及司府首领官之吏名典吏，州县佐贰等官之吏名攒典。清末光绪年间，司府首领官之吏亦曰攒典。《（嘉庆）钦定大清会典》卷九《吏部・验封清吏司》，第 13 页 a。《（光绪）钦定大清会典》卷一二《吏部・验封清吏司》，第 13 页 a。

具亲供某人，今于

与亲供为某事。依奉供得，某年若干岁，身□，面□，□须，[①]系（州/县）某都里甲人，今遵例情愿投充某衙门（某房科典吏/攒典），身家清白，并无公私过犯、冒籍顶替、重役宦仆，及投充旗下文武生员、父子兄弟朋充复设白役、分项［顶］合伙等弊。[②]亲供是实。

乾隆　　年　　月　　　　日衔押

原注：里邻亲族结照此式。

023 招募吏攒着役印结式

直隶某（府/州）某（州/县），今于

与印结为某事。依奉结得，本衙门〈某房科〉新充（典吏/攒典）某人，年若干岁，身□，面□，□须，系某（州/县）某都里甲人，身家清白，并无公私过犯、冒籍顶替、重役宦仆，及投充旗下文武生员、父子兄弟朋充复设白役、分项［顶］合伙等弊。中间不致扶捏。印结是实。

乾隆　　年　　月　　　　日衔押

原注：如系别州县人参充者，应取具原籍里邻亲族甘结并印结，加粘参充衙门印结申送。

024 招募吏攒着役年貌册式

直隶某（府/州）某（州/县）

呈。

今开

---

① 此处用于填写身体特征。填写时的规定用词，见 089 认充牙行经纪年貌籍贯册式。

② 所言均为明令禁止之弊端。重役指更名充吏，宦仆指官僚家人兼充书吏，复设白役指经制外吏，分顶合伙指数人朋充一吏。雍正年间规定，“文职衙门吏役遵照经制名数募用，仍着该地方官出具并无复设白役、分顶合伙印结”。《清高宗实录》卷九一三，乾隆三十年七月甲寅，《清实录》第 20 册，第 233 页。《（雍正）钦定吏部处分则例》卷一四，清雍正年间内府刊本，第 5 页 a、b。据《（雍正）钦定吏部处分则例》记载，文中之“分项”当作“分顶”，以下 023 条同。

某人，年若干岁，身□，面□，□须，系某（州/县）某都里甲人。

025 投充在京各衙门供事书吏原籍取结结式[①]

具结某（府/州）某（州/县）某都里里邻某某亲族某某等，今于

与结状为某事。依奉结得，某衙门（供事/书吏）某人，系本（州/县）某都里甲人，身家清白，并无公私过犯、冒籍顶替、重役宦仆，及投充旗下文武生员、父子兄弟朋充合伙等弊。中间不致扶捏。所结是实。

乾隆　　年　　月　　　　日〈里邻某押　某押〉

〈亲族某押　某押〉

原注：州县印结俱照此加具。

026 恩拔副岁贡生考职亲供结式

具亲供某（府/州）某（州/县）某项贡生某人，今于

与亲供为某事。依奉供得，某，年若干岁，身□，面□，□须，由某生于某年（挨出岁贡，恭遇恩诏，以正贡准作恩贡・蒙某学院选拔贡生/某科本省・顺天乡试中式第几名副榜/挨出岁贡），在（籍/监）肄业，〈期满回籍〉。[②] 今情愿遵例，请咨赴

部考职。并无假冒顶替、抗粮违碍等情。亲供是实。

乾隆　　年　　月　　　　日某贡生某押

027 恩拔副岁贡生考职里邻亲族结式

具结某（府/州）某（州/县）某都里里邻某某亲族某某等，今于

与结状为某事。依奉结得，本都里某项贡生某人，年若干岁，

---

① 清代制度，宗人府、内阁、上谕馆、文渊阁、翰林院、詹事府、中书科、内廷三馆及修书各馆、各衙门则例馆等处的书吏称供事。《（嘉庆）钦定大清会典》卷九《吏部・验封清吏司》，第12页a。《（光绪）钦定大清会典》卷一二《吏部・验封清吏司》，第12页b～13页a。

② “期满回籍”指在监肄业者。以下“恩拔副岁贡生考职里邻亲族结式”等同。

身□，面□，□须，由某生【于】[①] 某年（挨出岁贡，恭遇恩诏，以正贡准作恩贡·蒙某学院选拔贡生/某科本省·顺天乡试中式第几名副榜/挨出岁贡），在（籍/监）肄业，〈期满回籍〉，今情愿遵例，请咨赴

部考职。并无假冒顶替、抗粮违碍等弊。中间不致扶捏。所结是实。

乾隆　　年　　月　　　　日〈里邻某押　某押〉

〈亲族某押　某押〉

028 捐纳贡监生考职亲供结式

具亲供某（府/州）某（州/县）（贡/监）生某，今于

与亲供为某事。依奉供得，某，年若干岁，身□，面□，□须，由（某生/俊秀）于某年月日遵某事例在某处捐（银/两）若干（两/石），准作（贡/监）生，在（籍/监）肄业，〈期满回籍〉，今情愿遵例，请咨赴

部考职。并无假冒顶替、抗粮违碍等情。亲供是实。

乾隆　　年　　月　　　　日（贡/监）某生某押

原注：里邻亲族甘结及州县印结俱照此加具。

029 文武举会试年貌册式

直隶某（府/州）某（州县）

呈。今将卑（州/县）所属各科（文/武）举年貌籍贯，理合开造。须至册者。

计开

某（州/县）（文/武）举〈弁〉[②]

某人，年若干岁，身□，面□，□须，曾祖某人，祖某人，父某人，母某氏，系某（州/县）某里甲某籍，于

① 疑脱“于”字。据“恩拔副岁贡生考职亲供结式”补。

② 指“武弁”。

某年某科乡试中式第几名（文/武）举。

某人　同前。

030 吏攒役满考试亲供结式

具亲笔亲供某人，今于

与亲供为某事。依奉供得，某，现年若干岁，身□，面□，□须，系某（州/县）某都里甲人，于某年月日参充某衙门（某房科典吏/攒典），某年月日着役。以着役之日起算，连闰扣至某年月日，实历五年役满，情愿考职。并无假冒顶替、托人代考等弊。亲供是实。

乾隆　　年　　月　　　　日某押

原注：里邻亲族结内应添入并无公私过犯、宦仆抗粮违碍等弊语句。余俱同。其（督/漕/河/抚/监/学[①]）各院书差役满考试结式亦同。

031 吏攒役满考试本衙门起送结式

直隶某衙门，今于

与印结为某事。依奉结得，本衙门（某房科典吏/攒典）某人，现年若干岁，身□，面□，□须，系某（州/县）某都里甲人，于某年月日参充本衙门（某房科典吏/攒典），某年月日着役，连闰扣至某年月日，实历五年役满。役内勤劳无过，并无经手（未清钱粮及未完事件/未完事件），堪以保送。委系亲身赴考，并无假冒顶替及宦仆抗粮违碍等弊。中间不致扶隐。印结是实。

乾隆　　年　　月　　　　日衙押

032 吏攒役满考试年貌着役役满日期册式

直隶某衙门

① 督院指总督衙门，漕院指巡漕御史衙门，河院指乾隆十四年后由直隶总督兼管之北河河道总督衙门，抚院指乾隆二十八年后由直隶总督兼管之直隶巡抚衙门，监院指监司即各道衙门，学院指学政衙门。

呈。

今开

本衙门（某房科典吏/攒典）某人，现年若干岁，身□，面□，□须，系某（州/县）某都里甲人，于某年月日参充本衙门（某房科典吏/攒典），于某年月日着役，连闰扣至某年月日，实历五年役满。

033 吏攒役满考试原籍地方官结式

直隶某（府/州）某（州/县），今于

与印结为某事。依奉结得，某衙门（某房科典吏/攒典）某人，系本（州/县）某都里甲人，身家清白，并无公私过犯，亦无宦仆抗粮违碍等弊。今五年役满，情愿亲身赴考。中间不致扶隐。印结是实。

乾隆　　年　　月　　　　日衔押

034 吏攒役满考试同役互结式

具互结同役吏某人等，今于

与互结为某事。依奉结得，同役典吏某人，现年若干岁，身□，面□，□须，系某（州/县）某都里甲人，于某年月日参充本衙门某房科典吏，某年月日着役，连闰扣至某年月日，实历五年役满。役内勤劳无过，并无经手（未清钱粮及未完事件/未完事件），亦无假冒顶替及宦仆抗粮违碍。如虚甘愿同罪。所结是实。

乾隆　　年　　月　　　　日逐名开列押

035 副拔贡生就教亲供结式

具亲供某（府/州）某（州/县）某项贡生某人，今于

与亲供为推广

皇恩，疏通正途事。依奉供得，〈某〉，年若干岁，身□，面□，□须，习某经，由某生于某年（某科本省·顺天乡试中式第几名副榜/蒙某学院选拔贡生），已逾两科，情愿就教。并无假冒顶替、抗粮违

碍等情。亲供是实。

乾隆　　年　　月　　　　日某贡生某押

原注：里邻亲族甘结、府州县各印结照此加具。

036 恩贡生就教亲供结式

具亲供某（府/州）某（州/县）恩贡生某人，今于

与亲供为推广

皇恩，疏通正途事。依奉供得，〈某〉，年若干岁，身□，面□，□须，习某经，由（增/附）生于某年，蒙某学院（岁/科）试考取几等第几名补廪，于某年挨出岁贡，恭遇

恩诏，以正贡准作恩贡，已逾两科，情愿就教。并无假冒顶替、抗粮违碍等情。亲供是实。

乾隆　　年　　月　　　　日恩贡生某押

原注：里邻亲族甘结、府州县各印结照此加具。

037 各项贡生就教册式

直隶某（府/州）某（州/县），为推广

皇恩，疏通正途事。遵将某项贡生某人年岁籍贯经书，理合开造。

计开

某项贡生某人，年若干岁，身□，面□，□须，系本（州/县）某都里甲人，习某经，由某生〈以后系照结内开写〉。

一，三代

曾祖某（存/殁）　　曾祖母某氏（存/殁）

祖某（存/殁）　　祖母某氏（存/殁）

父某（存/殁）　　母某（存/殁）

038 已就教恩拔副岁贡生验看册式

直隶某（府/州）某（州/县）

呈。今将某项贡生某人年貌籍贯履历理合开造。

计开

某项贡生候选（教谕/训导）某人，年若干岁，身□，面□，□须，系某（州/县）某都里甲人，由某生于某年（挨出岁贡，恭遇恩诏，以正贡准作恩贡·蒙某学院选拔贡生/某科本省·顺天乡试中式第几名副榜/挨出岁贡），于某年就教，在籍候选。并无假冒顶替、抗粮违碍等情。今遵例赴验。

039 已考职各项贡生奉部查取赴选亲供结式

具亲供某项贡生某人，今于

与亲供为某事。依奉供得，某，年若干岁，身□，面□，□须，系某（州/县）某都里甲人，某籍，习某经，由某生于某年（挨出岁贡，恭遇恩诏，以正贡准作恩贡·蒙某学院选拔贡生/某科本省·顺天乡试中式第几名副榜/挨出岁贡），曾（祖父某存·殁/祖母某氏存·殁）、祖（父某存·殁/母某氏存·殁）、（父某存·殁/母某氏存·殁），某于某年月日亲身赴部考授某职衔第几名，今遵例（赴/候）选。[①] 身家清白，并无假冒顶替、抗粮〈过继〉违碍等情。亲供是实。

乾隆　　年　　月　　　　日某贡生某押

原注：里邻亲族甘结、府州县各印结照此加具。如系由吏员出身，应开着役及考职衙门年月日期。

040 截取官赴选亲供结式

具亲供某职某人，今于

与亲供为某事。依奉供得，〈某〉，年若干岁，身□，面□，□须，系某（州/县）某都里甲人，〈开明出身履历及中式科分名次职衔〉，在籍候选，今奉截取。并无假冒顶替〈过继〉、抗粮缘事、老病残疾等项违碍。例应请咨赴选。亲供是实。

乾隆　　年　　月　　　　日某职某押

① 赴选指前往京师参加吏部主持的月选。此处的候选指在籍候选。清制规定，正八品以下候选官员可以在籍候选。伍跃：《中国的捐纳制度与社会》，第182页。

原注：里邻亲族甘结、府州县各印结照此加具。

041 截取官赴选册式

直隶某（府/州）某（州/县）

呈。今将截取候选某职某人年貌籍贯履历三代，理合开造。

计开

候选某职某人，年若干岁，身□，面□，□须，系某（州/县）某都里甲人，〈开明出身履历及中式科分名次职衔〉，在籍候选，今奉截取。并无假冒顶替、抗粮缘事、老病残疾等项违碍。例应请咨赴大部候选。

一，三代

曾祖某（存/殁）　曾祖母某氏（存/殁）

祖某（存/殁）　祖母某氏（存/殁）

父某（存/殁）　母某氏（存/殁）

042 捐纳官赴选亲供结式

具亲供某职某人，今于

与亲供为某事。依奉供得，某，年若干岁，身□，面□，□须，系某（州/县）某都里甲人，〈开明出身履历，并捐纳事例年月日期银米等项数目，及换照年月日〉，移咨吏部注册，并知照在案。并无假冒顶替、抗粮〈过继〉缘事，亦无出身不明不好等项违碍。例应请咨赴选。亲供是实。

乾隆　　年　　月　　　　日某职某押

原注：里邻亲族结、府州县印结俱照此加具。其册式仿照截取官册式。

043 有职武举请咨候选亲供结式

具亲供武举某人，今于

与亲供为某事。依奉供得，某，年若干岁，某（州/县）人，由某项出身，中式某年某科本省武乡试第几名武举，于某年赴部

（拣选/考授）何职衔。今推选及期，例应请咨赴
部候选。并无假冒顶替、抗粮缘事违碍等情。亲供是实。
乾隆　　年　　月　　　　日武举某押
原注：里邻亲族结、地方官结俱照此加具。

044 有职武举请咨册式

直隶某（府/州）某（州/县）
呈。今将候选武举某人年貌籍贯三代履历，理合造册
呈送

计开

某人，年若干岁，身□，面□，□须，系某（府/州）某（州/县）人，由某项出身，中式某年某科本省武乡试第几名武举，今请咨赴选。

一，三代

曾祖某（存/殁）　　曾祖母某氏（存/殁）
祖某（存/殁）　　祖母某氏（存/殁）
父某（存/殁）　　母某氏（存/殁）

045 武进士请咨候选亲供结式

具亲供武进士某人，今于
与亲供为某事。依奉供得，某，年若干岁，某（州/县）人，由某项出身，中式某年某科本省武乡试第几名武举，于某年某科会试中式第几名武进士，
殿试几甲第几名，〈以何衔推用〉。今推选及期，例应请咨赴部候选。并无假冒顶替、抗粮缘事违碍等弊。亲供是实。
乾隆　　年　　月　　　　日武进士某押
原注：里邻亲族结及州县印结俱照此加具。

046 武进士请咨候选册式

直隶某（府/州）某（州/县）

呈。今将候选武进士某人年貌籍贯三代履历，理合造册
呈送。

计开

某人，年若干岁，身□，面□，□须，系某（府/州）某（州/县）人，由某项出身，中式某年某科本省武乡试第几名武举，于某年某科会试中式第几名武进士，
殿试几甲第几名。今请咨赴选。

一，三代

曾祖某（存/殁）　　曾祖母某氏（存/殁）
祖某（存/殁）　　祖母某氏（存/殁）
父某（存/殁）　　母某氏（存/殁）

047 原任官起复请咨赴补亲供结式

具亲供原任某官某人，今于

与亲供为服满起复请咨赴补事。依奉供得，某，年若干岁，系某（州/县）某都里甲人，〈开明历任履历〉，于某年月日到任，有（祖・父某＋母某氏/亲・父某＋母某氏/所后・父某＋母某氏），于某年月日在（籍/署）病故，（于某年月日在任闻讣，某系嫡长孙，父已先故，并无伯父及伯父之子/某系亲・继子），例应〈承重〉[①]丁忧。前经报明历任回籍守制在案。〈以闻讣之日起〉，不计闰二十七个月，扣至某年月日服满，例应起复候补。并无短丧抗粮违碍等情。亲供是实。

乾隆　　年　　月　　　　日原任某官某押

原注：里邻亲族甘结、州县印结俱照此加具。如系丁嫡、继、慈、养等母[②]忧及为人后遇本生父母亡故回籍治丧期满赴任，并终养回

---

① 此对前文之“嫡长孙”而言。清制，官员遇父母、养父母、继父母等亡故均应丁忧。丁忧本应由嫡子承担，嫡子亡故则由嫡孙承担，是为承重孙。以下相关各条同。〔日〕滋贺秀三：《「承重」について》，《国家学会雜誌》71卷8号，1957年，第72～87页。

② 慈母指“所生母死，父令别妾抚育者”，养母指“自幼过房与人”、由他人抚育者。服制上均为斩衰三年。《大清律例》卷二《丧服图・三父八母服图》，田涛、郑秦点校，王宏治通校，第73～74页。

籍与前项事故起复者，各另分晰声明具结。

048 新选正途出身官领凭结式

直隶某（府/州）某（州/县），今于

与印结为某事。依奉结得，新选某处某官某人，年若干岁，身□，面□，□须，系本（州/县）某都里甲人，由某生于某年（挨出岁贡，恭遇恩诏，以正贡准作恩贡/蒙学院选拔贡生/某科本省·顺天乡试中式第几名副榜/挨出岁贡），于某年月（内考授何职/日验准教职），在籍候选。今奉文选授前职。并无假冒顶替、抗粮缘事，及出身不明不好、年老残疾等项违碍。中间不致扶捏。印结是实。

乾隆　　年　　月　　　　日衔押

原注：如有曾捐应升[①]、即用、先用者，详开捐纳年月事例。或由进士、举人选授者，详开中式科分名次，并就教改补缘由。亲供结、里邻亲族甘结照此式。册内应添注三代姓氏存殁。余俱同。

049 新选捐纳贡监出身官领凭结式

直隶某（府/州）某（州/县），今于

与印结为某事。依奉结得，新选某处某官某人，年若干岁，身□，面□，□须，系本（州/县）某都里甲人，由（某生/俊秀）于某年月（内考授某职衔，于某年月内遵某事例在某处捐银·粮若干两·石，准其即·先用/日遵某事例在某处捐银·粮若干两·石，准作贡·监生，于某年月日遵某事例在某处捐银·粮若干两·石，准予何职并即·先用），在籍候选。今奉文选授前职。并无假冒顶替、抗粮缘事，及出身不明不好、年老残疾等项违碍。中间不致扶捏。印结是实。

乾隆　　年　　月　　　　日衔押

原注：亲供结、里邻亲族甘结照此式。册内应添注三代姓氏存殁。

① 应升指《品级考》中的应升之缺。伍跃：《中国的捐纳制度与社会》，第253页。

余俱同。

050 新选吏员出身官领凭结式

直隶某（府/州）某（州/县），今于

与印结为某事。依奉结得，新选某处某官某人，年若干岁，身□，面□，□须，系本（州/县）某都里甲人，由农民于某年月内遵某事例参充某衙门某房科（吏典/攒典），实历五年役满，（于某年月日赴何衙门考授某职衔，于某年月内遵某事例在某处捐银·粮若干两·石，准其即·先用/由已满未考职吏员于某年月内遵某事例在某处捐银·粮若干两·石，准予何职并即·先用），在籍候选。今奉文选授前职。并无假冒顶替、抗粮缘事，及出身不明不好、年老残疾等项违碍。中间不致扶捏。印结是实。

乾隆　　年　　月　　　　日衔押

原注：亲供结、里邻亲族甘结照此式。册内应添注三代姓氏存殁。余俱同。如有寄籍别处及着役未满捐纳者，分晰声明。

051 未考职捐纳贡监生（丁忧/起复）亲供结式

具亲供某（府/州）某（州/县）（贡/监）生某人，今于

与亲供为报明（丁忧/起复）事。依奉结得，〈某〉由（某生/俊秀）于某年月日遵某事例在某处捐（银/粮）若干（两/石），准作（贡/监）生，（已/未）换照，（尚未到监，在籍肄业，未经考职/于某年月日到监肄业，期满回籍，尚未考职）。今有（祖·父某+母某氏/亲·父某+母某氏/所后·父某+母某氏），于某年月日在籍病故，某系（嫡长孙，父已先故，并无伯父及伯父之子/亲子/继子），例应〈承重〉丁忧，（守制应/前经报明守制在案，）扣至某年月日，不计闰二十七个月服满，〈例应起复〉,[1] 并无（过继捏丧/多制少守、抗粮）违碍等弊。亲供是实。

乾隆　　年　　月　　　　日（贡/监）生某押

① 此处“例应起复”指“前经报明守制在案”者。以下相关各条同。

原注：如有丁嫡、继、慈、养等母忧及为人后本生父母亡故官员应回籍治丧贡监生，例不考试者，各分别具结。或在外闻讣，应声明闻讣月日，扣算服满日期。至闰月丁忧，应以次月一日起算。以后丁忧各结俱同。

052 未考职捐纳贡监生（丁忧/起复）里邻亲族结式

具结某（府/州）某（州/县）某都里里邻某某亲族某某等，今于

与结状为报明（丁忧/起复）事。依奉结得，本都里甲（贡/监）生某人，由（某生/俊秀）于某年月日遵某事例在某处捐（银/粮）若干（两/石），准作（贡/监）生，（已/未）换照，（尚未到监，在籍肄业，未经考职/于某年月日到监肄业，期满回籍，尚未考职）。今有（祖·父某+母某氏/亲·父某+母某氏/所后·父某+母某氏），于某年月日在籍病故，某系（嫡长孙，父已先故，并无伯父及伯父之子/亲子/继子），例应〈承重〉丁忧，（守制应/前经报明守制在案，）扣至某年月日，不计闰二十七个月服满，〈例应起复〉，并无（过继捏丧/多制少守、抗粮）违碍等弊。中间不致扶捏。结状是实。

乾隆　　年　　月　　　　日里邻某押某押

原注：州县印结照此加具。

053 未授职恩拔副岁贡生（丁忧/起复）亲供结式

具亲供某（府/州）某（州/县）某项贡生生某人，今于

与亲供为报明（丁忧/起复）事。依奉供得，某由某生于某年（挨出岁贡，恭遇恩诏，以正贡准作恩贡/蒙某学院选拔贡生/某科本省·顺天乡试中式第几名副榜/挨出岁贡），尚未授职，在籍肄业。今有（祖·父某+母某氏/亲·父某+母某氏/所后·父某+母某氏），于某年月日在籍病故，某系（嫡长孙，父已先故，并无伯父及伯父之子/亲子/继子），例应〈承重〉丁忧，（守制应/前经报明守制在案，）扣至某年月日，不计闰二十七个月服满，〈例应起复〉，并无（过继捏丧/多制少守、抗粮）违碍等弊。亲供是实。

乾隆　　年　　月　　　　日某贡生某押

原注：里邻亲族甘结及州县印结俱照此加具。

054 举人（丁忧/起复）亲供结式

具亲供某（府/州）某（州/县）举人某人，今于

与亲供为报明（丁忧/起复）事。依奉供得，某由某学某生于某年（本省/顺天）乡试中式第几名举人，（尚未授职/于某科本省验看，拣选教职·知县在籍候选）。今有（祖·父某+母某氏/亲·父某+母某氏/所后·父某+母某氏），于某年月日在籍病故，某系（嫡长孙，父已先故，并无伯父及伯父之子/亲子/继子），例应〈承重〉丁忧，（守制应/前经报明守制在案，）扣至某年月日，不计闰二十七个月服满，〈例应起复〉，并无（过继捏丧/多制少守、抗粮）违碍等弊。亲供是实。

乾隆　　年　　月　　　　日举人某押

原注：里邻亲族甘结及州县印结俱照此加具。

055 进士（丁忧/起复）亲供结式

具亲供某（府/州）某（州/县）进士某人，今于

与亲供为报明（丁忧/起复）事。依奉供得，某由某学某生，于某年（本省/顺天）乡试中式第几名举人，于某年某科会试中式第几名进士，

殿试几甲第几名，在籍候选。今有（祖·父某+母某氏/亲·父某+母某氏/所后·父某+母某氏），于某年月日在籍病故，某系（嫡长孙，父已先故，并无伯父及伯父之子/亲子/继子），例应〈承重〉丁忧，（守制应/前经报明守制在案，）扣至某年月日，不计闰二十七个月服满，〈例应起复〉，并无（过继捏丧/多制少守、抗粮）违碍等弊。亲供是实。

乾隆　　年　　月　　　　日进士某押

原注：里邻亲族甘结及州县印结俱照此加具。

056 武举（丁忧/起复）亲供结式

具亲供某（府/州）某（州/县）武举人某人，今于

与亲供为报明（丁忧/起复）事。依奉供得，某由某项出身，中式某年某科本省武乡试第几名武举，（尚未考授/考授何项）职衔。今有（祖·父某+母某氏/亲·父某+母某氏/所后·父某+母某氏），于某年月日在籍病故，某系（嫡长孙，父已先故，并无伯父及伯父之子/亲子/继子），例应〈承重〉丁忧，（守制应/前经报明守制在案，）扣至某年月日，不计闰二十七个月服满，〈例应起复〉，并无（过继捏丧/多制少守、抗粮）违碍等弊。亲供是实。

乾隆　　年　　月　　　　日武举某押

原注：里邻亲族甘结及州县印结俱照此加具。

057 武进士（丁忧/起复）亲供结式

具亲供某（府/州）某（州/县）武进士某人，今于

与亲供为报明（丁忧/起复）事。依奉供得，某由某项出身，中式某年某科本省武乡试第几名武举，于某年某科会试中式第几名武进士，

殿试几甲第几名，（尚未考授/考授何项）职衔，在籍候选。今有（祖·父某+母某氏/亲·父某+母某氏/所后·父某+母某氏），于某年月日在籍病故，某系（嫡长孙，父已先故，并无伯父及伯父之子/亲子/继子），例应〈承重〉丁忧，（守制应/前经报明守制在案，）扣至某年月日，不计闰二十七个月服满，〈例应起复〉，并无（过继捏丧/多制少守、抗粮）违碍等弊。亲供是实。

乾隆　　年　　月　　　　日武进士某押

原注：里邻亲族甘结及州县印结俱照此加具。

058 候选官（丁忧/起复）亲供结式

具亲供某（府/州）某（州/县）某职某人，今于

与亲供为报明（丁忧/起复）事。依奉供得，某系本（州/县）都里甲人，〈开明出身履历、捐纳年月事例、考职就教年分名次〉，

在籍候选。今有（祖·父某+母某氏/亲·父某+母某氏/所后·父某+母某氏），于某年月日在籍病故，某系（嫡长孙，父已先故，并无伯父及伯父之子/亲子/继子），例应〈承重〉丁忧，（守制应/前经报明守制在案，）扣至某年月日，不计闰二十七个月服满，〈例应起复〉，并无（过继捏丧/短丧抗粮）违碍等弊。亲供是实。

乾隆　　年　　月　　　　日某职某押

原注：里邻亲族甘结及州县印结俱照此加具。

059 现任官丁忧原籍取结结式

具结某（府/州）某（州/县）某都里甲里邻某某亲族某某，今于

与结状为某事。依奉结得，现任某省某官系本（州/县）某都里甲人，有（祖·父某+母某氏/亲·父某+母某氏/所后·父某+母某氏），于某年月日在籍病故，某系（嫡长孙，父已先故，并无伯父及伯父之子/亲子/继子），例应〈承重〉丁忧，并无过继捏丧违碍等情。所结是实。

乾隆　　年　　月　　　　日里邻某押　某押

亲族某押　某押

原注：州县官印结照此加具。

060 现任官闻讣地方官结式

直隶某（府/州）某（州/县），今于

与印结为某事。依奉结得，现任某省某官系某省某（府/州）某（州/县）人，有（祖·父某+母某氏/亲·父某+母某氏/所后·父某+母某氏），于某年月日在某处病故，本官于某年月日在〈某处〉闻讣，实系（嫡长孙，父已先故，并无伯父及伯父之子/亲子/继子），例应〈承重〉丁忧，并无过继捏丧违碍。所结是实。

乾隆　　年　月　　　　日衔押

061 现任官亲故地方官结式

直隶某（府/州）某（州/县），今于

与印结为某事。依奉结得，现任某省某官，有（祖・父某+母某氏/亲・父某+母某氏/所后・父某+母某氏），于某年月日在（本州・县地方/任所）病故，本官实系（嫡长孙，父已先故，并无伯父及伯父之子/亲子/继子），例应〈承重〉丁忧，并无过继捏丧违碍等情。所结是实。

乾隆　　年　　月　　　　日衔押

062 捐纳官生原捐收照水火盗贼遗失补给亲供结式

具亲供某（府/州）某（州/县）（贡/监）生某人，今于

与亲供为某事。依奉供得，某，年若干岁，身□，面□，□须，曾祖某（存/殁），祖某（存/殁），父某（存/殁），由（俊秀/某生）于某年月日遵某事例在某处捐（银/粮）若干（两/石），准作（贡/监）生，于某年月日换给某部执照，〈如未换照或例不换照逐一登明〉，今于某年月日因何事故（捐照/实收）被□[①]无存，例应呈请补给。并无假捏顶替等项违碍。亲供是实。

乾隆　　年　　月　　　　日某押

原注：如有加捐及考授职衔者，照前开叙原捐事例并考职年月、给照缘由，分晰登明。里邻亲族甘结及州县官印结俱照此加具。若在别邑被失者，并取该地方官印甘结同送。

063 公举乡贤结式

具结某（府/州）某（州/县）绅士某某、都里里邻某某、亲族某某等，今于

与结状为敬陈蒭荛，仰祈

睿鉴事。依奉结得，已故某人，〈详开履历并笼统填写事实数语〉，生于某年月日，卒于某年月日，堪以崇祀乡贤祠。舆情允协，并无扶同。所结是实。

① 此处扼要填写被害缘由，如“被火延烧”“被窃”“被水漂没”等。顺天府档案，卷九，第038等。

乾隆　　年　　月　　　　日绅士某押　某押

原注：府州县儒学印结照此加具。

064 乡贤事实册式

直隶某（府/州）某（州/县）儒学

呈。今将本（州/县）乡贤某人履历事实，理合开造。须至册者。

计开

一，本贤某人〈开列履历〉，生于某年月日，卒于某年月日。

原注：以后逐条开列事实，不拘多寡。

065 公举名宦结式

具结某（府/州）某（州/县）绅士某某、里民某某等，今于

与结状为敬陈蒭荛，仰祈

睿鉴事。依奉结得，名宦某人，〈详开履历并摘填事实数语〉，生于某年月日，卒于某年月日，堪以崇祀名宦祠。舆情允协，并无扶同。所结是实。

乾隆　　年　　月　　　　日绅士某押　某押

里民某押　某押

原注：府州县儒学印结照此加具。

066 名宦事实册式

直隶某（府/州）某（州/县）儒学

呈。今将名宦某人履历事实，理合开造。须至册者。

计开

一，本宦某人，〈开列履历〉，生于某年月日，卒于某年月日。

原注：以后逐条开列事实，不拘多寡。

067 公举节妇结式

具结某（府/州）某（州/县）某都里里邻某某、亲族某某等，今于

与结状为汇题

旌表事。依奉结得，节妇某氏系某都里甲已故某人之妻，生于某年月日，于某年月日适夫，氏年若干岁；夫故，氏年若干岁，（氏于某年月日身故，系若干岁/守节至某年月日，现年若干岁），计守节若干载，委系（苦节/寻常守节），与（题旌/给匾）之例相符。中间不致虚捏。所结是实。

乾隆　年　月　日里邻某押　某押

亲族某押　某押

原注：州县学印结照此加具。如兵丁节妇注语应开钦

奉

上谕事。

068 节妇事实册式

某（府/州）某（州/县）为汇题

旌表事。遵将本（州/县）某都里甲已故某人之妻某氏（苦节/寻常守节）事实，理合开造。须至册者。

计开

一，节妇某氏，父某人，母某氏。本妇生于某年月日，于某年月日适已故某项某人为妻。夫故，氏年若干岁，（氏于某年月日身故，系若干岁/守节至某年月日，现年若干岁），计守节若干载。

原注：以后逐条开列事实，不拘多寡。

069 公举孝（子/义）结式

具结某（府/州）某（州/县）某都里里邻某某亲族某某等，今于

与结状为汇题

旌表事。依奉结得，孝（子/义）某人，系本（州/县）某都里甲人，生于某年月日，〈详开履历并笼统填写事实数语〉，允称孝（子/义）。中间不致扶捏。所结是实。

乾隆　年　月　日里邻某押　某押

亲族某押　某押

原注：州县学印结照此加具。

070 孝（子/义）事实册式

某（府/州）某（州/县）儒学为汇题

旌表事。遵将本（州/县）某都里甲孝（子/义）某人事实，理合开造。须至册者。

计开

一，孝（子/义）某人，系某都里甲人，父某人，母某氏，生于某年月日，〈卒于某年月日，存〉年若干岁。

原注：以后逐条开列事实，不拘多寡。

071 顶补奉祀生结式①

具结某（府/州）某（州/县）某都里里邻某某，亲族某某等，今于

与结状为某事。依奉结得，本（州/县）某都里甲某人，实系（圣/某贤/某朝名宦臣职衔）后裔正支嫡派，所有前奉祀生某人于某年月日病故，〈乏嗣〉,② 某系亲（子/侄/孙），理应接顶以奉祀。并无假冒搀越以及抗粮违碍等弊。中间不致扶捏。结状是实。

乾隆　　年　　月　　　　日里邻某押　某押

亲族某押　某押

原注：府州县学印结照此加具。

072 顶补奉祀生册式

直隶某（府/州）某（州/县）儒学

呈。

计开

① 清代制度，直省古圣先贤、名臣大儒祠庙设奉祀生以奉祠祀。奉祀生由本直省嫡裔内选充。《（乾隆）钦定礼部则例》卷四七《仪制清吏司·奉祀生》，第1页a~2页a。

② “乏嗣”对“某朝名宦臣职衔”而言。

某人，年若干岁，身□，面□，□须，系本（州/县）某都里甲人某籍。

073 充补赞礼生结式[①]

具结某（府/州）某（州/县）某都里里邻某某等，今于

与结状为修明礼乐，以光祀典，以昭

盛治事。依奉结得，本都里俊秀某人，年若干岁，身家清白，堪以（充补赞礼生/顶补赞礼生某人遗缺）。并无公私过犯、抗粮违碍等弊。中间不致扶隐。所结是实。

乾隆　　年　　月　　　　日里邻某押　某押

原注：府州县学印结照此加具。

074 充补赞礼生册式

直隶某（府/州）某（州/县）儒学为修明礼乐，以光祀典，以昭

盛治事。今将本（州/县）俊秀某人年岁籍贯，理合开造。须至册者。

计开

某人，年若干岁，系某都里甲人，今情愿（充/顶）补赞礼生。

075 充补佾礼生结式[②]

具结某（府/州）某（州/县）某都里里邻某某等，今于

与结状为某事。依奉结得，（新充/顶补）本（州/县）佾礼生〈某人告病·病故遗缺[③]〉，某人系某都里甲人，某籍，通晓音律，娴熟礼义，身家清白，并无公私过犯、抗粮违碍等弊。中间不致扶捏。所结是实。

乾隆　　年　　月　　　　日里邻某押　某押

① 清代制度，直省府州县遇庆贺皇帝诞辰、元旦、冬至，以及文庙春秋丁祭得用赞礼生四人。《（乾隆）钦定礼部则例》卷四七《仪制清吏司·赞礼生》，第2页a。

② 亦名乐舞生。清代于直省府州县之文庙额设36名用于祭祀乐舞。《（乾隆）钦定礼部则例》卷四七《仪制清吏司·乐舞生》，第3页a。

③ 此处指“顶补”。

原注：府州县学印结照此加具

076 充补佾礼生册式

直隶某（府/州）某（州/县）儒学

呈。

计开

某人，年若干岁，身□，面□，□须，系本（州/县）某都里甲人，某籍，实系俊秀，情愿（充补/顶补告退·病退）佾礼生〈某人〉遗缺。

077 乡饮酒礼宾介姓名籍贯册式

直隶某（府/州）某（州/县）儒学

呈。

计开

大宾某人〈系本县某项〉年若干岁〈考语〉，

介宾某人〈系本县某项〉年若干岁〈考语〉，

耆宾某人〈系本县某项〉年若干岁〈考语〉。①

078 天文生原籍取结结式

具结某（府/州）某（州/县）某都里里邻某某等，今于

与结状为某事。依奉结得，某人系本都里甲人，于某年某月到监投供，肄业天文生。身家清白，并无公私过犯、抗粮违碍等情。中间不致扶隐。所结是实。

乾隆　　年　　月　　　　日里邻某押　某押

原注：府州县印结照此加具

① 清代行乡饮酒礼时，择年高德劭、允符众望者一人为大宾（亦称“宾”或“正宾”），其次为介宾（亦称“介”），再其次为耆宾（亦称“众宾”）。《（乾隆）钦定礼部则例》卷四六《仪制清吏司·乡饮酒礼》，第1页a；《（道光）宝庆府志》卷四四《士女表》，民国二十三年铅印本，第12页a。

079 一产三男结式

具结某（府/州）某（州/县）某都里里邻某某等，今于

与结状为一产三男事。依奉结得，本都里某人之妻某氏，于某年月日时一产三男，现俱存育。中间不致虚捏。所结是实。

乾隆　年　月　日里邻某押　某押

原注：府州县印结照此加具

080 四术官顶补结式

具结某（府/州）某（州/县）某都里里邻某某，同术某某等，今于

与结状为详请学政之规，以端士风，以崇正学事。依奉结得，(本都里医生·阴阳生/某寺庙戒僧·清微+灵宝[①]道士）某人，年若干岁，身□，面□，□须，（医学精通+学术明白·素行端方/通晓经义/恪守清规），堪以顶补本（府/州/县）旧设（医学·正+典+训·科/阴阳学·正+典+训·术/僧·纲+正+会·司、僧·纲+正+会/道·纪+正+会·司、道纪+正+会[②]）某人，（辞退/病故）遗缺。并无欠粮缘事违碍等弊。中间不致扶捏。所结是实。

乾隆　年　月　日里邻某押　某押

同术某押　某押

原注：府州县印结照此加具。惟医学应照例用铨政有未尽之法等事注语。

081 四术官新充结式

具结某（府/州）某（州/县）某都里里邻某某，同术某某等，今于

---

① 清微指道教正一派的分支教派，灵宝指道教中主修《灵宝经》的教派，

② 清代府州县衙门设四术官，即府之医学正科、阴阳学正术、僧纲司僧纲（含都纲、副都纲），州及直隶州之医学典科、阴阳学典术、僧正司僧正、道正司道正，县设医学训科、阴阳学训术、僧会司僧会、道会司道会。以下相关各条同。赵尔巽等：《清史稿》卷一一六《职官志》，中华书局，1977，第3360~3361页。

与结状为详请学政之规，以端士风，以崇正学事。依奉结得，（本都里医生·阴阳生/某寺庙戒僧·清微+灵宝道士）某人，年若干岁，身□，面□，□须，（医理精通+学术明白·素行端方/通晓经义/恪守清规），堪以补充本（府/州/县）新设（医学·正+典+训·科/阴阳学·正+典+训·术/僧·纲+正+会·司、僧·纲+正+会/道·纪+正+会·司、道纪+正+会）。并无欠粮缘事违碍等弊。中间不致扶捏。所结是实。

乾隆　　年　　月　　　　日里邻某押　某押

同术某押　某押

原注：府州县印结照此加具。

082 四术官顶补充补册式

直隶某（府/州）某（州/县）

呈。

计开

（医生/阴阳生/戒僧·清微+灵宝道士）某人，年若干岁，身□，面□，□须，系某（州/县）某都里甲人，（医理精通/学术明白/在某寺·庙内焚修，通晓经义·恪守清规），实属合例，堪以（顶·充）补本（府/州/县）（医学·正+典+训·科/阴阳学·正+典+训·术/僧·纲+正+会·司、僧·纲+正+会/道·纪+正+会·司、道纪+正+会）。

083 年底造报僧人度牒册式

直隶某（府/厅/州）某（州/县）

乾隆某年分

旧管

戒僧几名

新收

无

开除

戒僧几名

某某，于乾隆某年月日病故，所遗度牒现在呈缴。

某某同前

实在

戒僧几名

某某，年若干岁，于乾隆某年月领有礼字某号度牒一张。在某处某所某（寺/庙/庵/观）焚修，投师某人，傅徒（某/无）。

某某同前

原注：老迈残疾等项僧人俱照此式分册开造。

084 年底造报道士牒照册式

直隶某（府/厅/州）某（州/县）

乾隆某年分

旧管

全真道士几名

新收

无

开除

全真道士几名

某某，于乾隆某年月日病故，所遗部照现在呈缴。

某某同前

实在

全真道士几名

某某，年若干岁，于乾隆某年月领有礼字某号部照一张。在某处某所某庙焚修，投师某某，傅徒（某/无）。

某某同前

原注：灵宝、清微、火居①道士俱照此式分册开造。

① 火居道士指在家修行之道教徒。

085 年底造报尼僧度牒册式

直隶某（府/厅/州）某（州/县）

乾隆某年分

旧管

戒尼僧几名

新收

无

开除

戒尼僧几名

某某，于乾隆某年月日病故，所遗度牒现在呈缴。

某某同前

实在

戒尼僧几名

某某，年若干岁，于乾隆某年月领有礼字某号度牒一张。在某处某所某庙焚修，投师某某，傅徒（某/无）。

某某同前

原注：未受戒及老残尼僧俱照此式分册开造。

086 条例凡有应行道府并直隶州盘查结式

直隶分（守/巡）[1] 某（道/府/州/）今于

与保结为某事。依奉结得，所辖某（府/州县）某年分一切仓库正杂钱粮并米谷豆石等项，俱各盘查清楚，并无亏挪情弊。不致扶隐。所具保结是实。

乾隆某年某月　　　　日衔押

原注：如有州县以及委员盘查仓库钱粮，悉照此式具送。

087 征收各项税银结式

① 此处“守/巡”乃对“道”而言。

直隶某（府/州）某（州/县）今于

与印结为请杜官吏侵渔事。依奉结得，卑（州/县）乾隆某年分正月开征起，至年底止，共征收过牙当田房牛猪等项杂税银若干，委系尽收尽解，并无侵渔隐漏及借端派累、征多报少情弊。倘日后查出，愿甘倍追治罪。所具印结是实。

乾隆某年某月　　　日衔押

原注：如一岁之内有两三官征收者，即将前任某人任内某年月日起至离任之日止共征收若干细数先行逐一备载，然后列明接征现任数目，并结算大总，庶便稽核。

088 顶补牙行州县结式

直隶某（府/州）某（州/县），今于

与印结为某事。依奉结得，某（州/县）某处牙行某人缘（某事革退·闭歇/系病故），今有某处某人，老成殷实，情愿在于原处开设原行顶补缺税。并无移改，并朋伙私充及父缺子顶、多索牙用、搀夺扰累等弊。不致扶同隐混。所具印结是实。

乾隆　　年　　月　　　日衔押

原注：牙行甘结并乡地邻佑同行互保各结俱照前式填写。

089 认充牙行经纪年貌籍贯册式

直隶某（府/州）某（州/县）

呈。

计开

召募新充某行经纪某人，年若干岁，身（长/中），面（白/黄/赤/紫/麻），（有/微/无）须，系本（州/县）某里某甲民人，居家殷实，并无公私过犯。左邻某人，右邻某人。同行互保。每年完纳课税银若干，不致亏欠。理合登明。

090 新开典铺结式

直隶某（府/州）某（州/县），今于

与印结为某事。依奉结得，某籍商人某人情愿在于某（州/县）某处，开设某字号典铺一座便民，情愿请领司帖，每年照例输税银五两。其间并无一帖两开及重利苛剥累民情弊。不致扶捏。所具印结是实。

乾隆　　年　　月　　　　日衔押

原注：该当商甘结以及同行互结、邻佑乡地各结，俱仿照前式填写。

091 新开当铺年貌籍贯册式

直隶某（府/州）某（州/县）

呈。

计开

一，卑属某处地方新设某号当商某人，开明年貌岁数，原籍系某府某县人，请领司帖一张，照例三分起息，每年纳税银五两。理合登明。

092 交代道与直隶知州出结知府直隶州知州与州县出结式

某（道/府/州）某姓名，今于

与印结为清查交代钱粮事。依奉结得，某（州/县）前任知（州/县）某姓名，自某年月日起至某年月日止，任内经手过一应正杂钱粮、仓粮、税课、学租、耤谷[①]等项，俱经清楚，并无亏挪浥烂。至一切城垣、坛宇、衙署、营房、墩台、监狱、仓廒、祭器等项，俱系完固，并无损坏。不致扶同隐匿。印结是实。

乾隆　　年　　月　　　　日衔押

① 指来自耤田、用于祭祀的收入。雍正五年，清政府颁各省耕耤仪注，令各州县卫所设立耤田，建坛立庙，祭祀先农之神。耤田的收入，“视年岁之丰歉定收获之多寡，别贮以供粢盛”。《清世宗实录》卷五八，雍正五年六月甲寅，《清实录》第7册，第895页。《（乾隆）宝坻县志》卷四《祀典》、卷五《赋役》，民国六年石印本，第4页b~5页a、19页a。

093 交代现任州县与前任州县出结式

某（府/州）某（州/县）某姓名，今于

与印结为清查交代钱粮事。依奉结得，前任知（州/县）某姓名，自某年月日起至某年月日止，任内经手过一应正杂钱粮、仓粮、税课、学租、耤谷等项，俱经清楚，并无亏挪浥烂。至一切城垣、坛宇、衙署、营房、墩台、监狱、仓廒、祭器等项，俱系完固，并无损坏。不致扶同隐匿。印结是实。

乾隆　　年　　月　　　　日衔押

094 交代正项册式

某（府/州）某（州/县）为清查交代钱粮事。今将前任知（州/县）某自某年月日起至某年月日止，经手正杂钱粮，理合开造。

计开

某年分

旧管，原接前任某交下，

贮（库银/仓豆·米·谷）各若干，

未完（银/豆/米/谷）各若干。

新收

征完（银/豆/米/谷）各若干。

开除

解（银/豆/米/谷）各若干，

一，于某年月日解某部某衙门某项银若干，批回在卷；

一，于某年月日支某项银若干，支领在卷；

一，于某年月日支某仓某项（豆/米/谷）若干石，支领在卷。

实在

贮（库银/仓豆·米·谷）各若干，〈卑职〉接收解支；

未完（库银/仓豆·米·谷）各若干，〈卑职〉接收催征。

原注：以后各年俱照前式，挨顺年分开造。其系前官一任经征旧管

项下无原接已未完者，将额征开作旧管。

095 交代耗羡册式

某（府/州）某（州/县）为清查交代钱粮事。今将前任知(州/县)某自某年月日起至某年月日止，经手耗羡银两，理合开造。

计开

某年分

旧管，原接前任某交下，

贮库耗银若干，

未完耗银若干。

新收

征完耗银若干。

开除

解支耗银若干，

一，解司耗银若干，批回在卷；

一，扣支某官养廉银若干，支领在卷〈逐项开列〉。

实在

贮库耗银若干，〈卑职〉接收解支，

未完耗银若干，〈卑职〉接收催征。

原注：以后各年俱照前式，挨顺年分开造。其系前官一任经征旧管项下无原接已未完者，将额征开作旧管。

096 交代仓粮册式

某（府/州）某（州/县）为清查交代钱粮事。今将前任知（州/县）某自某年月日起至某年月日止，经手常平社义各项仓粮，理合开造。

计开

某年分

旧管，原接前任某交下，

贮仓各项共谷若干，借粜动赈未还共谷若干内，

一件，某事案内谷若干（出借/粜卖/动赈），未还谷若干〈逐件开列，后俱同〉。

新收

征买还仓共谷若干，息谷及盈余谷若干内（征完/买还），

一件，某事案内（借/粜/赈）谷若干，（息/盈余）谷若干。

开除

借粜动赈共谷若干内，

一，某事案内（借给里民/减价粜卖/动赈灾民/支给孤贫）动某事案内谷若干。

实在

贮库共谷若干，借粜动赈未还共谷若干内，

一件，某事案内谷若干（出借/粜卖/动赈），未还谷若干。

原注：以后各年俱照前式，挨顺年分开造。其上年实在滚作下年，旧管滚至接收之年，于实在后声明，以上贮仓谷石〈卑职〉接收清楚，未还谷石〈卑职〉接收催买。

097 交代税银册式

某（府/州）某（州/县）为清查交代钱粮事。今将卑（州/县）前任知（州/县）某人自某年月日起至某年月日止，经收各项税银，理合开造。

计开

某年分

旧管

某项税银若干，盈余银若干〈逐项开列，后俱同〉。

新收

某项税银若干，盈【余】[①] 银若干。

开除

① 原文脱“余”字。据上下文补。

某项税银若干，盈余银若干。

前件于某年月日批差某人解赴布政司交纳，（获有/现候）批回附卷。

实在

存库某项税银若干，盈余银若干，〈卑职〉接收起解。

原注：以后各年俱照前式，挨顺年分开造。其系前官一任经征旧管项下无原接者，开旧管无。

098 交代学租册式

某（府/州）某（州/县）为清查交代钱粮事。今将前任（知州·县/教谕/训导）某自某年月日起至某年月日止，经手学田租课，理合开造。

计开

某年分

旧管

原接前任某交下贮（库/仓）租（银/谷/米/麦）若干。

新收

某年学租（银/谷/米/麦）若干。

开除

变办租赋详给廪贫修学租（银/谷/米/麦）若干。①

实在

贮（库/仓）租（银/谷/米/麦）若干。

原注：以后各年俱照前式，挨顺年分开造。其上年实在滚作下年旧管，滚至接收之年，于实在后声明，以上贮（库/仓）租（银/谷/米/麦），〈卑职〉接收清楚。

---

① 廪贫，指清代的“优廪贫生”制度。清代规定，“直省在学生员有寒苦不能自赡者，责成该教官确查造册，册内分晰极贫、次贫”，由学政于按临日动支学租银两，“逐名面赈”。《（乾隆）钦定户部则例》卷一一五《蠲恤》，清乾隆年间内府刊本，第28页a。修学，泛指治学，在此指学田租收入的用途。清代规定，“学田，专供修学及赡给贫士”。《（乾隆）钦定大清会典》卷一〇《户部·田赋》，清乾隆三十九年江南省仿刊武英殿聚珍本，第8页b。

099 交代耤谷册式

某（府/州）某（州/县）为清查交代钱粮事。今将前任知（州/县）某自某年月日起至某年月日止，经手耤田粮粟并祭祀银两，理合开造。

计开

某年分

旧管

原接前任某交下，

粜售某年起至某年止，耤田粮粟扣存祭祀支剩银若干，某年起至某年止，耤田粮粟若干内，

某某色粮若干〈逐项开列，后俱同〉。

新收

耤田粮粟若干内，

某某色粮若干。

开除

各坛庙祭祀粢盛粮粟若干内，

某某色粮若干。

致祭

先农坛祭品银若干〈系在司库支领，致祭者不必造入〉。

实在

粜售某年起至某年止，耤田粮粟扣存祭祀支剩银若干，某年起至某年止，耤田粮粟若干内，

某某色粮若干。

原注：以后各年俱照前式，挨顺年分开造。其上年实在滚作下年旧管，滚至接收之年，于实在后声明，以上银粮两石，〈卑职〉接收清楚。

100 交代囚粮册式

某（府/州）某（州/县）为清查交代钱粮事。今将前任知（州/县）某自某年月日起至某年月日止，经手囚粮钱文，理合开造。

计开

某年分

旧管，原接前任某交下，

存剩额设狱田囚粮米若干，动常平仓米，存剩米若干，动支银两易存制钱若干，米开合支钱开文止。如无原设狱田，州县经支仓米者，其仓米统于仓谷册内造报开除，止以易存钱文开造。

新收

某某额设狱田米若干，常平仓内支米若干，银两易钱若干。

开除

给过在监囚犯若干，钱若干。

实在

存剩狱田米若干，常平仓米若干，易钱若干。

原注：以后存剩，各年俱照前式，挨顺年分开造。其上年实在滚作下年旧管，滚至接收之年，于实在后声明，以上银粮两石，〈卑职〉接收清楚。

101 交代城垣坛宇等项册式

某（府/州）某（州/县）为清查交代钱粮事。今将前任知(州/县)某交下城垣、坛庙、祠宇、衙署、营房、墩台、监狱、仓廒、祭器等项，理合开造。

计开

城垣一座（砖包/土筑），周围几里几分，东西南北几门，东西南北几关厢，门楼几座，角楼几座，敌楼几座，城垛几个。

先农坛一座，座落某处，高长阔几丈尺，正殿几间，配房几间，门楼几间，围墙几丈尺，农具几件，耤田几亩几分。

社稷坛一座，座落某处，高长阔几丈尺，石主几位，木主几位，门楼几门［间］,[1] 围墙几丈尺。

---

① 据上下文，应作“间”字。

风云雷雨山川城隍坛一座，座落某处，高长阔几丈尺，石主几位，木主几位，门楼几间，围墙几丈尺。

文庙一座，座落某处，正殿、东西庑、崇圣祠、乡贤祠、名宦祠、明伦堂、门楼〈俱逐一开明各若干〉，祭器、乐器〈俱逐一开明〉某某若干件。

忠义祠几间，座落某处，石碑一道，门楼几间，围墙几丈尺。

节孝祠几间，座落某处，牌坊一道，门楼几间，围墙几丈尺。

衙署一座，座落某处，大门二门，大堂二堂，某某房〈俱逐一开明间数〉。

监房一所，在某处内，监门、狱庙、禁卒房、内监房、外监房〈俱逐一开明间数〉，内围墙、外围墙〈俱逐一开明丈尺〉。

仓廒几所，座落某处内，某某廒，某某廒〈俱逐一开明间数〉。

营汛几处，内某某汛，某某汛〈俱逐汛开明营房间数，墩台、牌房、望楼座数，及烟墩几个，官厅几间〉。

以上城垣、坛庙、祠宇、衙署、营房、墩台、监狱、仓廒、祭器、乐器等项，俱系完固，并无残缺，坍塌损坏。

102 出借仓粮结式

直隶某（府/州）某（州/县）今于

与印结为某事。依奉结得，卑（州/县）乾隆某年分详允出借〈被灾〉农民（籽粮/口粮），某仓项下（米/谷）若干。委系按户均匀借给，并无地保胥役人等冒领滥借情弊。俟本年秋收后，照例（免/加）息催追还仓。如有虚捏并追不足数，愿甘赔补。所具印结是实。

乾隆　　年　　月　　　　日衔押。

103 出粜仓粮结式

直隶某（府/州）某（州/县）今于

与印结为某事。依奉结得，卑（州/县）乾隆某年分详准出粜某项仓粮（谷/米）若干，共粜存钱易银若干，现在存库，（俟秋后买补还仓/另文批解）。并无虚捏不实情事。出具印结是实。

乾隆　　年　　月　　　　日衔押。

104 出借仓粮册式

直隶某（府/州）某（州/县）

呈。

计开

乾隆某年分

一件，某事案内，详蒙允准出借（籽粮/口粮），动支某项仓（谷/米）若干内。

某（村/庄）

某人借（米/谷）若干　　　某人借（米/谷）若干

以上共几户，共借（米/谷）若干。

余村仿此开列。

以上通共若干村庄共借（米/谷）若干。

105 出粜仓粮册式

直隶某（府/州）某（州/县）

呈。

计开

乾隆某年分

一件，某事案内，详蒙允准减粜某项仓（谷/米）若干〈碾米若干〉，照依详准减定价值，每石粜银若干，按每银一两易大制钱若干核算，每斗捲零折收大制钱若干，共粜收大制钱若干，仍照原价，每大制钱若干易银一两，共易银若干，现在存库，（秋收照数买补还仓/另文批解）。理合登明。

106 追还出借仓粮仓收结式

直隶某（府/州）某（州/县）今于

与仓收为某事。依奉结得，卑（州/县）某年出借过（籽粮/口粮）某项仓（谷/米）若干，〈折收谷若干或加收息谷若干〉，俱已全数催追还仓。并无以欠作完，以少报多隐捏情弊。所具印结是实。

乾隆　　年　　月　　　　日衔押。

107 买补平粜仓粮册式

直隶某（府/州）某（州/县）

呈。

计开

乾隆某年分

一件，某事案内，买还某年分平粜某项仓（谷/米）若干，照依详准市价，每石价银若干，共用银若干，按原粜价银若干核算，每石计盈余银若干，另文批解。其所买仓（谷/米），现俱实存在仓，并无短少。理合登明。

108 买补平粜仓粮印结式

直隶某（府/州）某（州/县）今于

与印结为某事。依奉结得，卑（州/县）买还某年分平粜某项仓（谷/米）若干，共动用原粜价银若干，委系实用实销，并无浮冒虚捏情弊。所具印结是实。

乾隆　　年　　月　　　　日衔押。

109 留支养廉办公季报册式

直隶某（府/厅/州）某（州/县）

呈

计开

乾隆某年某季分

一，留支某官养廉银若干，

一，留支某官办公银若干。

余官仿此。

如有扣空[①]、留半充公银两并一季两三官分支养廉办公等银，即将某人任卸日期及扣空、留半充公分支各银两细数，逐一分杆[②]开列明白。

以上某季分共留支过养廉办公银若干内，扣空银若干，留半充公银若干，实支银若干。

110 古昔陵寝忠烈名贤祠墓结式

直隶某（府/州）某（州/县）今于

与印结为钦奉

上谕事。依奉结得，卑（州/县）境内有某陵寝、某祠、某墓，俱系坚固，时加防护。此外并无遗漏。印结是实。

乾隆　　年　　月　　　　日衔押。

111 古昔陵寝忠烈名贤祠墓册式

直隶某（府/州）某（州/县）

呈。今将卑（州/县）境内古昔陵寝忠烈名贤祠墓，理合开造。须至册者。

计开

某某陵寝，

某某祠，

某某墓。

以上各陵寝祠墓不时防护，并无损坏。

---

① 扣指始于雍正年间的俸工银扣捐，以后发展成为养廉银的扣捐或摊捐。〔日〕宫崎市定：《雍正帝による俸工銀扣捐の停止について》，原载《東洋史研究》，第 22 卷第 3 号，1963 年 12 月，第 1 ~ 24 页；后收入《宫崎市定全集》，第 14 卷，岩波书店，1991，第 236 ~ 262 页。〔日〕岩井茂树：《中国専制国家と財政》，原载《中世史講座 6》，学生社，1992，第 273 ~ 310 页；后收入《中国近世財政史の研究》，京都大学学术出版会，2004，第 26 ~ 79 页。此外，还包括因事扣发者。如乾隆三十三年四月，工部奏请每年扣发安徽布政使陈祖辉养廉银三千两，用于追赔河工经费。中研院史语所藏清代内阁大库档案，第 170387 号。扣空当指养廉银因上述扣捐等被全部扣完。

② 分杆，亦即分栏。以下同。

112 查验渔船结式

直隶某（府/州）某（州/县）今于

与印结为敬陈便民等事。依奉结得，乾隆某年某季分某处海口验放过出口捕鱼船若干只，并无夹带违禁货物及越洋等弊。再，查某年某季分验放出口鱼船若干只，今于某季进口若干只，捎带某某等项杂货。查明亦无夹带违禁货物。所具印结是实。

乾隆　　年　　月　　　　日衔押。

原注：每季如有出入海口船只，照此具结。

113 渔船结式

直隶某（府/州）某（州/县）今于

与印结为敬陈便民等事。依奉结得，乾隆某年某季分某处海口并无验放过出入捕贸船只，亦无外府州县货鱼船只进口及通洋大船等弊。所具印结是实。

乾隆　　年　　月　　　　日衔押。

原注：每季如无出入海口船只，照此具结。

114 征收海税结式

直隶某（府/州）某（州/县）今于

与印结为敬陈便民等事。依奉结得，乾隆某年某季分某处海口验放过进口捕贸船若干只，捎带某项货若干，又某项货若干，照例共征收过海税银若干。并无征多报少情弊。合具印结是实。

乾隆　　年　　月　　　　日衔押。

原注：每季如有征收过海税银两，照此具结。

115 海税结式

直隶某（府/州）某（州/县）今于

与印结为敬陈便民等事。依奉结得，乾隆某年某季分某处海口并无贸易捕鱼船只出入海口，无凭征收税银及侵渔情弊。合具印结是实。

乾隆　　年　　月　　　　日衔押。

原注：每季如无征收过海税银两，照此具结。

116 查验渔船营汛结式

直隶某标某营，今于

与印结为敬陈便民等事。依奉结得，据某汛（千/把）总某人结称，乾隆某年某季分所属某某等处海口，共验放过捕鱼船共若干只，并无夹带违禁货物及越洋等弊。再，查某年某季分验放过出口鱼船若干只，今于某季进口若干只，捎带某某等项杂货，查明亦无夹带违禁货物。所具印结是实。

乾隆　　年　　月　　　　日衔押。

原注：每季如有放过出入海口渔船，照此具结。

117 渔船营汛结式

直隶某标某营，今于

与印结为敬陈便民等事。依奉结得，据某汛（千/把）总某人结称，乾隆某年某季分所属某某等处海口，并无验放过出入捕贸船只，亦无外府州县货鱼船只进口及通洋大船情弊。所具印结是实。

乾隆　　年　月　　　　日衔押。

原注：每季如无放过出入海口船只，照此具结。

118 被灾蠲免钱粮州县结式

直隶某（府/州）某（州/县/厅）今于

与印结为某事。依奉结得，卑（州/县/厅）乾隆某年分某某等村庄（夏间/秋禾）被（水/旱/雹），已委同委员某人勘明成灾几分不等，共（旗/民/灶）地若干，共应征（粮/租）银若干，照

例蠲免十分之几银若干，并无虚捏不实情事。所具印结是实。

乾隆　　年　　月　　　　日衔押。

原注：委员勘结并本管府州道加结，均照前式填写，添明某州县字样。

119 被灾顷亩分数册式

直隶某（府/州）某（州/县）

呈。

计开

乾隆某年分

被灾几分，若干村庄内，

某庄　某村。

以上被灾几分若干村庄，共（旗/民）地若干。

余村灾民地亩仿此开列。

以上被灾几分不等，共若干村庄，共（旗/民）地若干。

120 被灾蠲免钱粮州县册式

直隶某（府/州）某（州/县/厅）

呈。

计开

乾隆某年分

被灾几分若干村庄内，

某庄　某村　某镇

以上被灾几分，若干村庄共（旗/民）地若干内，

某项地若干，每亩征银若干，共征银若干，

某项地若干，每亩征银若干，共征银若干。

以上被灾几分共（旗/民）地若干亩，各征（租/粮）不等，共征（租/粮）银若干，〈每两征丁匠银若干，共征丁匠银若干〉，[1] 遇闰之年加添（地闰银两/丁闰地闰等银）数目，通共征银若干，照

例蠲免十分之几银若干。

余村灾分仿此列造。

---

① 此处就征租银而言。

以上被灾几分不等共若干村庄，共（旗/民）地若干，各征（租/粮）不等，共征（租银/正银并均摊丁匠），遇闰之年加添闰银，共若干，照

例蠲免十分之几银若干内，

应分蠲起运银若干，

应分蠲存留银若干。

121 赈恤报销结式

直隶某（府/厅/州）某（州/县），今于

与印结为详请

题报偏灾等事。依奉结得，卑（州/县）乾隆某年分被灾赈恤案内，赈恤过某某几分灾，共大若干口，小若干口，共赈给过几个月米并银谷，合米若干石。俱系按户散给，并无揑饰冒滥情事。所具印结是实。

乾隆　　年　　月　　　　日衔押。

原注：赈恤贫士印结亦照此具。

122 赈恤报销道府厅州印加结式

直隶某（道/府/厅/州），今于

与印结为详请

题报偏灾等事。据某（州/县）结称，乾隆某年分被灾赈恤案内，赈恤过某某几分灾，共大若干口，小若干口，共赈给过几个月米并银谷，合米若干石。俱系按户散给，并无揑饰冒滥等情到（道/府/厅/州）。覆核无异。所加印结是实。

乾隆　　年　　月　　　　日衔押。

原注：赈恤贫士印结亦照此具。

123 赈恤倒塌房屋报销结式

直隶某（府/厅/州）某（州/县），今于

与印结为详请

题报偏灾等事。依奉结得，卑（州/县）乾隆某年分被灾赈恤案内，

赈恤过瓦土草房若干间，共赈给过倒房价银若干两。委系按户散给，并无捏饰冒滥情事。所具印结是实。

乾隆　　年　　月　　　　日衔押。

124 赈恤倒塌房屋道府厅州印加结式

直隶某（道/府/厅/州），今于

与印结为详请

题报偏灾等事。据某（州/县）结称，乾隆某年分被灾赈恤案内，赈恤过瓦土草房若干间，共赈给过倒房价银若干两。委系按户散给，并无冒滥等情到（道/府/厅/州）。据此，覆核无异。所加印结是实。

乾隆　　年　　月　　　　日衔押。

125 赈恤倒塌房屋报销册式

直隶某（府/厅/州）某（州/县）

乾隆某年分

被水偏灾，奉

文赈恤倒房。

某（村/庄）

某某（冲塌/倒塌/泡倒）（瓦/土/草）房几间，

某某同前。

以上共若干户，共（冲塌/倒塌/泡倒），

瓦房若干间，每间给银若干，共银若干，

草房若干间，每间给银若干，共银若干，

土房若干间，每间给银若干，共银若干。

余村庄仿此。

以上若干村庄，共（冲塌/倒塌/泡倒），

瓦房若干间，每间给银若干，共银若干，

草房若干间，每间给银若干，共银若干，

土房若干间，每间给银若干，共银若干。

以上瓦草土房若干间，共给过银若干。据实按户散给讫。

126 赈恤报销册式

某（州/县）

呈。今将乾隆某年分秋被何灾急赈[1]过贫民户口米石数目，理合造报。须至册者。

计开

乾隆某年分

被灾急赈水围三面四面村庄

某村

五口以上

某人　某人

四口以下

某人　某人

以上五口以上若干户，每户给米四斗，共米若干；四口以下若干户，每户给米三斗，共米若干。

共给过米若干。

余村仿此。

通共若干村庄，共若干户，每户给米三斗四斗不等，共给过米若干石内，

一，动某项（米若干/谷若干）赈给米若干，

一，借动某项谷若干，碾给米若干。如社义二仓谷始可称借。

〖以上系州县急赈报销册式〗

某（州/县）

呈。今将乾隆某年分秋被水灾摘赈[2]过赤贫户口米石数目，理合造报。须至册者。

① 急赈指对灾民进行普遍救济。乾隆三十六年秋，京畿地区因水灾致使田禾被淹，乾隆皇帝决定“发帑五十万两，截漕五十万石”，令直隶总督在“宛平等十八州县”，对“成灾八分以上者，无论极次贫户”，一律“先行急赈一月口粮”。《（嘉庆）钦定大清会典事例》卷二一九《户部·蠲恤》，清嘉庆年间内府刊本，第3页b～4页a。

② 摘赈指对灾民中之老病孤苦等赤贫必须立即施以救济者，先行给与赈济。（清）方观承：《赈纪》卷四《展赈·谕委员摘赈续赈》，清乾隆年间刊本，第1页a～2页b。

计开

乾隆某年分

某月分（大/小）建

某村

某人大几口　小几口

以上共几户，大若干口，小若干口。

余村仿此。

以上某月分共若干村庄，赤贫若干户，大若干口。凡有小建，造明除小建一日外，每口日给米五合，共给米若干。

小若干口，除小建一日外，每口日给米二合五勺，共给米若干。

二共大小口若干口，共给米若干。

次某月续赈赤贫，除有迁徙、事故，应减户减口村庄花名册造报扣除外，

应赈赤贫共若干户内，大口若干，小口若干。

以上摘赈续赈几个月，共大口若干，共给过米若干，小口若干，共给过米若干。

二共给过大小口若干口，共给过米若干内，

一，动某项（米若干/谷若干碾给米若干）

一，司库领回银若干，每银若干折米一石，共折米若干。

［以上系州县摘赈报销册式］

某（州/县）

呈。今将乾隆某年分秋被何灾赈过某某等月极次贫民户口米石数目，理合造报。须至册者。

计开

乾隆某年十一月分（大/小）建

六分灾

某村

极贫

某人大几口　小几口

某人大几口　小几口

以上共若干户，大若干口，小若干口。

余村仿此。

以上六分灾共若干村庄，极贫共若干户，大若干口。

如遇小建，列明除小建一日外，每口日给米五合，共给米若干。

小若干口，除小建一日外，每口日给米二合五勺，共给米若干。

二共大小口若干口，共给米若干。

七分灾

某村

极贫

某人大几口　小几口

次贫

某人大几口　小几口

余村仿此。

以上共极贫若干户，大若干口，小若干口；次贫若干户，大若干口，小若干口。

余村仿此。

以上七分灾共若干村庄，极贫共若干户，大若干口。

如遇小建，列明除小建一日外，每口日给米五合，共给米若干。

小若干口，除小建一日外，每口日给米二合五勺，共给米若干。

二共大小口若干口，共给米若干。

次贫照极贫式核造村庄户口米石总数。

八分灾

某村

极贫

某人大几口　小几口

资［次］贫

某人大几口　小几口

余村仿此。

以上共极贫若干户，大若干口，小若干口；次贫若干户，大若干口，小若干口。

余村仿此。

以上八分灾共若干村庄，极贫若干户，大若干口。如遇小建，列明除小建一日外，每口日给米五合，共给米若干。

小若干口，除小建一日外，每口日给米二合五勺，共给米若干。

二共大小口若干口，共给米若干。

次贫照前式造。

九分灾

某村

极贫

某人大几口　小几口

次贫

某人大几口　小几口

余村仿此。

以上共极贫若干户，大若干口，小若干口；次贫若干户，大若干口，小若干口。

余村仿此。

以上九分灾共若干村庄，极贫若干户，大若干口。如遇小建，列明除小建一日外，每口日给米五合，共给米若干。

小若干口，除小建一日外，每口日给米二合五勺，共给米若干。

二共大小口若干口，共给米若干。

次贫户口米数照前式。

十分灾

某村

极贫

某人大几口　小几口

次贫

某人大几口　小几口

余村仿此。

以上共极贫若干户，大若干口，小若干口；次贫若干户，大若干口，小若干口。

余村仿此。

以上十分灾共若干村庄，极贫若干户，大若干口。如遇小建，列明除小建一日外，每口日给米五合，共给米若干。

小若干口，除小建一日外，每口日给米二合五勺，共给米若干。

二共大小口若干口，共给米若干。

次贫户口米数照前式。

十二月分（大/小）建

七分灾

极贫共若干村庄若干户内，

除迁徙、事故删减户口另册造报外，

实赈过若干户，大若干口，如遇小建，列明除小建一日外，每口日给米五合，共给米若干。

小若干口，除小建一日外，每口日给米二合五勺，共给米若干。

二共大小口若干口，共给米若干。

八分灾

极贫共若干村庄若干户内，

除迁徙、事故删减户口另册造报外，

实赈过若干户，大若干口，如遇小建，列明除小建一日外，每口日给米五合，共给米若干。
小若干口，除小建一日外，每口日给米二合五勺，共给米若干。
二共大小口若干口，共给米若干。
九分灾
极贫次贫共若干村庄内，
极贫共若干户内，
除迁徙、事故删减户口另册造报外，
实赈过若干户，大若干口，如遇小建，列明除小建一日外，
每口日给米五合，共给米若干。
小若干口，除小建一日外，每口日给米二合五勺，共给米若干。
二共大小口若干口，共给米若干。
次贫若干户内，
除迁徙、事故删减户口另册造报外，
实赈过若干户，大若干口，如遇小建，列明除小建一日外，
每口日给米五合，共给米若干。
小若干口，除小建一日外，每口日给米二合五勺，共给米若干。
二共大小口若干口，共给米若干。
十分灾
极贫次贫共若干村庄内，
极贫共若干户内，
除迁徙、事故删减户口另册造报外，
实赈过若干户，大若干口，如遇小建，列明除小建一日外，
每口日给米五合，共给米若干。
小若干口，除小建一日外，每口日给米二合五勺，共给米若干。
二共大小口若干口，共给米若干。
次贫若干户内，
除迁徙、事故删减户口另册造报外，
实赈过若干户，大若干口，如遇小建，列明除小建一日外，
每口日给米五合，共给米若干。
小若干口，除小建一日外，每口日给米二合五勺，共给米若干。

二共大小口若干口，共给米若干。

乾隆某年正月分（大/小）建

九分灾

极贫共若干村庄若干户内，

除迁徙、事故删减户口另册造报外，

实赈过若干户，大若干口，如遇小建，列明除小建一日外，

每口日给米五合，共给米若干。

小若干口，除小建一日外，每口日给米二合五勺，共给米若干。

二共大小口若干口，共给米若干。

十分灾

极贫次贫共若干村庄内，

极贫共若干户内，

除迁徙、事故删减户口另册造报外，

实赈过若干户，大若干口，如遇小建，列明除小建一日外，

每口日给米五合，共给米若干。

小若干口，除小建一日外，每口日给米二合五勺，共给米若干。

二共大小口若干口，共给米若干。

次贫若干户内，

除迁徙、事故删减户口另册造报外，

实赈过若干户，大若干口，如遇小建，列明除小建一日外，

每口日给米五合，共给米若干。

小若干口，除小建一日外，每口日给米二合，五勺共给米若干。

二共大小口若干口，共给米若干。

二月分（大/小）建

十分灾

极贫共若干村庄若干户口［内］,[①]

① 据上下文，应作“内”字。

除迁徙、事故删减户口另册造报外，

实赈过若干户，大若干口，如遇小建，列明除小建一日外，

每口日给米五合，共给米若干。

小若干口，除小建一日外，每口日给米二合五勺，共给米若干。

二共大小口若干口，共给米若干。

以上通共赈过六、七、八、九、十分灾若干村庄若干户内，

大若干口，共给米若干，

小若干口，共给米若干。

以上二共大小若干口，共给米若干内，

一，动常平仓某项（米/谷）若干，〈碾给米若干〉，

一，动协拨米若干，

一，动司库领回银若干，每银一两四钱折米一石，共折米若干。

闻赈归来村庄户口银米月分，应悉照例赈户口之式，另册造报。

[以上系州县寻常赈恤报销册式]

原注：赈济贫士报销册亦照前式开造。

127 扣除迁徙事故户口另册造报式

某（州/县）

呈。今将乾隆某年秋被何灾赈济案内扣除事故户口数目，理合造报。须至册者。

计开

乾隆某年分

续赈某月分赤贫扣除，

某村

某人一户内，大几口，小几口；

某村

某人一户内，大几口，小几口；

以上共扣除大若干口，小若干口。

大赈十二月分

七分灾极贫扣除，

某村

某人一户内，大几口，小几口；

某村

某人一户内，大几口，小几口；

以上共扣除大若干口，小若干口。

八分灾极贫扣除，

某村

某人一户内，大几口，小几口；

余村仿此。

九分灾极贫扣除

某村

某人一户内，大几口，小几口；

次贫扣除

某村

某人一户内，大几口，小几口。

十分灾极贫扣除

某村

某人一户内，大几口，小几口；

次贫扣除

某村

某人一户内，大几口，小几口。

加赈正月分

九分灾极贫扣除

某村

某人一户内，大几口，小几口。

十分灾极贫扣除

某村

某人一户内，大几口，小几口；

次贫扣除

某村

某人一户内，大几口，小几口。

加赈二月分

十分灾极贫扣除

某村

某人一户内，大几口，小几口；

以上通共扣除续赈赤贫并大赈次贫户，大若干口，小若干口。

二共大小若干口。

128 编审人丁册式

某（州/县）

乾隆某年分

旧管

原额上则人丁若干丁，每丁征银若干，共银若干，

中则人丁若干丁，每丁征银若干，共银若干，

下则人丁若干丁，每丁征银若干，共银若干，

以上共人丁若干，共征银若干。

新收

（上/中/下）则人丁若干丁，每丁征银若干，共银若干〈三杆分列，如向止一项，应仍循其旧。下同〉。

开除

老亡故绝（上/中/下）则人丁若干，每丁除银若干，共银若干。三杆分列。

以上共若干丁，共除银若干。

实在

（上/中/下）则人丁若干丁，每丁征银若干，共征银若干。三杆分列。

以上共若干丁，共征银若干。因直属穷民寸土全无，偏有丁银，田连阡陌，丁银独少。苦乐不均，雍正元

年，蒙前任总督部堂李①

题定援照浙江等省之例，以雍正二年为始，摊入地粮银内征收讫。此系州县总。

〖以上系州县编审人丁总册册式〗

某（社/里/甲）

旧管

（上/中/下）则人丁若干丁，每丁征银若干，共银若干。

以上共若干丁，共征银若干〈无庸列花名〉。

新收人丁若干内，

上则人丁若干丁内，

花名某某；

中则人丁若干丁内，

花名某某；

下则人丁若干丁内，

花名某某。

开除人丁若干内，

（上/中/下）则人丁各若干〈照新收式〉。

实在

上则人丁，

花名某某。

以上共上则人丁若干丁，每丁征银若干，共征银若干。

（中/下）二则照上则式列造。

以上共上中下人丁若干丁，共征银若干。

余仿此。

〖以上系社里甲编审人丁分册册式〗

129 编审滋生人丁花名册式

① 李维钧于雍正元年十月二十九日由直隶巡抚升任直隶总督，十一月初九日加兵部尚书衔，故称“总督部堂”。《清世宗实录》卷二五，雍正二年十月己亥；卷二六，雍正二年十一月己酉。见《清实录》第7册，第397、401页。

某（州/县）

某年分

旧管某某年编审出

盛世滋生补剩免赋余丁若干丁。

新收

盛世滋生人丁若干丁内，除顶补老亡人丁若干丁外，

实剩免赋人丁若干丁。

开除

盛世滋生人丁若干丁。

实在

盛世滋生免赋余丁若干丁内〈此系州县总。裁并各卫人丁有并造者，有分册另造者，应各循旧式造〉。

［以上系州县编审滋生人丁花名册总册册式］

某（社/里/甲）

旧管

盛世滋生人丁若干名，无庸列花名。

新收

盛世滋生人丁，

花名某人　　某

以上共若干丁内，除顶补旧额老亡人丁外，

实剩免赋余丁若干丁。

开除

盛世滋生人丁若干丁内，

花名某某人。

实在

盛世滋生补剩免赋余丁若干丁内，

花名某某人，

余仿此。

［以上系社里甲编审滋生人丁花名册分册册式］

（完）

《中国古代法律文献研究》第十四辑
2020 年，第 365～444 页

关西大学内藤文库藏《汉律辑存》校订

张忠炜*

摘　要：关西大学内藤文库有内藤乾吉所藏薛允升遗作《汉律辑存》稿本一册。与傅斯年图书馆所藏《汉律辑存》初稿本比较可知，内藤文库所藏稿本充分吸收了傅图稿本的修改意见，殆为修订本。结合《唐明律合编》稿本所见藏书印，初步考察了这一稿本的递藏关系，或可为考察《汉律辑存》的递藏提供旁证。

关键词：关西大学内藤文库　傅斯年图书馆　薛允升　《汉律辑存》

一　内藤文库藏《汉律辑存》稿本初探（代解题）

关西大学内藤文库藏有《汉律辑存》稿本一册。在藤田高夫、畑野吉则先生的帮助下，笔者有幸至内藤文库展开调查，并获得允可，整理此稿本并公之于世。现略述此稿本之基本情况及相关问题，学识浅陋，行文中疏漏乃至错误处恐怕不少，祈请方家指正。

内藤湖南去世后，其生前藏书的去向主要有三处：京都大学内藤文库

* 中国人民大学历史系副教授。

所藏为其历年中国之行所购的满文、蒙文等资料，武田家族“杏雨书屋”所藏则是恭仁山庄之善本书（其中不乏“国宝”级文化财），关西大学则于1983年购入山庄及书库之全部藏书，并特设“内藤文库”专室收藏。[①] 关西大学内藤文库以湖南藏书为主，但其中亦有其长子内藤乾吉藏书。[②] 已刊布的《薛允升唐明律合编稿本》为乾吉藏书，[③] 本文提及的《汉律辑存》稿本亦为乾吉藏书，“内藤乾藏书”印即为明证（图1）。《汉律辑存》稿本，线装，高16.6厘米，宽16.2厘米，红格，四周双栏，半页十二行。稿本不题撰者姓名，与傅斯年图书馆所藏相参看（详下），可确定为薛允升遗作，且殆可视为修订本。

图1　文库本《汉律辑存》所见内藤乾吉藏书印

薛允升（1820～1901），字克猷，号云阶，晚清律学大家，著述宏丰。薛氏生前，同人有醵资寿诸枣梨之举，适值庚子之变而事遂中辍，“所著书惟《汉律辑存》一种存亡未卜，余编无恙”。[④] 自此之后，《汉律辑存》稿本便湮没无闻。1935年，顾廷龙于书肆中发现标为“汉律稿本”的丛残一束，但失

① 钱婉约：《恭仁山庄的文化遗产》，《中华读书报》2012年2月22日；钱婉约、陶德民编著《内藤湖南汉诗酬唱墨迹辑释：日本关西大学图书馆内藤文库藏品集》，国家图书馆出版社，2016。

② 关西大学内藤文库调查特别委员会编《关西大学所藏内藤文库汉籍古刊古钞目录》跋，关西大学图书馆，1986，第303～308页。按：跋文由奥村郁三撰；又，此目录中有《唐明律合编》稿本，且被视为“孤本”，但不见《汉律辑存》。

③ 〔日〕奥村郁三编《薛允升唐明律合编稿本》“编者序並に解說”，关西大学出版部，2003，第1页。

④ （清）薛允升：《读例存疑重刊本》，沈家本《序》，黄静嘉编校，成文出版社，1970，第62页；沈家本：《寄簃文存》卷五《读例存疑序》，氏著《历代刑法考》，邓经元、骈宇骞点校，中华书局，1983，第2222页。按：关于此稿存亡，方枢写道，“藏某舍人家，秘不肯出。或曰庚子之乱，佚于京师”；据下引沈家本文，当以前者为是，参见程树德《汉律考》，方枢《序》，1919年刻本，第1页a。

之交臂，稿本遂“盖为东方文化事业委员会所得”，[①] 然后又销声匿迹。1973 年，岛田正郎于傅斯年图书馆中发现此稿本，并委托堀毅进行整理。[②] 此稿本涂抹增删众多，贴条、附笺亦频频见之，应为初稿本，整理极其不易。[③] 初稿本出版后，亦不甚为人所知——不少以研究薛氏而著称的论者，竟不知有此稿本之存在与刊行。

对于《汉律辑存》之撰述，薛允升说道：

> 近人说经多搜存汉学。汉儒以董子为醇，郑康成为大；董以《春秋》决狱，郑以律令注礼。汉制试士，讽诵尉律籀文九千字，则汉儒无不习律者。汉律在今亦汉学也，而散失殆尽，学者何以忽诸？因广加蒐剔，缀录成编，名曰《汉律辑存》若干卷。盖汉律九章，定于萧何；何自造三章，余六章即是李悝《法经》。《汉书·艺文志》不载《法经》，以并于汉律也；存汉律，《法经》亦赖以存矣。[④]

另外，吉同钧所撰《薛赵二大司寇合传》中亦引薛允升语，有如下记述：

> 刑法虽起于李悝，至汉始完全，大儒郑康成为之注释。乾嘉以来，俗儒多讲汉学，不知汉律为汉学中一大部分。读律而不通汉律，是数典而忘祖也，因著《汉律辑存》。[⑤]

---

① 顾廷龙：《薛允升服制备考稿本之发现》，《图书季刊》第 2 卷第 2 期，1935，第 101 页。

② 参见杨家骆总主编，〔日〕岛田正郎主编《中国史料系编·中国法制史料》第 2 辑第 1 册，鼎文书局，1982，第 325～469 页。

③ 拙篇《〈汉律辑存〉稿本跋》，中国政法大学法律古籍整理研究所编《中国古代法律文献研究》第 6 辑，社会科学文献出版社，2012，第 437～457 页。按：此篇系就傅斯年图书馆所藏本而言；为叙述内藤文库藏本，个别资料不得不重复见于本文，祈请读者见谅。

④ 参见闵尔昌纂录《碑传集补》卷四，周骏富辑《清代传记丛刊》，明文书局，1986，第 305 页。按：此段文字出自刘光蕡（古愚）代笔、孙家鼐署名的“薛公墓志铭”，类似记载又见于姚永朴据允升子薛浚所撰“行述”并参以见闻而撰成的“刑部尚书薛公状”，后者亦参见《碑传集补》卷四。

⑤ 吉同钧：《乐素堂文集》卷三《薛赵二大司寇合传》，中华书局，1932，第 20 页 b～21 页 a。按：印本中特意提及，“书中错字太多，改不胜改；且其中长篇（如薛赵二大司寇合传），多被割截不全，并非原稿真面”。吉氏言允升著作四种，有《汉律辑存》《唐明律合参》《服制备考》而无《读例存疑》，或许也是因此缘故。

按，薛氏将汉律视为汉学，是否如黄静嘉所言，“足以提高律学之地位”,[①] 不无可疑。实际上，清代中后期以来，汉律辑佚之作已陆续出现，如孙志祖《读书脞录》所收《汉律考》,[②] 又如胡玉缙所撰《〈说文〉引汉律令考》,[③] 再如陈庆年所辑汉律逸文稿本（图2）,[④] 以及杜贵墀、张鹏一、汪之昌、孙传凤等所辑,[⑤] 均可视为广义上的汉学成就，但其意义也仅局限在辑佚层面。不过，就晚清而言，在“刑为盛世所不能废，而亦盛世所不尚”之世风长期浸淫下,[⑥] 薛允升、沈家本却极力强调律学所具有的现实意义自是上列诸人诸书无法比肩的。

薛氏撰述此稿，是为纠正学者忽略之弊，但又不局限于此。徐世昌说道：“先生一生服膺唐律，自言平日寻绎律义有所未瞭，考之群书，稽之故牍，犹未洞徹。及就唐律求之，则事理炳然。”[⑦] 若追溯唐律之源，汉律不可或缺，上引允升自述语即为明证。通览《唐明律合编》刊本可知，是书不时称引汉律佚文或两汉文献为证，如“贡举非其人”“举用有过官吏”“无故不朝参公座”等条。[⑧] 如此，不仅唐明律可以合而观之，亦可“于历代之沿革穷源竟委，观其会通”,[⑨] 因此而辑佚汉律也是水到渠成之事。

初稿本、修订本均有目录，但与沈曾植代笔的《汉律辑存凡例》有别（参见表1）。比较三种目录约略可知，傅图与文库所藏当出一脉，似分属初稿本与修订本；沈氏“代薛尚书”所撰《汉律辑存凡例》，大概是发凡起例之际所确定下来的，故与此稿最终呈现的目录面貌有别。允升官居西

---

① 黄静嘉：《清季法学大家薛允升先生传——一位传统法学的殿后人物》，《读例存疑重刊本》，第27页；此文修订后又收入氏著《中国法制史论述丛稿》，清华大学出版社，2000，第260页。

② 孙志祖：《读书脞录》卷六《汉律考》，嘉庆己未刻本（1799），第15页a~21页a。

③ 胡玉缙：《〈说文〉引汉律令考》，氏著《许庼学林》，王欣夫辑，中华书局，1958，第136~142页。

④ 按：此稿本近年从陈家流出，具体情况不详。所附图片，系藏家所赠，谨此致谢！

⑤ 按：诸人所辑之书，俱见前引〔日〕岛田正郎主编《中国法制史料》第2辑第1册，不另出注。

⑥ 沈家本：《寄簃文存》卷三《法学盛衰说》，第2143页

⑦ （清）薛允升：《唐明律合编》，徐世昌《序》，中国书店，2010（影印退耕堂本，1922年刻本），第1页。

⑧ （清）薛允升：《唐明律合编》卷九《职制上》，第71~75页。

⑨ （清）薛允升：《读例存疑重刊本》，沈家本《序》，第61页；沈家本：《寄簃文存》卷五《读例存疑序》，第2223页。

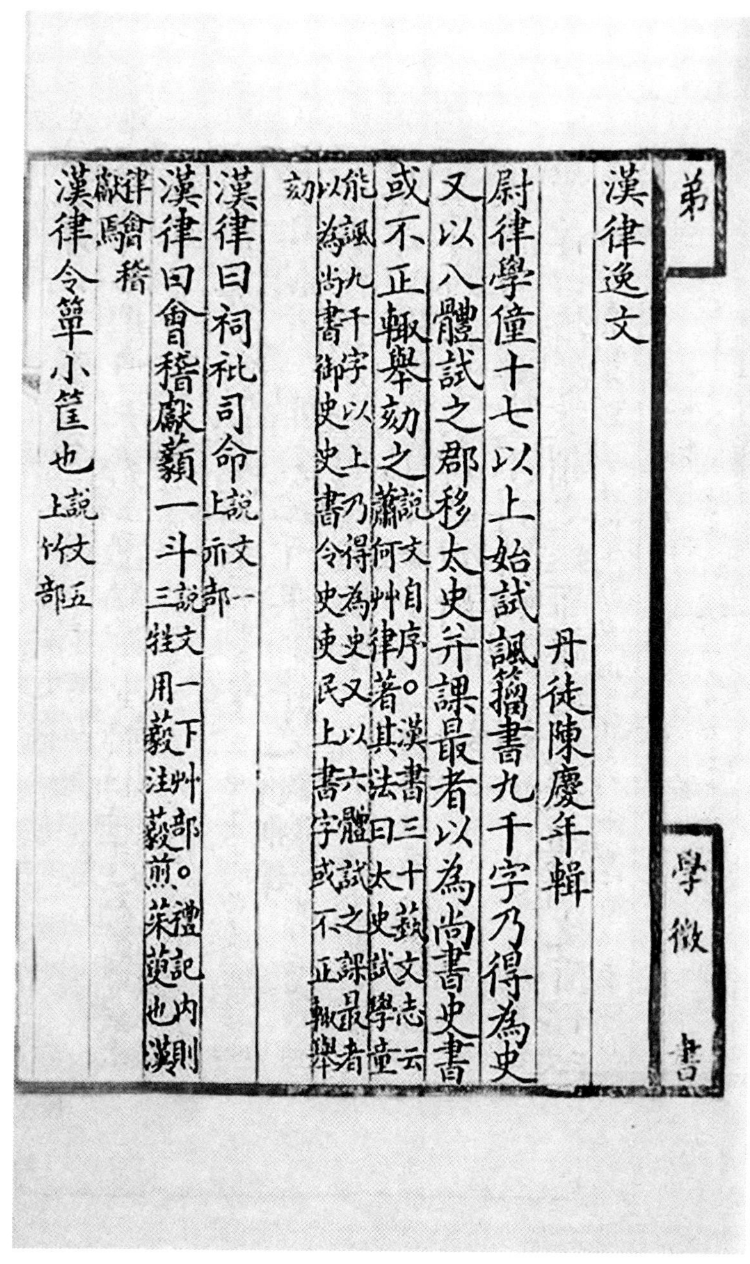

漢律逸文

丹徒陳慶年輯

尉律學僮十七以上始試諷籀書九千字乃得為史又以八體試之郡移太史并課最者以為尚書史書或不正輒舉劾之說文自序。漢書三十藝文志云蕭何艸律著其法曰太史試學童能諷九千字以上乃得為史又以六體試之課最者以為尚書御史史書令史吏民上書字或不正輒舉劾

漢律曰祠祀司命說文一上示部

漢律曰會稽獻藾一斗說文一下艸部。禮記內則三牲用藙注藙煎茱萸也漢律會稽獻焉

漢律令簞小筐也說文五上竹部

漢律疏證

律稻米一斗得酒一斗為上尊稷米一斗得酒一斗為中尊粟米一斗得酒一斗為下尊 漢書七十一平當傳注如淳引

程瑤田通藝錄九穀考云按周制尊有上中下三品彝上尊也小宗伯職辨六彝之名物以待祼將鬱人職凡祭祀賓客之祼事和鬱鬯以實彝而陳之是也卣中尊也小宗伯職辨六尊之名物以待祭祀賓客注云職凡祭祀以灋共五齊三酒以實八尊是也罍下尊也諸臣之所為賓備卒食三獻酌罍以自酢不敢與王之神靈共尊司尊彝職所謂皆有罍諸臣之所酢是也

子小舞鄭注謂以年幼少時教之舞內則云十三舞勺成童之舞者為大行之役公卿之大夫子大夫元士之適子十有三至此入小學據其別疏謂當云二十者非是也

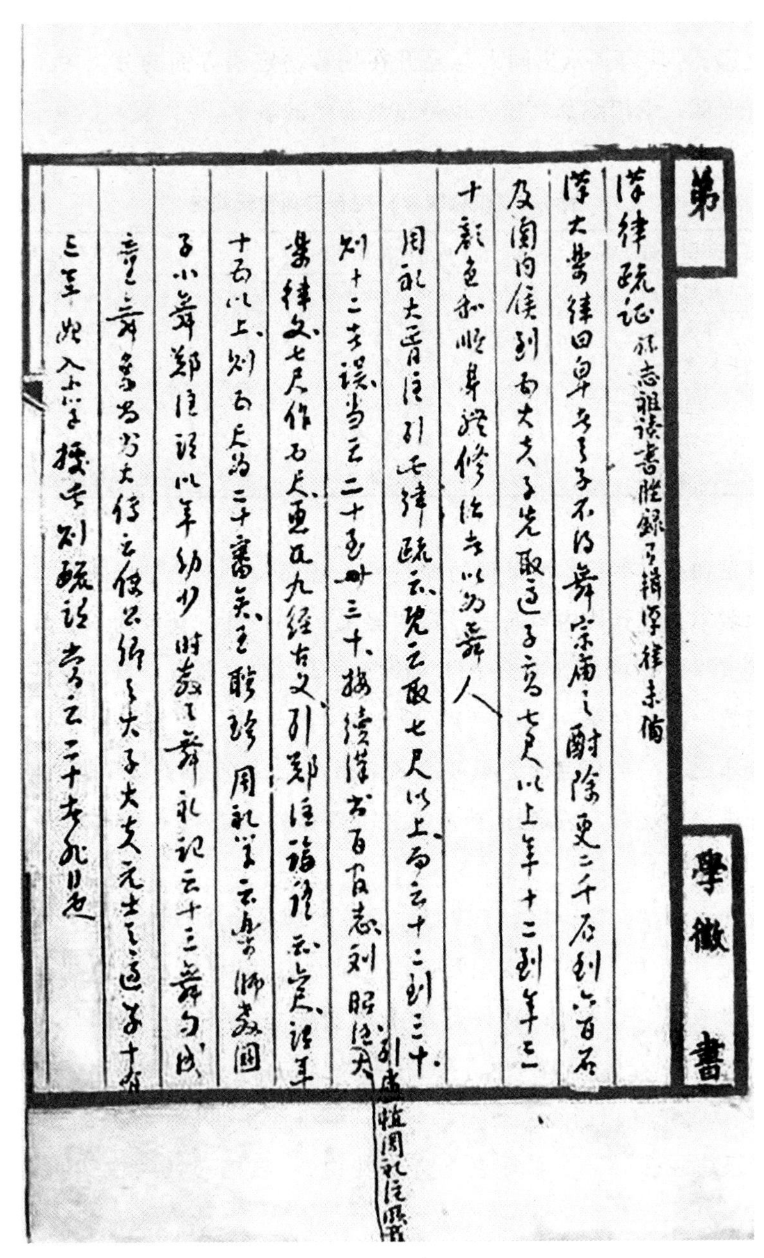

漢律疏證 孫志祖讀書脞錄 輯漢律未備

漢大樂律曰卑者之子不得舞宗廟之酎除吏二千石到六百石

及關內侯到五大夫之子先取適子高七尺以上年十二到年三

十顏色和順身體修治者以為舞人

图 2　陈庆年《汉律逸文》稿本书影

曹垂四十年，精研律学之成果丰硕，但同人参与之功不可缺。“家本尝与编纂之役，爬罗剔抉，参订再三。司寇复以卷帙繁重，手自芟削，勒成定本”之语，[①] 应可揭示出同人与允升在编纂与定稿方面的分工关系。沈曾植久官刑部，承担编纂之役，也是自然而然的事了。[②]

表1　《汉律辑存》现存三种目录简况

傅斯年图书馆藏本	内藤文库藏本	沈曾植代笔凡例
律目第一	律目第一	律文第一
律文第二	律文第二	律诂第二
经义第三	经义第三	篇目第三
奏杂说第四	杂说第四	律杂议第四
奏议第五	奏议第五	杂事第五
刑法志第六	刑法志第六	何氏公羊律意说第六

目录如此，但稿本所呈现的却是另一番面貌。不论是傅图藏本，抑或是文库藏本，就具体内容而言，除“经义”一目外，其余均不见踪迹。若将“经义”之前的内容视为律目、律文的话，似可断言：目前所见极可能是原书的一部分（第一至第三），应非完本；若上天有知，佑护《汉律辑存》稿本之另一册仍存天地间（第四至第六），则此稿方以完璧之貌呈现。从刑部进呈奏疏看，清晰标注“《汉律辑存》六卷”，[③] 似亦可旁证这一推论。

就此书编撰而言，相当于律目、律文的部分，以《汉书》、《后汉书》及《史记》为主，大体以本纪及列传之时间先后为序，采择、排比相关文字；同时兼采《说文》，辑佚与汉律令相关之文字。经义部分，多采自《公羊传》、《礼记》、《尚书》、《周礼》及《左传》等，且以《公羊传》及《周礼》为重心，以诸经所载先后为序。值得注意的是，经义部分的内容，除采择汉唐注疏外，多采择惠士奇《礼说》、惠栋《九经古义》、孔广森

① （清）薛允升：《读例存疑重刊本》，黄静嘉编校，沈家本《序》，第61～62页。

② 按：关于沈曾植所撰《汉律辑存凡例》，参见上引拙文《〈汉律辑存〉稿本跋》，不另出注。

③ （清）薛允升著述《读例存疑重刊本》“光绪二十九年刑部进呈御览奏疏”，第46页。

《经学卮言》与《礼学卮言》等论说。此点不见于沈家本的《汉律摭遗》与程树德的《九朝律考·汉律考》，大概是薛书最显著的特征吧。书稿称引文献几乎均标明出处，正文以大字呈现、注文以小字呈现，但正文与注文讹混的例子并不少见。王式通以为，“他日薛书复出，沈书刊行，并此而三，其有功于律学者为何如也!”① 今通读允升此稿，可知王氏所言不虚。

上文提及，与傅图所藏相比，文库本殆为修订本，这是基于对两份稿本的直接观察与目前所见两份稿本的部分书影而得出的初步结论。实际上，文库本中尚有傅图稿本书影两幅（其中一幅见图 3，另一幅为目录页），似亦揭示出两份稿本存在某种关联。

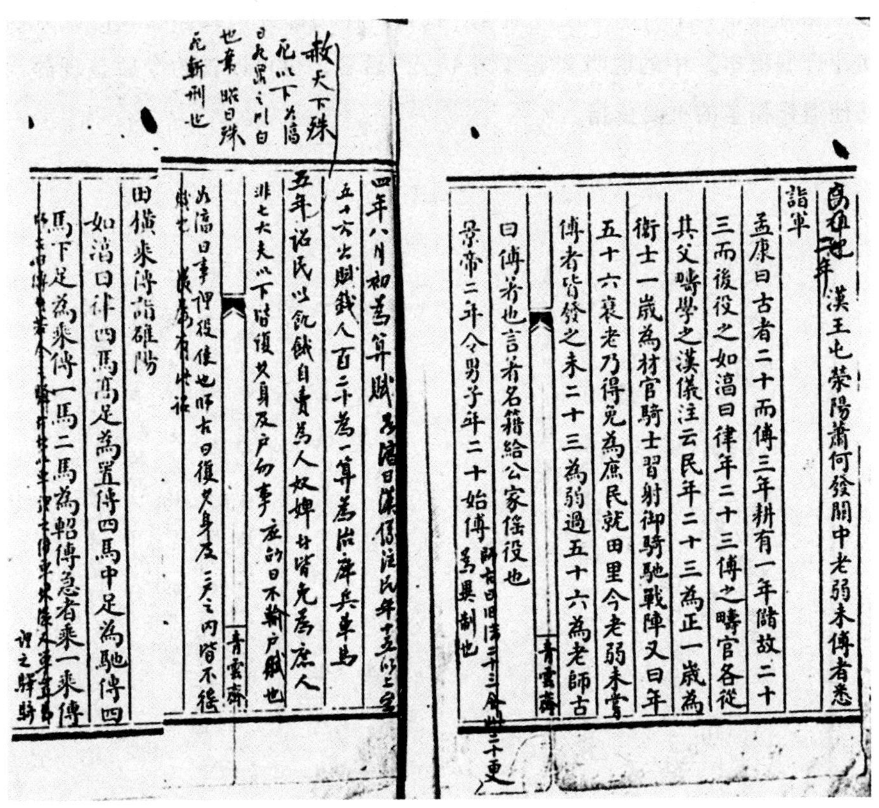

图 3　内藤文库本所附傅图稿本书影

① 程树德:《汉律考》，王式通《序》，1919 年刻本，第 3 页 a。

2012 年 2 月，承邢义田先生之助，除阅览傅图稿本数字化成果外，笔者又得以调阅稿本原物，并与堀毅整理本进行初步比较。根据笔者当时所做笔记及相关批注，参以内藤文库本数字化成果及稿本实物，故有此直观印象。就内容一致的稿本书影而言，初稿本之涂改增删处，以及粘条、附笺等内容，均在文库本中有所反映，且以正文或注文形式清晰呈现。文库本中频见“原粘条”或“原条”的眉批语，从个别例子的对比看，亦可看出两份稿本之间的前后因袭关系（参校订部分所附相关图版）。傅图所藏为初稿本，语句不通处或可见，但文库本已有修订或改正；个别内容则仅见于文库本，校订中已指出，不赘。傅图稿本及文库稿本均无体例说明，今依据堀毅整理本对稿本进行整理、校订；体例部分，又参以《薛允升唐明律合编稿本》中的说明文字（图 4）。[①] 后者，也可以视为今后整理薛氏其他遗作稿本的重要依据。

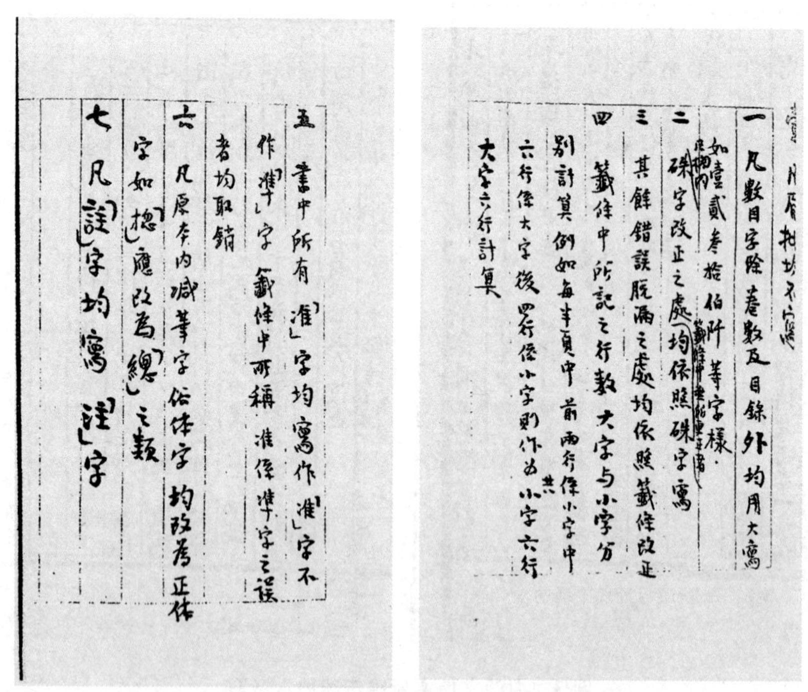

一 凡數目字除卷數及目錄外均用大寫如壹貳叁拾佰阡等字樣
二 硃字改正之處均依照硃字寫
三 其餘錯誤脫漏之處均依照箋條改正
四 箋條中所記之行數大字與小字分別計算例如每半頁中前兩行係小字中六行係大字後四行係小字則作為小字六行大字六行計算
五 書中所有「淮」字均寫作「淮」字不作「準」字箋條中所稱淮係準字之誤者均取銷
六 凡原本內減筆字俗体字均改為正体字如「揔」應改為「總」之類
七 凡「註」字均寫「注」字

图 4 《薛允升唐明律合编稿本》所见体例说明

① 〔日〕奥村郁三编《薛允升唐明律合编稿本》，第 147 ~ 148 页。

内藤乾吉收藏薛允升稿本之经过，已不可知。他以中国法制史为研究重心，[①] 或许是其购藏的重要原因。那么，这两个稿本又可能来自何处呢?《汉律辑存》稿本仅见乾吉藏书印，无从入手；《薛允升唐明律合编稿本》有藏书印三方，也许是解决问题的关键。

这三方藏书印被奥村郁三释为“王研堂”“潜璞”“杜盦藏”，且不详其人。[②] 实则，“王研堂”当作“玉砚堂”，为室号名，“研”可读作“砚”，如此可与“潜璞”这方闲章对应起来；[③] “杜盦”则是解读薛氏遗作早期收藏者的关键，此人即活动于清末民初的曹秉章（1864～1937，字理斋，号杜盦）。亦即，曹秉章应是薛氏遗作的早期收藏者之一，但并非最早的收藏者。曹氏为徐世昌门人、亲信，协助徐氏编纂《清诗汇》《清儒学案》等论著，[④] 而徐氏又是薛允升门生。刊刻《唐明律合编》时，徐氏从董康手中假得是书稿本，[⑤] 此本是否即内藤文库本无法断言。此时，收集到的稿本可能不止一种，[⑥] 后来可能归曹氏所有并钤印；也许是在曹氏去世前后，稿本从其家中流出，[⑦] 这就是文库本《唐明律合编》之由来。

---

① 赵晶：《论内藤乾吉的东洋法制史研究》，《古今论衡》第 32 期，2019 年 6 月，第 69～91 页。

② 〔日〕奥村郁三编《薛允升唐明律合编稿本》“編者序並に解說”，第 11、15 页。按：目前坊间所见此印文多被释作“王研堂”，参见傅幸《徐世昌手札》，《收藏家》2003 年第 12 期，第 49～53 页；付幸整理《徐世昌手札中所见〈清诗汇〉》，《文献》2006 年第 4 期，第 137～145 页。按：傅幸/付幸姓名，以署名为据，不作统一。

③ 按：印章文字中，玉字与王字的区别在于中间一横是偏上（王），还是居中（玉），此点承刘绍刚先生赐教。从他人致曹秉章信札屡屡称“玉砚/玉研先生”可知，此处确实当作“玉”字，参见丁小明整理《金兆蕃致曹秉章信札》，虞万里主编《经学文献研究集刊》第 22 辑，上海书店，2019，第 1～17 页。

④ 按：“玉研堂”“潜璞”两印，许是出于讨好徐氏之意：徐世昌喜藏砚，编有《归云楼砚谱》。无他证据，权存臆说。又，根据本文的印文考订可知，上引《徐世昌手札》可能也是曹秉章藏品，札一有“玉研堂”“曹秉章”印，后来才归周肇祥所有。

⑤ （清）薛允升：《唐明律合编》，徐世昌《序》，第 1 页；陈新宇：《向左转？向右转？——董康与近代中国的法律改革》，《法制史研究》第 8 期，第 173～194 页。按：1889 年，董康进士及第后，即开始刑部生涯，当参与允升撰述，或许是其藏有《唐明律合编》稿本的原因。

⑥ 按：沈家本在《读例存疑序》中指出，“《唐明律合刻》诸稿，方坤吾太守连轸携往皖江”，此稿与董康所藏是何种关系，难以确定。

⑦ 按：此论是据《畅春修禊》图卷的流散时间推定的，没有直接证据。参见张楠《风流犹缅兰亭贤——〈畅春修禊〉卷所涉北京动物园雅集旧事考》，《美术观察》2019 年第 9 期，第 54 页。

若如此，《唐明律合编》稿本似先后经由徐世昌（?）、曹秉章、内藤乾吉递藏。

就《汉律辑存》而言，沈家本说此书“为某舍人所得，匿不肯出，百计图之，竟未珠还，良可惋惜”，[①] 透漏出此舍人身份特殊，似晓其姓名而不明说，不排除其即为身居高位且受袁世凯器重之徐世昌。此稿本的递藏顺序，是否一如《唐明律合编》，缺乏证据，姑置不论。

以上，是对内藤文库《汉律辑存》稿本的初步观察。允升晚年，以所著书托于沈家本，“季秋遇于大梁，言将扈跸同行，约于京邸商榷此事”，“家本行至樊舆，遽得司寇骑箕之耗。京邸商榷之约，竟不能偿矣！”《读例存疑》刊出时，“惜司寇之不获亲见此书之成也”。[②] 允升辞世至今，近120年，祠墓几乎毁尽，令人不胜唏嘘。今其流落世间之遗作陆续被发现，[③] 可谓不幸中之万幸。系统收集整理其遗作，再现其人其学，如何令人不翘首以待！

附记：2017年6月，笔者读七野敏光《九朝律考および汉唐间正史刑法志》一文时，方知关西大学内藤文库亦藏有《汉律辑存》一册（载滋贺秀三编《中国法制史——基本资料の研究》，东京大学出版会，1993，第170页）。按图索骥，方有本文所说的调查。感谢藤田高夫、畑野吉则先生的大力帮助！也感谢内藤文库慨然将稿本公之于世！此稿本亡佚于光绪庚子年（1900）。又至庚子年，困于斗室中。重拾此篇，写作解题，校订文

① 沈家本：《寄簃文存》卷六《汉律摭遗序》，载《历代刑法考》，第2230页。按：此序作于1912年（壬子年）。又，在《薛大司寇遗稿序》中，沈氏说道，《汉律辑存》“传闻为某舍人所获，秘不肯出”。

② 薛允升：《读例存疑重刊本》，黄静嘉编校，沈家本《序》，第62～63页；沈家本：《寄簃文存》卷五《读例存疑序》，载《历代刑法考》，第2222页。

③ 按：除《汉律决事比》不见踪迹外，上海图书馆藏有《服制备考》稿本（参前引顾廷龙文），田涛藏有薛允升遗作若干，孙家红近来发现了《秋审略例》以及内藤文库所存《汉律辑存》，薛氏遗作大体齐备。田涛藏稿及《秋审略例》，分别参见《唐明清三律汇编》，田涛、马志冰点校，杨一凡、田涛主编《中国珍稀法律典籍续编》第8册，黑龙江人民出版社，2002；孙家红：《历尽劫灰望云阶——薛允升遗著〈秋审略例〉的散佚与重现》，《法制史研究》第24期，2013年12月，第289～307页。

字，以度时日。写作、校订时，李晓菊、刘绍刚、汪桂海、刘文远、赵晶、张全海等师友给予种种帮助，汪华龙学棣通读全文并提出诸多修改意见，谨致谢忱！虽如此，文中一切问题，笔者文责自负。

校记：校订文字时，时不时想起《读例存疑》中的袁世凯《序》文。袁《序》中写道，“方今圣朝修明，刑制将博采中外良法，定为宪典，悬诸不刊。是书所言，实导先路”，云云，“以跻于所谓法治国者，则先生昌明绝学之心益以大慰也”。颇具讽刺的是，倡言“法治”的袁世凯，废共和而复帝制。法治！法治！谈，何容易！行，何其难！

补白：完成初稿后，呈请师友批评。蒙顾莉丹编辑告知，北京大学图书馆亦藏有《汉律辑存》稿本一册。此稿本未著录于《北京大学图书馆藏古籍善本书目》。暑期，北京大学古籍馆闭馆，且外人又无法进入北大，故烦请陈侃理先生代为留意。九月开学后，经几番入馆查阅，初步了解此本信息。北大本左右双边，半页十行，单鱼尾，白口，有页码，钤“国立北京大学藏书”印一枚。据借阅信息可知，此本最早由“朱颐年”借出，惜无借出时间；最早借出日期为“1942 年 7 月 7 日”，由此可确定此本入藏的最晚时间。就内容而言，有目录一页，至“义至求襄老之尸写完”终结，与傅图本、文库本如出一辙；从个别书影看，三个抄本关系密切，承继痕迹清晰可见：傅图本→文库本→北大本。不同的是，北大本称引文献几乎不载出处，且正文与注文刻意进行区分（字号同），不相混；另外，该本天头、正文中，或有小字墨笔批校，或订正字误，或补充史料，等等。何时能进行互校，遥不可知。补记数语，并铭记陈侃理先生，李屹轩、季昊亮学棣之厚谊。

二　图录之部

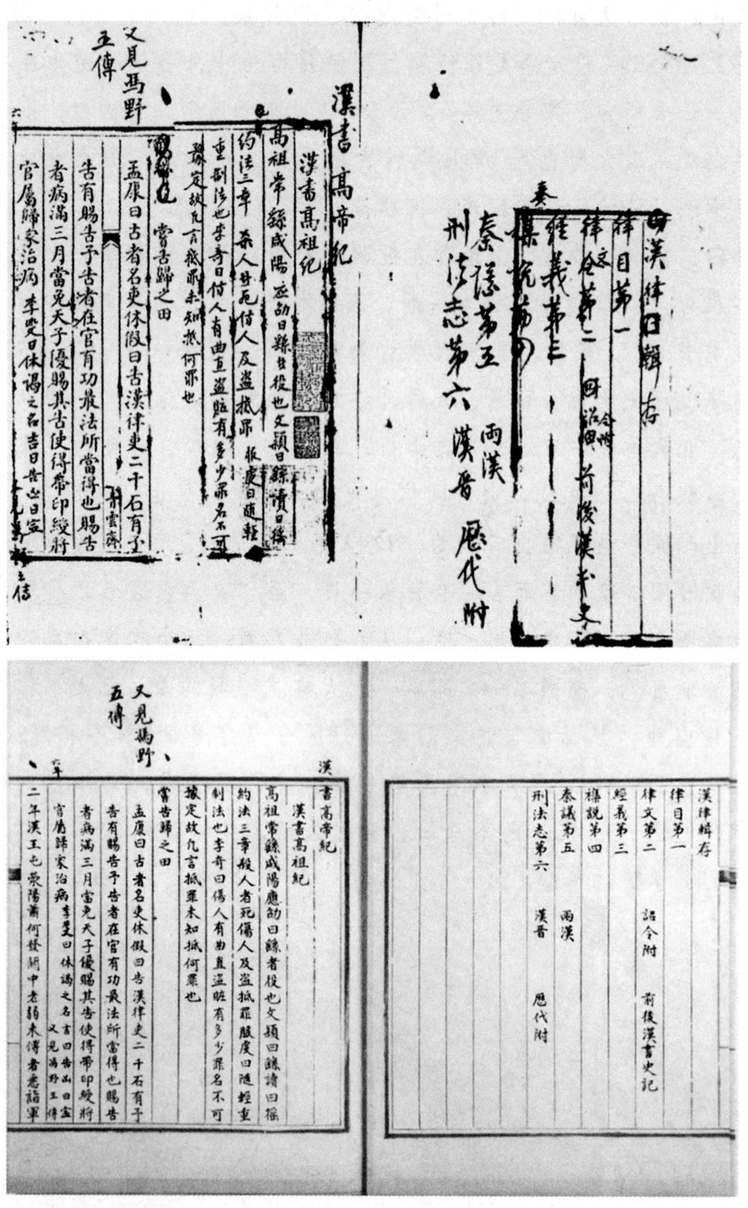

漢律輯存
律目第一
律文第二　詔令附　前後漢書史記
經義第三
雜說第四
奏議第五　兩漢
刑法志第六　漢晉　歷代附

又見馮野王傳

漢書高帝紀
漢書高祖紀
高祖常繇咸陽應劭曰繇者役也文穎曰繇讀曰搖
約法三章殺人者死傷人及盜抵罪服虔曰隨輕重制法也李奇曰傷人有曲直盜贓有多少罪名不可豫定故凡言抵罪未知抵何罪也
嘗告歸之田
孟康曰古者名吏休假曰告漢律吏二千石有予告有賜告予告者在官有功最法所當得也賜告者病滿三月當免天子優賜其告使得帶印綬將官屬歸家治病李斐曰休謁之名吉曰告凶曰寧又見馮野王傳
二年漢王屯滎陽蕭何發關中老弱未傳者悉詣軍

图 5　《汉律辑存》书影之一（上为傅图稿本，下为文库本）

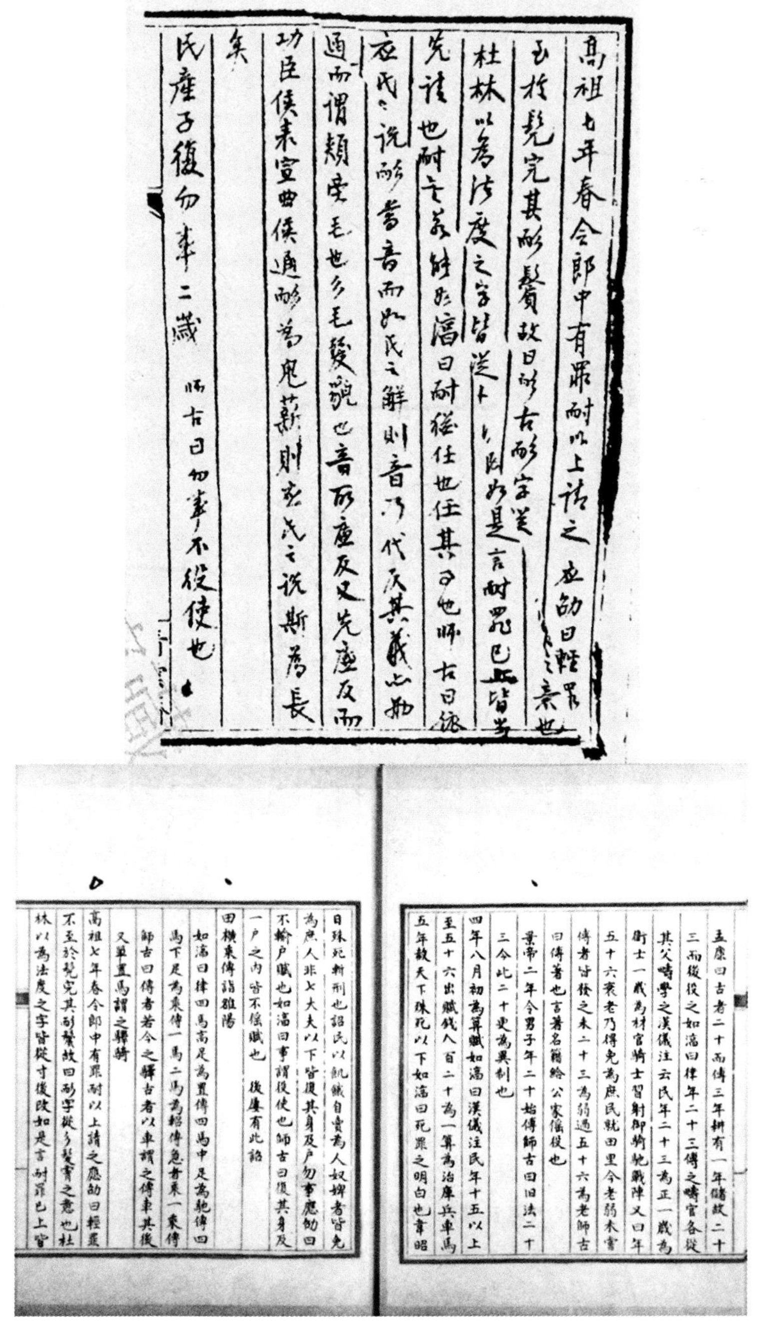

高祖七年春令郎中有罪耐以上請之 應劭曰輕罪
不至於髡完其耏鬢故曰耏 古耏字從彡髮膚之意也
杜林以為法度之字皆從寸 後改如是 言耐罪已上皆當
先請也 耐音若能 如淳曰耐猶任也 任其事也 師古曰依
應氏之說 耏當音而 如氏之解則音乃代反 其義亦兩
通 而謂頰旁毛也 彡 毛髮貌也 音所廉反 又先廉反 而
功臣侯表宣曲侯通耏為鬼薪 則應氏之說斯為長
矣
民產子復勿算二歲 師古曰勿事 不役使也

五康曰古者二十而傅三年耕有一年儲故二十
三而後役之如淳曰律年二十三傅之疇官各從
其父疇學之漢儀注云民年二十三為正一歲為
衛士一歲為材官騎士習射御騎馳戰陣又曰年
五十六衰老乃得免為庶民就田里今老弱未嘗
傅者皆發之未二十三為弱過五十六為老師古
曰傅著也言著名籍給公家傜役也
景帝二年令男子年二十始傅師古曰舊法二十
三今此二十更為異制也
四年八月初為算賦如淳曰漢儀注民年十五以上
至五十六出賦錢人百二十為一算為治庫兵車馬
五年赦天下殊死以下如淳曰死罪之明白也韋昭
曰殊死斬刑也詔民以飢餓自賣為人奴婢者皆免
為庶人非七大夫以下皆復其身及戶勿事應劭曰
不輸戶賦也如淳曰事謂役使也師古曰復其身及
一戶之內皆不傜賦也 後學有此語
田横東傳詣雒陽
如淳曰律四馬高足為置傳四馬中足為馳傳四
馬下足為乘傳一馬二馬為軺傳急者乘一乘傳
師古曰傳者若今之驛古者以車謂之傳車其後
又單置馬謂之驛騎
高祖七年春令郎中有罪耐以上請之應劭曰輕罪
不至於髡完其耏鬢故曰耏字從彡髮膚之意也杜
林以為法度之字皆從寸後改如是言耐罪已上皆

图 6 《汉律辑存》书影之二（上为傅图稿本，下为文库本）

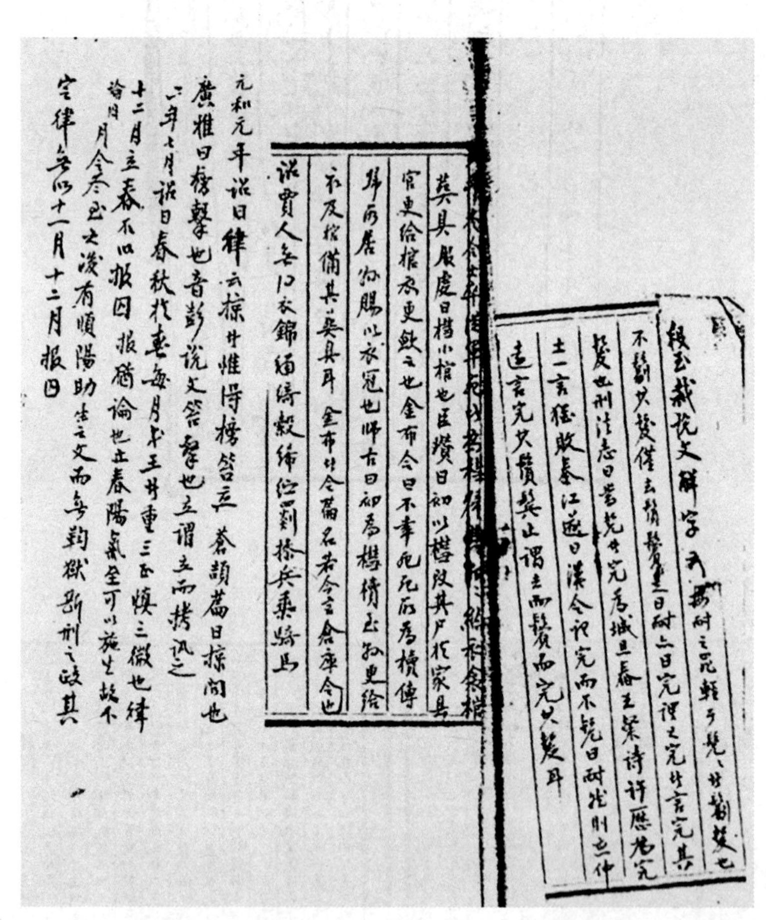

图 7　《汉律辑存》书影之三：局部 1（傅图稿本）

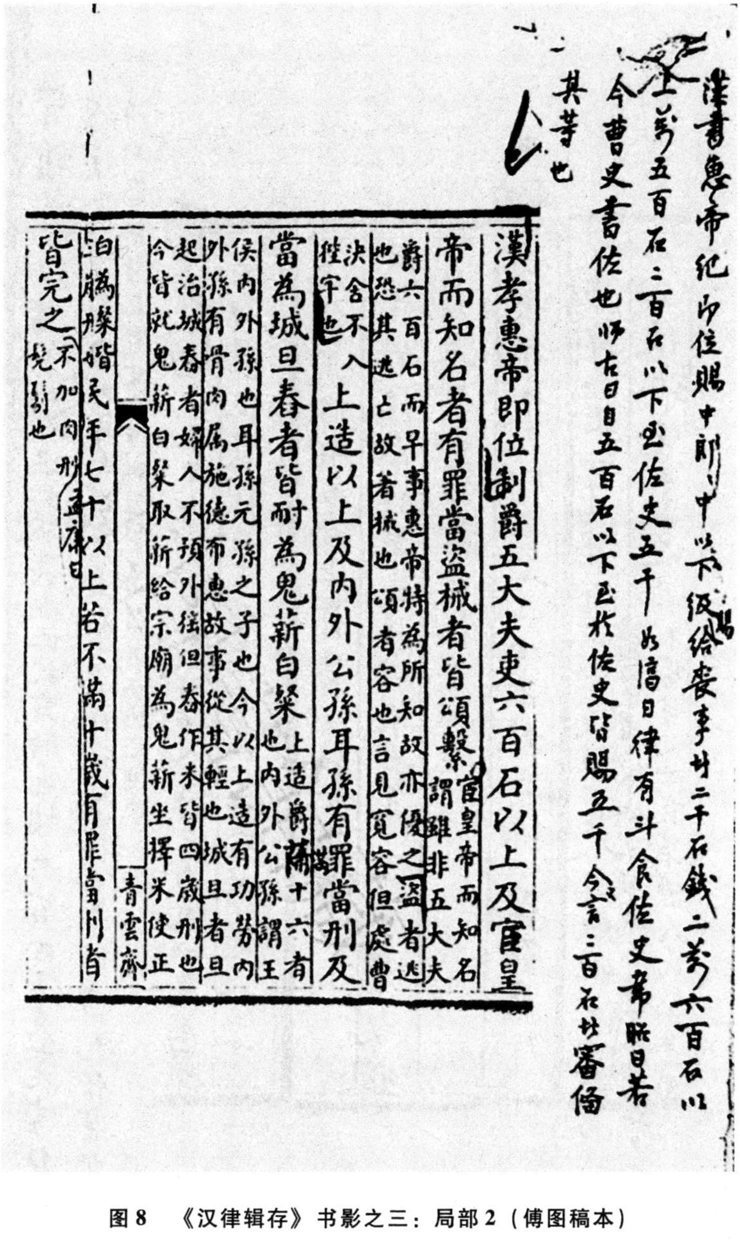

图 8　《汉律辑存》书影之三：局部 2（傅图稿本）

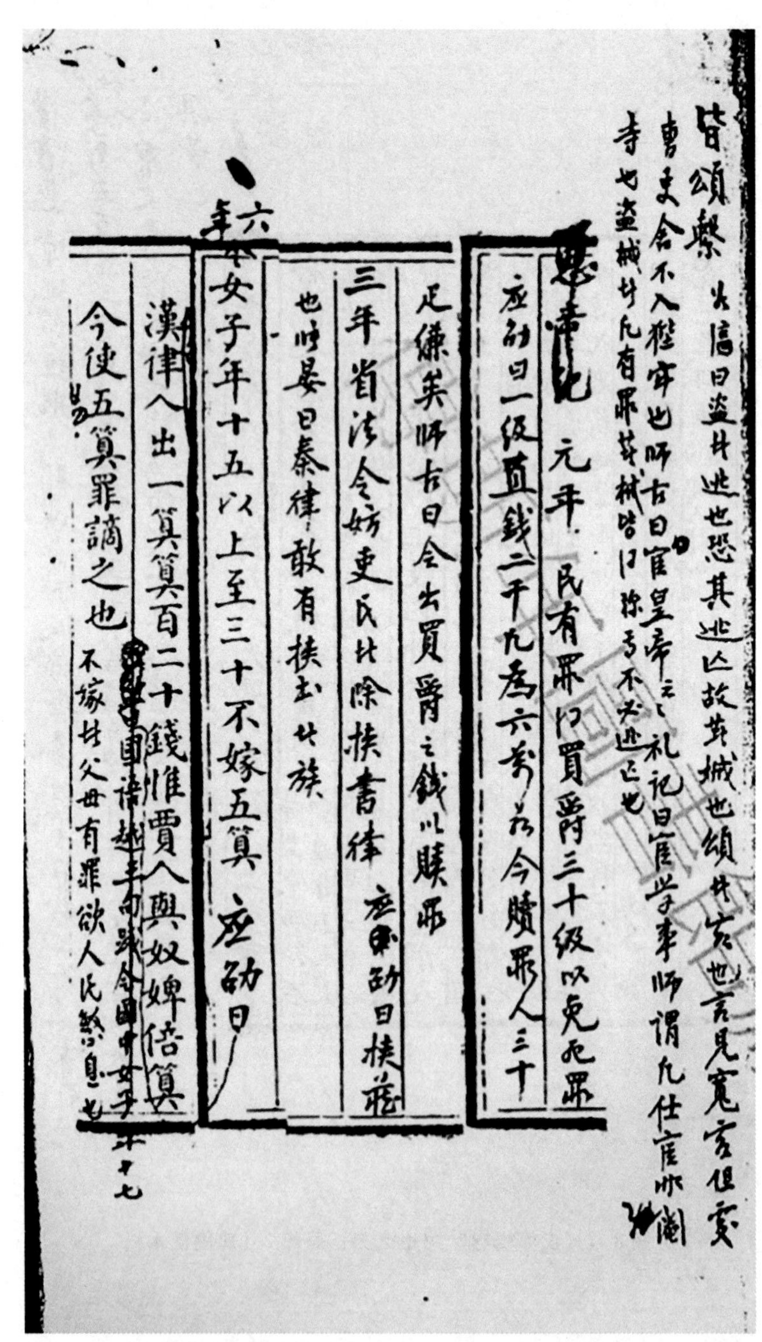

惠帝元年 民有罪得買爵三十級以免死罪

三年 省法令妨吏民者除挾書律

六年 女子年十五以上至三十不嫁五算

漢律人出一算算百二十錢唯賈人與奴婢倍算

今使五算罪謫之也

图9 《汉律辑存》书影之三：局部3（傅图稿本）

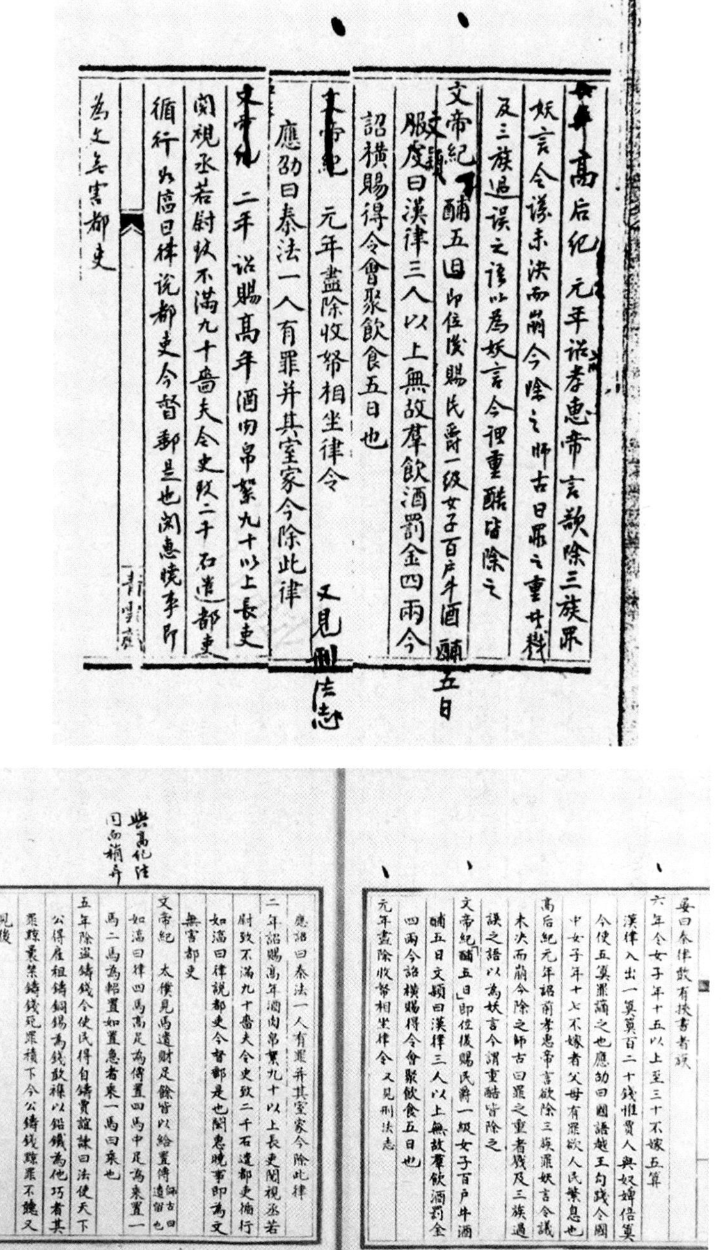

高后紀 元年詔孝惠帝言欲除三族罪
妖言令議未決而崩今除之 師古曰罪之重者戮
及三族過誤之語以為妖言今謂重酷皆除之
文帝紀 酺五日 即位後賜民爵一級女子百戶牛酒酺五日
服虔曰漢律三人以上無故羣飲酒罰金四兩今
詔橫賜得令會聚飲食五日也
文帝紀 元年盡除收帑相坐律令 又見刑法志
應劭曰秦法一人有罪并其室家今除此律
文帝紀 二年詔賜高年酒肉帛絮九十以上長吏
閱視丞若尉致不滿九十嗇夫令史致二千石遣都吏
循行不稱者督之 如淳曰律說都吏今督郵是也閑惠曉事即
為文無害都吏

晏曰秦律敢有挾書者族
六年令女子年十五以上至三十不嫁五算
漢律人出一算算百二十錢唯賈人與奴婢倍算
今使五算罪謫之也應劭曰國語越王句踐令國
中女子年十七不嫁者父母有罪欲人民繁息也
高后紀元年詔前孝惠帝言欲除三族罪妖言令議
未決而崩今除之師古曰罪之重者戮及三族過
誤之語以為妖言今謂重酷皆除之
文帝紀「酺五日」即位後賜民爵一級女子百戶牛酒
酺五日文穎曰漢律三人以上無故羣飲酒罰金
四兩今詔橫賜得令會聚飲食五日也
元年盡除收帑相坐律令 又見刑法志

與高紀注
同而稍異
應劭曰秦法一人有罪并其室家今除此律
二年詔賜高年酒肉帛絮九十以上長吏閱視丞若
尉致不滿九十嗇夫令史致二千石遣都吏循行
如淳曰律說都吏今督郵是也閑惠曉事即為文
無害都吏
文帝紀 太僕見馬遺財足餘皆以給置傳 師古曰遺留也
如淳曰律四馬高足為傳置四馬中足為乘置一
馬二馬為軺置如置急者乘一馬曰乘也
五年除盜鑄錢令使民得自鑄賈誼諫曰法使天下
公得雇租鑄銅錫為錢敢雜以鉛鐵為他巧者其
罪黥曩禁鑄錢死罪積下今公鑄錢黥罪不饒又
見後

图 10 《汉律辑存》书影之四（上为傅图稿本，下为文库本）

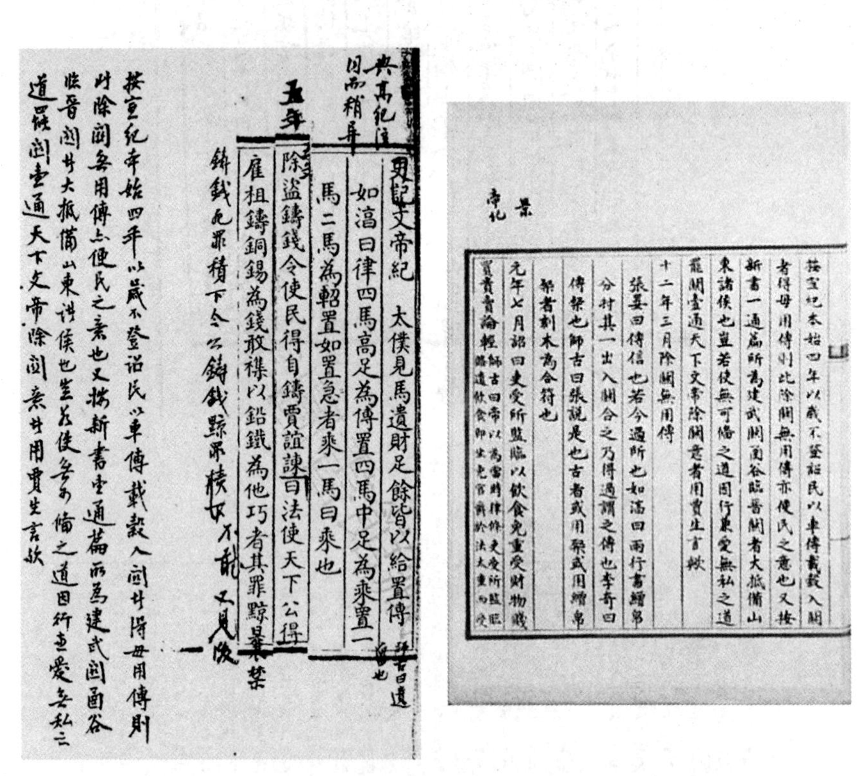

與高紀注同而稍異

史記文帝紀 太僕見馬遺財足餘皆以給置傳 師古曰遺留也

如淳曰律四馬高足為傳置四馬中足為乘置一

馬二馬為軺置如置急者乘一馬曰乘也

五年

除盜鑄錢令使民得自鑄賈誼諫曰法使天下公得

雇租鑄銅錫為錢敢雜以鉛鐵為他巧者其罪黥

按宣紀本始四年以歲不登詔民以車傳載穀入關者得毋用傳則此除關無用傳亦使民之意也又按新書壹通篇所為建武關函谷臨晉關者大抵備山東諸侯也豈若使無可備之道因行兼愛無私之道罷關壹通天下文帝除關意者用賈生言歟

景帝紀

按宣紀本始四年以歲不登詔民以車傳載穀入關者得毋用傳則此除關無用傳亦使民之意也又按新書一通篇所為建武關函谷臨晉關者大抵備山東諸侯也豈若使無可備之道因行兼愛無私之道罷關壹通天下文帝除關意者用賈生言歟

十二年三月除關無用傳

張晏曰傳信也若今過所也如淳曰兩行書繒帛分持其一出入關合之乃得過謂之傳也李奇曰傳棨也師古曰張說是也古者或用棨或用繒帛棨者刻木為合符也

元年七月詔曰吏受所監臨以飲食免重受財物賤買貴賣論輕

图 11 《汉律辑存》书影之五（左为傅图稿本，右为文库本）

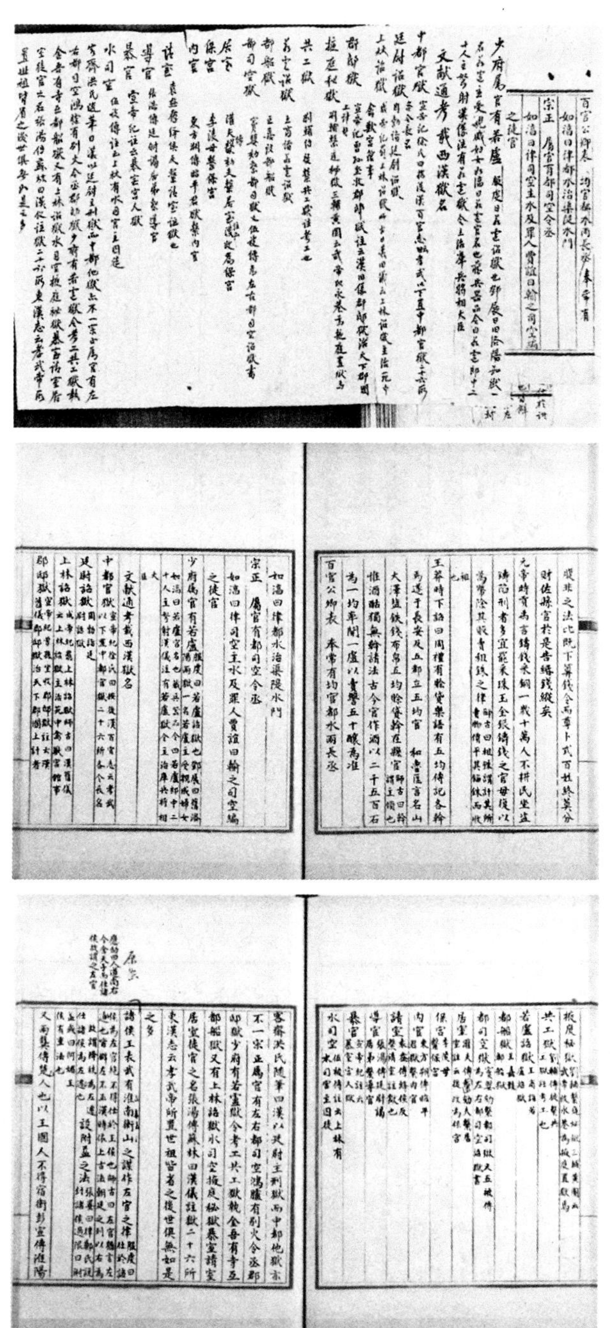

图 12　《汉律辑存》书影之六（上为傅图稿本，中、下为文库本）

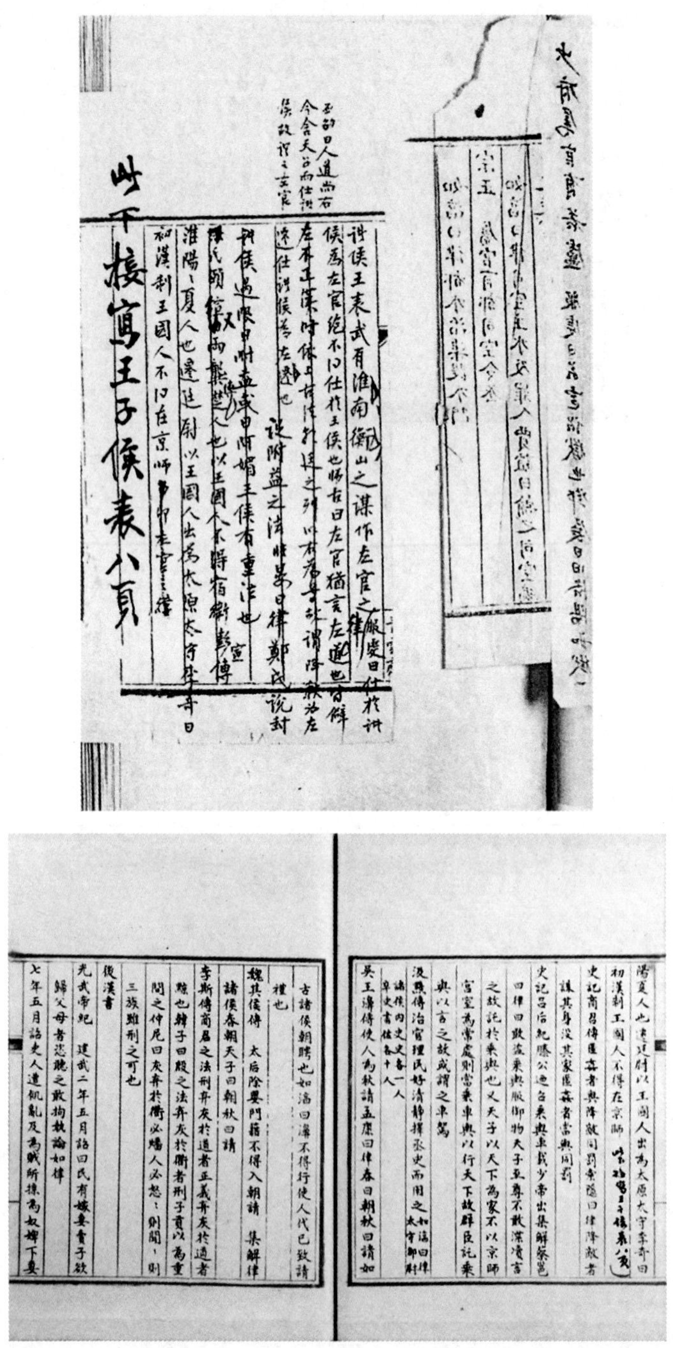

陽夏人也遷廷尉以王國人出為太原太守李奇曰
初漢制王國人不得在京師
史記商君傳匿姦者與降敵同罰索隱曰律降敵者
誅其身沒其家匿姦者當與同罰
史記呂后紀滕公迺召乘輿車載少帝出集解蔡邕
曰律曰敢盜乘輿服御物天子至尊不敢渫瀆言
之故託於乘輿也又天子以天下為家不以京師
宮室為常處則當乘車輿以行天下故群臣託乘
輿以言之故或謂之車駕
汲黯傳治官理民好清靜擇丞史而用之如淳曰律太守都尉
諸侯內史史各一人卒史書佐各十人
吳王濞傳使人為秋請孟康曰律春曰朝秋曰請如
古諸侯朝聘也如淳曰濞不得行使人代己致請
禮也
魏其侯傳　太后除婁門籍不得入朝請　集解律
諸侯春朝天子曰朝秋曰請
李斯傳商君之法刑弃灰於道者正義弃灰於道者
黥也韓子曰殷之法弃灰於衢者刑子貢以為重
問之仲尼曰灰弃於衢必燔人必怒怒則鬪鬪則
三族雖刑之可也
後漢書
光武帝紀　建武二年五月詔曰民有嫁妻賣子欲
歸父母者恣聽之敢拘執論如律
七年五月詔吏人遭饑亂及為賊所掠為奴婢下妻

图 13　《汉律辑存》书影之七（上为傅图稿本，下为文库本）

三 校订之部

校订凡例

误字较正字小一号，以（）标示，正字以〔〕标出；衍文亦较正文小一号，以〈〉标出；脱字以［］补出；未识别字以□代替。

异体字、通假字等，径改为常用字或正字；避讳字直接改正。

引文、节文均进行校订，或核对原书，或参以史语所“汉籍电子文献资料库”；因称引法有别而文异者，不据通行本增补删略；所引、所校均系常用典籍，不出校记，特殊者以按语形式在脚注标明；个别文字据体例增删或统一者，不一一标明。

稿本中正文、注文或有时讹混，故正文以大号字顶格书写，短注随文，以小号字为区分；注文另起一行，置于正文后，以小号字排版；注文中的随文注，以稍小号字排版，以为区分；按语亦另起一行，字号与正文同，以便与注文区分。

校订者所加说明，以脚注形式呈现。

汉律辑存

律目第一

律文第二　诏令附　前后《汉书》《史记》

经义第三

杂说第四

奏议第五　两汉

刑法志第六　汉晋　历代附

《汉书·高帝纪》:[①] 高祖常繇咸阳。〔1〕

〔1〕应劭曰:“繇者，役也。”师古曰:“繇，读曰徭。”

① 按：此句原独立成句，根据稿本体例，似当与律目相连，改；又，此句后又有“《汉书·高祖纪》”一句，独立成句，似为衍文，径删。

尝告归之田。〔1〕又见《冯野王传》。[①]

〔1〕孟康曰："古者名吏休假曰告。汉律：吏二千石，有予告，有赐告。予告者，在官有功最，法所当得也。赐告者，病满三月当免，天子优赐其告，使得带印绶、将官属归家治病。"李斐曰："休谒之名，吉曰告，凶曰宁。"

约法三章：杀人者死，伤人及盗抵罪。〔1〕

〔1〕服虔曰："随轻重制法也。"李奇曰："伤人有曲直，盗赃有多少，罪名不可豫定。故凡言抵罪，未知何罪也。"

二年，汉王屯荥阳，萧何发关中老弱未傅者悉诣军。〔1〕

〔1〕孟康曰："古者二十而傅，三年耕有一年储，故二十三而后役之。"如淳曰："律，年二十三傅之，畴官各从其父畴学之。《汉仪注》云：民年二十三为正，一岁为卫士，一岁为材官、骑士，习射御骑驰战阵。又曰：年五十六衰老，乃得免为庶民，就田里。今老弱未尝傅者皆发之。未二十三为弱，过五十六为老。"师古曰："傅，著也。言著名籍，给公家徭役也。"

景帝二年，令男子年二十始傅。师古曰："旧法二十三，今此二十，更为异制也。"

四年八月，初为算赋。〔1〕

〔1〕如淳曰："《汉仪注》民年十五以上至五十六出赋钱，人百二十为一算，为治库兵 车马。"

五年，赦天下殊死以下。〔1〕诏民以饥饿自卖为人奴婢者，皆免为庶人；非七大夫以下，皆复其身及户，勿事。〔2〕后屡有此诏。

〔1〕如淳曰："死罪之明白也。"韦昭曰："殊死，斩刑也。"

〔2〕应劭曰："不输户赋也。"如淳曰："事谓役使也。"师古曰："复其身及一户之内皆不徭赋也。"

田横乘传诣雒阳。〔1〕

〔1〕如淳曰："律，四马高足为置传，四马中足为驰传，四马下足为乘传，一马二马为轺传。急者，乘一乘传。"师古曰："传者，若今之驿，古者以车谓之传车，其后又单置马谓之驿骑。"

高祖七年春，令郎中有罪耐以上请之。〔1〕

〔1〕应劭曰："轻罪不至于髡，完其耏鬓，故曰耏。[古耐]字从彡，发肤之意

① 按：此条本在"约法三章"条后，据稿本以时间先后编排之例，移前。此类情形频见，若无特殊情况，不一一注明；又，此条有眉批"又见《冯野王传》"一语，似意在前后相参照；故以小字形式，附于正文末，下同（参见图5）。

也。杜林以为法度之字皆从寸，后改如是。言耐罪已上，皆当先请也。耐音若能。”如淳曰：“耐犹任也，任其事也。”师古曰：“依应氏之说，耏当音而，如氏之解则音乃代反，其义亦两通，（而）〔耐〕谓颊旁毛也。彡，毛发貌也，音（取虚）〔所廉〕反，又先（虚）〔廉〕反。而《功臣侯表》宣曲侯通耏为鬼薪，则应氏之说斯为长矣。”

段玉裁《说文解字注》云：“按，耐之罪轻于髡。髡者，剃发也。不剃其发，仅去须鬓是曰耐，亦曰完。谓之完者，言完其发也。《刑法志》曰‘当髡者完为城旦舂’。王粲诗‘许历为完士，一言犹败秦’。江遂曰‘汉令谓完而不髡曰耐’。然则，应仲远言‘完其须鬓，止谓去鬓而完其发耳’。”①

民产子，复勿事二岁。〔1〕

〔1〕师古曰：“勿事，不役使也。”

八年冬，令士卒从军死者为櫘，归其县，县给其衣衾棺葬具。〔1〕

〔1〕应劭曰：“櫘，小棺也。”臣瓒曰：“初以櫘致其尸于家，县官更给棺衣更敛之也。金布令曰：‘不幸死，死所为椟，传归所居县，赐以衣冠’也。”师古曰：“初为櫘椟，至县更给衣及棺，备其葬具耳。金布者，令篇名，若今言仓库令也。”

诏贾人无得衣锦绣绮縠絺纻罽，操兵，乘骑马。②

《惠帝纪》：即位，赐中郎、郎中以下，级赐给丧事者二千石钱二万，六百石以上万，五百石、二百石以下至佐史五千。〔1〕

〔1〕如淳曰：“律有斗食、佐史。”韦昭曰：“若今曹史、书佐也。”师古曰：“自五百石以下至于佐史，皆赐五千；今又言二百石者，审备其等也。”

爵五大夫、③ 吏六百石以上及宦皇帝而知名者，〔1〕④ 有罪当盗械者，皆颂

① 按：“段玉裁”一段文字，原在“民产子”条后，今据内容移至此处。此段文字眉批曰“原是粘条”，是针对傅斯年图书馆所藏稿本而言。此类眉批颇多，若无特殊情况，不一一注明。又，薛氏在行文中，除引《史》《汉》旧注外，也会援引后人解释或注说的资料，如此处所见的段玉裁《说文解字注》。这种情况下，另起一行，与旧注相区分。这种情形主要见于“经义”部分，因旧注、新注或混抄在一起，整理时试加以区分，但不逐一加以说明了（参见图6、7）。

② 按：此句原与上文接续，据稿本体例，似当独立成段，下同；又，此条下有元和元年“掠者唯得榜、笞、立”、元和二年“无以十一月、十二月报囚”两条，与下文所见重，删。

③ 按：“爵五大夫”前有“汉孝惠帝即位制”一句，注文中“故亦优之”句后有“盗者，逃也，恐其逃亡，故著械也。颂者，容也，言见宽容，但处曹决舍，不入狴牢也”一句，均置于删除符号内，删。下同（参见图8）。

④ 按：此注原在“皆颂系”后，因“皆颂系”独立成句，故所注当为“宦皇帝而知名者”句，故移至此处（参见图8、9）。

系。上造以上及内外公孙、耳孙有罪当刑及当为城旦舂者，皆耐鬼薪白粲。〔2〕民年七十以上，若不满十岁，有罪当刑者皆完之。〔3〕

〔1〕师古曰："宦皇帝而知名［者］，谓虽非五大夫爵、六百石［吏］，而早事惠帝特为所知，故亦优之。"

〔2〕应劭曰："上造，爵满十六者也。内外公孙谓王侯内外孙也。耳孙，玄孙之子也。今以上造有功劳，内外孙有骨肉属［婕］，施德布惠，故事从其轻也。城旦者，旦起治城；舂者，妇人不预外徭，但舂作米，皆四岁刑也。今皆就鬼薪、白粲，取薪给宗庙为鬼薪，坐择米使正白为粲，皆三岁刑也。"

〔3〕孟康曰："不加肉刑髡剃也。"

皆颂系。〔1〕

〔1〕如淳曰："盗者，逃也，恐其逃亡，故著械也。颂者，客也，言见宽容，但处曹吏舍，不入狴牢也。"师古曰："宦皇帝云云，《礼记》曰'宦学事师'，谓凡仕宦，非阉寺也。盗械者，凡有罪著械皆得称焉，不必逃亡也。"

元年，民有罪，得买爵三十级以免死罪。〔1〕

〔1〕应劭曰："一级直钱二千，凡为六万，若今赎罪人三十匹缣矣。"师古曰："令出买爵之钱以赎罪。"

三年，省法令妨吏民者，除挟书律。〔1〕

〔1〕应劭曰："挟，藏也。"张晏曰："秦律，敢有挟书者族。"

六年，令女子年十五以上至三十不嫁五算。〔1〕

〔1〕应劭曰："《国语》越王勾践令国中女子年十七不嫁者，父母有罪，欲人民繁息也。汉律，人出一算，算百二十钱，惟贾人与奴婢倍算。今使五算，罪谪之也。"①

《高后纪》：元年，诏前孝惠帝言欲除三族罪、妖言令，议未决而崩，今除之。〔1〕

〔1〕师古曰："罪之重者戮及三族，过误之语以为妖言，今谓重酷，皆除之。"

《文帝纪》：即位后，赐民爵一级，女子百户牛酒，酺五日。〔1〕

〔1〕文颖曰："汉律，三人以上无故群饮酒，罚金四两，今诏横赐得令会聚饮食五日也。"

元年，尽除收帑相坐律令。〔1〕又见《刑法志》。

① 按：稿本此句"汉律"云云在前，今据《汉书》调整语序。

〔1〕应劭曰："秦法，一人有罪，并其室家，今除此律。"

二年，诏赐高年酒肉帛絮。九十以上，长吏阅视，丞若尉致；不满九十，啬夫、令史致；二千石遣都吏循行。〔1〕

〔1〕如淳曰："律说，都吏，今督邮是也。闲惠晓事，即为文勿害都吏。"

太仆见马遗财足，余皆以给置传。〔1〕[①] 与《高纪》注同而稍异。

〔1〕师古曰："遗，留也。"如淳曰："律，四马高足为传置，四马中足为乘置，一马二马为轺置，如置急者乘一马曰乘也。"

五年，除盗铸钱令，使民得自铸。贾谊谏曰：法使天下公得雇租铸铜锡为钱，敢杂以铅铁为他巧者，其罪黥。曩禁铸钱，死罪积下；今公铸钱，黥罪［积下］。不听。[②] 又见后。

十二年三月，除关无用传。〔1〕[③]

〔1〕张晏曰："传，信也，今过所也。"如淳曰："两行书缯帛，分持其一，出入关，合之乃得过，谓之传也。"李奇曰："传，棨也。"师古曰："张说是也。古者或用棨，或用缯帛。棨者，刻木为合符也。"

按：《宣帝纪》本始四年，以岁不登，诏民以车传载谷入关者，得毋用传，则此除关无用传亦便民之意也。又按：《新书·壹通篇》"所为建武关、函谷、临晋关者，大抵备山东诸侯也……岂若［定地势］使无可备之（道）〔患〕，因行兼爱无私之道，罢关壹通，［示］天下［无以区区独有关中者］"。文帝除关，意者用贾生言欤？[④]

《景帝纪》：元年七月，诏曰：吏受所监临，以饮食免，重；受财物，贱买贵卖，论轻。〔1〕廷尉与丞相更议著令。〔2〕廷尉信谨与丞相议曰：吏及诸有秩受其官属所监、所治、所行、所将，其与饮食计偿费，勿论。〔3〕他物，若买故贱，卖故贵，皆坐臧为盗，没入臧县官。吏迁徙免罢，受其故官属所将监治送财物，夺爵为士伍，免之。〔4〕无爵，罚金二斤，没入所受。有能捕告，畀其所受臧。

---

① 按：此条见于堀毅整理本景帝四年"复置诸关用传出入"条的注文，内藤文库本独立成文（参见图10、11）。

② 按："贾谊谏曰"一句，语出《食货志》，非《文帝纪》。

③ 按：此条不见于堀毅整理本。

④ 按："按：《宣帝纪》本始"一段，原在"除盗铸钱令"条后，似误，今移至此处（参见图10、11）。

〔1〕师古曰："帝以为当时律条吏受所监临赂遗饮食，即坐免官爵，于法太重；而受所监临财物及贱买贵卖者，论决太轻，故令更议改之。"

〔2〕师古曰："著，音著作之著。"

〔3〕师古曰："计其所费，而偿其值，勿论罪也。"

〔4〕师古曰："谓夺其爵，令为士伍，又免其官职，即今律所谓除名也。谓之士伍者，言从士卒之伍也。"

三年，诏曰：襄平侯嘉〔1〕子恢说不孝，谋反，欲以杀嘉，大逆无道。〔2〕其赦嘉为襄平侯，及妻子当坐者复故爵。〔3〕论恢说及妻子如法。

〔1〕晋灼曰："纪通子也。"

〔2〕师古曰："恢说有私怨于其父，而自谋反，欲令其父坐死也。"

〔3〕如淳曰："律，大逆无道，父母、妻子、同产皆弃市。今赦其余子不与恢说谋反者，复其故爵。"

四年春，复置诸关用传出入。〔1〕

〔1〕应劭曰："文帝十二年，除关无用传，至此复用传。以七国新反，备非常。"

中二年，改磔曰弃市。〔1〕

〔1〕应劭曰："先此诸死刑皆磔于市，今改曰弃市，自非妖逆不复磔也。"师古曰："磔，谓张尸也。弃市，杀之于市也。谓之弃市者，取刑人于市，与众弃之也。"

中三年，夏旱，禁酤酒。〔1〕

〔1〕师古曰："酤，谓卖酒也。"

中四年，御史大夫绾奏禁马高五尺九寸以上，齿未平，不得出关。〔1〕①

〔1〕服虔曰："马十岁，齿下平。"

中四年，赦徒作阳陵者死罪；欲腐者，许之。〔1〕

〔1〕苏林曰："宫刑，其创腐臭，故曰腐也。"如淳曰："腐，宫刑也，大夫割势，不能复生子，如腐木不生实。"师古曰："如说是。"

中五年，诏：诸疑狱，若虽文致于法而于人心不厌者，辄谳之。〔1〕

〔1〕师古曰："厌，服也。谳，平议也。"

中六年，定铸钱伪黄金弃市律。〔1〕

〔1〕应劭曰："文帝五年，听民放铸，律尚未除。先时多作伪金，伪金终不可成，而徒损费，转相诳耀，穷则起为盗贼，故定此律也。"

① 按：此条不见于堀毅整理本。

按：《刘向传》“坐铸伪黄金当伏法”，如淳曰“律，铸伪黄金弃市”，盖引此律也。

中六年，五月，诏曰：夫吏者，民之师也，车驾衣服宜称。〔1〕吏六百石以上，皆长吏也，亡度者或不吏服，出入闾里，与民无异。令长吏二千石车朱两幡，〔2〕千石至六百石朱左幡。车骑从者不称其官衣服，下吏出入闾巷亡吏体者，二千石上其官属，三辅举不如法令者。先是吏多军功，车服尚轻，故为设禁。

〔1〕师古曰：“称其官也。”

〔2〕应劭曰：“车耳（两）〔反〕出，所以为之藩屏，［翳］尘泥也。二千石双朱，其次乃偏其左。軓以簟为之，或用革。”如淳曰：“幡音反，小车两屏也。”师古曰：“据许慎、李登说，幡，车之蔽也。《左氏传》曰‘以藩载栾盈’，即是有障蔽之车也。言车耳反出，非矣。”

中六年，诏有司减笞法，［定］箠令。笞者，箠长五尺，其本大一寸，其竹也，末薄半寸，皆平其节。当笞者笞臀，〔1〕毋得更人，〔2〕毕一罪乃更人。又见《刑法志》。

〔1〕如淳曰：“然则先时笞背也。”

〔2〕师古曰：“谓行笞者不更易人也。”

后元年，诏：狱疑者谳有司，有司所不能决，移廷尉。有令谳而后不当，谳者不为失。〔1〕

〔1〕师古曰：“假令谳讫，其理不当，所谳之人不为罪失。”

后元年，夏，大酺五日，民得酤酒。

后二年，诏曰：或诈伪为吏。〔1〕

〔1〕张晏曰：“以诈伪人为吏也。”臣瓒曰：“律所谓矫枉以为吏者也。”师古曰：“二说皆非也。直谓诈自称吏耳。”

后二年，诏：廉士寡欲易足。今赀算十以上乃得宦，〔1〕廉士算不必众。有市籍不得（算）〔宦〕，无訾又不得官，联甚（恶）〔愍〕之。訾算四得宦，毋令廉士久失职，贪夫长利。

〔1〕服虔曰：“訾万钱，算百二十七也。”应劭曰：“古者疾吏之贪，衣食足知荣辱，限訾十算乃得为吏。十算，十万也。贾人有财不得为吏，廉士无訾又不得宦，故减赀四算得宦矣。”师古曰：“訾读与赀同。”

《武帝纪》：元光六年，初算商车。〔1〕

〔1〕李奇曰："始税商贾车船，令出算。"

元朔元年，有司奏"不举孝，不奉诏，当以不敬论；不察廉，不胜任也，当免"。奏可。

元狩四年，初算缗钱。〔1〕

〔1〕李斐曰："缗，丝也，以贯钱也。一贯千钱，出算二十也。"臣瓒曰："《茂陵书》诸贾人末作贳贷，置居邑储积诸物，及商以取利者，虽无市籍，各以物自占，率缗钱二千而一算。此缗钱是储钱也。故随其用所施，施于利重者，其算亦多也。"师古曰："谓有储积钱者，计其缗贯而税之。李说为是。"

元狩五年，天下马少，平牡马匹二十万。〔1〕

〔1〕如淳曰："责平牡马贾，欲使人竞畜马。"

元鼎三年，令民告缗者以其半与之。〔1〕

〔1〕孟康曰："有不输税，令民得告言，以半与之。"

元鼎五年，列侯坐献黄金酎祭宗不如法夺爵者百六人，丞相赵周下狱死。〔1〕

〔1〕服虔曰："因八月献酎祭宗庙时使诸侯各献金来助祭也。"如淳曰："《汉仪注》诸侯王岁以户口酎黄金于汉庙，皇帝临受献金，金少不如斤两，色恶，王削县，侯免国。"臣瓒曰："《食货志》南越反时，卜式上书愿死之。天子下诏褒扬，布告天下，天下莫应。列侯以百数，莫求从军。至酎饮酒，少府省金，而列侯坐酎金失侯者百余人。而《表》云赵周坐为丞相知列侯酎金轻，下狱自杀，然则知其轻而不纠擿之也。"师古曰："酎，三重酿醇酒也。"

丁孚《汉仪》曰："酎金律，文帝所加，以正月旦作酒，八月成，名酎酒。因令诸侯助祭，贡金。"汉律金布令曰："皇帝斋宿，亲帅群臣承祠宗庙，群臣宜分奉请。诸侯、列侯各以民口数，率千口奉金四两，奇不满千口至五百口亦四两，皆会酎，少府受。又。大鸿胪食邑九真、交趾、日南者，用犀角长九寸以上若玳瑁甲一，郁林用象牙三尺以上若翡翠［各］二十，（各）〔准〕以当金。"①

按：汉律亡于西晋，刘昭不得见此，当亦本丁孚书。②

① 按：此句末有"黄金酎祭宗庙不如法夺爵者百六人，丞相赵周下狱死"一句，与正文重，删。

② 按：按语一句是后来增补的，是针对"黄金酎祭"条而言，参见《续汉书志》志第四《礼仪上》。

天汉三年秋，匈奴入雁门，太守坐畏愞弃市。〔1〕

〔1〕如淳曰："军法，行逗留畏懦者要斩。"孟康曰："逗遛，律语也，谓军行顿止，稽留不进也。"①

天汉三年，初榷酒酤。〔1〕

〔1〕应劭曰："县官自酤榷卖酒小民，不复得酤也。"

四年，发天下七科谪出朔方。〔1〕

〔1〕张晏曰："吏有罪一，亡命二，赘壻三，贾人四，故有市籍五，父母有市籍六，大父母有市籍七。"

九月，令死罪入赎钱五十万减死一等。

《昭帝纪》：始元五年，夏，罢天下亭母马及马弩关。〔1〕

〔1〕应劭曰："武帝数伐匈奴，再击大宛，马死略尽，乃令天下诸亭养母马，欲令其繁孳；又作马上弩械关，今悉罢之。"孟康曰："旧马高五尺六寸齿未平，弩十石以上，皆不得出关，今不也。"师古曰："亭母马，应劭说是；马弩关，孟说是也。"

六年，诏有司问郡国所举贤良文学民所疾苦。议罢（议）〔盐〕铁榷酤。〔1〕详见桓宽《盐铁论》。

〔1〕应劭曰："武帝时，以国用不足，县官悉自卖盐铁，酤酒。昭帝务本抑末，不与天下争利，故罢之。"班氏赞曰："所谓盐铁议者，起始元中，征文学贤良问以治（爵）〔乱〕，皆对愿罢郡国盐铁、酒榷、均输，务本抑末，毋与天下争利，然后化（如）〔可〕兴。御史大夫桑弘羊以为此乃所以安边境，制四夷，国家大业，不可废也。当时相诘难，颇有其议文。至宣帝时，汝南桓宽次公治《公羊春秋》，举为郎，至庐江太守丞，博通善属文，推衍盐铁之议，增广条目，极其论难，著述万言，欲以究治（爵）〔乱〕，成一家之法焉。其词曰：'观公卿贤良文学之议，异乎吾所闻。闻汝南朱生言，当此之时，英俊并进。贤良茂陵唐生、文学鲁国万生之徒六十有余人，咸聚阙庭，舒六艺之风，陈治平之原，（治）〔知〕者赞其[虑]，仁者明其施，勇者见其断，辩者骋其（爵）〔辞〕，（断断）〔龂龂〕焉，〈行〉行焉。虽未详备，斯可略观矣。中（言）〔山〕刘子推言王道，挢当世，反诸正，彬彬然弘博君子也。九江祝生奋史鱼之节，发愤懑，讥公卿，介然直而不挠，可谓不畏强御矣。桑大夫据公卿之柄，不师古始，放于末（吏）〔利〕，果损其性，以及厥宗。车丞相履伊吕之列，当轴处中，括囊不言，容身而去，彼哉！

① 按："孟康曰"一句参见《汉书》卷九四《匈奴传上》，似就"如淳曰"而言。

彼哉！若夫丞相、御史两府之士，不能正议以辅宰相。成（曰）〔同〕类，长同行，阿意苟合，以悦其上，斗筲之徒，何足算也！'"①

以律占租，卖酒升四钱。〔1〕

〔1〕如淳曰："律，诸当占租者，家长身各以其物占，占不以实，家长不身自书，皆罚金二斤，没入所不自占物及贾钱县官也。"师古曰："占谓自隐度其实，定其辞也。占音章瞻反。又言占名数，其义并同。今犹谓狱讼之辨曰占，皆其义也。盖武帝时赋敛繁多，律外而取，今始复旧。"

按：卢文弨曰："'升'当依《通典》作'斗'。"沈钦韩《疏证》云："汉初酒价如此，至唐贞元二年每斗榷百五十钱，则民酤每斗不下二三百也。"吴翼凤《逊志［堂］杂抄》云："汉初承秦之旧，三人以上无故群［饮酒］罚金四两，犹未榷也。武帝始榷酤，昭帝罢之，王莽引《诗》'无酒酤我'，为周酒在官之证，设官卖酒，犯科条者罪至死。唐建中以还，私酿、私麴者没入家产。五代法益峻，后汉犯私麴者弃市，后周私麴至五升半者死。宋初，有司议开酒禁，朝廷谓积习已久，开除不便，少宽之，定私麴五十斤酒入城至三斗者始死，后又断城郭私造二十斤、乡村三十斤者始死，敢持酒入京城五十里、诸州二十里内至五斗者死，所定里数外有官署酤酒，而私酒入其地一石者弃市。乾德初，诏至城郭五十斤以上、乡村百斤以上、入禁地三石以上、有官署处五石以上，始〈上〉死。史称为法益轻，亦月攘一鸡之类耳。"②

元凤四年，诏三年以前逋更赋未入者，皆勿收。〔1〕

〔1〕如淳曰："更有三品，有卒更，有践更，有过更。古者正卒无常人，皆当迭为之，一月一更是为卒更也。贫者欲得雇更钱者，次直出钱雇之，月二千，是为践更也。天下人皆直戍边三日，亦名为更，律所谓繇戍也。虽丞相子亦在戍边之调。不可人人自行三日戍，又行者当自戍三日，不可往便还，因便住一岁一更。诸不行者，皆出钱三百入官，官以给戍者，是为过更也。律说，卒践更者，居者，居更县中五月及更也。后从《尉律》，卒践更一月，休十一月也。《食货志》曰：

① 按：堀毅整理本中将此段置于"万年子咸与翟方进有隙"条后，不妥。此段与"六年，诏有司问郡国所举贤良文学民所疾苦"相关，故删除条目引文"昭帝始元六年，诏郡国举贤良文学士，问以民所疾苦，于是盐铁之（义）〔议〕起焉"句，并移至此处。

② 按：按语原在"议罢盐铁榷酤"条下，今移至"卖酒升四钱"条下。

‘为更卒，已复为正，一岁屯戍，一岁力役，三十倍于古。’此汉初因秦法而行之也。后遂改易，有谪乃戍边一岁耳。逋，未出更钱者也。”

元凤五年，六月，发三辅及郡国恶少年吏有告劾亡者，屯辽东。〔1〕

〔1〕如淳曰：“告者，为人所告也。劾者，为人所劾也。”师古曰：“告劾亡者，谓被告劾而逃亡。”

《宣帝纪》：邴吉为廷尉监，怜曾孙之亡辜，使女徒复作赵徵卿、胡组更乳养，〔1〕私给衣食视遇甚有恩。

〔1〕李奇曰：“复作者，女徒也。谓轻罪男子守边一岁，女子软弱不任守，复令作于官，亦一岁，故谓之复作徒也。”孟康曰：“复音服，谓弛刑徒也。有赦令诏书去其钳釱赭衣，更犯事，不从徒加，与民为例，故当复为官作，满其本罪年月日，律名为复作也。”师古曰：“孟说是也。赵、胡皆女徒也，二人更递乳养曾孙。”

地节二年，诏大将军光功德茂盛，复其后世，畴其爵邑，〔1〕世世无有所［与］。又见《王莽传》“益畴爵邑”。

〔1〕张晏曰：“律，非始封，十减二；畴者，等也，言不复减也。”

三年，诏池籞未御幸者假与贫民。〔1〕

〔1〕苏林曰：“折竹以绳绵连禁御，使人不得往来，律名为籞。”应劭曰：“池者，陂池也。籞者，禁苑也。”臣瓒曰：“籞者，所以养鸟也，设为藩落，周覆其上，令鸟不得出，犹苑之畜兽、池之畜鱼也。”师古曰：“苏、应二说是。”

四年五月，诏曰：父子之亲、夫妇之道，天性也，虽有祸患犹蒙死而存之，自今子首匿父母、妻匿夫、孙匿大父母，皆勿坐。〔1〕其父母匿子、夫匿妻、大父母匿孙，罪殊死，皆上请廷尉以闻。

〔1〕师古曰：“凡首匿者，言为谋首而藏匿罪人。”

地节四年，诏曰：令甲，死者不可生，刑者不可息。〔1〕此先帝之所重而吏未称，今系者以或掠辜、若饥寒瘐死狱中，〔2〕何用心逆人道也！其令郡国课殿最以闻。

〔1〕文颖曰：“萧何承秦法所作为律令，律经是也；天子诏所增损不在律上者为令，令甲者前帝第一令也。”如淳曰：“令有先后，故有令甲、令乙、令丙。”师古曰：“甲乙者，若令之第一、第二篇耳。”

〔2〕苏林曰：“瘐，病也。囚徒病，律名为瘐。”如淳曰：“律，囚以饥寒而死曰瘐。”

元康三年，诏：今春五色鸟以万数飞过属县，其令三辅无得以春夏擿巢、探卵、弹射飞鸟，具为令。

元康四年，诏曰：朕惟耆老之人，发齿堕落，血气衰微，亦亡暴虐之心。今或罹文法，拘执囹圄，不终天命，朕甚怜之。自今以来，诸年八十以上非诬告杀伤人，他皆勿坐。

神爵三年，诏：吏不廉平则治道衰，其益吏百石以下奉十五。〔1〕

〔1〕如淳曰："律，百石奉月六百。"韦昭曰："若食一斛，则益五斗。"

《元帝纪》：初元五年，除光禄大夫以下至郎中保父母同产之令。〔1〕

〔1〕应劭曰："旧时相保，一人有过，皆当坐之。"师古曰："特为郎中以上除此令者，所以优之也。同产谓兄弟也。"

《成帝纪》：帝为太子，初居桂宫。上尝急召，太子出龙楼门，不敢绝驰道。〔1〕上闻大说，乃著令，令太子得绝驰道云。

〔1〕应劭曰："驰道，天子所行道也，若令之中道。"师古曰："绝，横度也。"

绥和元年，益大司马、大司空奉如丞相。〔1〕

〔1〕如淳曰："律，丞相、大司马、大将军，奉钱月六万，御史大夫奉钱四万也。"

《哀帝纪》：嗣为定陶王，好文辞、法律。元延四年，入朝，尽从傅、相〈中〉、中尉，中山王亦来朝，独从傅，上怪之。定陶王对曰："令，诸侯王朝，得从其国二千石，傅、相、中尉皆国二千石，故尽从之。"

诏曰：诸侯王、列侯、公主吏二千石及豪富多畜奴婢，田宅无限，与民争利，百姓失职，重困不足，其议限列。有司条奏：诸王、列侯得名田国中，列侯在长安及公主名田县道、关内侯吏民名田皆无得过三十顷。〔1〕

〔1〕如淳曰："名田国中者，自其所食国中也。既收其租税，又自得有私田三十顷。名田县道者，《令甲》：诸侯在国，名田他县，罚金二两。今列侯即不之国者，虽遥食其国租税，复自得田于他县道，公主亦如之，不得过三十顷。诸侯王奴婢二百人，列侯公主百人，关内侯公主三十人，贾人皆不得名田，为吏犯者以律诸。论名田、畜奴婢过品，皆没入县官。"

除任子令及诽谤诋欺法。〔1〕

〔1〕应劭曰："任子令者，《汉仪注》吏二千石以上视事满三年，得任同产若子一人为郎。不以德选，故除之。"师古曰："任者，保也；诋，诬也。"《王吉传》：宣帝时上疏，今俗吏得任子弟，率多骄骜，不通古今，宜明选求贤，除任子之令。注"子弟以父兄任为郎"。宣帝时未除，至此始除也。

《平帝纪》：即位大赦，诏曰：夫赦令者，将与天下更始，诚欲令百姓改行絜已，全其性命也。往者有司多举奏赦前事，累增罪过，诛陷无辜，殆非重信慎刑洒心自新之意也。自今以来，有司无得陈赦前事置奏上。

元始元年，诏天下女徒已论归家出顾山钱，月三百。〔1〕

〔1〕如淳曰："已论者，罪已定也。《令甲》：女子犯罪作如徒六月，顾山遣归。说以为当于山伐木，听使入钱，顾功直，故谓之顾山。"师古曰："谓女徒论罪已定，并放归家，不亲役之，但令一月出钱三百，以顾人也。为此恩者，所以行太皇太后之德，［施］惠政于妇人。"应劭曰："旧刑鬼薪，取薪于山以给宗庙，今使女徒出钱顾薪，故曰顾山也。"

元始二年，令中二千石举治狱平，岁一人。〔1〕

〔1〕李奇曰："吏治狱平端也。"

四年，诏妇女非身犯及男子年八十以上、七岁以下，家非坐不道、诏所名捕，他皆无得系；其当验者，即验问，定著令。

元始五年，征天下通知逸经、古记、天文、历算等，在所为驾一封轺传。〔1〕又见前《高帝纪》。①

〔1〕师古曰："以一马驾轺车而乘传。"如淳曰："四马高足为置传，四马中足为驰传。律，诸当乘传及发驾置传者，皆持尺五寸木传信，封以御史大夫印章，其乘传叁封之。叁，三也。有期会，累封两端，端各两封，凡四封也。乘置驰传五封之，两端各二，中央一也。轺传两马再封之，一马一封也。"

按：此疑是厩律之文，《晋［书］·刑法志》云秦世旧有厩，置乘传、副车、食厨，汉初承秦不改，后以费广，稍省。故后汉但设骑置而无车马。

《田儋传》：儋阳为缚其奴，从少年至廷欲谒杀奴。〔1〕

〔1〕服虔曰："古杀奴婢皆当告官，儋欲杀，令故诈缚奴以谒也。"师古曰："阳缚其奴，为杀奴之状。"

《吴王濞传》：令卒践更辄予平贾。〔1〕

〔1〕服虔曰："以当为更卒，出钱三百，谓之过更；自行为卒，谓之践更。吴王濞欲得民心，为卒者雇其庸随时月予平贾也。"晋灼曰："谓借人自代为卒者，官为出钱雇其时庸平贾也。"师古曰："晋说是。"《索隐》曰："案，汉律卒更有三，

---

① 按："又见前《高帝纪》"一句，原在颜师古注下，今移至此处。

践更、居更、过更也。此言践更辄与平贾者，谓践更合自出钱，今吴王欲得人心，乃予平贾，官雠之也。予读曰与。"

《楚元王传》：王戊淫暴二人，〔1〕谏不听，胥靡之。〔2〕衣之赭衣，使杵臼［雅］舂于市。〔3〕

〔1〕申公、白生。

〔2〕应劭曰："《诗》'若此无罪，沦胥以铺'，胥靡，刑名也。"晋灼曰："胥，相也；靡，随也。古者相随坐轻刑之名。"师古曰："联系使相随而服役之，故谓之胥靡；犹今之役囚徒，以锁联缀耳，晋说近之。而云随坐轻刑，非也。"

〔3〕晋灼曰："高肱举杵正身而舂之。"师古曰："木杵而手舂，即今所谓步臼者耳，非碓臼也。"

德为宗正丞，杂治刘泽诏狱。〔1〕

〔1〕师古曰："杂，谓以他官共治之也。"

每行京兆尹事，多所平反罪人。①〔1〕

〔1〕苏林曰："反，音幡。幡罪人辞，使从轻也。"

刘德子向坐铸伪黄金当伏法。〔1〕淮南有枕中秘书，向〔2〕幼而读诵，以为奇，献之，言黄金可成。费甚多，方不验，吏劾更生铸伪黄金，系，当死。踰冬，减死论。〔3〕

〔1〕如淳曰："律，铸伪黄金，弃市也。"

〔2〕初名更生。

〔3〕服虔曰："踰冬，至春行宽大而减死罪。"

《申屠嘉传》：以材官蹶张。〔1〕

〔1〕如淳曰："材官之多力，能脚踏强弩张之，故曰蹶张。律有蹶张士。"

《郦食其传》：令適卒分守成皋。〔1〕

〔1〕师古曰："適读曰谪，谓卒之有罪谪者，即所谓谪戍。"

《淮南王传》：亡之诸侯，游宦事人，及舍匿者，〔1〕论皆有法。其在王所，吏主者坐；今诸侯子为吏者，御史主；为军吏者，中尉主；客出入殿门者，卫尉、大行主；诸从蛮夷来归谊，及以亡名数〈目〉自占者，内史［县令］主；相预委〈罪〉下吏，无与（共）〔其〕祸，不可得也。〔2〕

〔1〕师古曰："舍匿，谓客止而藏匿也。"

① 按："每行京兆尹事"前有"子安民"三字，误，删。安民为刘德子。

〔2〕师古曰："言诸侯之相欲委罪于在下小吏而身不干豫之，不可得也。"

按：后文张苍、冯敬奏辞列厉王罪状，有收聚汉诸侯人及有罪亡者匿与居，为治者家室，赐与财物、爵禄，即此书所言也。又按：奏所称所犯不轨，请论如法，与《张汤传》谳法义同。

士伍开章等。〔1〕

〔1〕如淳曰："律，有罪失官爵称士伍也。"

格明诏当弃市。

按：此即《食货志》所谓废格之狱也。《义纵传》纵捕杨可使可使者，天子闻，以为废格沮事，盖同此律条。

《衡山王传》：衡山王太子孝闻律先自告除其罪，即先自告。〔1〕孝先自告反，告除其罪。〔2〕

〔1〕所［与］谋反者枚赫等公卿。

〔2〕师古曰："先告有反谋，又告人与己反，而自得除反罪。"

《江充传》：出逢馆陶长公主行驰道中，充呵问之。公主曰：有太后诏。充曰：独公主得行，车骑皆不得。尽劾，没入官。〔1〕

〔1〕如淳曰："《令乙》，骑乘车马行驰道中，已论者，没入车马、被具。"

《万石君传》：上报庆曰，今流民愈多，孤儿幼年未满十岁无罪而坐率，朕失望焉。〔1〕

〔1〕服虔曰："率，坐刑法也。"如淳曰："率，家长也。"师古曰："幼年无罪，坐为父兄所率而并徙。"

《梁平王襄传孙立》：谋篡死罪囚。〔1〕天子遣使持节即讯。〔2〕王阳病抵谰，置辞骄嫚，〔3〕不首主令，与背畔无异。〔4〕

〔1〕师古曰："逆取曰篡。"

〔2〕师古曰："就问也。"

〔3〕师古曰："抵，距也。谰，诬讳也。"

〔4〕师古曰："不首，谓不伏其罪也。主令者于法令之条与背畔之条无异也。"

《晁错传》：秦之戍卒名曰谪戍，先发吏有谪及赘壻、贾人，后以尝有市籍者，又后以大父母尝有市籍者，后入闾取其左。〔1〕

〔1〕孟康曰："秦时复除者，居闾之左；后发役不供，复役之也。或曰，直先发取其左也。"师古曰："闾，里门也。居闾之左者，一切皆发之，非谓复除也。"《食货志》："收泰半之赋，发闾左之戍。"应劭曰："秦时以適发之，名適戍，先发吏

有过等。戍者曹辈尽，复入间，取其左发之，未及取右而秦亡。”师古曰：“此间左之释，应最得之。”

徙民实塞下，云乃募罪人及免徒复作令居之。〔1〕

〔1〕张晏曰：“募民有罪自首，除罪定输作者也。复作，如徒也。”臣瓒曰：“募有罪者及罪人遇赦复作竟其日月者，今皆除其罚，令居之也。”

《张释之传》：为公车令，顷之太子与梁王共车入朝，不下司马门，〔1〕释之追止，太子、梁王毋入殿门，遂劾不下公门不敬，奏之。

〔1〕如淳曰：“《宫卫令》诸出入殿门、公车司马门者皆下，不如令，罚金四两。”

上行，出中渭桥，有一人从桥下走，乘舆马惊，释之奏当：此人犯跸，当罚金。〔1〕

〔1〕如淳曰：“《乙令》跸先至而犯者，罚金四两。”

钱大昕《三史拾遗》云：“此汉律文也。二人以上，则罪当加等。《汉书》作此人，于义为短。”① 晋安帝义熙中，刘毅镇姑孰，尝出行，而鄢陵县吏陈满射鸟，箭误中直帅。虽不伤人，处法弃市。何承天议论曰：“狱贵情断，疑则从轻。昔有惊汉文帝乘舆马者，张释之断以犯跸罪，止罚金。何者？明其无心于惊马也，故不以乘舆之重，而加异制。今满意在射鸟，非有心于中人。按律，‘误伤人，三岁流刑’。况不伤乎？”此所引律，想系晋律。②

其后人有盗高庙座前玉环，文帝怒，下廷尉治。释之案律，盗宗庙服御物者为奏当弃市。〔1〕

〔1〕《尚书正义》：“汉魏以来，著律皆云敢盗郊祀、宗庙之物者，无多少皆死，为特重故也。”孔注：盗天地宗庙牲同。

《冯唐传》：夫士卒尽家人子，起田中从军，安知尺籍伍符？〔1〕

〔1〕李奇曰：“尺籍所以书军令。伍符，军士五五相保之符信也。”如淳曰：“汉军法曰，吏卒斩首，以尺籍书下县移郡，令人故行，不行夺劳二岁。伍符亦什伍之符，要节度也。”

《汲黯传》：元狩二年，匈奴浑邪王降，发车二万乘以迎之。及至，贾人与市者，坐当死五百余人，及黯曰：浑邪率数万之众来降，虚府库赏赐，发

① 按：“钱大昕”一段，稿本置于“盗高庙玉环”条下，似误。钱氏本就犯跸而言，今移至此处。

② 按：“晋安帝义熙中”一段，出自《宋书》卷六四《何承天传》；此段原置于“夫士卒尽家人子”条后，今移至此处；“此所引律，想系晋律”一句，当就何承天所引而论，不视作按语。

良民侍养，譬若奉骄子。愚民安知市买长安中物而文吏绳以为阑出财物于边关乎？〔1〕

〔1〕应劭曰："阑，妄也。律，胡市，吏民不得持兵器及（钱）〔铁〕出关。虽于京师市买，其法一也。"臣瓒曰："无符传出入为阑也。"

令黯以诸侯相秩居淮阳。〔1〕

〔1〕如淳曰："诸侯王相在郡守上，秩真二千石。律，真二千石月得百五十斛，岁凡得千八百石耳；二千石月得百二十斛，岁凡得一千四百四十石耳。"

《贾山传》：贾山《至言》：九十者一子不事，八十者二算不事。〔1〕

〔1〕师古曰："一子不事，蠲其赋役；二算不事，免二口之算赋也。"

《窦婴传》：孝景时，婴尝受遗诏，曰："事有不便，以便宜论上。"及系，灌夫罪至族，事日急，诸公莫敢明言。婴乃使昆弟子上书言之。书奏，案尚书，大行无遗诏，诏书独藏婴家，婴家丞封。〔1〕乃劾婴矫先帝诏，害，罪当弃市。〔2〕

〔1〕孟康曰："以家丞印封遗诏也。"

〔2〕郑氏曰："矫诏有害、不害也。"

《卫青传》：苏建尽亡其军，独以身得亡去，自归青。青问其罪正闳、长史安、议郎周霸等，〔1〕"建当云何？"霸谓建弃军可斩，闳、安曰："不然。兵法，'小敌之坚，大敌之禽也。'今建以数千当单于数万，力战一日余，士不敢有二心。自归而斩之，是［示］后无反意也，不当斩。"

〔1〕张晏曰："正军也，闳名也。"如淳曰："律，都军官长史一人。"

《兒宽传》：奏开六辅渠，定水令，以广溉田。〔1〕

〔1〕师古曰："为用水之次，具立法令，使得所也。"

《张汤传》：为儿守舍，还，鼠盗肉，父怒，笞汤。汤掘熏得鼠及余肉，劾鼠掠治，传爰书，讯鞫论报。〔1〕并取鼠与肉，具狱磔堂下。〔2〕

〔1〕师古曰："传谓传递，若今之追送赴对也。爰，换也，以文书代换其口辞也。讯，拷问也。鞫，穷也，谓穷核也。论报，谓上论之而获报也。"

〔2〕师古曰："具为治狱之文，处正其罪。"

后为廷尉，决大狱欲傅古义，乃请博士弟子平亭疑法。奏谳疑，〔1〕必奏先为上分别其原，上所是，受而著谳法廷尉挈令。〔2〕

〔1〕李奇："亭，亦平也。"师古曰："亭，均也，调也，言平疑法及为谳疑奏之。"

〔2〕韦昭曰："在版挈也。"师古曰："著，谓明书之也。挈，狱讼之要也。书于

谳法挈令，以为后式也。"

《张安世传》：为兄贺上书，得下蚕室。〔1〕

〔1〕师古曰："谓腐刑也。凡养蚕者，欲其温而早成，故为密室，蓄火以置之。而新腐刑亦有中风之患，须入密室，乃得以全，因呼为蚕室耳。"

《杜周传》：前主所是著为律，后主所是疏为令。〔1〕

〔1〕师古曰："著，谓明表也；疏，谓分条也。"

子延年吏材有余，补军司空。〔1〕

〔1〕苏林曰："主狱官也。"① 如淳曰："律，营军司空、军中司空各二人。"

《贾捐之传》：大司农钱尽，乃以少府禁钱续之。〔1〕伐朱崖议中语也。

〔1〕师古曰："少府钱主供天子，故曰禁钱。"

《车千秋传》：子弄父兵，罪当笞；天子之子过误杀人，当何罪哉？

《陈万年传》：万年子咸与翟方进有隙，方进奏咸前为郡守，所在残酷，主守盗，受所监坐免。〔1〕

〔1〕如淳曰："律，主守而盗直十金，弃市。"师古曰："受所监法，解在《景纪》。"

《胡建传》：黄帝李法曰：壁垒已定，穿窬不由路，是谓奸人，奸人者杀。谨按军法曰：正亡属将军，将军有罪以闻，二千石以下行法。丞于用法疑，执事不诿上，臣谨以斩，昧死以闻。

《霍光传》：山曰：丞相擅减宗朝羔、菟、鼃可以此罪也。〔1〕又，《韦玄成传》：高后时，患臣下妄非议先帝宗庙寝园官，故定著令，敢有擅议者弃市。匡衡奏也。②

〔1〕如淳曰："高后时定令，敢有擅议宗庙者弃市。"师古曰："羔、菟、鼃所以供祭也。"

《赵充国传》：辛武贤上书告卬充国子泄省中语，卬坐禁止而入至充国莫府司马中乱屯兵。〔1〕③

〔1〕如淳曰："方见禁止而入至充国莫府，司马中司马中律所谓营军司马也，又见董贤传。"

《平当传》：赐君养牛一，上尊酒十石。〔1〕

① 按："苏林曰"一句，稿本误置于"前主所是著为律"条下，今据《杜周传》而移至此。

② 按：稿本此条中，"霍光传""又《韦玄成传》""匡衡奏也"为大字，其余均为小字，今略作调整。

③ 按：堀毅整理本中"坐禁止而入至充国莫府司马中乱屯兵"重出，关西大学本不重。

〔1〕如淳曰："律，稻米一斗得酒一斗为上尊，稷米一斗得酒一斗为中尊，粟米一斗得酒一斗，为下尊。"

《鲍宣传》：丞相孔光四时行园陵，官［属］为以令行驰道中。〔1〕宣出逢之，使吏钩止丞相掾史，没入其车马。①

〔1〕如淳曰："令诸使有制得行驰道中者，行旁道，无得行中央三丈。"

《赵广汉传》：富人苏回为郎，二人劫之。〔1〕广汉至，使丞晓贼曰："无得杀质，此宿卫臣也。释质，束手，得善相遇二人。"惊愕开户，出叩头，广汉谢曰："幸全活郎，甚厚。"送狱，敕吏谨遇，给酒肉。至冬，当出死，豫为调棺，给敛葬具，告语之，皆曰："死无所恨！"

〔1〕师古曰："劫取其身为质，令家将财物赎之。"

《张敞传》：（传）〔通行〕为之囊橐。〔1〕

〔1〕师古曰："言容止盗贼，若囊橐之盛物也。"

《王尊传》：美阳女子告假子不孝，曰："儿常以我为妻，妒笞我。"尊曰："律无妻母之法，圣人所不忍书，此经所谓造狱者也。"〔1〕取不孝子孙磔，著树，使骑吏五人张弓射杀之。

〔1〕晋灼曰："欧阳《尚书》有此造狱事也。"师古曰："非常刑名，造杀戮之法。"

河平二年，湖三老公乘兴等上书，讼京兆尹王尊。有云：任举尊者，当获选举之辜，不可但已。〔1〕

〔1〕"任，保也。汉法选举而其人不称者与同罪。"②

《毋将隆传》：傅太后使谒者买诸官婢，贱取之，复取执金吾婢八人。隆奏言价贱，请更平直。③

《何并传》：疾病，召丞掾作先令书，〔1〕曰告子恢，吾生素餐，日久死，虽当得法赙，勿受。〔2〕

〔1〕师古曰："先为遗令也。"

〔2〕如淳曰："《公令》吏死官得法赙。"师古曰："赠终者布帛曰赙。"

《萧望之传》：京兆尹张敞言，愿令诸有罪，非盗、受财、杀人及犯不法得

① 按："宣出逢之"一句，讹为注语，今移入正文。

② 按：此注为胡三省《资治通鉴注》语。

③ 按：此条不见于堀毅整理本。

赦者，皆得以差入谷赎罪。望之等议以为不可。敞曰：诸盗及杀人犯不道者，百姓所疾苦也，皆不得赎；首匿、见知纵所不［当］得为之属，议者或颇言其法可蠲除。〔1〕今因此令赎，其便明甚，何化之所乱？

〔1〕师古曰："言其罪轻而法重，故常欲除此科条。"

望之曰：《金布令甲》曰，〔1〕边郡数被兵，离饥寒，夭绝天年，父子相失，令天下共给其费，〔2〕固为军旅卒暴之事也。

〔1〕师古曰："金布者，令篇名也。其上有府库金钱布帛之事，因以篇名。令甲，其篇甲乙之次。"

〔2〕师古曰："同共给之也，自此以上，令甲之文。"

受所监，臧二百五十以上。〔1〕

〔1〕师古曰："二百五十以上者，当时律令坐罪之次，若今律条言一尺以上、一匹以上。"

《冯野王传》：遂病，满三月，赐告，与妻子归杜陵就医药。大将军凤风御史中丞劾奏野王，赐告养病而私自便，持虎符出界归家，奉诏不敬。杜钦为野王言曰："窃见令曰，吏二千石告，过长安谒，〔1〕不分别予赐。〔2〕今有司以为予告得归，赐告不得，是一律两科，失省刑之意。夫三最予告，令也；〔3〕病满三月赐告，诏恩也。令告则得，诏恩则不得，失轻重之差。又二千石病赐告得归有故事，［不］得去郡亡著令。〔4〕传曰：'赏疑从予，所以广恩劝功也；罚疑从去，所以慎刑，阙难知也。'今释令与故事而假不敬之法，〔5〕（慎）［甚］违阙疑从去之〈之〉意。即以二千石守千里之地，任兵马之重，不宜去郡，将以制刑为后法者，则野王之罪，［在］未制令前也。刑赏大信，不可不慎。"凤不听，竟免野王。郡国二千石病赐告不得归家，自此始。

〔1〕如淳曰："谒者，自白得告也。律，二千石以上告归、归宁，道不过行在所者，便道之官无辞。"

〔2〕如淳曰："予，予告也；赐，赐告也。"

〔3〕师古曰："在官连有三最，则得予告也。"

〔4〕如淳曰："律施行无不得去郡之文也。"

〔5〕师古曰："释，废弃也。假，谓假托法律而致其罪。"孟康曰："汉律，吏二千石有予告，有赐告。予告者，在官有功最，法所当得也。赐告者，病满三月当免，天子优赐其告，使得带印绶、将官属归家治病。"见《高帝纪》注。

《匡衡传》：司隶校尉骏等劾奏衡监临盗所主守直十金以上，〔1〕免为庶人。

〔1〕师古曰："十金以上，当时律定罪之次，若今律条言一尺以上、一匹以上。"

《孔光传》：定陵侯淳于长坐大逆诛。长小妻迺始等六人皆以长事未发觉时弃去，或更嫁。及长事发，丞相翟方进、大司空武议，以为：令，犯法者各以法时律令论之，〔1〕明有所讫也。〔2〕长犯大逆时，迺始等见为长妻，已有当坐之罪，与身犯法无异。后迺弃去，于法无以解，请论。光议以［为］大逆无道父母、妻子、同产无少长皆弃市，[①] 欲惩后犯法者也。夫妇之道，有义则合，无义则离。长未自知当坐大逆之法，而弃去迺始等，或更嫁，义已绝，而欲以为长妻论杀之，名不正，不当坐。有诏光议是。

〔1〕师古曰："此具引令条之文也。法时，谓始犯法之时也。"

〔2〕师古曰："讫，止也。"

《薛宣传》：博士申咸毁宣不宜复列封侯在朝省。宣子况为右曹侍郎，数闻其语。赇客杨明，欲令创咸面目，使不居位。〔1〕会司隶缺，况恐咸为之，遂令明遮斫咸宫门外，断鼻唇，身八创。事下有司，御史中丞众等奏："况朝臣，父故宰相。知咸恐为司隶举奏宣，而公令明等迫切（公）〔宫〕阙，要遮创（戳）〔戮〕近臣于大道人众中，欲以鬲塞聪明，杜绝议论之端。不与凡民忿怒争斗者同。臣闻敬近臣，为近主也。礼，下公门，式路马，君畜产且犹敬之。《春秋》之义，意恶功遂，不免于诛，〔2〕上（侵）〔浸〕之源不可长也。况首为恶，明手伤，功意俱恶，皆大不敬。明当以重论，及况皆弃市。"廷尉直以为："律曰，'斗以刃伤人，完为城旦，其贼加罪一等，与谋者同罪。'诏书无以诋欺成罪。传曰：'遇人不以义而见疻者，与痏人之罪钧，恶不直也。'〔3〕咸厚善修宣之弟，而素称宣恶，流闻不谊，不可谓直。况以故伤咸，计谋已定。后闻置司隶，因前谋而趣明趣读曰促，非以恐咸为司隶故造谋也。本争私变，虽于掖门外伤咸道中，与凡民争斗无异。杀人者死，伤人者刑，古今之通道，三代所不易也。今以况为首恶、明手伤为大不敬，公私无差。《春秋》之义，原心定罪。原况以父见谤发忿怒，无他大恶。加诋欺，辑小过成大辟，陷死刑，违明诏，恐非法意，不可施行。圣王不以怒增刑。明当以贼伤人不直，况与谋者皆

① 按：此条眉批曰，"此所引律文较《景纪》多'无少长'三字"。

爵减完为城旦。"〔4〕公卿皆是廷尉。况竟减罪一等，徙敦煌。

〔1〕师古曰："创，谓伤之也。"

〔2〕师古曰："遂，成也。言举意不善，虽有成功，犹加诛。"

〔3〕应劭曰："以杖手殴击，剥其皮肤，腫起青黑而无创瘢者，律谓痏痏。遇人不以义为不直，虽见欧与欧人罪同也。"

〔4〕师古曰："以其身有爵级，故得减罪而为完也。况身及同谋之人，皆从此科。"

《翟方进传》：丞相宣以一不道贼。〔1〕此平当等劾奏方进之语也。

〔1〕如淳曰："律，杀不辜一家三人为不道。"

《杨雄传》：《解嘲》结以倚庐。〔1〕

〔1〕孟康曰："在倚庐中〈三〉行［服］三年〈服〉也。"应劭曰："汉律，以不为亲行三年服，不得选举。"

师古曰："倚庐，倚墙至地而为之，无楣柱。"

按：汉自文帝遗诏，以日易月后遂为常。故翟方进后母终，既葬三十六日，除服起视事，自以身备汉相不敢踰国家之制。后汉刘恺所谓"旧制，公卿二千石、刺史不得行三年丧也"。至哀帝时，博士弟子父母死，予宁三年。邓太后诏长吏以下不为亲行服者，不得典城选举。安帝元初三年，初听大臣二千石刺史行三年丧。建光元年断之。桓帝永兴二年，又听刺史、二千石行三年丧服。延熹二年复断之。梁氏玉绳曰："此律不知何时所定，盖为未入吏人立法，二千石以上不用此律也。"①

《赵禹传》：赵禹为丞相长史，周亚夫弗任，曰："极知禹无害，然文深，不可以居大府。"②

按：宋王楙《野客丛书》云：萧何以文无害为沛主吏掾。赵禹为丞相［长史］，亚夫吏府中皆称其廉平，然亚夫不任，曰："极知禹无害，然文深，不可居大府。"张汤给事内史，为宁氏掾，以汤为无害，言大府。颜师古注："无害，言最胜；又曰，伤害也，言无人能伤害之

① 按：此段堀毅整理本置于"丞相宣以一不道贼"下，以按语形式呈现；内藤文库本置于"赵禹为丞相长史"条下，今移至此，与孟康、应劭注相参见。

② 按：此句末径接"《汉书音义》曰：'文无所枉害'，萧何以文无害为沛主掾。章怀太子贤曰：'案，律有无害都吏，如今言公平吏'"一句，与按语所见重，今删。

者。”仆观《后汉·百官志》“秋冬遣无害都吏，按讯诸囚”，注：“案律，有无害都吏，如今言公平吏。”《汉书音义》曰“文无所枉害”。萧何以文无害为沛主吏掾，正如此也。乃知无害吏亦汉律中语。齐永明间，策文亦曰“贤牧分陕，文而无害”，此意正与萧何文无害同，良注“守文法不害于人”，则与师古之言异。

《义纵传》：为定襄太守。掩狱中重罪二百余人，及宾客、昆弟、私入相见者亦二百余人。纵一切捕鞫，曰为死罪解脱，皆报杀四百余人。〔1〕

〔1〕孟康曰：“律，诸囚徒私解脱桎梏、钳赭，加罪一等，为人解脱与同罪。纵鞫相赂饷者二百人，以为解脱死罪，尽杀之。”

杨可方受告缗，纵以［此］为〈此〉乱民，部吏捕其为可使者。天子闻，使杜式治，以为废格沮事，纵弃市。〔1〕

〔1〕孟康曰：“武帝使杨可主告缗，没入其财物，纵捕为可使者。此为废格诏书，［沮］已成之事也。”师古曰：“沮，坏也。格读曰阁。”

《咸宣传》：吏民益轻犯法，盗贼滋起，于是作沈命法曰：群盗起不发觉，发觉而弗捕满品者，〔1〕二千石以下至小吏主者皆死。其后小吏畏诛，虽有盗弗敢发，恐不能得，坐课累府，府亦使不言。故盗贼寖多，上下相为匿，以避文法焉。

〔1〕师古曰：“品，率也，以人数为率也。”

《田延年传》：初，大司农取民牛车三万两为僦，〔1〕车直千钱。延年上簿诈增僦直钱二千，凡六千万，盗取其半。丞相议奏延年，主守盗三千万，不道。延年自杀。

〔1〕师古曰：“一乘为一两；僦，谓赁之与顾直也。”

《严延年传》：事下御史中丞，谴责延年何以不移书宫殿门禁止大司农，而令得出入宫？于是覆劾延年，阑内罪人，法至死。〔1〕

〔1〕张晏曰：“故事，有所劾奏，并移宫门，禁止不得入。”

《董贤传》：哀帝崩，莽以太后指使尚书劾董贤，禁止贤不得入［出］宫殿司马中。①

---

① 按：此条下有“如淳曰：‘司马中律所谓营军司马中也’、‘又，赵充国子即入莫府司马中乱屯兵’”两句，似为注语。《董贤传》所见似指“司马门”，与如淳注获赵充国子条无涉，删。

《匈奴传》：雁门尉史行徼，见寇，保此亭。〔1〕

〔1〕师古曰："汉律，近塞郡皆置尉，百里一人，士史、尉史各二人，巡行徼塞也。"①

《西域传》：武帝末年，诏当今务在禁苛暴，止擅赋，力本农，修马复〈复〉令，以补缺，毋乏武备而已。〔1〕

〔1〕孟康曰："先是令长吏各以秩养马，亭有牝马，民养马皆复不事。后马多绝乏，至此复修之也。"师古曰："此说非也。马复，因养以马免徭赋也。"

《外戚传·孝昭上官皇后传》：上官桀妻父所幸充国为太医监，阑入殿中，下狱当死。冬月且尽，盖主为充国入马二千匹赎罪，乃得减死论。〔1〕

〔1〕注："阑，妄也。汉制，诸入宫殿门皆著籍，无籍而妄入谓之阑人。"②

《外戚传·孝宣许皇后传》：父广汉，少时为昌邑王郎。从武帝上甘泉，误取他郎鞍以被其马，发觉，吏劾从行而盗，当死。有诏募下蚕室，〔1〕后为宦者丞。③

〔1〕孟康曰："死罪囚欲就宫者听之。"

《食货志》：文帝从晁错之言，令民入粟边，以受爵免罪：六百石爵上造，稍增至四千石为五大夫，万二千石为大庶长，各以多少级数为差。又民有车骑马一匹者，复卒三人。〔1〕

〔1〕如淳曰："复三卒之算钱也。或曰，除三夫不作甲卒也。"师古曰："当为卒者，免其三人；不为卒者，复其钱耳。"

景帝时，复修卖爵令而裁其贾以招民，〔1〕及徒复作，得输粟于县官以除罪。

〔1〕师古曰："裁，谓减省也。"

高祖时，令贾人不得衣丝、乘车，重税租以困辱之。孝惠、高后时，为天下初定，复弛商贾之律，然市井子孙亦不得宦为吏。

武帝时，大司农陈臧钱经用，赋税既竭，不足以奉战士。有司请令民得买爵及赎禁锢免臧罪，请置赏官，名曰武功爵。级十七万，凡直三十余万

---

① 按：颜师古注后，有"武帝元广二年，单于攻亭，得雁门尉史欲杀之"、"师古曰：'汉律，近塞皆置尉，百里一人，士史、尉史各二人。'时雁门尉史行徼见寇，因保此亭"两句，重出，删。

② 按：此注为胡三省《资治通鉴注》语。

③ 按：此条原作"《孝宣许皇后传》"，今修改如是。

金。诸买武功爵官首者试补吏，先除；千夫如五大夫；其有罪又减二等；爵得至乐卿。〔1〕

〔1〕师古曰："乐卿，爵武功第八等也。言买爵惟得至第八也。"

自公孙弘以《春秋》之义绳下，张汤以峻文决理为廷尉，于是见知之法生，而废格沮诽穷治之狱用矣。〔1〕

〔1〕张晏曰："吏见知不举劾为故纵，官有所作，废格沮坏诽谤，则穷治之也。"如淳曰："废格天子文法使不行。诽谤非上所行，若颜异反唇之比也。"

又与公卿议，更造钱币。有司言：今半两钱法重四铢，而奸或盗摩钱质而取鋊，〔1〕钱益轻薄而物贵。乃造银、锡、白金三品，令县官销半两钱，更铸三铢钱。盗铸诸金钱罪皆死。

〔1〕如淳曰："钱一面有文，一面幕，幕为质，民盗摩漫面而取其鋊以更铸作钱也。"臣瓒曰："许慎曰'鋊，铜屑也'。摩钱漫而取其屑，更以铸钱。《西京黄图叙》曰：民摩钱取屑是也。"师古曰："鋊，音浴。瓒说是也。"

盐铁丞孔仅、咸阳言：愿募民自给费，因官器作、鬻盐，官与牢盆。敢私铸铁器、鬻盐者，釱左趾，〔1〕没入其器物。

〔1〕师古曰："釱，足钳也。"

商贾以币之变，多积货逐利。于是公卿言：异时算轺车贾人之缗钱皆有差，请算如故。诸贾人末作贳贷卖买，居邑贮积诸物，〔1〕及商以取利者，虽无市籍，各以其物自占，〔2〕率缗钱二千而算一。诸作有租及铸，〔3〕率缗钱四千算一。非吏比者、三老、北边骑士，轺车一算，〔4〕商贾人轺车二算，〔5〕船五丈以上一算。匿不自占，［占］不悉，戍边一岁，没入缗钱。有能告者，以其半畀之。贾人有市籍，及家属，皆无得名田。敢犯令，没入田货。

〔1〕师古曰："贳，赊也。贷，为假（典）〔与〕也。"

〔2〕师古曰："占，隐度也。各隐度其财物品多少，而为名簿送之于官也。"

〔3〕如淳曰："以手力所作而卖之者。"

〔4〕师古曰："比，例也。身非为吏之例，非为三老、非为北边骑士而有轺车，皆令出一算。"

〔5〕如淳曰："商贾人有轺车，又使多出一算，重其赋。"

上与张汤既造白鹿皮币，问大农颜异。异曰："今王侯朝贺以仓璧，直数千，而其皮荐反四十万，本末不相称。"天子不悦，汤又与异有隙。及人有告异以它议，事下汤治。异与客语，客语初令下有不便者，〔1〕异不应，微反唇。〔2〕汤奏当异九卿，见令不便不入言而腹非，论死。自是后，有腹非之法比。既下（算）〔缗〕钱令而尊卜式，百姓终莫分财佐县官，于是告缗钱纵矣。

〔1〕李奇曰："异与客语，道诏令初下，有不便处。"

〔2〕师古曰："盖非之。"

元帝时，贡禹言；铸钱采铜，一岁十万人不耕，民坐盗铸陷刑者多。宜罢采珠玉金银铸钱之官，毋复以为币，除其贩卖租铢之律。〔1〕

〔1〕师古曰："租铢，谓计其所卖物价，平其锱铢而收租也。"

王莽时，下诏曰：《周礼》有赊贷，乐语有五均，传记各斡焉。遂于长安及五都立五均官。［羲］和鲁匡言：名山大泽，盐铁钱布帛，五均赊贷，斡在县官。〔1〕惟酒酤独无斡。请法古，令官作酒，以二千五百石为一均，率开一卢以卖，雠五十酿为准。

〔1〕师古曰："斡，谓主领也。"

《河渠志》：河平元年，卒治河者为著外繇六月。〔1〕

〔1〕如淳曰："律说，戍边一岁当罢，若有急，当留守六月。今以卒治河之故，复留六月。"孟康曰："外繇，戍边也。治水不复戍边也。"师古曰："如、孟二说皆非也。以卒治河有劳，虽执役日近，皆得比繇戍六月也。著，谓著于簿籍也，音竹助反。下云，'非受平贾，为著外繇'，其义亦同。"

治河卒非受平贾者，为著外繇六月。〔1〕

〔1〕苏林曰："平贾，以钱取人作卒，顾其时庸之平贾也。"如淳曰："律说，平贾一月，得钱二千。"

《艺文志》：汉兴，萧何草律，亦著其法曰："太史试学童，能讽书九千字以上，乃得为史。又以六体试之，课最者以为尚书、御史史书令史。吏民上书，字或不正，辄举效。"六体者，古文、奇字、篆书、隶书、缪篆、虫书，皆所以通知古今［文字］，摹印章，书幡信也。"

按：《说文·序》引此文，称尉律学僮下有"十七已上"字，讽下有"籀"字，乃上无"以上"字，试之下有"郡移太史并"字，末作"以为尚书史。书或不正辄取劾之。"①

① 按：这段文字独立成句，今移至此条下，权视作按语。

《诸侯王表》：武有淮南、衡山之谋，作左官之律，〔1〕设附益之法。〔2〕

〔1〕服虔曰："仕于诸侯为左官，绝不得［使］仕于王侯也。"应劭曰："人道尚右，今舍天子而仕诸侯，故谓之左官。"① 师古曰："左官犹言左道也，皆僻左不正。汉时依上古法，朝廷之列以右为［尊］，故谓降秩为左迁，仕诸侯为左迁也。"

〔2〕张晏曰："律郑氏说，封诸侯过限曰附益。或曰阿媚王侯，有重法也。"

又，《两龚传》：楚人也，以王国人不得宿卫；《彭宣传》：淮阳阳夏人也，迁廷尉，以王国人出为太原守。李奇曰："初，汉制王国人不得在京师。"②

《百官公卿表》：奉常有均官、都水两长丞。〔1〕

〔1〕如淳曰："律，都水治渠堤水门。"

宗正属官有都司空令丞。〔1〕

〔1〕如淳曰："律，司空主水及罪人。贾谊曰：'输之司空，编之徒官。'"

少府属官有若卢。〔1〕

〔1〕服虔曰："若卢，诏狱也。"邓展曰："旧洛阳两狱，一名若卢，主受亲戚妇女。"如淳曰："若卢，官也，藏兵器。《品令》曰若卢郎中二十人，主弩射。《汉仪注》有若卢狱令，主治库兵将相大臣。"

《文献通考》载西汉狱名：

中都官狱。《宣帝纪》徐氏曰："按，《后汉·百官志》云，孝武以下置中都官狱二十六所各令长名。"

廷尉诏狱。周勃诣廷尉诏狱。

上林诏狱。《成帝纪》罢上林诏狱。师古曰："《汉旧仪》云，上林诏狱，主治苑中禽兽宫馆事。"

郡邸狱。《宣帝纪》曾孙坐收郡邸狱，注云："《汉旧仪》郡邸狱治天下郡国上计者。"

掖庭秘狱。刘辅系庭秘狱。《三辅黄图》云武帝改永巷为掖庭，置狱焉。

共工狱。《刘辅传》徙系共工狱，注："考工也。"

若卢诏狱。王商诣若卢诏狱。

都船狱。王嘉致都船狱。

都司空狱。窦婴劾系都司空狱。又，《伍被传》为左右都司空诏狱书。

居室。《灌夫传》：劾夫，系居室。注云"后改为保宫"。

保宫。李陵母系保宫。

① 按："应劭曰"一句见于眉批，今移入注中（参见图12、13）。

② 按：此句末有"此下接写《王子侯表》八页"一句，不解其意（参见图13）。

内官。《东方朔传》昭平君狱系内官。

请室。《袁盎传》绛侯反，系请室，注“狱也”。

导官。《张汤传》廷尉谒居弟系导官。

暴官。《宣帝纪》注云：“暴室，宫人狱。”

水司空。《伍被传》注云：“上林有水司（宫）〔空〕，主囚徒。”

容斋洪氏《随笔》曰：汉以廷尉主刑狱，而中都他狱亦不一。宗正属官有左右都司空，鸿胪有别火令丞、郡邸狱，少府有若卢狱令、考工、共工狱，执金吾有寺互、都船狱，又有上林诏狱、水司空、掖庭秘狱，暴室、请室、居室徒官之名。《张汤传》苏林曰：“《汉仪注》狱二十六所。东汉《志》云，孝武帝所置，世祖皆省之。后世俱无如是之多。”

《史记·商君传》：匿奸者与降敌同罚。〔1〕

〔1〕《索隐》曰：“律，降敌者诛其身，没其家，匿奸者当与同罚。”

《吕后纪》：滕公乃召乘舆车载少帝出。〔1〕

〔1〕《集解》蔡邕曰：“律曰，‘敢盗乘舆服御物’。天子至尊，不敢渫渎言之，故托于乘舆也。又，天子以天下为家，不以京师宫室为常处，则当乘车舆以行天下，故群臣托乘舆以言之，故或谓之‘车驾’。”

《汲黯传》：治官理民，好清静，择丞史而用之。〔1〕

〔1〕如淳曰：“律，太守、都尉、诸侯内史，史各一人，卒史、书佐各十人。”

《吴王濞传》：使人为秋请。〔1〕

〔1〕孟康曰：“律，春曰朝，秋曰请，如古诸侯朝聘也。”如淳曰：“濞不得行，使人代己致请礼也。”

《魏其侯传》：太后除婴门籍，不得入朝请。〔1〕

〔1〕《集解》：“律，诸侯春朝天子曰朝，秋曰请。”

《李斯传》：商君之法，刑弃灰于道者。〔1〕

〔1〕《正义》：“弃灰于道者，黥也。《韩子》曰：‘殷之法，弃灰于衢者刑。子贡以为重，问之。仲尼曰：灰弃于衢必燔人，人必怒，怒则斗，斗则三族，虽刑之可也。’”

《后汉书·光武帝纪》：建武二年五月，诏曰：民有嫁妻、卖子欲归父母者，恣听之。敢拘执论如律。

建武三年，诏曰：吏不满六百石，下至墨绶长相，有罪先请；男子八十以

上、十岁以下及妇人从坐者，自非不道、诏所名捕，皆不得系，〔1〕当验问者即就验，女徒雇山归家。〔2〕

〔1〕诏书有名而特捕者。

〔2〕《令甲》：女子犯徒遣归家，每月出钱雇人于山伐，本名之曰雇山。

七年五月，诏吏人遭饥乱及为贼所掠为奴婢、下妻，欲去留者，恣听之。〔1〕敢拘执不还，以卖人法从事。〔2〕

〔1〕注："不以道取为略。"

〔2〕顾亭林《日知录》云："言比略卖人口律罪之，重其法也。"注：惠氏曰："盗律曰，'略人、略卖人、和卖人为奴婢者死'。陈群《新律序》曰'盗律，有和卖买人'。"

按：此则汉律篇有卖人之条。前二年诏曰，敢拘执论如律，所谓律者即卖人法也。

十一年二月，诏曰：天地之性人为贵，其杀奴婢不得减罪。八月，诏敢炙灼奴婢论如律，免所炙灼者为庶人。十月，诏除奴婢射（傅）〔伤〕人弃市律。

十二年，诏边吏力不足战则守，追虏料敌不拘以逗留法。〔1〕

〔1〕《说文》曰："逗留也。"《前书音义》曰："逗是曲行避敌也。"汉法，军行逗留畏愞者，斩；追虏或近或远，量敌（近）〔进〕退，不拘以军法，直取胜敌为务也。

十六年十月，遣使者下郡国，听群盗自相纠擿犹发也，五人共斩一人者，除其罪；吏虽逗留回避故纵者，皆勿问，听以禽讨为效。其牧守令长坐界内盗贼而不收捕者，又以畏愞捐城委守者，皆不以为负，但取获贼多少为殿最，唯蔽匿者乃罪之。于是更相追捕，贼并解散。

十八年四月，诏曰：今边郡盗谷五十斛，罪至于死，开残吏妄杀之路，其蠲除此法，同之内郡。

二十四年，诏有司申明旧制阿附蕃王法。〔1〕

〔1〕武帝时，有淮南、衡山之谋，作左官之律，设附益之法。是为旧制，今更申明之。

二十八年十月，诏死罪系囚皆一切募下蚕室。

《明帝纪》：明帝显宗即位，诏：中二千石下至黄绶，贬（职）〔秩〕赎论者，悉皆复秩还赎。

天下亡命、殊死以下，听得赎论；死罪入缣二十匹，右趾至髡钳城旦春十匹，完城旦春至司寇作三匹，〔1〕其未发觉，诏书到先自告者半入赎。①

〔1〕完者，谓不加髡钳而筑城也。次鬼薪白粲，次隶臣妾，次作司寇［作］。

永平八年十月，诏三公募郡国中都官死罪系囚减罪一等，勿笞，诣度辽将军营，屯朔方、五原之边县，妻子自随，便占著边县，〔1〕父母同产欲相代者，恣听之。

〔1〕占著谓附名籍。

［永平十五年,］令天下大酺五日或三日。〔1〕

〔1〕汉律：三人以上无故群饮，罚金四两。今恩诏横赐，得令聚会饮食数日也。

遗诏无起寝庙，敢有所兴作者，以擅议宗庙法从事。〔1〕

〔1〕《前书》曰："擅议宗庙者弃市。"

《肃宗章帝纪》：诏天下系囚减死一等，勿笞，诣边戍；妻子自随，占著所在；父母、同产欲相从者，恣听之。有不到者，皆以乏军兴论。〔1〕汉世屡有是诏。

〔1〕军兴而致阙乏，当死罪也。

元和元年，诏曰："律云'掠者，惟得榜、笞、立'。〔1〕又，《令丙》'箠长短有数。'"〔2〕

〔1〕《苍颉篇》曰："掠，问也。"《广雅》曰："榜，系也，音彭。"《说文》云："笞，击也。"立，谓立而拷讯之。

〔2〕《令丙》为篇之次也。《前书音义》曰："令有先后，有令甲、令乙、令丙。"又，景帝定箠令，箠长五尺，本大一寸。其竹也，末薄半寸，其平去节，故云长短有数也。

十二月，诏曰：书云"父不慈，子不祗，兄不友，弟不恭，不相及也"。往昔妖言大狱，所及广远，一人犯罪，禁至三属，莫得垂缨仕宦王朝。朕甚怜之。诸以前妖恶禁锢者，一皆蠲除之，以明弃咎之路，但不得在宿卫而已。

二年正月，诏曰：令云"人有产子者复，勿算三岁"。今诸怀妊者，赐胎养［谷］人三斛，复其夫，勿算一岁，著为令。

二年七月，诏曰：《春秋》于春每月书"王"者，重三正，慎三微也。

① 按："天下亡命"一条，原与上条径直相接；两者非同月事，今独立为一条。

律，十二月立春，不以报囚。〔1〕《月令》冬至之后，有顺阳助生之文，而无鞫狱断刑之政。朕咨访儒雅，稽之典籍，以为王者生杀，宜顺时气。其定律，无以十一月、十二月报囚。①

〔1〕报，犹论也。立春，阳气至，可以施生，故不论囚。

《安帝纪》：元初五年七月，诏曰：旧令制度，各有科品。〔1〕

〔1〕注：汉令今亡。

《顺帝纪》：顺帝永建元年，诏坐法当徙，勿徙；亡徙当传，勿传。〔1〕

〔1〕徙囚逃亡当传捕者，放之勿捕。

《明德马皇后纪》：朔望诸姬主朝请。②〔1〕

〔1〕汉律，春曰朝，秋曰请。

《卓茂传》：卓茂为密令。视民如子。民尝有言部亭受其米肉遗者。茂曰："亭长为从汝求乎？为汝有事嘱之而受乎？将平居自以恩意遗之乎？"民曰："往遗之耳。"茂曰："遗之而受，何故言邪？"曰："窃闻贤明之君，使民不畏吏，吏不取民。今我畏吏，是以遗之。吏既卒受，故来言耳。"茂曰："汝为敝民矣。凡人所以群居不乱异于禽兽者，以有仁爱〈礼义〉，知相敬事也。吏顾不当乘威力强请求耳。③汝独不欲修之，宁能高飞远走，不在人间邪？亭长素善吏，岁时遗之，礼也。"民曰："苟如此，律何故禁之？"茂笑曰："律设大法，礼顺人情。今我以礼教汝，必无怨恶；以律治汝，汝何能措其手足乎？一门之内，小者可论，大者可杀也，且归念之。"

《杜林传》：群臣上言：古者肉刑严重，则民畏法令；今宪律轻薄，故奸轨不胜。宜增科禁，以防其源。林奏曰：夫人情挫辱，则义节之风损；法防烦多，则苟免之行兴。古之明王，深识远虑，动居其厚，不务多辟。周之五刑，不过三千。大汉初兴，详览失得，故破矩为圆，斫雕为朴，蠲除苛政，更立疏网，海内欢欣，人怀宽德。及至其后，渐以滋章，吹毛索疵，诋欺无限。果桃茹菜之馈，集以成臧；小事无妨于义，以为大戮。故国无廉士，家无完行。至于法不能禁，令不能止，上下相遁，为敝弥深。臣愚

① 按："月令冬至之后"几句，傅图本、文库本均抄重，今据《后汉书》记载，合并为一条。

② 按：此条不见于堀毅整理本。

③ 按："吏顾不当乘威力强请求耳"一句，原在"不在人间邪"句后，今据《后汉书》调整语序。

以为宜如旧制，不合翻移。

《梁统传》：统在朝廷，数陈便宜，以为法令既轻，下奸不胜，宜重刑罚，以遵旧典，乃上疏曰：臣窃见元、哀二帝，轻殊死之刑以一百二十三事，手杀人者减死一等。自是以后，著为常准，故人轻犯法，吏易杀人。臣闻立君之道，仁义为主。仁者爱人，义者政理，爱人以除残为务，政理以去乱为心。刑罚在衷，无取于轻，是以五帝有流、殛、放、杀之诛，三王有大辟、刻肌之法。故孔子称"仁者必有勇"，又曰"理财正辞，禁民为匪曰义"。高帝受命，诛暴，平荡天下，约令定律，诚得其宜。文帝宽惠柔克，遭世平康，唯除省肉刑、相坐之法，它皆率由，无革旧章。〔1〕武帝值中国隆盛，财力有余，征伐远方，军役数兴，豪杰犯禁，奸吏弄法，故重首匿之科，著知纵之律，〔2〕以破朋党，以惩隐匿。宣帝聪明正直，总御海内，臣下奉宪，无所失坠，因循先典，天下称理。至哀、平继体而即位日浅，听断尚寡，丞相王嘉轻为穿凿，亏除先帝旧约成律。数年之间，百有余事，或不便于理，或不厌民心。谨表其尤害于体者，傅奏于左。①

〔1〕秦法，一人有罪并其家室。

〔2〕凡首匿者，为谋首，藏匿罪人。至宣帝时，除子匿父母、妻匿夫、孙匿祖父母罪，余至殊死上请。知从谓知故纵。武帝时，立见知故纵之罪，使张汤等著律。

又曰：自高祖之兴，至于孝宣，君明臣忠，谋谟深博，犹因循旧章，不轻改革，海内称理，断狱益少。至初元、建平，所减刑罚百有余条，而盗贼[浸]多，岁以万数。间者三辅纵横，群辈并起，至燔烧茂陵，火见未央。其后陇西、北地、西河之贼，越州度郡，万里交结，攻取库兵，劫略吏人，诏书讨逋，连年不获。是时，以天下无难，百姓安平，而狂狡之势，犹至于此，皆刑罚不衷，愚人易犯之所致也。由此观之，则刑轻之作，反生大患；惠加奸轨，而害及善良也。故臣愿陛下采择贤臣孔光、师丹等议。议上，遂寝不报。

《曹褒传》：迁圉令。时他郡盗徒五人来入圉界，吏捕得之。陈留太守马严风县杀之，褒敕吏曰："夫绝人命者，天亦绝之。皋陶不为盗制死刑，管

① 按：此条眉批曰"另见，此处不必入"，可能类似文字又见于他处，故如此安排；因稿本不完全，此处保留不删。

仲遇盗而升诸公。今承旨而杀之，是逆天心，顺府意也，其罚重矣。”遂不为杀。

《张敏传》：有人侮辱人父者，而其子杀之，肃宗贳其死刑而降宥之，自后因以为比。是时遂定其议，以为轻侮法。敏驳议曰：“夫轻侮之法，先帝一切之恩，不有成科颁之律令也。夫死生之决，宜从上下，犹天之四时，有生有杀。若开相容恕，著为［定］法〈令〉者，则是故设奸萌，生长罪隙。孔子曰：‘民可使由之，不可使知之。’《春秋》之义，子不报仇，非子也。〔1〕而法令不为之减者，以相杀之路不可开故也。今托义者得减，妄杀者有差使，执宪之吏得设巧诈，非所以导‘在丑不争’之义。又轻侮之比，浸以繁滋，至有四五百科，转相顾望，弥复增甚，难以垂之万载。臣闻师言‘救文莫如质’。故高帝去烦苛之法，为三章之约。建初诏书，有改于古者，可下三公、廷尉蠲除其敝。”议寝不省。敏复上疏曰：“臣伏见孔子垂经典，皋陶造法律，原其本意，皆欲禁民为非也。未晓轻侮之法将以何禁？必不能使不相轻侮，而更开相杀之路，执宪之吏复容其奸枉。议者或曰‘平法当先论生’。臣愚以为天地之性，唯人为贵。杀人者死，三代同制。今欲趣生，反开杀路，一人不死，天下受敝。记曰‘利一害百，人去城郭’。夫春生秋杀，天道之常。春一物枯即为灾，秋一物华即为异。王者承天地，顺四时，法圣人，从经律。愿陛下留意下民，考寻利害，广令平议，天下幸甚。”和帝从之。

〔1〕《公羊传》曰：“父不受诛，子复仇可也。”

《郭躬传》：奉车都尉窦固出击匈奴，骑都尉秦彭为副。彭在别屯而辄以法斩人，固奏彭专擅，请诛之。议者皆然固奏，躬独曰：“于法，彭得斩之。”帝曰：“军征，校尉一统于督〈者〉。彭既无斧钺，得专杀人乎？”躬对曰：“一统于督者，谓在部曲也。今彭专军别将，有异于此。兵事呼吸，不容先关督帅。且汉制棨戟即为斧钺，于法不合罪。”帝从躬议。

又有兄弟［共］杀人者，而罪未有所归。帝以兄不训弟，故报兄重而减弟死。中常侍孙章宣诏，误言两报重，尚书奏章矫制罪，当腰斩。躬对“章应罚金”。帝曰：“章矫诏杀人，何谓罚金？”躬曰：“法令有故、误，章传命之谬，于事为误。误者其文则轻。”帝曰：“章与囚同县，疑其故也。”躬曰：“‘周道如砥，其直如矢。’‘君子不逆诈。’君王法天刑，不可以委曲生意。”帝曰：“善。”①

章和元年，赦天下系囚在四月丙子以前减死罪一等，勿笞，诣金城，而文不及亡命［及］未发觉者。躬上封事曰：“圣恩所以减死罪使戍边者，重人命也。今死罪亡命无虑万人，又自赦以来，捕得甚众，而诏令不及，皆当重论。伏惟天恩莫不荡宥，死罪以下并蒙更生，而亡命捕得独不沾泽。臣以为赦前犯死罪而系在赦后者，可皆勿笞诣金城，以全人（死）〔命〕，有益于边。”肃宗善之，即下诏赦焉。②

《陈宠传》：汉（书）〔旧〕事断狱报重，常尽三冬之月，肃宗始改用冬初十月。③ 秦为虐政，四时行刑，圣汉初兴，改从简易。萧何草律，季秋论囚，但避立春之月，而不计天地之正、二王之春，实颇有违。〔1〕

〔1〕言萧何不论天地之正及殷、周之春，实乖正道。

子忠拜尚书。上除蚕室刑，解臧吏三世禁锢；狂易杀人，得减重论；母子兄弟相代死，听，赦所代者。事皆施行。穿窬不禁，则致强盗；强盗不断，则为攻盗；攻盗成群，必生大奸。故亡逃之科，宪令所急，至于通行饮食，罪致大辟。〔1〕

〔1〕注：“通行饮食，犹今律云过致资给，与同罪也。”

元初三年，诏大臣得行三年丧。建光中，尚书令祝讽等以为孝文定约礼之制，光武绝告宁之典，贻则万世，不可改。〔1〕忠言高祖受命，萧何创制，大臣有宁告之科，合于致忧之义。

〔1〕告宁，休谒之名。吉曰告，凶曰宁。

《应奉传》：奉子劭。初，安帝时河间人尹次、颍川人史玉皆坐杀人当死，次兄初及玉（女）〔母〕军并诣官曹，求代其命，因缢而物故。尚书陈（宗）〔忠〕以罪疑（惟）〔从〕轻，议活次、玉。劭后追驳之，据正典刑，有可存者。其议曰：“杀人者死，伤人者刑，此百王之定制，有法之成科。高祖入关，虽尚约法，然杀人者死，亦无宽降。夫时化则刑重，时乱则刑

① 按：此条眉批有“此三条亦不必人”语，似是就曹褒、张敏、郭躬三条而言，此处保留不删。

② 按：堀毅整理本将此条置于“窦宪出击匈奴”条前，似误；内藤文库本如此，从。

③ 按：此句稿本为注文，今据《后汉书》仍以正文出；又，稿本“二王之春”随文注“殷周”，今据章怀太子注补全。

轻。《书》曰‘刑罚时轻时重’，此之谓也。今次、玉公以清时释其私憾，阻兵安忍，僵尸道路。朝恩在宽，幸至冬狱，而初、军愚狷，妄自投毙。《传》曰：‘仆妾感慨而致死者，非能义勇，愿无虑耳。’是故春一草枯则为灾，秋一木华则为异。今杀无罪之初、军，而活当死之次、玉，其为枯华，不亦然乎？陈忠不详制刑之本，而信一时之仁，遂广引八议求生之端。夫亲故贤能功贵勤宾，岂有次、玉当罪之科哉？若乃小大以情，原心定罪，此（谓）〔为〕求生，非谓代死以生也。败法乱政，悔其可追。”①

《桥玄传》：玄少子十岁，独游门次，卒有三人持杖劫执之，入舍登楼，就玄求货，玄不与。有顷，司隶校尉率河南尹、洛阳令围守玄家，恐并杀其子，未欲迫之。玄瞋目呼曰：“奸人无状，玄岂以一子之命而纵国贼乎?”促令兵进。于是攻之，玄子亦死。玄乃诣阙谢罪，乞下天下“凡有劫质，皆并杀之，不得赎以财宝，开张奸路”。诏书下其章。初，自安帝以后，法禁稍弛，京师劫质，不避豪贵，自是遂绝。

《刘祐传》：转大司农。时中常侍苏康、管霸用事，遂固天下良田美业，山林湖泽，民庶穷困，州郡累气。祐移书所在，依科品没入之。

《申屠蟠传》：缑氏女玉为父报仇，杀夫氏之党，吏执玉以告外黄令梁配，〔1〕配欲论杀玉。蟠时年十五，为诸生，进谏曰：“玉之节义，足以感无耻之孙，激忍辱之子。不遭明时，尚当表旌庐墓，况在清听，而不加哀矜!”配善其言，乃为谳，得减死罪。

〔1〕《续汉书》曰：“缑玉为父复仇，杀夫之从母兄李士，姑执玉以告吏。”

《孔融传》：张俭为侯览所怨，览下州郡，以名捕俭。俭与融兄褒有旧，亡抵于褒，不遇。融留舍之。后事泄，国相以下，密就掩捕，俭脱走，遂并收褒、融送狱。二人未知所坐。融曰：“保纳舍藏者，融也，当坐之。”褒曰：“彼来求我，非弟之过，请甘其罪。”吏问其母，母曰：“家事任长，妾当其辜。”一门争死，郡县疑不能决，乃上谳之。诏书竟坐褒焉。

汉律与罪人交关三日已上，皆应知情。

按：知情者应坐罪，不知情者不坐，故《扬雄传》云雄不知情，有诏勿问。

《文苑·黄香传》：迁魏郡太守。郡旧有内外园田，常与人分种收谷。香

① 按：此条眉批有“亦不必入”语，此处保留不删。

曰："《田令》商者不农，《王制》仕者不耕。"乃悉以赋人，课令耕种。

《百官志》：廷尉，卿一人。本注曰：掌平狱，奏当所应。凡郡国谳疑罪，皆处当以报。正、左监各一人。左平一人，掌平（治）〔决〕诏狱。

治书侍御史二人。本注曰：掌选明法律者为之。凡天下诸谳疑事，掌以法律当其是非。

《说文解字》：蛊，腹中虫也。〔1〕

〔1〕段玉裁曰："中、虫皆读去声。腹中虫者，谓腹内中虫食之毒也。《周礼》庶氏掌除毒蛊。注：'毒蛊，虫物而病害人者。'《贼律》曰'敢蛊人及教令者弃市'。《左氏正义》曰'以毒药药人，令人不自知，今（人）〔律〕谓之蛊'。"

疁，烧穜也。汉律曰：疁田，茠草。〔1〕

〔1〕段曰："二者皆农事，茠或薅字。《诗》曰'既茠荼蓼'，今［诗］作以薅。"

威，姑也。〔1〕汉律曰："妇告威姑。"徐锴曰："土盛于戌。土，阴之主也，故从戌。"〔2〕

〔1〕段曰："引申谓有威可畏。"

〔2〕段曰："惠定宇曰：《尔雅》君姑即威姑也。古君威合音差近。"

姘，除也。汉律：齐民与妻婢奸曰姘。〔1〕

〔1〕段曰："此又一义也。高注《淮南》曰：'齐民，凡人齐于民也。礼，士有妾，庶人不得有妾，故平等之民与妻婢私合名之姘，有罚〈者〉。［此］姘取合并之义。'"

姅，妇人污也。〔1〕汉律曰：见姅变，不得侍祠。〔2〕

〔1〕段曰："谓月事及免身及伤孕皆是也。"

〔2〕段曰："见姅变，如今俗忌入产妇房也，不可以侍、祭祀。夫斋，则不入侧室之门，正此义。汉律与《周礼》相为表里。"

澘，所以拥水也。汉律曰：及其门首洒澘。〔1〕

〔1〕段曰："盖谓壅水于人家门前有妨害也。"

鮚，蚌也。汉律：会稽郡献鮚酱二斗。〔1〕

〔1〕段曰："'二斗'二字依《广韵》补。《广韵》'斗'误'升'。小徐本作'三斗'。"

綷，从宰省〈声〉。扬雄以为汉律祠宗庙丹书告也。〔1〕

〔1〕段曰："雄《甘泉赋》'上天之縡'，盖即谓郊祀丹书告神者，此则从（縡）〔宰〕不省者也。"

缦，缯无文也。汉律曰：赐衣者，缦表白里。〔1〕

〔1〕段曰："《春秋繁露》'庶人衣缦'，引申之，凡无文皆曰缦。"

絩，绮丝之数也。〔1〕汉律：绮丝数谓之絩，布谓之緫，〔2〕绶组谓之首。〔3〕①

〔1〕段曰："言绮以见凡缯也。绮者，文缯也。文（绳）〔缯〕丝尚有数，则余缯可知。"

〔2〕段曰："《礼经》'布八十缕为升'。禾部曰'布八十缕为稯'。《汉·王莽传》'一月之禄十緵，布二匹。'孟康曰：'緵，八十缕也。'按，緫即稯也，稯即緵也，緵即升也，皆谓八十缕。《召南》'羔羊五緫'。传曰：'緫，数也'。"

〔3〕段曰：司马绍统《舆服志》："'乘舆黄赤绶五百首，诸侯王赤绶三百首，相国绿绶二百四十首，公侯将军紫绶百八十首，九卿、中二千石二千石青绶百二十首，［千石、六百石］黑绶八十首，［四百石、三百石、二百石］黄绶六十首。'凡先合单纺为一系，四系为一扶，五扶为一首，五首为一文，文采淳为一圭。首多者［系］细，首少者系粗。"

赀，小罚以财自赎也。汉律：民不繇，赀钱二十二。②〔1〕

〔1〕段曰："《汉仪注》曰，人年十五至五十六出赋钱，人百二十为一算；又七岁至十四出口钱，人二十，以供天子。至武帝时，又口加三钱，以补车骑马，见《昭帝纪》《光武纪》二注及《汉旧仪》。按，《论衡·谢短篇》曰'七岁头钱二十三'，［亦］谓此也。然则民不徭者，谓七岁至十四岁。赀钱二十三者，口钱二十，并武帝所加三钱也。"

孔检讨《礼学卮言》："汉律，民不繇，赀钱二十三。近古夫家之征也，谓之夫家者有所征发，当计三家而出一夫，故以名之。"③

祉，以豚祠司命也。汉律：祠祉司命。

舳，舳舻也。汉律：名船方长为舳舻。〔1〕舳一曰船尾，舻一曰船头。④

〔1〕段曰："'长'当作'丈'。《史》《汉·货殖传》皆曰'船长千丈'。注者谓：总集其丈数，盖汉时计船以丈，每方丈为一舳舻也。"

䈉，筥也。汉律令：䈉，小匡也。〔1〕

〔1〕段曰："'匡'俗作'筐'。汉律令之䈉，谓匡之小者。匡、䈉皆可盛饭，而

---

① 按：段注原系于所注语词后，薛氏汇总段注于文末，并以"又"衔接前后语句；今据《说文解字注》而分属于所注语词后。下同，不另说明。

② 按：此句旁有批注，"原本二十二，段本作二十三"。

③ 按：堀毅整理本此句不全，内藤文库本完整。

④ 按："舳一曰船尾，舻一曰船头"句，稿本置于段注末。这两句均为《说文》正文，前者见"舳"字条，后者见"舻"字条。今权且移入正文，且以小字加以区分。

匡、筥无盖，〈如同〉箪笥有盖，如今之箱盒，其制不同。”

藙，煎茱萸。汉律：会稽献藙一斗。〔1〕

〔1〕段曰：“《齐民要术》调食使茱萸也。又《礼记·内则》古注‘三牲用藙’，郑谓‘煎茱萸也，汉律会稽献焉’。《尔雅》谓之榝，与藙通。皇侃曰：‘煎茱萸，蜀郡作之。’”①

蹶，汉令曰趆张百人。〔1〕

〔1〕段曰：“《史》《汉·申屠嘉传》材官蹶张。如淳曰：‘材官之多力，能脚踏强弩张之，故曰蹶张。律有蹶张士。’② 考许书蹷、趆二字并出，蹷云蹠也，趆云歫也，引汉令‘趆张百人’，与如淳引作蹶［张］不合。今寻绎字义，蹷者跳起也。趆者，拓也。如［、孟］作蹶张，皆由认蹶、蹷、趆为一字耳。”

貀，貀兽，无前足。汉律：能捕豺貀购钱百。〔1〕

〔1〕段曰：“‘钱百’各本作‘百钱’。《尔雅》郭注‘律捕虎一，购钱三（十）〔千〕；其豿，半之。盖亦沿汉律也’。购者，以财有所求也。”

殊，死也。一曰断也。汉令：蛮夷长有罪当殊之〈市〉。〔1〕又汉律殊死谓斩刑。③

〔1〕段曰：“殊之者，绝之也，所谓别异蛮夷。此举汉令证断义，而裴骃以来皆谓殊之为诛死。夫蛮夷有罪，非能必执而杀之也，而顾著为令哉？今锴本作‘当殊之市’，多‘市’字。此由张次立以铉本改锴本，误以铉本‘市朱切’‘市’字系‘殊’之下，其可笑有如此者。”

㽉，汉令鬲。〔1〕徐锴曰：“汉中市蜀地，以瓦为之也。”

〔1〕段曰：“谓载之于令甲、令乙之鬲字也。”

襄，汉令：解衣［而］耕谓之襄。

馽，绊两前足也。④ 汉令：蛮夷卒有馽。〔1〕

〔1〕段曰：“疑有夺字。‘殊’下云‘蛮夷长有罪当殊之’，此应云‘蛮夷卒有罪当馽之。’”

絜，乐浪挈令。织，从系从式。〔1〕徐铉曰：“挈令，盖律令之书也。”

〔1〕段曰：“乐浪，［汉］幽州郡名也。挈令者，《汉·张汤传》有廷尉挈令。韦

① 按：此处所引“《齐民要术》调食使茱萸也”句，不见于通行本段注，不知薛氏所据为何。

② 按：“孟康曰”之语薛氏未引，与段注“皆由认蹶、蹷趆为一字耳”无从对应，今补。又，此句后有“原解本在走部趆字下”一句，今删。

③ 按：“又汉律殊死谓斩刑”一句，系引自他书，非《说文解字》语。今以小字存之。

④ 按：“绊两前足也”句前，稿本有“马唇也”句，似误引“䌭，马泄也”句，今删。

昭曰‘在版挈也’。《后书·应劭传》作廷尉版令。《史记》又作挈令。《燕王旦传》又有光禄挈令。挈当作栔。栔，刻也。乐浪郡栔于板之令也，其织字如此。录之者，明字合于六书之法，则无不可用也，如录汉令之鬲作歷。”

髳，[髳] 或〈从敄〉省。[①] 汉令有髳长。〔1〕[徐锴曰:] “髳，羌地名，髳地之长也。”

〔1〕段曰:“《牧誓》庸、蜀、羌、髳。《小雅》如蛮如髦，传曰‘蛮，南蛮也；髦，夷髦也’。笺曰‘髦，西夷别名’。按，《诗》髦即《书》髳。髳长见汉令，盖如赵佗自称蛮大长，亦谓其酋豪也。”

迟，曲行也。〔1〕

〔1〕段曰:“军法有逗留，有迟桡。《光武纪》‘不拘以逗留法’。如淳曰:‘军法行而逗留、畏(偄)〔愞〕者要斩。’此谓止而不进者。《史》《汉·韩安国传》‘廷尉当恢逗桡，当斩’。服虔曰:‘逗音企。’应劭曰:‘逗，曲行避敌也；桡，顾望也，军法语也。’此谓有意回远迟误者。《淮南书》曰‘两军相当屈桡者要斩’，是也。”

跀，断足也。〔1〕

〔1〕段曰:“此与刀部刖异义。刖，绝也，经传多以刖为跀。《周礼》司刑法注云:‘周改膑作刖。’按，唐、虞、夏刑用髌，去其膝头骨也；周用跀，断足也。凡于周言膑者，举本名也。《庄子》‘(齐)〔鲁〕有兀者叔山无趾，踵见仲尼。’崔譔云:‘无趾故踵行。’然则刖刑即汉之斩趾，无足趾，故以足跟行也。无足趾不能行，故别为刖足者之(偻)〔屦〕以助其行。《左氏》曰‘踊贵(屡)〔屦〕贱’，是也。髌则足废不能行，刖则用踊尚可行，故跀轻于髌也。”

疻痏，[殴] 伤也。〔1〕

〔1〕段曰:“《汉书·薛宣传》廷尉引传曰:‘遇人不以义而见疻者，与痏人之罪钧，恶不直也。’应劭曰:‘以杖手[殴]击人剥其皮肤，起青黑而无创瘢者，律谓疻痏。’按，此应注讹脱。《急就篇》颜注云:‘[殴]人皮肤肿起曰疻，[殴]伤曰痏。’盖应注律谓疻下[夺]去六字，当作‘其有创瘢者谓痏’。《文选》嵇康诗‘怛若创痏’，李善引《说文》‘(创)〔痏〕，瘢也’，正与应语合，皆本[汉]律也。疻轻痏重，遇人不以义而见疻，罪与痏人等。是疻人者轻论，见疻者重论，故曰‘恶不直也’。创瘢谓皮破血流。”

---

① 按：此句后有“诗曰‘紞彼两髳’”句，本是针对“髳”字而言，与所论“髳”字无关，删。

耏，罪不至髡也。〔1〕

〔1〕段曰："《高帝纪》七年春，'令郎中有罪耏以上请之'。应劭曰：'轻罪不至于髡，完其耏鬓，故曰耏。古（耏）〔耐〕字从彡，发肤之义也。杜林以为法度之字皆从寸，后改如是。言耐罪以上，皆当先请。'"

廷尉说律，至以字断法。苛人受钱，苛之字止句也。〔1〕

〔1〕段曰："《通典》陈群、刘邵等魏律令序曰：'盗律有受所监临，受财枉法，杂律有假借不廉，令乙有所呵人受钱，科有使者验赂，其事相类，故分为请赇律。'按，诃责，字见三篇言部，俗作呵，古多以苛字、荷字代之。汉令乙有所苛人受钱，谓有治人之责者而受人钱，故与监临受财、假借不廉、使者（得）〔验〕赂为一类。苛从艸，可声，假为诃字，并非从止句也。而隶书之尤俗者乃讹为止句。说律者曰：此字从止句，句读同钩，谓止之而欲钩取其钱。其说无稽于字意律意，皆大失。"

惠氏《九经古义》：宫正幾其出入。"注谓'幾呵其衣服操持及疏数者'。《释文》'呵作荷，音呼何反，又音何'。毛居正《六经正误》云'案阍人注，苛其出入，比长，泣呵问，秋官萍氏苛察，环人苛留，凡五处音义皆同。[而字]或作荷，或作苛，或作呵，其实一也。古字通用、借用，大抵如此'。《汉书》'谁问作何，责问作呵，亦作诃。刻虐作苛，芙渠作荷'。栋按，刻虐之苛，字本荷。毛（氏）〔诗〕序云'衰刑政之荷'。《春秋》传云'荷慝不作'。《汉书》'好持荷礼是也'。今本皆作苛。荷担之荷，本作何。《易》'何天之衢'，《论语》'何蒉'是也。责问之呵〈也〉本作苛，汉令乙'有呵人受钱'，《说文》云'廷尉说律，至以字断法。苛人受钱，苛之字止句也'。苛从止从句，则为止句字，经典所无，然古文可与句通。《康诰》云'尽执拘以归于周'。《说文》引《书》云'尽执抲'。但苛以艸从可，不从止。以苛为止句，故《说文》以为不合孔氏古文。"

《公羊传》：桓公二年秋七月，蔡侯郑伯会于郑。离不言会，此其言会何？〔1〕①

〔1〕《解诂》曰："二国［相］会曰离。"

孔检讨《公羊通义》云："谨案，离，俪也。俪，两也。记曰'离坐离立，毋往参焉，二谓之离，三谓之参。汉律有'离载下帷'，言二人共载也。礼用两鹿皮。"

桓公六年秋，蔡人杀陈佗。陈佗者何？陈君也。陈君则曷为谓之陈佗？绝

① 按：《公羊传》原另起一行，今与经文放置在一起；《公羊传》三字之前，有"经义"二字，似即目录所见"经义第三"，因律目、律文之题均不见，此处暂删。

也。曷为绝之？贱也。其贱奈何？外淫也。(乌)〔恶〕乎淫？淫于蔡，蔡人杀之。〔1〕

〔1〕何休注："蔡称人者。与使得讨之，故从讨贼词也。贱而去其爵者，起其见卑，贱犹律文'立子奸母，见乃得杀之也'。"疏曰："解云犹言，对子奸母也。"

庄公十年二月，公侵宋。曷为或言侵，或言伐？觕者曰侵，精者曰伐。战不言伐，围不言战，入不言围，灭不言入，书其重者也。〔1〕

〔1〕注曰："明当以重者罪之，犹律一人有数罪，以重者论之。"

惠栋《九经古义》案："〈一人有数罪云〉，昭三十一年传与此同，盖汉律也。"孙星衍《尚书今古文注疏》："《吕刑》(并有)〔有并〕两刑者。"郑注《大传》云："二人俱罪，吕侯之 说刑也，犯数罪，犹以上一罪刑之，言犯二罪以上止科一罪也。郑注此条虽佚，亦必云然。《大传》注见《御览·刑法部》。"

闵公元年，春，王正月。公何以不言即位？继弑君不言即位。孰继？继子般也。孰弑子般？庆父也。杀公子牙，今将尔，季子不免。庆父弑君，何以不诛？将而不免，遏恶也。既而不可及，因狱有所归，不探其情而诛焉，亲亲之道也。〔1〕

〔1〕注："论季子当从议亲之辟，犹律亲亲得相首匿，当与叔孙得臣有差。"

惠栋《九经古义》："注云'律，亲亲得相首匿'。《汉书》地节四年，诏曰：'父子之亲，夫妇之道，天性也。虽有(祸患)〔患祸〕，犹蒙死而存之。诚爱结于心，仁厚之至也。岂能违之哉？自今子首匿母，妻匿夫，孙匿大父母，皆勿坐；其父母匿子，夫匿妻，大父母匿孙，罪殊死，皆上请廷尉以闻。'"此注云"律，亲亲得相首匿"，地节(三)〔四〕年之诏也。

僖〔公〕十有四年，传：曷为城杞？灭也。孰灭之？盖徐、莒胁之。〔1〕

〔1〕注云："言胁者，杞王者之后尤微，是见恐曷而(往)〔亡〕。"

惠栋《九经古义》："案，恐曷即汉律恐猲也。陈群新律序曰：'盗律有恐猲。'《汉书·王子侯表》曰葛魁侯戚坐缚家吏，恐猲受赇，弃市；平城侯礼，坐恐猲取鸡，免；承乡侯德天，坐恐猲国人，受财臧五百以上，免；籍阳侯显，坐恐猲国民取财物，免。师古曰：'猲者，谓以威力胁人也。'"

僖公二十有三年，春，齐侯伐宋，围缗。传：邑不言围，此其言围何？疾重故也。〔1〕

〔1〕注："疾，痛也。重故，喻若重故创矣。襄公欲行霸，守正履信，属为楚所败。诸夏之君，宜杂然助之，反因其困而伐之，痛与重故创无异，故言围，以恶其不仁也。即唐律因旧患令至笃疾意。又，此重字即《左氏传》不重伤之义。"

文公十有六年，传：大夫弑君称名氏，贱者穷诸人。大夫相杀称人，贱者穷诸盗。〔1〕

〔1〕注云："降大夫使称人，降士使称盗者，所以别死刑有轻重也。无尊上，非圣人，不孝者，斩首枭之。无营上，犯军法斩要，杀人者刎头。"

惠栋《九经古义》："案，无尊上，汉律所云'罔上不道'也。非圣人，汉律所云'非圣无法'也。不孝者，《商书》曰'刑三百，罪莫大于不孝'。《孝经》曰'五刑之属三千，罪莫大于不孝'。《风俗通》曰'贼之大者，有恶逆焉，决断不违时，凡赦不免。又有不孝之罪，并编十恶之条，斩首枭之者'。枭当作（県）〔梟〕，谓断首倒悬也。野王谓悬首于木竿头，以（律）〔肆〕大罪，秦刑也。云无营上犯军法者。陈群新律序曰'厩律有乏军之兴，及旧典有奉诏不谨，不承用诏书。汉氏［施行］有小愆之反，不如令，辄劾以不承用诏书，乏军要斩'。胡建案军法曰'正亡属将军，将军有罪以闻，二千石以下行法焉'。杀人者刎头，高祖约法三章所云'杀人者刑也'。何氏所据，皆本汉律，汉律已亡，举其大略如此耳。"

宣公元年，齐人取济西田。传云为弑子赤之赂也。〔1〕

〔1〕注云："子赤，齐外孙。宣公篡弑之，恐为齐所诛，为是赂之，故讳使若齐自取之者，亦因恶齐取篡者赂，当坐取邑。未之齐坐者，犹律行言许受赂也。"惠栋案："汉律有受赇之条，又有听请之条。鲁赂齐，不当坐取邑，且未之齐而坐者，由齐听请故也。汉律行言许受赂亦得坐受赇之条，故举以况之。"

襄公七年，十有二月，公会晋侯、宋公、陈侯、卫侯、曹伯、莒子、邾娄子于鄬。郑伯髡原如会，未见诸侯。丙戌，卒于操。伤而反，未至乎舍而卒也。〔1〕

〔1〕注："古者保辜，诸侯卒名，故于如会名之。明如会时为大夫所伤，以伤辜死也。君亲无将见辜者，辜内当以弑君论之，辜外当以伤君论之。"疏曰："弑君论之者其身枭首，其家执之；其伤君论之者，其身斩首而已，罪不累家。汉律有其事。然则知古者保辜者，亦依汉律。律文多依古事，故知〈其〉然也。"

惠栋《九经古义》："史游《急就章》曰'疻痏保辜謕呼号'，师古曰'保辜者，各随其状轻重，令殴者以日数保之，限内致死则坐重辜也'。《汉书·功臣表》云'昌武侯单德，元朔三年坐伤人二旬内死，弃市'。然则保辜以二旬为限欤？以平人言之，限内当以杀人论之。汉律所云'杀人者刑'是也；限外当以伤人论之，汉律所云'伤人抵罪'是也。服虔曰'抵罪者，随轻重制法'。李奇曰'伤人有曲直，罪名不可豫定'。故汉律又云见《薛宣传》'斗以刃伤人，完为城旦，其贼加罪一等，与谋者同罪'，是轻重制刑之义也。"

昭公二十有三年，尹氏立王子朝。〔1〕

〔1〕注云："尹氏贬王子朝，不贬者年未满十岁，未知欲富贵不当坐，明罪在尹氏。"惠栋案："汉律，年未满八岁，非手杀人，他皆不坐罪。尹氏者，汉律所谓率也。张裴律表曰'制众建计谓之率。'《汉书·万石君传》上报石庆曰'孤儿幼年未满十岁而坐率'。服虔曰'率坐刑法也'。如淳曰'率，家长也'。《盐铁论》云'《春秋》刺讥，不及庶人，责其率也'。"

《礼记·文王世子》：告于甸人。〔1〕

〔1〕注云："告读为鞠，读书用法曰鞠依字当作鞫。《正义》云'读书，读囚之人所犯罪状之书；用法，谓以法律平断其罪。'"《周礼·秋官·小司寇》"'读书用法'，先郑云'如今读鞫已，乃论之'，贾公彦曰'鞫，谓劾囚之要辞读已，乃行刑'。"①《说文》作"簕，穷治罪人也。"段曰："《文王世子》云云。又《汉书·功臣侯表》'坐鞫狱不实'，如淳曰'鞫者，以其辞决罪也'。《张汤传》'讯鞫论报'，张晏云'鞫，一吏为读状，论其报行也'。《刑法志》'遣廷吏与郡鞫狱'，如淳曰'以囚辞决狱为鞫，谓疑狱也'。按，鞫者，俗簕字，讹作鞫。古言鞫，今言供，语之转也。今法具犯人口供于前，具勘语拟罪于后，即周之'读书用法'，汉之'以辞决罪'也。鞫与穷一语之转，故以穷治罪人释鞫，引申为凡穷之称。《谷风》《南山》《小弁》传曰穷也，公刘传曰究也，《节南山》传曰盈也。（充）〔究〕、盈亦穷之意。《采芑》传曰'鞫，告也'。此则谓鞫即告［之］叚借字。《文王世子》告于甸人，亦是叚告为鞫也。此字隶作鞫，俗多改为鞠，大误。"

《尚书·吕刑》：惟货惟来。〔1〕

〔1〕"《释文》云'来'马本作'求'，云有求请赇也。汉律云'诸为人请求于吏，以枉法而事，已行者皆属司寇。'《说文》曰'赇，以财物枉法相谢也，从贝求声。'"

［栋］案："汉《盗律》有受赇之条，即经所云'惟货'也；又有听请之条，即经所云'惟求'也。孔氏本作来，以为旧相往来，义反纡回矣。"陈乔枞《今文尚书经说考》："《（吕刑）〔尚书释文〕》惟来，马本作'求'，云有求请赇也。王鸣盛曰：汉律，诸为人请求于吏，以枉法而事已行者，皆属司寇。《说文》贝部云'赇，以财帛枉法相谢也'。盖汉《盗律》有受赇之条，即经所云'惟货'也；又有听请之条，即经所云'惟求'也。二者相同，故马注云云，是兼说'惟货惟求'之义也。"《说文》："赇，以财物枉法相谢也。"段玉裁曰："枉法者，违法也。法当有罪，而以财求免，是曰赇，受之者亦曰赇。《吕刑》'五过之疵，惟

① 按：此条见于惠栋《九经古义》卷一一。

来'，马本作'惟求'，云'有请赇也'。按：上文惟货者，今之不枉法赃也；惟求者，今之枉法赃也。"

《礼记古注·杂记》：有司官陈器皿。〔1〕

〔1〕注："器皿，其本所赍物也。律，弃妻俾所赍。"

其罚百锾。〔1〕

〔1〕惠栋《九经古义》："'锾'，《史记》作'率'，徐广曰'率，即锾也，音刷。《说文》作锾，云锊也'。《索隐》曰'旧本率亦作选'。《汉·萧望之传》张敞曰'甫刑之罚，小过赦，薄罪赎，有金选之品'。应劭曰'选，音刷，金铢两名。'师古曰'字本作锊，锊即锾也'。盖古文作锾，今文作选。《五经异义》云'夏侯欧阳说（之）〔云〕墨辟疑赦，其罚百率，古以六两为率'。古《尚书》说'百锾，锾者，率也。一率十一铢二十五分铢之十三也。百锾为三斤'。郑氏以为古之率多作锾《周礼》职金疏。《考工记》冶氏云'重三锊'。注，郑司农云'锊，量名也，读为刷'。玄谓许叔重《说文解字》云'锊，锾也'。今东莱称'或以大半两为钧，十钧为锾，锾重六两大半两，锾锊似同矣'。则三锊为一斤四两。《说文》'锊十铢二十五分之十三也'。《周礼》'重三锊。北方以二十两为锊'。"

《经学卮言》：其罚百锾。"锾"《史记》从今文作"率"。《五经异义》曰"今夏侯欧阳说'墨辟疑赦，其罚百率'。古以六两为率。《古尚书》说百锾为三斤。"

孔广森按："率"即《考工记》之"锊"，实六两大半两也。言六两者，举成数。"冶氏重三埒"注云"三埒为一斤四两"。其字或为"鐉"，伏生大传如此。或为"选"。《萧望之传》"甫刑之罚，小过赦，薄罪赎，有金选之品"。应劭曰"选，音刷"。按：郑司农读刷亦为率。锾者，十一铢二十五分之十三，与"率"字不同，轻重亦异。郑君以锾亦为六两大半两，偏信今文也。许叔重以锊亦为十一铢二十五分之十三，偏信古文也。《说文·序》曰"书称孔子"。今孔传曰"六两曰锾"，则传古文之书而用今文之训，其伪明矣。如真古文说，大辟罚千锾，才三十斤铜耳。汉时惟今文立于学官，故汉律〈以〉以金代铜，西汉二斤八两，见《淮南王传》。东汉三斤，皆准千率之数。郑《驳异义》云"赎死罪千锾。锾六两大半两，为四百一十六斤十两大半两铜，与今赎死罪金三斤为价相依附"。《公羊传解诂》曰"黄金一斤若今万钱"。汉钱重五铢，万钱共重百三十斤，是金三斤直铜三百九十斤，故言相依附。《唐律》复赎铜死罪百二十斤，于古称为三百六十斤，据《舜典》疏"周隋斗秤于古三而为一"。轻于今文之千率，而重于古文之千锾多矣。铜贱则罚宜多，铜贵则罚宜少，固不得百王一致也。①

① 按：稿本在援引《经学卮言》后，有"《汉书·淮南王安传》其非吏，它赎死金二斤八两"一句，且独立成段。此句似意在与孔广森所言"西汉二斤八两"相参，今权且删除。

孙渊如《尚书今古文注疏》：上下比罪，〔1〕比者《王制》云凡听五刑，必察小大之比以成之。〔2〕

〔1〕“上下者，即下文之适轻适重也。”

〔2〕注云：“小大犹轻重，已行故事曰比。”《周礼·大司寇》“凡庶民之狱讼，以邦成比之”。注云：“邦成，谓若今时决事比也。”疏云：“邦成，是旧法成事品式，若今律，其断事皆依旧事断之，其无条取比类以决之。”

俞正燮《癸巳类稿》：怙终（赋）〔贼〕刑解。〔1〕

〔1〕“枚采马王则云：‘贼杀也。怙奸自终，当刑杀之。’其言甚陋，杀怙终之人，岂当自名为贼？宋范镇云：‘舜五刑：流也，官也，教也，赎也，贼也。’赎岂得谓之刑？刑岂可谓之贼？又云：‘流宥五刑者，舜制五流以宥三苗之劓、刖、腓、宫、大辟也。’按：苗民淫为劓刵椓黥见于《吕刑》，其作五虐之刑，乃依古作法虐用以制民。不得谓刖、腓、宫、大辟，苗制而舜宥之。盖怙终贼刑者，怙恃奸诈之人，终行不改之人，杀人不忌之人，不在宥赎之列，当刑之。《左传》昭公（可）〔十四〕年，叔向云：‘已恶而掠美为昏，贪以败官为墨，杀人不忌为贼。’《夏书》曰：‘昏墨贼杀，皋陶之刑也。’贼即叔向所引之贼，刑即叔向所引之杀，不当以贼杀连文生义也。”

《周礼》：天官冢宰。以九赋敛财贿，……九曰币余之赋。〔1〕

〔1〕注：“币余，百工之余。玄谓‘赋，口率出泉也，今之算泉，民或谓之赋。币余，谓占卖国中之斥币，皆末作当增赋者，若今贾人倍算矣。’”

惠氏栋云：“贾人倍算，此汉律也。应劭《汉书》注云‘汉律，人出一算，算百二十钱，惟贾人与奴婢倍算’。”

小宰。以官府之八成经邦治，……听（买卖）〔卖买〕以质剂。〔1〕

〔1〕注：“质剂，谓市中平价，今时月平是也。玄谓质剂，谓两书一札，同而别之，长曰质，短曰剂。傅别、质剂，皆今券书也。”

孔广森《礼学卮言》：“按，‘汉律，平价一月，得钱二千’，见《沟洫志》注，所谓月平也。扬子《法言》曰‘一閧之市，必立之平，盖市价以时贵贱，故每月更平之’。《景武功臣表》梁期侯任当千坐卖马一匹，价钱十五万，过平，臧五百以上，免。”

宰夫。书其能者，［与其］良者而以告于上。〔1〕

〔1〕注：“若今时举孝廉、贤良方正、茂才异等。”

宫正。幾其出入。〔1〕

〔1〕注：“若今时宫中有罪，禁止不能出，亦不得入，及无引籍不得入宫司马殿门也。玄谓幾呵其衣服、持操及疏数者。”

孔氏《礼学卮言》云：“按，《汉·严延年传》注，张晏曰‘故事，有所劾奏，并移宫门，禁止不得入；然则在内者，见被劾奏，即不许出矣'。"

职内。凡受财者，受其贰令而书之。〔1〕

〔1〕注："贰令者，谓若今御史所写下本奏，王所可者书之。若言某月某日，某甲诏书出某物若干，给某官某事。"

内宰。禁［其］奇衺。〔1〕

〔1〕注："奇衺，若今媚道。"疏："汉法有宫禁云，敢行媚道者谓道妖，邪巫术以自炫媚。"

［地官］大司徒。五曰宽疾。〔1〕

〔1〕注："若今癃，不可事，不算卒；可事者平之。"

孔广森按："汉律，'高不满六尺二寸已下为罢癃'，是但以人㑩矮者通谓之癃，若有废疾者别谓之癃。不可事，其可事者虽不服戎，犹任城道之役。《食货志》曰'常有更赋，罢癃咸出'，谓癃可事者也。"

小司徒。［及］三年则大比。〔1〕

〔1〕惠栋《九经古义》："注云'［大比］，谓使天下更简阅民数及其财物也'。郑司农云：'五家为比，故以比为名，今时八月案比是也。'《东观汉记》元初四年，诏曰'方今八月案比之时'。李贤《后汉书注》云'案比谓案验［户口］，次比之也'。《续汉书·礼仪志》曰'仲秋之月，县道皆按户比民'。《管子·度地篇》'常以秋岁末之时，阅其民，案家人比地，定什伍口数，别男女大小，其不为用者辄免之，有痼疾不可作者疾［之］，可省作者半（易）〔事〕之'。"

乡大夫。其舍者，国中贵者、服公事者、老者、疾者。〔1〕

〔1〕郑司农注："贵者，［谓］若今宗室及关内侯，皆复也。服公事者，谓若今吏有复除也。老者，谓若今八十、九十复羡卒也。疾者，谓若今废不可事者复之。"

孔氏《礼学卮言》："按《汉书》高帝诏曰'吏二千石，入蜀汉定三秦者，皆世世复'。惠帝诏曰'吏六百石以上父母、妻子与同居，及故吏尝佩将军、都尉印将兵及佩二千石官印者，家惟给军赋，他无有所与'。所谓吏有复除也。武帝建元元年，令民年八十复二算，九十复甲卒。贾山《至言》曰'陛下即位，礼高年，九十者一子不事，八十者二算不事'。所谓复羡卒也。"

党正。以岁时莅校比。〔1〕

〔1〕郑司农云："校比，族师职，所谓以时属民，而校登其族之夫家众寡云云，①

① 按：此处系节略郑司农注语，郑氏原注："校比，族师职，所谓以时属民，而校登其族之夫家众寡，辨其贵贱老幼废疾可任者，及其六畜、车辇，如今小案比。"

如今时小案比。"

调人。凡有斗怒者成之。〔1〕

〔1〕惠栋《九经古义》:"郑司农云'成之,谓和之也。和之,犹今二千石以令解仇怨后,复相报,移徙之,此其类也'。何休《公羊注》云'古者,诸侯有难,王者若方伯和平之。后相犯,复故罪',此调人成之之法也。成之者何?和之也。王褒集《僮约》注云'汉时,官不禁报怨,故二千石以令解之。'令者,汉令有和难之条。郑云'后复相报移徙之者'。案:后汉桓谭疏曰'今人相杀伤,虽已伏法而私结怨仇,子孙相报,后忿深前,至于减户殄业,而俗称豪健。故虽怯弱,犹勉而行之,此为听人自理,而无复法禁者也。今宜申明旧令,若已伏官诛而私相杀伤者,[虽]一身逃亡,皆徙家属于边;其相伤者,加常二等,不得雇山赎罪。如此,则仇怨自解'。谭所谓旧令,即先郑所云移徙之法也。"①

惠士奇《礼说》:"《大戴礼》曰'父母之雠不与同生,兄弟之雠不与聚国,朋友之雠不与聚乡,族人之雠不与聚邻'。《曲礼》亦云'父之雠弗与共戴天,兄弟之雠不反兵,交游之雠不同国'。诸儒异说,莫能相一,学者惑焉。愚谓不与同生者,孝子之心;令勿相雠者,国家之法。如其法,则孝子之心伤;如其心,则国家之法坏,欲两全则两穷,于是使不共戴天之雠避诸海外,既不(害)〔坏〕国家之法,亦不伤孝子之心,此调人之所以为调也。千里之外,远于同国,而乡近于国,邻近于乡,族人则疏于从父昆弟矣,亦可补调人之阙焉。或曰父之雠避诸海外,是共戴天也,可乎?曰:调人之和难,颖封人之锡类也。土中有水,弗掘无泉,四海之外,别有一天,其谁曰不然?若夫杀人者死,伤人者刑,乃秋官之所弊而谋,非调人之所和也。汉律'衷刺刃者必诛',以其虽未杀伤人而有杀伤之心也。调人职所谓过而杀伤人者,吉人良士无杀伤之心,时有过误,不幸陷离者耳。汉律'过失杀人不坐死',过失,若举刃欲斫伐而轶中人者。调人乃教民之官,故以其民共听而成之。东汉之季,洛阳有主谐合杀人者,谓之会任之家,遂假托调人之法,因而为奸利,受人十万,谢客数千,由是法禁益弛,京师劫质,白昼群行,而汉亡矣。"

司市。以次叙分地而经市。〔1〕

〔1〕"次,谓吏所治舍。思次,介次也,若今市亭然。叙,肆行列也。经,界也。"

---

① 按:此段文字全引惠栋《九经古义》,在"郑云后相复报移徙之者"后,始有"惠栋《九经古义》案"一句,今将其移于此段段首。

以质剂结信而止讼。〔1〕

〔1〕“质剂，谓两书一札而别之也，若今下手书，言保物要还矣。”

孔氏《礼学卮言》：“要，读如原始要终之要，言人相借贷物，为之中者，保其必还，过时不还，必责保者也。”

旅师。平颁其兴积。〔1〕

〔1〕“军兴，按汉言军兴，犹今言军需也。”《司马相如传》曰“发军兴制”，《赵广汉传》曰“乏军［兴］”。

掌节。门关用符节，货贿用玺节，道路用旌节。〔1〕

〔1〕“符节，如今宫中诸官诏符也；玺节，今之印章也；旌节，今使者所拥［节］是也。将送者，执此节以送行者，皆以道里日时课，如今邮行有程矣。”

冢人。以爵等为邱封之度，与其树数。〔1〕

〔1〕注云：“别尊卑也。王公曰邱，诸臣曰封。汉律曰‘列侯坟高四丈，关内侯以下至庶人各有差。’”

孔广森按：“《汉书》朱云‘为丈五坟’，自以为废庶人，从庶人之制也。由此推之，盖关内侯坟高三丈五尺。汉时，关内侯比古附庸，故韦玄成降爵关内侯，作诗自劾责曰‘嫡彼车服，黜此附庸’。中二千石以下至比二千石银印青绶者，坟三丈比古卿，千石以下至比六百石铜印黑绶者，坟二丈五尺比古大夫，四百石以下至比二百石铜印黄绶者坟二丈比古士，下至庶人一丈五尺，似皆以五尺为［差］。”

春官大胥。〔1〕

〔1〕注：“汉大乐律曰‘卑者之子，不得舞宗庙之酎。除吏二千石到六百石，及关内侯到五大夫子，先取適子，高七尺以上，年十二到年三十〈一〉，颜色和顺，身体修治者，以为舞人。’疏曰：‘既云取七（十）〔尺〕以上，而云十二到三十，则十二者误，当云二十至三十。’又引卿大夫职以为证。”

栋按：“刘昭《后汉书补注》引卢植《周礼》注‘所载大乐律，七尺作五尺’，郑注《论语》云‘六尺谓年十五以上’，则五尺为十二审矣。古疏失之。”

按：此《周礼·春官》大胥注也，郑司农说“与古用卿大夫子同义”。疏引《汉纪》注云：“汉承秦爵二十等，五大夫九等爵，关内侯十九爵，列侯二十爵。”王伯厚《汉制考》云：“十二当为二十。卿大夫国中自七尺以［上］至六十。”按：韩诗“二十从役”，与国中七尺同，是七十为二十矣，［明］不得为十二也。与惠说不同。

典路。[大丧,]大宾客，亦如之。〔1〕

〔1〕注:“汉朝上计律，‘陈属车于[庭]’。”

广森按:“安〈庭〉帝永初四年，以年饥，元日会，撤乐，不陈充庭车。其常时大朝会，皆陈车于庭。《东京赋》所云‘龙辂充庭’者也。卫宏《汉旧仪》曰‘朝会、上计，律常以正月旦受群臣朝贺’。秋官小行人秋献功注，‘若今计文书，断于九月’，疑即上计律文。”

夏官大司马。遂以蒐田，有司表貉，誓民。〔1〕

〔1〕注:“誓民，誓以犯田法之罚(之)〔也〕。誓曰‘无干车，无自后射’。”疏曰:“此据汉田律而言。无干车，谓无干犯他(事)〔车〕;无自后射者，象战阵不遂奔走。”又一解云:“前人已射中禽，后人不得复射。”《秋官》士师王禁。注:“今野禁有田律。”疏云:“举汉法以况之。”又见后。

司马太仆。建路鼓于大寝之门外，以待达穷者，与遽令。〔1〕

〔1〕郑司农云:“穷，谓穷冤失职，则来击此鼓，若今时上变(司)〔事〕击鼓矣。遽，传也，若今时驿马、军书当急闻者，亦击此鼓。”

栋案:“汉厩律有‘上变(司)〔事〕及警事告急’。汉律厩魏改为邮驿令。”此即后世登闻鼓制。张斐表“科有登闻道辞”，急闻即登闻也。

隶仆。掌跸宫中之事。〔1〕

〔1〕“跸，谓止行者清道，若今时儆跸。”

[秋官]大司寇。①凡庶民之狱讼，以邦成弊之。〔1〕

〔1〕注:“邦成，八成也。郑司农云‘邦成，谓若今时决事比也’。士师掌士之八成，先郑云‘行事有八篇，若今[时]之决事比’。则八成谓邦汋、邦贼以下八事。《东观汉记·鲍昱传》云‘时司徒例讼久者至十数年，比例轻[重]，非其事类错杂难知，昱奏定决事都目八卷，以齐同法令，息遏民讼’。则知汉时决事虽多至三百余篇，其都目以八篇为率,〈卒〉故先郑引以为证。”②

小司寇。凡命夫、命妇不躬坐狱讼。〔1〕

〔1〕注云:“不身坐者，必使其属若子弟也。盖今长吏有罪，先验卒之义。”

议亲之辟。〔1〕

〔1〕郑司农曰:“若今时宗室有罪先请是也。”

---

① 按:此条眉批有“古义”二字。

② 按:此条出自惠栋《九经古义》卷八，原稿有节略;“八篇为率”的“率”字，有删除号，今据惠栋书，保留不删。

惠栋云："《汉书·平帝纪》'元始元年，令公列侯嗣子有罪耐以上先请。'《续汉书·百官志》云'宗室若有犯法，当髡以上，先诣宗正，宗正以闻乃报决。'"

议贤之辟。〔1〕

〔1〕郑司农曰："若今时廉吏有罪先请是也。"宣帝黄龙元年，诏曰："举廉吏，诚欲得其真也。吏六百石位大夫有罪先请。"①

议能之辟。〔1〕

〔1〕注：《春秋传》曰："夫谋而鲜过，惠训不倦者，叔向有焉。社稷之固也，犹将十（毋）〔世〕宥之，以劝能者。今壹不免其身，以弃社稷，不亦惑乎？"②

《说文》云："罢，遣有罪也。从网能，言有贤能而入网，而贯遣之。《周礼》曰'议能之辟'。"③

议贵之辟。〔1〕

〔1〕郑司农云："若今时吏墨绶有罪先请是也。"蔡邕《桥公碑》云"迁齐相。临淄令赂财赃多罪，正受鞫就刑，竟以不先请免官。"

孔广森《礼学卮言》："按，《宣帝纪》曰'吏六百石位大夫，有罪先请'。此汉旧法也。世祖建武三年，始诏令'吏不满六百石，下至墨绶长、相，有罪皆得先请见《后汉记》'。前汉《刘屈氂传》云'司直、吏二千石当先请，奈何擅斩之'。"④

士师。宫禁。官禁。国禁。野禁。军禁。〔1〕

〔1〕"古之禁书亡矣。今宫门有（符）〔簿〕籍，官府有无故擅入，城门有离载下帷，野有田律，军有嚣讙夜行之禁，其粗可言者。"

惠士奇《礼说》："士师五禁〈注〉：一曰宫禁，二曰官禁，三曰国禁，四曰野禁，五曰军禁。康成谓'古之禁书亡矣。今宫门有符籍，官府有无故擅入，城门有离载下帷，野有田律，军有嚣讙夜行之禁，其粗可言者'。今汉律亦亡，其粗莫能言矣！离载者，载其兵也。《韩非子》曰'非传非遽，载（其）〔奇〕兵革，罪死不赦'。离之言奇，载而下帷，是为奸，非若两人同车，法所不禁也。贾疏失之。士师野禁，即大司寇之野刑。所谓上功纠力者，谓民农则重本，重本则少私义，少私义则公法立，力乃专一。是故丈夫不织而衣，妇人不耕而食，男女贸功以长生。敬时爱日，非老不休，非疾不息，非死不舍，故谓之纠力。《吕览·上农篇》'野

① 按：此条出自惠栋《九经古义》卷八。

② 按：此句原在"议贵指辟"条下，前后不接，今据移至此处，此句不见于堀毅整理本。

③ 按：此条出自惠栋《九经古义》卷八。

④ 按：此条堀毅整理本不全。

禁有五，古之禁书犹存其略焉。庶人不冠弁，娶妻嫁女不酒醴，聚［众］农〈桑〉不上闻，不敢私籍于庸。地未辟易，不操麻，不出粪，齿年未长不敢为园囿，量力不足不敢渠地而耕。农不敢越畔，贾不敢为异事，山不敢伐材下木，泽人不敢灰僇，罗网、罝罦不敢出于门，罛罟不敢入于渊，为害于时也。苟非同姓，男不出御，女不外嫁，以安农也’。灰僇者，月令仲夏毋烧灰，烧灰者僇。庸，谓傭赁者，而云不敢私籍，则古有在官之傭，故遂师得移用之，以救其时事欤？男女嫁娶不出乡里，则民无百里之戚，不敢越乡而交，大司徒所谓联兄弟以安民盖如此。孔子曰‘入其境，田畴易，草莱辟，沟洫治，此在上者恭敬以信，故其民尽力也。入其邑，墙屋完固，树木甚茂，此在上者忠信以宽，故其民不偷也’。是为野禁，亦曰野刑。不禁以法而禁以身，不刑其体而刑其心，故其时，野无旷土，国无罢民，康成以田律当之，误矣。”

掌士之八成。〔1〕

〔1〕郑司农云：“八成者，行事有八篇，若今时决事比。”

一曰邦汋。〔1〕

〔1〕“郑司农云‘汋，读如酌，酒尊中之酌。国汋者，斟酌盗取国家密事，若今时刺探尚书事’。沈约曰‘写书谓之刺，汉制不得刺尚书事是也’，《后汉书·杨伦传》‘尚书奏伦探知密事’，盖汉律有此条，故郑据以为说。”①

孔广森《礼学卮言》：“《丙吉传》‘随驿骑至公车刺取’，《风俗通》曰韩演‘坐徒兄季朝为南阳太守刺探尚书，［演］法车征’。《宋书·百官志》‘刺之为言犹参觇也。写书亦谓之刺。汉制不得刺尚书事是也’。然则刺探者，谓探知秘事而私写之。”

凡以财狱讼者，正之以傅别约剂。〔1〕

〔1〕“傅别，中别手书也，约剂各所持券也。郑司农云：若今时市买为券书以别之，各得其一，讼则案券以正之。”

乡士。异其死刑之罪而要之。〔1〕

〔1〕注：“要之，为其罪法之要辞，若今劾矣。”疏：“劾实也。《左传》疏‘汉世，名断狱为劾。’”

协日刑杀。〔1〕

〔1〕“协，合也，和也。和合支干善日，若今时望后利日也。”

讶士。凡四方之有治于士者，造焉。〔1〕

① 按：此条出自惠栋《九经古义》卷八。

〔1〕注："如今郡国亦时遣主者吏诣廷尉议者。"

栋案："此请谳之法，当在汉律篇中。胡广《汉官篇解诂》云'廷尉当疑狱'。《北堂书钞》引。"

朝士。凡得获货贿人民六畜者，委于朝，告于士，旬而举之。大者公之，小者庶民私之。〔1〕

〔1〕郑司农云："若今时得遗物及放失六畜，持（至）〔诣〕乡亭县廷。大者公之，大物没入公家也；小者私之，小物自畀也。"

凡士之治有期日，期内之治听，期外不听。〔1〕

〔1〕"郑司农云'若今时徒论决，满三月不得乞鞫'。邓展曰'汉律有故乞鞫'。司马贞按《晋令》云'狱结竟，呼囚鞫语罪状，囚若称枉欲乞鞫者，许之也'。新律序曰：'二岁［刑］以上，除以家人乞鞫之制，省所烦狱也。'二岁刑谓耐以上，此魏世所改。"①

凡有责者，有判书以治，则听。〔1〕

〔1〕"若今时辞讼，有券书者为治之。"

凡民同货财者，令以国法行之，犯令者刑罚之。〔1〕

〔1〕"注云：'若今时加责取息坐赃。'栋案：《汉书·王子侯表》云，旁光侯殷坐取息〔过〕律免，陵乡侯訢坐贷谷息过律免。息有程限，过律则坐赃也。"

凡盗贼军，乡邑及家人杀之无罪。〔1〕

〔1〕"谓盗贼群辈，若军共攻盗乡邑及家人者，［杀之无罪］，若今时无故入人室宅庐舍，上人车船，牵引人欲犯法者，其时格杀之无罪。"疏："先郑举汉贼律云。"

惠士奇《礼说》："郑司农'谓盗贼群辈，若军'，非也。军谓持兵者。《春秋》襄二十五年，'吴子谒伐楚，门于巢，卒'。何休曰'吴子欲伐楚，过巢不假涂，卒暴入巢门，门者以为欲犯巢而射杀之。君子不责其所不知，故与巢得杀之。使若吴子自死，文所以强守御也。书伐之，明持兵入门，乃得杀之'。然则不持兵不得杀之明矣。虽群辈共入乡邑及人家，而格杀之，则杀之者不得无罪，以其不持兵也。苟持兵，岂必群辈而后杀之无罪哉？故不徒曰盗贼。而又曰军，所以正盗贼之名也。无故持兵入人之门，虽伤国君，犹若无罪，然《春秋》思患豫防之意矣。渤海盗贼起，太守龚遂单车之官，移书属县，诸持鉏钩田器者皆良民，持兵者乃为盗贼。然则汉律亦然，不持兵者不为盗也。"庄存与《周官说补》云："王明齐

① 按：此条出自惠栋《九经古义》卷八。

曰‘盗贼赃犯既明，在军若伍两之长，在乡邑若比闾之长，在家若至亲，知而杀之；又如昏莫为盗而所在杀之，皆不科罪，使无所容也’。”

司刑。掌五刑之法。宫罪五百。〔1〕

〔1〕“注：‘宫者，丈夫则割其势，女子闭于宫中，若今宦男女也。’《尚书大传》曰：‘决关梁，踰城郭，而略盗者，其刑膑；男女不义交者，其刑宫；触易君命，革舆服制度，奸宄盗攘伤人者，其刑劓；非事而事之，出入不以道义，而诵不祥之词者，其刑墨；降叛寇贼，劫略夺攘挢虔者，其刑死。此二千五百罪之目略也，其刑书则亡。’”郑司农云：“‘汉孝文帝十三年，除肉刑’。疏云：‘所赦者，惟赦墨、劓与刖三者，其宫刑至隋乃赦也。’《尚书正义》曰：‘汉除肉刑，除墨、劓与刖三者，宫刑犹在，大隋始除男子宫刑，妇人犹闭于宫。’崔浩《汉律序》曰：‘文帝除肉刑，而宫不易。’张斐律注云：‘以淫乱人族序，故不易也。’”栋案：“《汉书》晁错对策曰：‘除去阴刑。’张晏曰：‘宫刑也。’则汉文亦除宫刑矣。或后乃复之。贾、孔之说盖本崔、张。”

又以五刑之法诏刑罚。〔1〕

〔1〕注：“诏刑罚者，处其所应否，如今律家所署法矣。”

司刺。掌三刺三宥三赦之法。

壹宥曰不识，再宥曰过失，三宥曰遗忘。〔1〕

〔1〕郑司农云：“不识，谓愚民无所识，则宥之。过失，若今律过失杀人，不坐死。”玄谓：“识，审也。不审，若今仇雠当报甲，见乙，诚以为甲而杀之者。过失，若举刃欲斫伐而轶中人者。遗忘，若间帷薄，忘有在焉，而以兵矢投射之。”

壹赦曰幼弱，再赦曰老旄，三赦曰蠢愚。〔1〕

〔1〕注云：“若今时律令，年未满八岁，八十以上，非手杀人，他皆不坐。”
惠氏栋云：“《光武纪》建（元）〔武〕三年诏曰‘男子八十以上，十岁以下，及妇人从坐者，自非不道，诏所名捕，皆不得系。’郑氏《孝经注》云：‘手杀人者大辟，即汉律所云不道也。’”

职金。掌受士之金罚、货罚，入于司兵。〔1〕

〔1〕注：“罚，罚赎也。《书》曰‘金作赎刑’。”疏曰：“古者出金赎罪，皆据铜（于）〔为〕金。”“既称金罚，又曰货罚者，出罚之家或时无金，即出货以当金直，［故两言之］。”

司厉。掌盗贼之任器货贿，入于司兵。〔1〕

〔1〕“谓盗贼所用伤人兵器及所盗财物也。入于司兵，若今时伤杀人所用兵器，盗贼赃，加责，没入县官。”疏：“加责者，即今时倍赃。”

其奴，男子入于罪隶，女子入于舂稾。〔1〕

〔1〕郑司农云："今之为奴婢，古之罪人也。"玄谓："奴，从坐而没入县官者，男女同名。"

惠栋按："高诱曰'汉律，坐父兄没入为奴'，《魏志·毛玠传》'汉律，罪人妻子没为奴婢，黥面'，《说文》曰'男入罪曰奴，女入罪曰婢'，《风俗通》曰'古制本无奴婢，即犯事者或原之。臧者，被臧罪没入为官奴婢；获者，逃亡获得为奴婢也'。"

司圜。[掌收教罢民。] 凡害人者，弗使冠饰 [而加明刑焉]，任之以事 [而收教之]。① 〔1〕

〔1〕郑司农云："若今时罚作矣。"

孔广森《礼学卮言》："《汉书音义》苏林曰'一岁为罚作，二岁刑以上为耐'。《玉海》:《史记·冯唐传》'云中守魏尚，削其爵，罚作之'。郑司农云'圜谓圜土也，圜土谓狱城也。今狱城圜'。《春秋元命苞》曰'为狱圜者，象斗运'。宋均注云'作狱圜者，象斗运也'。《初学记》引。"

惠士奇《礼说》："司圜，收教罢民。凡害人者，弗使冠饰而加明刑焉。康成谓'著墨幪，盖古之象刑'。《尚书大传》曰'唐虞象刑，上刑赭衣不纯纯，缘也，中刑杂屦，下刑墨幪，以居州里，而民耻之，谓出圜土'。居州里，民犹耻之，司圜职所谓虽出三年不耻者也。《慎子》曰'有虞之诛，以幪巾当墨，以草缨当劓，以菲屦当刖，以艾鞸当宫，布衣无领当大辟，斩人肢体、凿其肌肤谓之刑，画衣冠、异章服谓之戮'。然则唐虞之象刑，即司圜之明刑。任之以事而收教之，又异其章服以耻之。罢民犹罢士，亦曰惰游。《玉藻》云'垂緌五寸，惰游之士。玄冠缟武，不齿之服'。盖出圜土之罢民，所谓三年不齿者，则冠垂长緌；当其未出，则著墨幪焉。而《慎子》谓以幪巾当墨，则又不然。罢民役之司空，犹汉之城旦，黥面曰墨，墨而役之者黥为城旦，不墨而役之者完为城旦。著墨幪者盖完为城旦者也。当黥者墨其额，不当黥者盖墨其巾而已，非谓废墨罪而以幪巾当之也。荀子不知其义，乃曰象刑'起于乱今'，悖矣。国以耻为维，人以耻为大，有耻而格为良士，无耻而免为幸民，故德道礼齐，象刑乃作。惰游之士，沉浮民间，害于州里。所谓无业之人，嗜酤酒，好讴歌，巷游而乡居者，而其罪未丽于五刑。康成谓'书其罪恶于大方版，著其背，必不然矣。虽害于人，无大罪恶，不昏作劳，

① 按：稿本此条书写较乱，惠士奇《礼说》部分重复出现；今据《周礼》及惠士奇《礼说》之相关内容，删除重复出现之《礼说》内容。

有似乎罢，于是坐之嘉石，入之圜土，役之辱事，以劳苦其体。墨其巾，长其緌，缟其武，服之以不齿之服，以发其羞耻之［心］。如是三年而犹不〈不〉改，是靦然人面而为禽，则杀之无赦。故曰不能改而出圜土者杀。一说出者，解脱而出。汉律诸囚徒私解桎梏、钳赭，加罪一等，为人解脱与同罪。故义纵为定襄太守，凡狱中重罪，有私入相视者，尽以为解脱而杀之，则是不能改而出圜土者，汉律之所谓解脱也。然宁成抵罪髡钳，解脱亡去，宴然家居，则汉律虽严，轻罪解脱者不杀，号为网漏吞舟之鱼。古律罢民罪轻，出圜土者杀，则象刑较汉律而尤严矣。先王以九职任万民，欲使天下无一人无业，此象刑之所由作也。刑不亏体，罚不亏财，以为如是可以止矣。不然，罢马不畏鞭，罢民不畏法，虽增而累之，其无益乎'！贾山曰'陛下即位，赦罪人，怜其亡发赐之巾，怜其衣赭书其背，父子兄弟相见也赐之衣'。然则著背之明刑起于秦汉也。亡发者赐巾，是髡者得加冠饰矣。盖汉律之轻于古者如此。后汉郿令甄邵谄事梁冀，有同岁生得罪于冀，亡奔邵。邵阳纳而阴告冀，冀捕杀之。邵当迁为郡［守］而其母死，乃埋尸马屋，先受官而后发丧。及冀诛，而河南尹李燮遇邵于涂，使卒投车沟中，笞捶乱下，大署帛于其背曰'谄贵卖友，贪官埋母'。乃具表其状，遂废锢终身。此康成所谓书其罪恶于背者也，然则汉之罪人衣赭者皆书背矣。"

掌戮。杀其亲者，焚之；杀王之亲者，辜之。〔1〕

〔1〕注云："亲，（但）〔缌〕服以内也。焚，烧也。《易》曰'焚如，死如，弃如'。辜之言也枯也，谓磔之"。《荀子·正论》云"斩断枯磔"，注云"《韩子》曰'采金之禁，得而辄辜磔'。辜即枯也。"①

司隶。〔1〕

〔1〕注："隶，给劳辱之役者。汉始置司隶，亦使将徒治道沟渠之役。"

野庐氏。掌凡道禁。〔1〕

〔1〕注："若今绝蒙（大）〔布〕巾，持兵杖之类。"《疏》："古时禁书亡，故举汉法以况也。"

司烜氏。邦若屋诛，则为明竁焉。〔1〕

〔1〕注："屋，读如其刑剭之剭。剭诛，谓所杀不于市，而以市甸师氏者也。明竁，若今（杨）〔楬〕头明书其罪法也。"

李光坡谓："屋诛为明竁者，盖凡杀人皆肆之三日，明暴其罪。今杀于甸师者，因

① 按：此条出自惠栋《九经古义》卷八。

不（归）〔肆〕诸市，圹埋之，楬其罪于窴上。”①

孔广森《礼学卮言》：“案，明窴者，杀人瘗其尸而楬著之。《汉书》尹赏杀少年恶子，‘瘗寺门桓东，楬著其姓名’。师古曰：‘楬，杙也。’《广雅》：‘楬櫫杙也。蜡氏注：有楬櫫。’何并断王林卿头，置都亭下，署曰‘故侍中王林卿坐杀人埋冢舍，使奴剥寺门鼓’，此即楬头明书其罪法者。”惠士奇《礼说》：“司烜掌［之］，则罪人夜葬欤？《汉书》尹赏为虎穴，收捕轻薄恶少年，纳穴（内）〔中〕，皆死，出瘗寺门桓东，楬著其姓名。康成所谓楬头即此。师古曰‘椓杙于瘗处而书死者名也’。《荀子》曰‘罪人之丧不行昼，行以昏殣，古之法也’。然则罪人夜葬，汉法亦然矣。既葬而楬著罪名，立于其地焉，盖与尹赏之事合。一说穿穴曰窴，丧国之社屋之。屋之者，掩其上而柴其下，使不得（远）〔达〕上邦。若屋诛，司烜氏穿穴以通明，故曰明窴。盖事毕，则仍擀之火，秉明故职在司烜氏。班固述《哀纪》曰‘底剭鼎臣’。服虔曰‘《周礼》有屋诛，诛大臣于屋下，不露也’。古者复穴开上取明，谓之霤，明窴之义取诸此。”

条狼氏。誓大夫曰：敢不关，鞭五百。〔1〕

〔1〕中云汉律有矫诏。

惠学士《礼说》：“《虞书》曰‘鞭作官刑，朴作教刑’。孔《疏》云《周礼》条狼氏誓大夫曰‘敢不关，鞭五百’。《左传》有鞭徒人费，圉人荦。子玉鞭七人，卫侯鞭师曹三百。后来亦皆施用，及隋造律始废之。《淮南子·人间训》有‘伏郎尹而笞之三百’，盖起于战国，近乎古之官刑。《左传》又有齐庄公鞭侍人，贾举鲁、孟孺子鞭成有司之使，则是贱者，非士大夫。独条狼氏有誓大夫鞭五百之文，与《曲礼》刑不上大夫之言相反，于是学者疑《周官》非圣人之书，不知官刑与教刑《虞书》并举。官有慢事，筑以讯之；教或不率，朴以威之，象以典刑，自昔然矣。周公之为师保也，使伯禽与成王处。成王有过，则挞伯禽以耻之。楚文王田于云梦，三月不反，保申谏曰：‘先王卜以臣为保吉，王罪当笞，臣承先王之命不敢废，宁得罪于王，不敢负先王。’王曰：‘敬诺。’乃席王。王伏，保申束细箭五十，跪而加之王背，如此者再，曰：‘小人痛之，君子耻之，耻之不变，痛之何益？’此教刑也。古者，虽天子必朝师，故国之至尊犹不废笞，后世之言礼者乃谓：‘刑不上大夫。’岂其然乎？《春秋》大夫无遂事，出境可以安社稷，利国家者，则专之可。刘向谓：‘国有危而不专救者不忠，国无危而擅生事者不臣。盖以为擅生事者，将有跋扈不臣之心，故条狼氏誓之以为戒。若夫过误之失，常人

① 按：此条出自李光坡《周礼述注》卷二一。

所容，懈慢为愆，辄相提拽，乃至尚书解衣就格，人君自起撞郎，则吾未闻之于古。孔《疏》谓："鞭刑及隋而废，非也。隋文每杖人于廷，一日数四。高颎等切谏，乃令殿内去杖。后怒楚州行参军李君才，命杖之，而殿内无杖，遂以马鞭笞杀之，则隋亦未尝废也。唐开元二十四年，夷州刺史杨濬犯赃决杖，裴耀卿谏以为决杖施于徒（吏）〔隶〕，不可加于高官。赎死虽优，受笞为辱，恐百姓见之，忘其免死之恩，且有伤心之痛。而张说亦谏决杖贵臣，且谓张嘉贞曰'宰相者，时来即为，岂能常据？若贵臣可杖，恐吾辈行当及之'。是时秘书监姜皎、广州都督裴伷先犯罪，嘉贞奏请杖之，故说云然。汉律有矫诏害，矫诏不害，害者死。条狼氏所谓敢不关者，矫诏害者也，不死而鞭，律轻于汉矣。如其不害汉律虽不害，犹免官，则专之可也，而又何关焉？武帝使吕步舒持斧钺治淮南狱，以《春秋》'谊颛断于外不请'。不请者，不关也。康成谓：'大夫自受命以出，则其余事莫不复请。'然则命之颛断，而后可以不关欤？穀梁子以为'大夫不废君命，不专君命。有君命而留之为废，无君命而遂之为专，若是者刑兹无赦'。是故冢宰八法，以官刑纠治；司寇五刑，以官刑纠职。条狼氏之誓［也］，所以纠之也。曰䡾，曰杀，曰鞭，曰墨，是为官刑，官刑纠官职修。抑又闻古之大夫，有坐干国之纪者，不谓之干国之纪，则曰'行事不请'，是掩其干纪之实，假以不关之名。此而不刑，国无纪也，国无纪必亡。"

小行人。若国有札丧，则令赙补之。〔1〕

〔1〕郑司农曰："赙补之，谓赙丧家补助其不足也。若今时一室二尸，则官与之棺也。"《汉书·灌夫传》："汉法，父子俱有死事，得与丧归。夫奋曰：'愿取吴王若将军头，以报父仇。'"

《左传》：宣公三年，郑文公报郑子之妃，曰陈妫，生子华、子臧。①〔1〕

〔1〕服虔曰："郑子，文公叔父子仪也。报，复也，淫亲属之亲曰报。汉律：淫季父之妻曰报。"

王氏念孙《广雅疏证》："案，报者，进也。《乐记》'礼减而不进则销乐，盈而不反则放。故礼有报而乐有反'。郑注云'报，读为褒。褒，犹进也'。报与烝皆训为进。上淫曰烝，淫季父之妻曰报，其义一也。"

文公十八年，在九刑不忘。②〔1〕

〔1〕惠栋《左传补注》："按，九刑，谓刑书九篇也。《逸周书·尝麦解》所云

① 按：稿本"昭公七年"条前，有"报：汉律淫季父之妻曰报。又，下淫上曰报。《左传》'郑文公报郑子之妃曰陈妫"一句，与此处所见重，删。

② 按：此句起始处有"惠徵君《左传补注》"一句，据稿本体例移至注处。

‘太史策刑书九篇以升，藏之于盟府，以为岁典，此周作九刑之事也’。案，其文云‘毁则为贼，掩贼为藏，窃贿为盗，盗器为奸’。其后李悝著法经六篇，始盗、贼，次网、捕，其亦师九刑之意乎？”

昭公六年，商有乱政而作汤刑。〔1〕

〔1〕汲郡古文曰：“‘祖甲二十四年，重作汤刑’。祖甲贤君止以改作汤刑，故云(爵)〔乱〕之。《吕氏春秋·孝行览》云‘商书曰刑三百，罪莫大于不孝’。高诱曰‘商汤所制法也’。《荀子·正名篇》曰‘刑名从商’。《康诰》云‘殷罚有伦’，盖自祖甲以后刑始颇矣。”

周有(爵)〔乱〕政而作九刑。〔1〕①

〔1〕注：“周之衰亦谓之刑书，谓之九刑。”

案：“九刑者，刑书有九篇，成王时所造见《逸周书》。周衰重作之，定为成科，亦若祖甲之作汤刑也。”

昭公七年，楚芋尹无宇曰：“周文王之法曰‘有亡荒阅’，所以得天下也。吾先君文王作仆区之法，曰‘盗所隐器，与盗同罪’。所以封汝也。”〔1〕

〔1〕注：“有亡人，当大蒐其众；仆区，刑书。”服虔曰：“隐匿亡人之法。”②

沈钦韩《左传补注》：义至求襄老之尸。③ 不得尸，吾不反矣。〔1〕

〔1〕《御览》六百四十《董仲舒决狱》曰：“甲夫死未葬，法无许嫁。以私为人妻，当弃市。”

按：汉律，夫丧既葬始嫁，未葬而嫁为不道。夏姬将适巫臣，故诡求襄老之尸。

① 按：此条堀毅整理本作注文，据文库本可知当为正文。

② 按：此句堀毅整理本作“服虔曰：‘隐匿亡人之法曰盗，所隐器与盗同罪，所以封汝也’”，不知所据，今从内藤文库本。

③ 按：“义至求襄老之尸”一句，原独立成句；其后有“写完”一句，也独立成句。前者前后不衔接，今移至此处；“写完”一句，径删。

《中国古代法律文献研究》第十四辑
2020 年，第 445～461 页

2019 年度台湾地区中国法律史研究论著目录*

刘欣宁

一 通代

【专著】

1. 〔日〕岡本隆司：《日中关系 1500 年：从朝贡、勘合到互市，政冷经热交错影响下的东亚历史》，郭清华译，麦田，2019 年 3 月。

【论文】

1. 方潇：《天灾与人祸：传统中国对地震的政府问责机制及其现代启鉴》，《法制史研究》35，2019 年 7 月。

二 先秦

【专著】

1. 陈炫玮：《考古发现与〈左传〉文献研究》，万卷楼，2019 年 7 月。

【论文】

1. 李念祖：《从〈洪范〉到宪法典——天命哲学的典范转移》，《法制

* 本目录由陈品伶小姐协助编制。

史研究》35，2019 年 7 月。

2. 林育瑾：《以韩非思想反思人权的本质与争议》，《台大文史哲学报》91，2019 年 5 月。

3. 洪巳轩：《谁能制定较好的法律？论〈韩非子〉法治理论的根本困难》，《政治科学论丛》81，2019 年 9 月。

4. 杨胜杰：《谈儒家对法治社会的省思——以“是否赞成废除死刑政策”为例》，《中国语文》125：6，2019 年 12 月。

三　秦汉魏晋南北朝

【专著】

1. 王萌：《北魏北部边疆与民族政策研究》，花木兰文化，2019 年 3 月。

2. 彭丰文：《魏晋南北朝时期边政研究》，花木兰文化，2019 年 3 月。

3. 雷家骥：《中古大军制度缘起演变史论》（上、中、下），花木兰文化，2019 年 3 月。

【论文】

1. 〔日〕水间大辅：《秦汉时期的死刑与暴尸、埋葬》，法律史研究室主编《中华法理的产生、应用与转变——刑法志、婚外情、生命刑》，中研院历史语言研究所，2019 年 12 月。

2. 〔日〕佐佐木满实：《从简牍资料看秦代的夫妻关系及其建立》，黄人二等著《出土文献与中国经学、古史研究国际学术研讨会论文集》，高文，2019 年 9 月。

3. 何有祖：《里耶秦简缀合札记（二则）》，《中国文字》新 44，2019 年 3 月。

4. 沈培：《岳麓秦简〈为吏治官及黔首〉和北大秦简〈教女〉“莫亲于身”及相关问题简论》，《中国文字》2019：夏 =1，2019 年 6 月。

5. 林宏哲：《西汉西域的军政管理——西域都护、戊己校尉拾零》，《中正历史学刊》22，2019 年 12 月。

6. 林益德：《秦代律令中的黄金与铜钱问题——以岳麓秦简、里耶秦简为中心》，《法制史研究》35，2019 年 7 月。

7. 林献忠：《百年来汉代戍卒研究——以汉简为中心》，中国中古史研究编辑委员会编《中国中古史研究》（十八），兰台，2019 年 12 月。

8. 高震寰：《试论秦律中的“君子”及其在爵制发展史上的意义》，《早期中国史研究》11，2019 年 12 月。

9. 庄正沅：《东汉“经明行修”策略下的士风与礼法冲突——以示范效应、道德困境为论》，《云汉学刊》38，2019 年 10 月。

10. 许惠琪：《论法律之价值精神——〈史记〉“张释之执法”意旨新探》，《淡江中文学报》41，2019 年 12 月。

11. 陈中龙：《秦法与秦国父系家庭的形成》，《早期中国史研究》11，2019 年 12 月。

12. 杨耀文：《〈岳麓秦简（伍）〉简 198/1620“不听父母笱若与父母言”试释》，黄人二等著《出土文献与中国经学、古史研究国际学术研讨会论文集》，高文，2019 年 9 月。

13. 刘欣宁：《秦汉律令中的婚姻与奸》，《中研院历史语言研究所集刊》90：2，2019 年 6 月。该文又收录于法律史研究室主编《中华法理的产生、应用与转变——刑法志、婚外情、生命刑》，中研院历史语言研究所，2019 年 12 月。

14. 郑雅如：《汉制与胡风：重探北魏的“皇后”、“皇太后”制度》，《中研院历史语言研究所集刊》90：1，2019 年 3 月。

【书评】

1. 颜世铉：《〈秦简牍研究〉评介》，《中国文哲研究通讯》29：1，2019 年 3 月。

四　隋唐五代

【专著】

1. 朱雷：《敦煌吐鲁番文书研究》，昌明文化，2019 年 3 月。

2. 齐陈骏：《敦煌学与古代西部文化》，昌明文化，2019 年 3 月。

3. 刘进宝：《敦煌文书与中古社会经济》，昌明文化，2019 年 3 月。

4. 严茹蕙：《唐日文化交流探索：人物、礼俗、法制作为视角》，元华文创，2019 年 11 月。

【论文】

1. 古怡青：《试论唐代皇帝巡幸的乘舆制度》，《法制史研究》36，2019 年 12 月。

2. 白照杰：《官方身份认证下的数字统计——再论唐代“合法道士”人数》，释妙江主编《身份认同及群体建构：第四届五台山信仰国际学术研讨会论文集》，新文丰，2019 年 6 月。

3. 吴丽娱：《从敦煌吐鲁番文书看唐代地方机构行用的状》，《礼俗之间：敦煌书仪散论》，昌明文化，2019 年 3 月。

4. 李猛：《贞观十一年“道前佛后”诏与僧团回应——兼谈此诏对长安僧团身份认同的刺激》，释妙江主编《身份认同及群体建构：第四届五台山信仰国际学术研讨会论文集》，新文丰，2019 年 6 月。

5. 李猛：《原则与例外：武德中后期“伪乱地”废省寺僧之实施》，《中研院历史语言研究所集刊》90：3，2019 年 9 月。

6. 林冠群：《解析吐蕃变法图强与〈史记〉之间的关连性》，《法制史研究》35，2019 年 7 月。

7. 施萍婷：《本所藏敦煌唐代奴婢买卖文书介绍》，《敦煌石窟与文献研究》（下），昌明文化，2019 年 3 月。

8. 施萍婷：《延祐三年奴婢买卖文书跋》，《敦煌石窟与文献研究》（下），昌明文化，2019 年 3 月。

9. 洪铭吉：《唐代中、日两国官学经学教育之关联——以〈唐六典〉、〈令义解〉之记载为例》，《弘光人文社会学报》22，2019 年 6 月。

10. 陈俊强：《唐代死刑发展的几个转折》，法律史研究室主编《中华法理的产生、应用与转变——刑法志、婚外情、生命刑》，中研院历史语言研究所，2019 年 12 月。

11. 冯培红：《归义军官吏的选任与迁转——唐五代藩镇选官制度之个案》，《敦煌学与五凉史论稿》（上），昌明文化，2019 年 3 月。

12. 黄正建：《新旧〈唐书·刑法志〉的比较研究》，法律史研究室主编《中华法理的产生、应用与转变——刑法志、婚外情、生命刑》，中研院历史语言研究所，2019 年 12 月。

13. 刘竣承：《评〈唐代高层文官〉》，《中正历史学刊》22，2019 年 12 月。

14. 聂顺新：《元和元年长安国忌行香制度研究——以新发现的〈续通典〉佚文为中心》，湛如主编《淑世超迈出世、纽带多过界分：佛教与东亚宗教寺院的多重社会作用与功能国际研讨会论文集》，新文丰，2019 年 2 月。

五　辽宋金元

【专著】

1. 周峰：《五代辽宋西夏金边政史》，花木兰文化，2019 年 9 月。

2. 徐昱春：《元代法定刑考辨》，花木兰文化，2019 年 3 月。

3. 葛仁考：《元代直隶省部研究》，花木兰文化，2019 年 3 月。

【论文】

1. 田云昊：《宋代禁妓法令初探》，《史穗》10，2019 年 11 月。

2. 朱浩毅：《〈折狱龟鉴〉"尚德缓刑"思想刍议——以"宥过"、"矜谨"两门为例》，《史学汇刊》38，2019 年 12 月。

3. 李如钧：《宋人对西汉名法官张释之的评价》，《史学汇刊》38，2019 年 12 月。

4. 洪金富：《元代奸非案疑题试解》，法律史研究室主编《中华法理的产生、应用与转变——刑法志、婚外情、生命刑》，中研院历史语言研究所，2019 年 12 月。

5. 高婉瑜：《宋代检验书的身体认知及语言初探——以〈洗冤集录〉下肢词为例》，《淡江中文学报》40，2019 年 6 月。

6. 赵晶：《论宋太宗的法律事功与法制困境——从〈宋史·刑法志〉说起》，《中研院历史语言研究所集刊》90：2，2019 年 6 月。该文又收录于法律史研究室主编《中华法理的产生、应用与转变——刑法志、婚外情、生命刑》，中研院历史语言研究所，2019 年 12 月。

7. 刘晓：《元代法律形式与法律体系的构建》，法律史研究室主编《中华法理的产生、应用与转变——刑法志、婚外情、生命刑》，中研院历史语言研究所，2019 年 12 月。

8. 罗仕龙：《从律法价值的推崇到文学位阶的确立：〈窦娥冤〉在法国的传译与接受》，《戏剧研究》23，2019 年 1 月。

【书评】

1. 黄宽重：《邓小南〈祖宗之法——北宋前期政治述略〉评述》，《艺文中的政治：南宋士大夫的文化活动与人际关系》，台湾商务，2019 年 7 月。

2. 黄宽重：《陶希圣的中国社会史研究历程》，《艺文中的政治：南宋士大夫的文化活动与人际关系》，台湾商务，2019 年 7 月。

六　明清

【专著】

1. 卜键：《天有二日？——禅让时期的大清朝政》，三民，2019 年 5 月。

2. 于之伦：《清朝中前期正式法律渊源研究（1644～1840）》，花木兰文化，2019 年 3 月。

3. 李文良：《清代南台湾的移垦与“客家”社会（1680～1790）》（增订版），台湾大学，2019 年 9 月。

4. 周忠：《明代南京守备研究》，花木兰文化，2019 年 3 月。

5. 屈春海：《清宫档案》，海鸽文化，2019 年 2 月。

6. 张凯特：《重构人间秩序：明代公案小说所示现之文化意蕴》，台湾学生书局，2019 年 7 月。

7. 许毓良：《清代台湾的军事与社会：以武力控制为核心的讨论》，花木兰文化，2019 年 3 月。

8. 陈志豪：《清代北台湾的土地开垦与“边区”社会（1790～1895）》，南天，2019 年 5 月。

9. 陈殷宜：《清朝回疆伯克制度研究》（上）（下），文史哲，2019 年 7、8 月。

10. 瞿见：《言出法随：〈采运皇木案牍〉校笺与研究》，花木兰文化，2019 年 3 月。

【论文】

1. 王日根：《由〈备边司誊录〉看清代东亚海域北段沿海贸易实态》，《淡江史学》31，2019年9月。

2. 王志亮、王淑华：《晚清监狱之乱象》，《矫政》8：3，2019年7月。

3. 王泰升、曾文亮、吴俊莹：《清治时期传统中国的审案机制》，王泰升编《多元法律在地汇合（台湾史论丛·法律篇）》，台湾大学，2019年8月。

4. 吴大昕：《明初的杂职官制度》，《明代研究》32，2019年6月。

5. 吴静芳：《穿乡越境：清代档案所见卖药人的活动与行销手法》，《长庚人文社会学报》12：1，2019年4月。

6. 吴静芳：《药物与犯罪：清代刑案所见麻药的使用及其风险》，《故宫学术季刊》36：3，2019年11月。

7. 李文良：《从"客仔"到"义民"：清初南台湾的移民开发与社会动乱（1680～1790）》，李文良编《成为台湾客家人（台湾史论丛·客家篇）》，台湾大学，2019年9月。

8. 李翘宏：《清代番地治理与族群地权关系：以凤山溪流域的竹堑社与客家佃户为例》，徐正光等编《台湾客家研究论文选辑3：客家聚落与地方社会》，（台湾）交通大学，2019年1月。

9. 邱怡静：《试论清朝前期文化政策对宗教政策的影响》，《华冈史学》6，2019年3月。

10. 张华克：《建州女真将士奖功实例考析》（上）（下），《中国边政》218、219，2019年6、9月。

11. 张筱梅：《嘉道时期国家权力与社会秩序的重整——以道光七年南汇京控案为主》，《史汇》22，2019年12月。

12. 张群：《也谈清代犯罪存留养亲的现代价值——一个学术史的回顾与思考》，《法制史研究》36，2019年12月。

13. 陈志豪：《隘粮与大租：清代竹堑地区合兴庄的隘垦事业与闽粤关系》，陈丽华等编《台湾客家研究论文选辑2：客家形成与社会运作》，（台湾）交通大学，2019年1月。

14. 陈志豪:《清代台湾的番屯制度与垦庄建构:以竹堑地区的九芎林庄为例》,李文良编《成为台湾客家人(台湾史论丛·客家篇)》,台湾大学,2019年9月。

15. 陈韵如:《"刁妇/民"的传统中国"(非)法"秩序——预测论、潜规则与淡新档案中的奸拐故事》,《中研院法学期刊》2019:1,2019年10月。

16. 鹿智钧:《风俗与法律——以清朝之"安科礼"为讨论中心》,《法制史研究》36,2019年12月。

17. 傅想容:《清代禁令桎梏下的〈金瓶梅〉传播》,《国文天地》35:7=415,2019年12月。

18. 杨奇霖:《"佛法"与"王法":佛教在清帝国身份认同中的作用——以康熙朝喀尔喀蒙古一世哲布尊丹巴为中心》,释妙江主编《身份认同及群体建构:第四届五台山信仰国际学术研讨会论文集》,新文丰,2019年6月。

19. 叶高树:《实营伍而济兵艰:清朝的养育兵制度》,《法制史研究》36,2019年12月。

20. 刘芳亭:《清乾隆时期台湾"娶番妇占番业"的历史意义再探——以岸里大社为例》,《新北大史学》25,2019年6月。

21. 郑维中:《带入西方法律的荷兰统治者》,王泰升编《多元法律在地汇合(台湾史论丛·法律篇)》,台湾大学,2019年8月。

22. 郑萤忆:《清代台湾官员"番界"认识与番人分类的演变》,《国史馆馆刊》60,2019年6月。

23. 郑萤忆:《从属与分立:十八世纪"北港"社群的形成与番社行政》,《台北文献》208,2019年6月。

24. 谢晓辉:《当直接统治遭遇边疆风俗:十八到十九世纪湖南苗疆的令典、苗俗与"乱苗"》,《中研院近代史研究所集刊》104,2019年6月。

【书评】

1. 王学深:《评 Shuang Chen, State-Sponsored Inequality: The Banner System and Social Stratification in Northeast China》,《汉学研究》37:3,

2019 年 9 月。

2. 马超然：《刘铮云〈档案中的历史：清代政治与社会〉评介》，《法制史研究》36，2019 年 12 月。

3. 蔡亚龙：《评介李新峰〈明代卫所政区研究〉》，《明代研究》33，2019 年 12 月。

4. 阚绪强：《超越概念之外：评陈亚平〈寻求规则与秩序：18～19 世纪重庆商人组织的研究〉》，《法制史研究》36，2019 年 12 月。

七　近现代（1840～1949）

【专著】

1. 王慧婷：《党同伐异："反革命罪"及其争议（1927～1931）》，花木兰文化，2019 年 3 月。

2. 〔日〕和田春树：《日俄战争：起源与开战》，易爱华、张剑译，广场，2019 年 7 月。

3. 黄自进、陈佑慎、苏圣雄主编《近代中日关系史料汇编：一九三〇年代的华北特殊化》（共三册），民国历史文化学社，2019 年 10 月。

4. 民国历史文化学社编辑部编《近代中日关系史料汇编：九一八事变的发生与中国的反应》，民国历史文化学社，2019 年 12 月。

5. 民国历史文化学社编辑部编《近代中日关系史料汇编：九一八事变后日本对华的破坏与侵逼》，民国历史文化学社，2019 年 12 月。

6. 民国历史文化学社编辑部编《近代中日关系史料汇编：国民政府北伐后中日外交关系》，民国历史文化学社，2019 年 12 月。

7. 民国历史文化学社编辑部编《近代中日关系史料汇编：国民政府北伐后中日直接冲突》，民国历史文化学社，2019 年 12 月。

8. 吴宇凡：《从存史到资政：民国以来档案管理政策与制度变革（1912～1987）》，台湾"国史馆"，2019 年 10 月。

9. 吴豪人：《"野蛮"的复权：台湾原住民族的转型正义与现代法秩序的自我救赎》，春山，2019 年 5 月。

10. 〔日〕岡本真希子：《殖民地官僚政治史：朝鲜、台湾总督府与日本帝国》（上、中、下），郭婷玉等译，台湾大学，2019 年 10 月。

11. 〔日〕宫崎圣子：《殖民地台湾之青年团与地域变貌（1910～1945）》，郭婷玉译，台湾大学，2019 年 3 月。

12. 〔日〕栗原纯：《日本帝国主义与鸦片：台湾总督府的鸦片政策》（增补版），徐国章译，台湾大学，2019 年 6 月。

13. 《国史馆现藏总统副总统档案目录——蒋中正》编辑委员会编《国史馆现藏总统副总统档案目录——蒋中正》第三、四编（第 17～22、23～32 册），台湾大学，2019 年 7 月、11 月。

14. 常云平等主编《中国战时首都档案文献·战时交通》，崧烨文化，2019 年 12 月。

15. 毕凌雪：《南京国民政府时期农业融资法制研究》，花木兰文化，2019 年 3 月。

16. 许峰源：《南京国民政府参与国际联盟的历程（1928～1937）》，致知学术，2019 年 12 月。

17. 陈小冲：《日据时期台湾与大陆关系史研究：1895～1945》，崧烨文化，2019 年 1 月。

18. 陈隼东等主编《台湾省政府粮食处档案清册目录》，“国史馆”台湾文献馆，2019 年 5 月。

19. 陈鈺雄：《日治时期的台湾法曹》，元照，2019 年 5 月。

20. 台湾宪兵队：《台湾宪兵队史》，宋建和译，“国史馆”台湾文献馆，2019 年 7 月。

21. 欧素瑛等编《国史馆现藏总统副总统档案目录——陈诚》，台湾大学，2019 年 11 月。

22. 郑洪泉等编《中国战时首都档案文献·党派活动》，崧烨文化，2019 年 3 月。

23. 鲁静如、王宜强编著《溺女、育婴与晚清教案研究资料汇编》，花木兰文化，2019 年 9 月。

24. 戴天昭：《台湾政治社会变迁史》，前卫，2019 年 5 月。

25. 边文锋：《“东亚通”萨道义与庚子和谈》，花木兰文化，2019 年 3 月。

【论文】

1. 尤重道：《日据时期台湾继承制度暨争议问题之探讨》（上）（下），《全国律师》23：7、8，2019 年 7、8 月。

2. 王宏志：《“著名的第十三款”之谜：围绕 1843 年中英〈善后事宜清册附粘和约〉的争议》，《中研院近代史研究所集刊》103，2019 年3 月。

3. 王泰升：《日治时期刑事司法与台湾社会的变迁》，王泰升编《多元法律在地汇合（台湾史论丛·法律篇）》，台湾大学，2019 年 8 月。

4. 王泰升：《近代西方宪政体制的到来》，王泰升编《多元法律在地汇合（台湾史论丛·法律篇）》，台湾大学，2019 年 8 月。

5. 王泰升：《原住民族相关法制的回顾及省思》，王泰升编《多元法律在地汇合（台湾史论丛·法律篇）》，台湾大学，2019 年 8 月。

6. 王泰升：《战后初期新内地的再延长与法律现代化》，王泰升编《多元法律在地汇合（台湾史论丛·法律篇）》，台湾大学，2019 年 8 月。

7. 王泰升：《战后的继受当代欧美日本法制及法学》，王泰升编《多元法律在地汇合（台湾史论丛·法律篇）》，台湾大学，2019 年 8 月。

8. 王泰升：《台湾法律史的提出及学科化》，《中研院法学期刊》2019：1，2019 年 10 月。

9. 王麒铭：《台湾总督府与对岸的日本领事：领事兼任总督府事务官之考察》，“国史馆”台湾文献馆编辑组编《第十届台湾总督府档案学术研讨会论文集》，“国史馆”台湾文献馆，2019 年 5 月。

10. 王丽香：《日治时期台湾中学校的课后监督者——“教护联盟”研究》，“国史馆”台湾文献馆编辑组编《第十届台湾总督府档案学术研讨会论文集》，“国史馆”台湾文献馆，2019 年 5 月。

11. 〔日〕末武美佐：《日治初期台湾家畜疫病预防政策之试行——以海港兽类检疫为中心（1896～1911）》，《台湾师大历史学报》62，2019 年 12 月。

12. 〔日〕安西真理子：《台湾日治时期警察铃木清一郎与出版检阅：〈台湾出版关系法令释义〉刊行之背景》，洪幸音译，“国史馆”台湾文献馆编辑组编《第十届台湾总督府档案学术研讨会论文集》，“国史馆”台湾文献馆，2019 年 5 月。

13. 何义麟：《战后在日台湾人的国籍转换与居留问题》，许雪姬编《来去台湾（台湾史论丛·移民篇）》，台湾大学，2019 年 10 月。

14. 何燿光：《十九世纪末中日对地缘威胁认知的建构、理解与回应——以海权为中心的差异诠释》，《通识教育学报》5，2019 年 12 月。

15. 吴有道：《日据台湾不动产物权变动之研究——以最高法院 106 年度台上字第 944 号为例》，《中国地方自治》72：8，2019 年 8 月。

16. 吴俊莹：《台湾法律专业社群的研究史回顾（1992～2017）》，《中研院法学期刊》2019：1，2019 年 10 月。

17. 李君山：《七七事变之前的冀察政务委员会》，《台大历史学报》63，2019 年 6 月。

18. 李佩蓁：《制度变迁与商业利益——以中英商人在台湾樟脑贸易的行动为中心（1850～1868）》，《新史学》30：1，2019 年 3 月。

19. 沈静萍：《多元镶嵌的日治时期台湾人家族法》，王泰升编《多元法律在地汇合（台湾史论丛·法律篇）》，台湾大学，2019 年 8 月。

20. 官志隆：《台湾清领、日治时期的神明会买卖契约文书——以嘉义溪口曾家古文书为例》，《中正历史学刊》22，2019 年 12 月。

21. 〔日〕东山京子：《台湾总督府专卖局文书的档案性研究》，陈妙娟译，"国史馆"台湾文献馆编辑组编《第十届台湾总督府档案学术研讨会论文集》，"国史馆"台湾文献馆，2019 年 5 月。

22. 〔日〕东山京子：《台湾总督府文书管理体制的建构与崩解》，"国史馆"台湾文献馆编《总督府档案与台湾统治》，"国史馆"台湾文献馆，2019 年 5 月。

23. 林文凯：《清帝国在台湾的早期现代统治理性：对东、西方现代性演变的再思考》，汤志杰编《交互比较视野下的现代性：从台湾出发的反省》，台湾大学，2019 年 2 月。

24. 林文凯：《清代到日治时代台湾统治理性的演变：以生命刑为中心的地方法律社会史考察》，法律史研究室主编《中华法理的产生、应用与转变——刑法志、婚外情、生命刑》，中研院历史语言研究所，2019 年 12 月。

25. 林佩欣：《台湾总督府的统计情报流通体系：以莺歌庄为中心的探

讨》,《台北文献》209,2019年9月。

26. 林政佑:《近三十年台湾刑事司法史研究的回顾与展望》,《中研院法学期刊》2019:1,2019年10月。

27. 林庆弧:《战后初期台湾省立图书馆的接收与营运——以〈山范交接档案〉为例之观察(1945~1947)》,《台湾古文书学会会刊》23/24,2019年4月。

28. 金子肇:《不服从民意的代表——新国会的"议会专制"》,〔日〕深町英夫主编《中国议会百年史——谁代表谁?如何代表?》,台湾大学,2019年11月。

29. 金观涛、刘青峰、邱伟云:《中国现代主权观念形成的数位人文研究》,《二十一世纪》172,2019年4月。

30. 侯嘉星:《中研院近史所〈农林部档案〉介绍及其相关议题讨论》,《档案半年刊》18:2,2019年12月。

31. 姜子浩:《1918~1923年间日本对华文化政策的形成、传播与落实——以留学政策为切入点》,《新北大史学》25,2019年6月。

32. 施应犊等著:《日治初期台湾警察权行使实况之分析——以1898~1899年〈台湾日日新报〉为中心》,《新北大史学》24,2019年2月。

33. 洪广冀等:《从"本岛森林的主人翁"到"在自己的土地上流浪":台湾森林计划事业区分调查的再思考(1925~1935)》,《台湾史研究》26:2,2019年6月。

34. 胡孝忠:《民国广州光孝寺之侵占、发还所见国家和佛教身份认同研究》,释妙江主编《身份认同及群体建构:第四届五台山信仰国际学术研讨会论文集》,新文丰,2019年6月。

35. 胡家瑜、林欣宜:《南庄地区开发与赛夏族群边界问题的再检视》,徐正光、陈板主编《台湾客家研究论文选辑3:客家聚落与地方社会》,(台湾)交通大学,2019年1月。

36. 苗延威:《军阀政权与身体政治:冯玉祥主政时期的河南省放足运动及其反挫(1927~29)》,《人文及社会科学集刊》31:2,2019年6月。

37. 姬凌辉:《医疗、法律与地方社会:民国时期"刘梁医讼案"再探》，《中研院近代史研究所集刊》104，2019 年 6 月。

38. 孙宏云：《区域代表或职业代表？——国民党对职业代表制的理解和运用》，〔日〕深町英夫主编《中国议会百年史——谁代表谁？如何代表?》，台湾大学，2019 年 11 月。

39. 孙家红：《他山之玉：巩涛先生与他的中国法律史研究》，《法制史研究》35，2019 年 7 月。

40. 徐世博：《科举制度与清末上海书业市场：以崇德公所和书业公所为中心的探讨》，《中研院近代史研究所集刊》105，2019 年 9 月。

41. 〔日〕高木友规：《日治后期台中州季节保育所的发展——以政策施行为主》，《师大台湾史学报》12，2019 年 12 月。

42. 张力：《江南造船所承造美船之追讨欠款交涉（1917～1936）》，《国史馆馆刊》61，2019 年 9 月。

43. 张安琪：《日治初期殖民地旧惯温存下的官庙政策》，“国史馆”台湾文献馆编辑组编《第十届台湾总督府档案学术研讨会论文集》，“国史馆”台湾文献馆，2019 年 5 月。

44. 张泰苏：《比较法在现代中国的发展》，肖炜霖译，《法制史研究》36，2019 年 12 月。

45. 许佩贤：《战争时期街庄的教育行政与教育实况——以〈台北州档案〉为中心的探讨》，《台北文献》209，2019 年 9 月。

46. 许蕙玟：《从标头到商标——以施锦玉香铺为例》，“国史馆”台湾文献馆编辑组编《第十届台湾总督府档案学术研讨会论文集》，“国史馆”台湾文献馆，2019 年 5 月。

47. 陈姃湲：《一场以失败收场的殖民地实验：1910 年代台湾对娼妓就业契约的公证义务化及其废除》，《台湾史研究》26：2，2019 年 6 月。

48. 陈宛妤、王泰升：《日治初期资本主义财产法制的确立》，王泰升编《多元法律在地汇合（台湾史论丛 · 法律篇）》，台湾大学，2019 年 8 月。

49. 陈宛妤：《探寻台湾财产法秩序的变迁——台湾财产法史研究的现状与课题》，《中研院法学期刊》2019：1，2019 年 10 月。

50. 陈昭如：《宁静的家庭革命，或隐身的父权转型？——论法律上婚家体制的变迁》,《近代中国妇女史研究》34，2019 年 12 月。

51. 陈计尧:《人流、物流、金流：条约港体制下南台湾与日本的经贸关系（1865～1895）》,《历史台湾》18，2019 年 11 月。

52. 陈凯雯:《日治时期莺歌庄公会堂与地方社会——以〈台北州档案〉为中心》,《台北文献》209，2019 年 9 月。

53. 彭博:《民国时期中医医事纠纷研究》,《月旦医事法报告》31，2019 年 5 月。

54. 曾文亮:《日治时期台湾的辩护士社群》，王泰升编《多元法律在地汇合（台湾史论丛·法律篇）》，台湾大学，2019 年 8 月。

55. 曾建元:《台湾制宪与中国制宪——启蒙与历史的辩证》,《台湾国际研究季刊》15：3，2019 年 9 月。

56. 贺祥（Joshua Hill）:《“选举而出以运动，已与真理不合”——再谈民国初期选举制度》,〔日〕深町英夫主编《中国议会百年史——谁代表谁？如何代表?》，台湾大学，2019 年 11 月。

57. 冯先祥:《国际法会及其历史之初探（1912～1916）》,《“国立”政治大学历史学报》51，2019 年 5 月。

58. 黄仁姿、薛化元:《战时与战后初期台湾农业组织的调整与变革（1941～1948）》,《“国立”政治大学历史学报》51，2019 年 5 月。

59. 黄文德:《文化主权的展现——民初至抗战初期中国国际书刊交换问题（1911～1940）》,《国家图书馆馆刊》108：1，2019 年 6 月。

60. 黄正宗:《战后台湾战争保险金求偿问题研究（1945～1957）》,《台湾文献》70：2，2019 年 6 月。

61. 杨雅蓉:《谁的道路？日治时期台湾近代化道路管理对牛车之影响》,《台湾史学杂志》27，2019 年 12 月。

62. 温国良:《从档案看明治 36 年（1903）台南厅之官庙调查概况》,“国史馆”台湾文献馆编辑组编《第十届台湾总督府档案学术研讨会论文集》,“国史馆”台湾文献馆，2019 年 5 月。

63. 虞和芳:《早期的中德外交关系述论》,《汉学研究集刊》28，2019 年 6 月。

64. 赵晶:《论内藤乾吉的东洋法制史研究》,《古今论衡》32，2019

年6月。

65. 赵晶：《论中村茂夫的东洋法制史研究》，《法制史研究》36，2019年12月。

66. 刘罡羽：《台湾日治时期的公设市场——以台湾总督府史料为据》，“国史馆”台湾文献馆编辑组编《第十届台湾总督府档案学术研讨会论文集》，“国史馆”台湾文献馆，2019年5月。

67. 刘泽民：《“经理谢打马众番界址”试探》，“国史馆”台湾文献馆编辑组编《第十届台湾总督府档案学术研讨会论文集》，“国史馆”台湾文献馆，2019年5月。

68. 潘继道：《晚清台东直隶州的制度与运作》，《国史馆馆刊》61，2019年9月。

69. 蔡仲岳：《追寻所谓“自古以来”：清季东沙岛问题与研究主权归属的过程》，《中国边政》218，2019年6月。

70. 应俊豪：《英商太古安庆轮劫案与中英善后处置交涉（1928）》，《海洋文化学刊》27，2019年12月。

71. 〔日〕桧山幸夫：《台湾总督的职务权限与台湾总督府机构》，“国史馆”台湾文献馆编《总督府档案与台湾统治》，“国史馆”台湾文献馆，2019年5月。

72. 〔日〕桧山幸夫：《台湾统治结构与台湾总督府档案》，“国史馆”台湾文献馆编《总督府档案与台湾统治》，“国史馆”台湾文献馆，2019年5月。

73. 〔日〕桧山幸夫：《台湾总督府之文书管理论》，“国史馆”台湾文献馆编《总督府档案与台湾统治》，“国史馆”台湾文献馆，2019年5月。

74. 颜义芳：《专卖制度下的台湾燐寸（火柴）产业》，“国史馆”台湾文献馆编辑组编《第十届台湾总督府档案学术研讨会论文集》，“国史馆”台湾文献馆，2019年5月。

75. 阚正宗：《日本殖民时期龙山寺管理型态与日僧的活动（1895～1901）》，《圆光佛学学报》33，2019年6月。

76. 栾兆星：《“党化”抑或“独立”？——国民政府司法改革的理念及困境》，《法制史研究》35，2019年7月。

【书评】

1. 蔡承豪：《评介栗原纯著〈日本帝国主义与鸦片——台湾总督府的鸦片政策〉》，《台北文献》209，2019年9月。

2. 苏圣雄：《书评：评介黄自进、潘光哲主编〈中日战争和东亚变局〉》，《国史馆馆刊》60，2019年6月。

【评论与回应】

1. 回应王泰升《台湾法律史的提出及学科化》

（1）邱澎生：《"学科化"如何成为问题？——法史研究者的定位与展望》，《中研院法学期刊》2019：1，2019年10月。

（2）陈惠馨：《回应与挑战——评王泰升之〈台湾法律史的提出及学科化〉》，《中研院法学期刊》2019：1，2019年10月。

（3）颜厥安：《回应与挑战——评王泰升之〈台湾法律史的提出及学科化〉》，《中研院法学期刊》2019：1，2019年10月。

（4）王泰升：《再论台湾法律史——对评论人的回应》，《中研院法学期刊》2019：1，2019年10月。

2. 回应张泰苏《比较法在现代中国的发展》

（1）陈惠馨：《作为法学方法论视野下的比较法》，《法制史研究》36，2019年12月。

（2）梁治平：《"比较法"的三种形态》，《法制史研究》36，2019年12月。

（3）张泰苏：《敬答陈惠馨与梁治平教授》，《法制史研究》36，2019年12月。

《中国古代法律文献研究》第十四辑
2020 年，第 462 ~478 页

2019 年度国外中国法律史研究论著目录

〔日〕吉永匡史　〔韩〕金　珍　〔加〕郭跃斌
〔法〕梅凌寒　〔德〕施可婷

一　通代

（一）日文

【专著】

1. 鄭東俊，《古代東アジアにおける法制度受容の研究》，早稲田大学出版部，2019 年。

2. 渡辺信一郎，《中華の成立—唐代まで》，岩波書店，2019 年。

【论文】

1. 松島隆真，《爵制の起源—戦国期以前からの検討》，《東洋文化研究》21，2019 年。

【书评】

1. 江川式部，《谷川道雄著『谷川道雄中国史論集』下巻》，《唐代史研究》22，2019 年。

2. 川合安，《谷川道雄著『谷川道雄中国史論集』上巻》，《唐代史研究》22，2019 年。

3. 平田陽一郎,《宮宅潔編『多民族社会の軍事統治—出土史料が語る中国古代』》,《史学雜誌》128 -6, 2019 年。

(二) 韩文

【论文】

1. 박소현 (朴昭贤),《법률과도덕감정 - 동아시아법사학연구의새로운시각 》(《法律与道德情怀——从新的视角反思东亚法律史》),《역사와 담론 》(《历史与话语》) 90, 2019 年。

2. 박소현 (朴昭贤),《『欽欽新書』와 법의 서술 - 『欽欽新書・批詳雋抄』의 중국 판례를 중심으로》(《〈钦钦新书〉与法律叙事——以〈钦钦新书・批详隽抄〉所录中国案例为中心》),《史林》69, 2019 年。

3. 曹京徽,《中華法系及其史鑒價值》,《中國史研究》123, 2019 年。

4. 한상권 (韩相权),《당률과 명률의 형벌체계와 형벌론》(《唐律与明律的刑罚体系和刑罚论》),《法史學研究》59, 2019 年。

(三) 英文

【专著】

1. Liu Jiangyong (刘江永), *The Diaoyu Islands: Facts and Legality*, Singapore: Springer Singapore, 2019.

2. Zhang Jinfang, *The History of Chinese Legal Civilization: Ancient China—From About 21st Century B. C. to 1840 A. D*, Singapore: Springer Singapore, 2020.

【论文】

1. Philip C. C. Huang (黄宗智), "Rethinking 'the Third Sphere': The Dualistic Unity of State and Society in China, Past and Present," *Modern China* 45 -4, 2019, pp. 355 -391.

2. Jiang Dong (姜栋), Ma Xiaohong (马小红), "The Analects and Sense of Justice: The Spirit of Law and Historical Practice," *Modern China* 46 -3, 2020, pp. 281 -306.

（四）法文

【论文】

1. Férdéric Constant（梅凌寒），“L’ interprétation du droit par le juge en Chine”（《中国法官的法律解释》），*Revue Internationale de Droit Comparé* 4（2019），pp. 889 – 902.

2. Férdéric Constant（梅凌寒），“La responsabilité en droit chinois”（《中国传统法律中的责任》），*La responsabilité. Actes des journées internationales de la Société d´Histoire du droit*（2017）（Limoges，Presses universitaires de Limoges，2019），pp. 163 – 175.

（五）德文

【专著】

1. Kerstin Storm（施可婷），Jonas Polfuß（eds.），*Rechtskultur und Gerechtigkeitssinn in China*（《中国的法律文化与正义感》），Wiesbaden：Harrassowitz，2017.

【论文】

1. Marc Winter，“Die Todesstrafe im kaiserlichen China und ihre Wahrnehmung im Westen”（《帝制中国的死刑及其在西方的接受》），in：Josette Baer und Wolfgang Rother（eds.），*Verbrechen und Strafe*（《犯罪与惩罚》），Basel，Zürich：Colmena，2016，pp. 35 – 54.

二　先秦

（一）日文

【专著】

1. 松井嘉徳，《記憶される西周史》，朋友書店，2019 年。

（二）韩文

【论文】

1. 田純才，《〈管子〉中的法律思想探微——以“尊君”觀與“重法”觀為核心》，《中國史研究》122，2019 年。

三　秦汉魏晋南北朝

（一）日文

【论文】

1. 青木俊介，《里耶秦簡の公文書における「某主」について—岳麓秦簡・興律の規定を手がかりに》，髙村武幸・廣瀬薫雄・渡邉英幸編《周縁領域からみた秦漢帝国 2》，六一書房，2019 年。

2. 青木竜一，《後漢の相見儀制—公儀における「敬」を中心に》，《集刊東洋学》121，2019 年。

3. 阿部幸信，《長沙呉簡にみえる「市布」について》，《中央大学文学部紀要》（史学）64，2019 年。

4. 石原遼平，《秦漢時代の「徭」》，《東洋文化》99，2019 年。

5. 市元塁，《曹魏の鮮卑頭と郭落帯》，《古代文化》70－4，2019 年。

6. 伊藤敏雄，《西晋五条詔書等の伝達・頒布をめぐって》，角谷常子編《古代東アジアの文字文化と社会》，臨川書店，2019 年。

7. 榎本あゆち，《崔慧景宛崔僧淵返書について—北魏孝文帝の漢化政策の一側面》，《名古屋大学東洋史研究報告》43，2019 年

8. 大知聖子，《爵保有者の階層にみる両晋・北魏の爵制運用の比較》，《名城大学人文紀要》121，2019 年。

9. 大知聖子，《北魏孝文帝の官爵改革およびその後の変質について》，《名城大学理工学部研究報告》59，2019 年。

10. 小野響，《後趙国家体制考—五胡十六国時代における胡漢社会と大単于の一形態》，《古代文化》71－2，2019 年。

11. 柿沼陽平,《南朝劉宋時代における鋳銭とその背景》, 工藤元男先生退休記念論集編集委員会編《中国古代の法・政・俗》, 汲古書院, 2019 年。

12. 紙屋正和,《漢時代における郡県制の変化》,《七隈史学》21, 2019 年。

13. 木村政博,《西晋（武帝期・恵帝期）における州都督》,《三国志研究》14, 2019 年。

14. 小嶋茂徳,《後漢の刺史の兵権行使に関する再検討》,《日本秦漢史研究》20, 2019 年。

15. 小林聡,《河西出土文物から見た朝服制度の受容と変容》, 関尾史郎・町田隆吉編《磚画・壁画からみた魏晋時代の河西》, 汲古書院, 2019 年。

16. 小林文治,《秦における盗賊捕縛と民の臨時徴発》, 工藤元男先生退休記念論集編集委員会編《中国古代の法・政・俗》, 汲古書院, 2019 年。

17. 佐々木仁志,《「漢高体制」への一、二の視点》,《歴史》132, 2019 年。

18. 朱棒（藤井康隆翻訳）,《新見東呉尚方鏡試考》, 實盛良彦編《銅鏡から読み解く2～4 世紀の東アジア—三角縁神獣鏡と関連鏡群の諸問題》, 勉誠出版, 2019 年。

19. 白石将人,《『江都集礼』と隋代の制礼》,《東方学》137, 2019 年。

20. 晋文（川見健人翻訳）,《睡虎地秦簡と授田制研究に関する若干の問題》,《東洋史苑》91, 2019 年。

21. 陶安あんど,《嶽麓秦簡司法文書集成『為獄等状四種』訳注稿事案七》,《法史学研究会会報》22, 2019 年。

22. 莊卓燐,《出土文物から見る符節の実態—通関機能を持つ虎符と竹使符》,《東洋文化研究》21, 2019 年。

23. 髙村武幸,《甲卒小考—地湾出土の甲卒簡牘から》,《明大アジア史論集》23, 2019 年。

24. 楯身智志,《訳注　岳麓書院蔵秦簡「秦律令（壹）」尉卒律訳注(1)》,《史滴》41，2019 年。

25. 陳偉（川村潮翻訳),《『里耶秦簡〔貳〕』九—四五〇号に見る稟食制度》，工藤元男先生退休記念論集編集委員会編《中国古代の法・政・俗》，汲古書院，2019 年。

26. 新津健一郎,《後漢西南地域における地方行政と地域文化の展開—成都東御街後漢碑にみる郡学と地域社会》，《史学雑誌》128－12，2019 年。

27. 福島大我,《中国古代における逃亡の歴史的意義》，《歴史学研究》989，2019 年。

28. 平松明日香,《後漢代における外戚政権と尚書台—尚書官人事を中心として》,《史林》102－3，2019 年。

29. 堀井裕之,《西魏・北周政権の北辺経営—オルドス地域を中心に》,《明大アジア史論集》23，2019 年。

30. 水間大輔,《魏晋南朝における死体への制裁と「故事」》，工藤元男先生退休記念論集編集委員会編《中国古代の法・政・俗》，汲古書院，2019 年。

31. 村田哲也,《試論　中国古代医事制度序説—中国古代・中世文化史の一側面》,《東洋史苑》91，2019 年。

32. 渡邉英幸，《戦国秦の内史に関する覚書》，髙村武幸・廣瀬薫雄・渡邉英幸編《周縁領域からみた秦漢帝国 2》，六一書房，2019 年。

【书评】

1. 伊藤敏雄,《谷口建速著『長沙走馬楼呉簡の研究—倉庫関連簿よりみる孫呉政権の地方財政』》,《史学雑誌》128－6，2019 年。

2. 大櫛敦弘,《柴田昇『漢帝国成立前史—秦末反乱と楚漢戦争』》,《史学雑誌》128－4，2019 年。

3. 柿沼陽平，《松島隆真著『漢帝国の成立』》，《古代文化》616，2019 年。

4. 柿沼陽平・水間大輔・藤田勝久・森和・市原靖久，《陳偉主編『秦簡牘研究』》,《中国出土資料研究》23，2019 年。

5. 杉村伸二,《松島隆真著『漢帝国の成立』》,《東洋史研究》78－1，2019年。

6. 角谷常子,《髙村武幸編『周縁領域からみた秦漢帝国』》,《日本秦漢史研究》20，2019年。

7. 平田陽一郎,《山口正晃「将軍から都督へ—都督制に対する誤解」》,《法制史研究》68，2019年。

8. 福永善隆,《柴田昇著『漢帝国成立前史—秦末反乱と楚漢戦争』》,《名古屋大学東洋史研究報告》43，2019年。

9. 古橋紀宏,《池田恭哉著『南北朝時代の士大夫と社会』》,《東洋史研究》78－1，2019年。

10. 宮宅潔,《藤田勝久・關尾史郎編『簡牘が描く中国古代の政治と社会』》,《日本秦漢史研究》20，2019年。

11. 籾山明,《永田英正著『漢代史研究』》,《東洋史研究》78－2，2019年。

12. 鷲尾祐子,《松島隆真『漢帝国の成立』》,《立命館東洋史学》42，2019年。

13. 渡邉英幸,《柴田昇著『漢帝国成立前史—秦末反乱と楚漢戦争』》,《日本秦漢史研究》20，2019年。

14. 渡邉将智,《松島隆真著『漢帝国の成立』》,《史学雑誌》128－6，2019年。

（二）韩文

【论文】

1. 김진우（金珍佑),《진·한초 국가권력의‘田制’－新출토자료의 田律을 중심으로》(《秦·汉初国家权力的田制——以新出土资料的田律为中心》),《中國古中世史研究》52，2019年。

2. 양진홍（杨振红),《『嶽麓秦簡（伍)』에 보이는 여성의 가족 재구성 관련 법령과 嫪毐의 난》[《〈岳麓秦简（伍)〉所见关于女性重组家庭的法令与嫪毐之乱》],《中國古中世史研究》51，2019年。

3. 閆強樂,《漢代廷尉職能新考》,《中國史研究》119，2019年。

4. 閆強樂,《漢代廷尉屬員考》,《中國史研究》123, 2019 年。

5. 오준석（吴峻锡),《秦代 공문서의 분류와 서사형식》(《秦代公文书的分类及著录格式》),《中國古中世史研究》51, 2019 年。

6. 陳玉婷,《論秦律中的“旅人”》,《中國史研究》123, 2019 年。

【书评】

1. 김경호（金庆浩),《출토자료를 통한 진대 사회의 새로운 이해 -『진간독연구（제1-5책）』（진위 주편, 무한대학출판사, 2016）를 중심으로 》[《通过出土资料对秦代社会的新理解——以〈秦简牍研究（第 1 - 5 册)〉（陈伟主编, 武汉大学出版社, 2016）为中心》],《中國史研究》121, 2019 年。

四 隋唐五代

（一）日文

【专著】

1. 榎本淳一,《日唐賤人制度の比較研究》, 同成社, 2019 年。

2. 金子修一,《改訂増補　古代東アジア世界史論考—隋唐の国際秩序と東アジア》, 八木書店, 2019 年。

【论文】

1. 石野智大,《唐代の里正・坊正・村正の任用規定とその内実—『通典』郷党条所引唐戸令逸文を手がかりとして》,《明大アジア史論集》23, 2019 年。

2. 市大樹,《日唐比較交通論》, 川尻秋生編《古代の都城と交通》, 竹林舎, 2019 年。

3. 江川式部,《『大唐開元礼』にみえる“如式”“如常式”について》,《法史学研究会会報》22, 2019 年。

4. 岩尾一史,《チベット支配下の敦煌における都督》,《龍谷史壇》146, 2019 年。

5. 金子修一,《徳宗朝という時代》,《國學院中国学会報》65, 2019 年。

6. 川村康，《挙重明軽・挙軽明重と比附》，《法と政治》70，2019年。

7. 呉明浩，《楊炎の「量出以制入」と両税法の成立再考》，《東洋史研究》78－1，2019年。

8. 小島浩之，《『唐六典』の編纂に関する一試論—『初学記』と『唐六典』の注》，《唐代史研究》22，2019年

9. 小林宏，《日唐除免官当法に関する若干の考察》，《國學院法学》56－4，2019年。

10. 辻正博，《武英殿聚珍版本『唐会要』のテキストをめぐって》，《唐代史研究》22，2019年。

11. 陶安，《嶽麓書院秦簡〈為獄等状四種〉第三類，第四類卷冊釈文，注釈及編聯商榷》，《中国出土資料研究》23，2019年。

12. 鳥居一康，《五代節度使の権力構造—唐宋時代の軍制と行政（Ⅳ）》，《唐宋変革研究通訊》10，2019年。

13. 林美希，《唐・神策軍の形態変化と後期北衙の誕生》，《史観》181，2019年。

14. 堀井裕之，《唐太宗の婚姻政策再考》，《唐代史研究》22，2019年。

15. 與座良一，《五代の募兵制に関する一試論》，《唐宋変革研究通訊》10，2019年。

16. 吉永匡史，《唐代奴婢売買法制考》，《金沢大学歴史言語文化学系論集》（史学・考古学）11，2019年。

【书评】

1. 榎本淳一，《趙晶著 辻正博訳「唐令復原における典拠史料の検証—『大唐開元礼』を中心に」》，《法制史研究》68，2019年。

（二）韩文

【论文】

1. 김정식（金正植），《唐 前期의 奏事文書와 露布》（《唐前期的奏事文书与露布》），《中國古中世史研究》51，2019年。

2. 김진 （金珍),《唐代 格後勅의 형성 배경 고찰 – “垂拱格後勅” 의 성격 분석을 중심으로》（《唐代格后敕的形成背景考察——以“垂拱格后敕”的性质分析为中心》),《中國史研究》123，2019 年。

3. 劉霓,《論唐及後唐的禮法之爭 – 以由“喪”引發的禮令爭議為視角》,《中國史研究》120，2019 年。

4. 박근칠 （朴根七),《唐代 官文書의 작성과地方 文書行政의 운영 – 敦煌・吐魯番출토문서의 분석을 중심으로》（《唐代官文书的制作与地方的文书行政运营——以敦煌、吐鲁番出土文书的分析为中心》),《東洋史學研究》148，2019 年。

5. 박근칠 （朴根七),《唐代 公式令의 복원과 지방官文書의 정리 – 敦煌・吐魯番 출토문서의 분석을 중심으로》（《唐代公式令的复原与地方官文书的整理——以敦煌、吐鲁番出土文书的分析为中心》),《中國古中世史研究》51，2019 年。

6. 양진성 （梁镇诚),《唐代 制書式 復元의 재검토 – 制授告身式과 制授告身의 분석을 중심으로》（《关于唐代制书式的再检讨——以制授告身式和制授告身的分析为中心》),《中國古中世史研究》52，2019 年。

7. 전영섭 （全永燮），《唐・宋代 법률에 규정된姦罪 비교 연구》（《唐、宋代法律所规定的奸罪比较研究》),《法學研究》22 – 1，2019 年。

8. 조재우 （曺在佑),《唐代 皇太子令書式의 복원과 그 시행절차 – 「唐永淳元年（682）氾德達飛騎尉告身」의 분석을 중심으로 –》［《唐代皇太子令书式的复原及其执行程序——以〈唐永淳元年（682）泛德达飞骑尉告身〉的分析为中心》],《中國古中世史研究》51，2019 年。

（三）英文

【论文】

1. Férdéric Constan（梅凌寒),“The Treatise on Law,” in Damien Chaussende & Daniel Morgan（dir.), *Monographs in Tang Official Historiography*, Cham: Springer, 2019, pp. 259 – 286.

五 辽宋金元

（一）日文

【论文】

1. 鏑木丞，《北宋元豊大理寺攷—司法制度再編の一側面》，《集刊東洋学》121，2019年。

2. 小林隆道，《宋元代の伯夷叔齊廟への加封と文書保管—首陽山二賢廟を中心に》，《歴史学研究》984，2019年。

3. 清水浩一郎，《南宋末期理宗朝における執政の兼職とその序列—『武義南宋徐謂礼文書』所収の告身を手掛かりに》，宋代史研究会編《宋代史料への回帰と展開》，汲古書院，2019年。

4. 武田和哉，《女真族の部族社会と金朝官制の歴史的変遷》，古松崇志・臼杵勲・藤原崇人・武田和哉編《金・女真の歴史とユーラシア東方》，勉誠出版，2019年。

5. 松浦晶子，《景祐楽制改革の構図—宋祁『景文集』所収の文章を手がかりに》，《上智史学》64，2019年。

6. 劉暁（高橋康浩翻訳），《例の援く可き有り、法の守る可き無し—元代の判例とその法律編纂》，渡邉義浩編《学際化する中国学》，汲古書院，2019年。

【书评】

1. 額定其労，《赤木崇敏・伊藤一馬・高橋文治・谷口高志・藤原祐子・山本明志『元典章が語ること—元代法令集の諸相』》，《法制史研究》68，2019年。

（二）韩文

【专著】

1. 최해별（崔碧茹），《송대 사법 속의 검시 문화》（《宋代司法中的检尸文化》），首尔：世昌出版社，2019年。

【论文】

1. 김현라（金贤罗），《고려율령 조문을 통해 본 고려시기 부부관 - 당 · 송대의 '의절'규정의 비교를 중심으로》（《从高丽律令条文看高丽时期的夫妻观——以与唐宋代“义绝”规定的比较为中心》），《한국사상사학》（《韩国思想史学》）63，2019 年。

2. 최해별（崔碧茹），《宋代『夷堅志』수록 '醫方' 지식의 특징》（《宋代〈夷坚志〉所录“医方”知识的特点》），《東洋史學研究》146，2019 年。

【译注】

1. 박서진（朴叙真），임대희（任大熙），《『명공서판청명집（名公書判清明集）』권일（卷一）관리문（官吏門）역주（譯註）（1）》，《대구사학》（《大邱史学》）135，2019 年。

2. 박서진（朴叙真），임대희（任大熙），《『명공서판청명집（名公書判清明集）』권삼（卷三），부역문（賦役門）（1）》，《中國史研究》118，2019 年。

3. 박서진（朴叙真），임대희（任大熙），《『명공서판청명집（名公書判清明集）』권삼（卷三），부역문（賦役門）（2）》，《中國史研究》122，2019 年。

六　明清

（一）日文

【专著】

1. 岩本真利絵，《明代の専制政治》，京都大学出版会，2019 年。

2. 谷井俊仁・谷井陽子 訳解，《大清律　刑律　1，2　伝統中国の法的思考》，平凡社，2019 年。

3. 渡昌弘，《明代国子監政策の研究》，汲古書院，2019 年。

【论文】

1. 臼井佐知子，《中国明清時代以降の文書管理—地域社会における

行政と文書管理》,《歴史学研究》984，2019 年

2. キム・ハンバク,《清代の「里程配流」—五軍道里表の改訂をめぐって》,《史林》102 –5，2019 年。

3. 時堅,《明末地方軍費管理の一考察—奢安の乱における黔餉を中心として》,《東洋学報》100 –4，2019 年。

4. 銭晟,《崇禎買弁改革と北京牙行の実相》,《東洋学報》101 –3，2019 年。

5. 鶴成久章,《「一世一元」制度の淵源》，水上雅晴編・髙田宗平編集協力《年号と東アジア》，八木書店，2019 年。

6. 豊島順輝,《明朝成化・弘治年間の海上密貿易をめぐる法整備》,《立命館東洋史学》42，2019 年。

7. 早丸一真,《1860 年代初頭における天朝の定制と外政機構の変動》,《国際政治》197，2019 年。

8. 深澤秀男,《戊戌変法期の上諭についての一考察》,《岩手史学研究》100，2019 年。

9. 増井寛也,《八旗創設期のグサ分領制とその基底について—特にsalibumbiとの関連から見た》,《立命館東洋史学》42，2019 年。

10. 宮古文尋,《「立憲」の胎動—清朝朝廷の「立憲」構想》,《史学研究》303，2019 年。

【书评】

1. 臼井佐知子,《大澤正昭「商人たちの告訴状—明代日用類書の事例から」》,《法制史研究》68，2019 年。

2. 大田由紀夫,《新宮学著『明清都市商業史の研究』》,《歴史》132，2019 年。

3. 菊池秀明,《藤原敬士『商人たちの広州— 1750 年代の英清貿易』》,《歴史学研究》981，2019 年。

3. 岸本美緒,《谷井陽子著『八旗制度の研究』，杉山清彦著『大清帝国の形成と八旗制』》,《史学雑誌》128 –3，2019 年。

4. 谷井陽子,《王天馳著「順治期における旗人の法と刑罰—内閣題本を中心に」》,《法制史研究》68，2019 年。

（二）韩文

【论文】

1. 김영석（金永奭），《『大明律』의 법률용어准 - 以와의 비교를 중심으로》（《大明律》的法律用语“准”——以与“以”的比较为中心），《法史學研究》59，2019 年。

（三）英文

【专著】

1. Zhang Taisu（张泰苏），*The Laws and Economics of Confucianism: Kinship and Property in Pre-industrial China and England*, Cambridge UK & New York: Cambridge University Press, 2019.

【论文】

1. Chen Huiying, "Dangers on the Road: Travelers, *Laoguazei*, and the State in Eighteenth - Century North China," *Late Imperial China* 40 - 1, 2019, pp. 87 - 132.

2. Férdéric Constant（梅凌寒），"The Legal Administration of Qing Mongolia," *Late Imperial China* 40 - 1, 2019, pp. 133 - 173.

3. Madeleine Zelin（曾小萍），"A Deep History of Chinese Shareholding," *Law and History Review* 37 - 2, 2019, pp. 325 - 351.

（四）法文

【专著】

1. Férdéric Constant（梅凌寒），*Le droit mongol dans l'État impérial sino-mandchou（1644 - 1911）*（滿漢帝國的蒙古法），Paris, Collège de France, Institut des hautes études chinoises, 2019.

七　近现代（1840～1949）

（一）日文

【专著】

1. 金子肇，《近代中国の国会と憲政—議会専制の系譜》，有志舎，2019年。

【论文】

1. 大澤肇，《汪兆銘南京国民政府下における学校教育の展開》，《東洋史研究》77－4，2019年。

2. 緒形康，《五権憲法と心性儒学》，《孫文研究》65，2019年。

3. 何娟娟，《清末山東省における日本製紙幣の導入》，《東アジア文化交渉研究》12，2019年。

4. 岸佳央里，《植民地行政当局の下層民統制—三門仔水上居民と船湾淡水湖建設》，倉田徹編《香港の過去・現在・未来—東アジアのフロンティア》，勉誠出版，2019年。

5. 古泉達矢，《香港におけるアヘン小売販売制度の域外市場について—19世紀中葉のオーストラリアに着目して》，倉田徹編《香港の過去・現在・未来—東アジアのフロンティア》勉誠出版，2019年。

6. 小堀慎吾，《二十世紀転換期の香港と衛生問題—集権化と地方自治・経済的自由主義のはざまで》，倉田徹編《香港の過去・現在・未来—東アジアのフロンティア》，勉誠出版，2019年。

7. 関智英，《汪精衛政権の憲政実施構想—日中戦争と憲政》，《歴史学研究》982，2019年。

8. 廣江倫子，《香港終審法院の外国籍裁判官》，倉田徹編《香港の過去・現在・未来—東アジアのフロンティア》，勉誠出版，2019年。

9. 西英昭，《中華民国初期における中国法制史学展開過程の一断面—教科書の分析を中心に》，《法政研究》86－2，2019年。

10. 西英昭，《中華民国北洋政府期の“法理学者”李炘とその三部

作》,《法政研究》86 - 3, 2019 年。

【书评】

1. 鈴木秀光,《久保茉莉子「南京国民政府時期における刑事訴訟法改正と自訴制度」・同「南京国民政府時期における刑事上訴制度」》,《法制史研究》68, 2019 年。

2. 二宮一郎,《菊池一隆著『戦争と華僑—中国国民政府・汪精衛政権の華僑行政と南洋・北米』》,《現代中国研究》42, 2019 年。

(二) 韩文

【论文】

1. 손승희 (孙承希), 《청 · 민국시기 合夥 의 계약관습과 법》(《清、民国时期合夥的契约习惯和法》),《東洋史學研究》146, 2019 年。

2. 윤숙현 (尹淑铉),《남경국민정부시기 정치범 문제를 둘러싼 법률과 民權 논의 - 中國民權保障同盟의 성립과 활동을 중심으로》(《南京国民政府时期围绕"政治犯"的"法律"与"民权"论争——以中国民权保障同盟为中心的考察》),《中國近現代史研究》82, 2019 年。

(三) 英文

【专著】

1. Maria Adele Carrai (马晓冉), *Sovereignty in China: A Genealogy of a Concept Since 1840*, Cambridge, U. K.: Cambridge University Press, 2019.

2. Hua Shipping, *Chinese Legal Culture and Constitutional Order*, Abingdon, Oxon & New York: Routeledge, 2019.

3. Mei Ju-ao (梅汝璈), *The Tokyo Trial Diaries of Mei Ju-ao*, Singapore: Palgrave Pivot, 2019.

(四) 德文

【论文】

1. Wang Tay-sheng (王泰升), "Rezeption des kontinentaleuropäischen Zivilrechts in Taiwan und die Eigenständigkeit des taiwanischen Zivilrechts"

(《台湾对殴洲大陆民法的接受与台湾民法的独立》), in: *Zeitschrift des Max – Planck – Instituts für europäische Rechtsgeschichte* (《马克斯普朗克欧洲法制史研究所期刊》), Vol. 26, 2018, pp. 70 – 89.

2. Cai Tingjian, "Säkularisierung und Wiederkehr der Religion in China. Ein kurzer Einblick in den Anfang des Prozesses" (《简略中国世俗化与宗教回归过程的起源》), in: Holger Zapf, Oliver Hildago und Philipp Hildmann (eds.), *Das Narrativ von der Wiederkehr der Religion* (《宗教回归的叙事》), Wiesbaden: Springer, 2018, pp. 343 – 364.

3. Daniel Sprick, "Wandel von Theorie und Praxis der richterlichen Auslegung des Strafrechts im China des frühen 20. Jahrhunderts" (《20 世纪初中国刑法中司法释义的理论与实践变化》), in: Daniel Leese und Michael Pawlik (eds.): *Das Strafrechtssystem der Volksrepublik China. Historische Genese und aktuelle Herausforderungen* (《中华人民共和国刑法制度的历史起源和当前挑战》), Studien zu Recht und Rechtskultur Chinas 7, Baden – Baden: Nomos, 2019, pp. 19 – 42.

《中国古代法律文献研究》稿约

《中国古代法律文献研究》为中国政法大学法律古籍整理研究所所刊，于1999年创刊，自2010年始改版为年刊，欢迎海内外同仁不吝赐稿。

《中国古代法律文献研究》以中国古代法律文献为主要研究对象，刊发原创性的学术论文、书评和研究综述。本刊以中文简体出版，来稿以2万字以下为宜，同时请附300字以内的中文摘要、关键词与英文标题；如是外文稿件，请作者授予本刊中文版的首发权利。已经公开发表（包括网络发表）过的中文稿件，请勿投稿。本刊采取同行专家匿名评审制度，将在收到稿件后两个月内回复作者有关采用与否的信息。

有关投稿中的版权问题，请作者自行妥善解决。

本刊投稿截止时间为6月30日。

来稿一经刊发，本刊将向作者寄赠该辑图书1册。

来稿请附作者简历、详细通信地址、邮编、电子邮件等联系方式，以纸版或电子版形式，分别寄至：

（100088）北京海淀区西土城路25号中国政法大学法律古籍整理研究所

电子邮箱：gdflwxyj@ outlook. com

gdflwxyj@ 163. com

《中国古代法律文献研究》编辑部

Journal of Chinese Ancient Legal Literature Studies

The Journal of Chinese Ancient Legal Literature Studies is edited by the Institute for Chinese Ancient Legal Documents, China University of Political Science and Law. It was published for four times during the period of 1999 – 2007. The Institute starts to publish it annually from 2010. Submission of papers both from domestic and overseas is welcomed.

The Journal mainly focuses on the research of the legal literature in ancient China, publishing original academic papers and book reviews, each of which should be no more than 20, 000 words. The journal will be published in simplified Chinese, please submit your paper with a Chinese abstract no more than 300 words, keywords and an English title. If it is a paper in other language, the authorization for publication of its Chinese version in this journal for the very first time will be appreciated. If the paper in Chinese was published in any form including on Internet, please don't submit again. All the papers submitted will be reviewed and examined by the scholars in an anonymous manner. Whether it is accepted or not, the author will be informed within two months upon the receipt of the paper.

For copyright related matters, please properly address on your own in advance.

The deadline of submission is June, 30th annually.

Once the paper is published, the contributors will receive one copy of the Journal.

The paper for contribution, prepared in soft or hard copy, and supplied with a brief resume of the author and his/her detailed information for contact, such as the address, post code, and email etc, shall be sent to the following address:

Institute for the Research of Legal Literature in Ancient China, China University of Political Science and Law, Beijing (100088), China.

E-mail: gdflwxyj@outlook.com

gdflwxyj@163.com

Institute for the Research of Legal Literature in Ancient China

China University of Political Science and Law

《中国古代法律文献研究》撰稿凡例

一　论文缮打格式

字体：中文请使用宋体简体字，英文请使用 Times New Roman。字号：正文五号字，注解小五号字。

二　标题层级

请依次使用 一、(一) 1. (1) A. a.

三　标点

请使用新式标点，除破折号、省略号各占两格外，其他标点均占一格。书刊及论文名均请使用《　》。

四　数字表示

公元纪年使用阿拉伯数字，中国年号、古籍卷数使用中文数字（年号例如建武二十五年、贞观八年、乾隆三十五年，卷数例如卷一〇、卷二三、卷一五四)。第一次涉及年号者，请用（　）配加公元纪年。

五　注释体例

请采取当页脚注、每页连续编码的方式。

注释号码采用阿拉伯数字表示，作①、②、③……每页重新编号。

再次征引，不需出现来源书刊或论文的全部信息，采用“作者，书名/论文名，页码”的形式。

引用古籍，应依次标明作者、书名、版本、卷数，如（清）顾炎武著，黄汝成集释《日知录集释》卷一五，清道光十四年嘉定黄氏刻本。

引用专著（包括译者）或新印古籍或古籍之点校整理本，应依次标明作者（包括译者）/整理者、书名、章/卷数、出版者、出版年代、版次（初版无需标明）、页码，如瞿同祖：《瞿同祖法学论著集》，中国政法大学出版社，1998，第50页；（清）黄宗羲著，全祖望补修《宋元学案》第1册，陈金生、梁运华点校，中华书局，1986，第150页。

引用论文，应依次标明作者、论文名称、来源期刊/论文集名称、年代、卷次、页码，如徐世虹：《对两件简牍法律文书的补考》，载中国政法大学法律古籍整理研究所编：《中国古代法律文献研究》（第二辑），中国政法大学出版社，2004，第90页；张小也：《明清时期区域社会中的民事法秩序——以湖北汉川汈汊黄氏的〈湖案〉为心》，《中国社会科学》2005年第6期，第190页。

引用外文文献，依常规体例，如 Brian E. McKnight, *Law and Order in Sung China*, Cambridge University Press, 1992, pp. 50 - 52.

图书在版编目(CIP)数据

中国古代法律文献研究. 第十四辑 / 桂涛主编. --
北京 : 社会科学文献出版社, 2020.12
ISBN 978 - 7 - 5201 - 7618 - 7

Ⅰ.①中… Ⅱ.①桂… Ⅲ.①法律 - 古籍研究 - 中国
- 文集 Ⅳ.①D929 - 53

中国版本图书馆 CIP 数据核字 (2020) 第 229257 号

中国古代法律文献研究【第十四辑】

编 者 / 中国政法大学法律古籍整理研究所
主 编 / 桂 涛

出 版 人 / 王利民
责任编辑 / 赵 晨
文稿编辑 / 宋 超

出 版 / 社会科学文献出版社 · 历史学分社 (010) 59367256
地址: 北京市北三环中路甲 29 号院华龙大厦 邮编: 100029
网址: www.ssap.com.cn
发 行 / 市场营销中心 (010) 59367081 59367083
印 装 / 三河市东方印刷有限公司

规 格 / 开 本: 787mm × 1092mm 1/16
印 张: 30.75 字 数: 486 千字
版 次 / 2020 年 12 月第 1 版 2020 年 12 月第 1 次印刷
书 号 / ISBN 978 - 7 - 5201 - 7618 - 7
定 价 / 138.00 元

本书如有印装质量问题, 请与读者服务中心 (010 - 59367028) 联系